佛門早課第一咒，摧毀內心魔障，
清除覺悟障礙的咒中之王

楞嚴咒詳解

張宏實 著

推薦序

——李明斌居士

我持〈楞嚴咒〉持了大半輩子，緣起於家母的護持病癒至事業上的成就，堪稱是我的人生最佳的左右護法，誠心祈求靈驗隨時現前。大約是在三十年前，我初次在病床旁誦了全篇的咒文，大概花了三十分鐘。由於文字艱澀難唸，也因此開始著手出版排列易誦課本，在當時沒有網路的時代純粹土法煉鋼，在有限的資訊下戰戰兢兢地整理出版。

爾後有機緣接觸到國外的文獻，慢慢地察覺到除了目前主流的明朝版本 427 句以外，還有唐朝 554 句等等六個版本。再加上兩位恩師淨心長老及淨良長老的細心指導，尤其在光德寺的楞嚴法會上得到很多編輯上的靈感。又在因緣際會下碰到了張宏實老師這位實修的在家居士，就把我畢生沒有辦法達成的艱難任務轉交給他，以他的智慧人腦加上電腦專才，整理出比我更多的內容版本出來。非常佩服張老師這種我稱為「書局宏法」的傳法精神，也感謝他藉由智慧而完成了我的夢想，這是我畢生未能完成的夢幻出版。

感謝橡實出版社及作者的完美組合，也希望這個出版的功德獻給影響我這輩子的兩位恩師淨心長老、淨良長老。衷心希望藉由書中整理出來的十三個版本，能夠串聯辨明由唐朝到現代的歷史上的變遷。五不翻的傳承，造成很多散佚、失傳，或是殘缺、漏抄、斷音、合音字、真偽、杜撰等等。主張有遵照梵文版、唐朝版、東密高野山版、藏密的元朝版本、羅馬拼音版本，或是仍然依照現在道場主要的早課明朝版本等等。如果能夠幫助提供各位睿智的讀者參考，是為甚幸。

大眾同緣　共成佛道

作者序

咒中之王：《佛門必誦課本》的朝時課誦

〈楞嚴咒〉是神聖美好的，每日清晨虔誠的出家眾與在家修行的居士會固定念誦〈楞嚴咒〉，然後再展開一天精進的智慧學習。通常是使用明朝的版本，其漢音字數共 2620 字，大約是大悲咒的五倍，為佛教中最長的咒，堪稱「咒中之王」。現在它已經成為漢傳佛教僧侶早課必誦的功課，而且收錄於《佛門必誦課本》。誦完此咒，修行者等同於下載了諸佛菩薩的智慧能量，同時也凝聚周遭環境或是自然山林空間的神靈的保護能量。**這些咒語能量有些是可言說的，有些則是不可言喻，前者是娑婆世界的智慧領略，後者是宇宙虛空的空性體悟**，兩者的融合可以啟動清淨美好的一天。〈楞嚴咒〉可說是千錘百鍊精心留存下來的神聖語言，也是佛教咒語的龐大資料庫。人身難得，佛法難聞，更可貴的是我們何其幸運接觸到這部神聖經典。

智慧能量的運作：如同英雄般、勇猛地前進

咒語是佛菩薩的語彙，經文則是人類可以理解的文字。〈楞嚴咒〉的每一字、每一句都隱含著巨大能量，源自於宇宙聲韻的振動。持咒者的意識（心念）與音韻（念誦）都是振動，都會引動智慧能量。咒語其實是古梵文創作的宗教詩歌，古代印度智者或聖者記錄了虔誠的祭祀儀式，於是後人也因此而洞悉宇宙的力動、運行的原理。如同古代祭祀時的宗教詩歌，〈楞嚴咒〉擁有強大的力量，而且被認為特別勇猛與神聖。為何稱之為「勇猛」呢？「勇猛」一詞是來自梵文 śūraṅgama，音譯為「首楞嚴摩」，意思是如同英雄般、勇猛地前進。英文解釋通常寫成 heroic march。「楞嚴」一詞即是「首楞嚴摩」的縮寫。然而，〈楞嚴咒〉的延伸概念是**修行者在諸佛菩薩、人類聖者、山林自然精靈的保護之下，勇猛地前進智慧道路。**

如果是個人於清晨念誦〈楞嚴咒〉，可以強化人體生理學的感受力與覺知力，進而達到身體與心靈的精進。如果眾人共同在寺院虔誠的念誦，如此人類參加了這個能量連結的運作，過程中還原古代祭祀儀式的儀軌順序與宇宙運行的相互呼應。首先，楞嚴法會中諸佛菩薩從宇宙一一降臨，而後在〈楞嚴咒〉一句句念誦之下，透由五會進行的能量協調。**在學習〈楞嚴咒〉的過程中，請讀者記著全書中諸佛菩薩的梵音名號（或稱佛號）就是一種能量振動，這些有意識且有智慧的宇宙心智不斷地產生振動，同時〈楞嚴咒〉的正面能量會在誦讀中轉入自己的身體。**

我們可以說〈楞嚴咒〉五會就好比五場盛會（或盛宴），持續下載不同的宇宙能量，這些原本無形無相的神聖意識體或是宇宙能量，陸續被擬像化成一尊又一尊的佛菩薩，此外也包含自然森林空間的精靈。**筆者先在本篇序中以口語化的方式讓讀者初步了解，等正式進入內文才會轉為專有的佛學用語描述。**這些文字中，有些可以輕易了解，有些則是艱澀不易理解，但筆者會盡力讓描述淺顯易懂。

第一會，宇宙強大的咒字來儲備能量：禮敬、皈依、歸順

整個第一會開始以「南無」咒字去下載諸佛菩薩的能量，「南無」的意思是：禮敬、皈依、歸順。這些智慧能量以佛、菩薩、天神、護法為首，但也包含人類的聖者與證悟者，這些都是宇宙的正能量。然而，〈楞嚴咒〉最後還能轉換大地山林間原本負面的能量，成為保護修行者的陰性能量，並擬像化成有形有相的女神。整個〈楞嚴咒〉橫跨不同空間的能量，能守護與協調的空間向度至少涵蓋三個層面：人體小宇宙、自然環境的中宇宙，還有地球外大宇宙等不同能量的運作。

第一會相當龐大，是學習梵語的極佳機會。進入本書的第一件事，請讀者先閱讀基礎分析 05，熟悉「悉曇梵字的羅馬拼音學習」（見 57 頁）。跟著簡單的規則，一個個咒句慢慢地練習發音。當第一會結束時，幾乎可以學會如何念誦梵字的羅馬拼音。為了降低讀者學習的壓力，筆者將整個第一會拆解成十個分析結構，每個結構都是一個完整的能量結合。

本書採用明代版本（目前寺院流通版本），而全書的結構分析架構則是參考 ❶ 元代《佛說大白傘蓋總持陀羅尼經》，與 ❷ 果濱居士針對不空大師版本的精闢分析（晚唐行琳大師校勘版，580 句），兩者年代相距甚遠，而且與目前寺院使用的版本不同，但都是〈楞嚴咒〉的優秀譯版。

第二會，調伏法的暖身準備：降伏與調節修行者內在心靈與外在環境的魔鬼

第二會雖然簡短，只拆解成三個結構分析，但格外重要！此單元是「調伏法」（或稱降伏法）的準備動作。〈楞嚴咒〉除了「降伏」的能量之外，也具備「調節」等雙層意義。再一次提醒讀者，**「經」是人類可以看懂的智慧文字，「咒」是佛菩薩的神聖語言。我們在第二會透由佛菩薩的神聖語言，去學習如何降伏與調節宇宙能量的方法。**其中，結構分析 11 總共有六種智慧能量，用來對治修行空間的負面能量。其目的是為自身及他人調節降伏怨敵惡人的祈禱。調伏法最原始的能量是來自宇宙東方金剛部，而六種智慧能量主要是迴遮能量，「迴」是迴避，「遮」是攔阻，意思是迴避與攔阻天地存在的負面能量。接著，第二會完整呈現如來頂髻的完整名號、身形、具備的偉大能量。**其中「頂髻」一詞是如來頂上肉髻，此位置是佛菩薩智慧凝聚處，〈楞嚴咒〉的核心概念之一是將佛陀的頂髻擬像化成一切如來的智慧。**

第三會，固定負面能量不外擴散：先斬斷、再釘住

在第一會與第二會中已經俱足充分的神聖能量與戰鬥技法，準備為身心靈的魔鬼而戰。第三會首先將接觸排山倒海的災難。此會總共四個結構分析，一開始除了面對許多災難，還遭遇諸多鬼祟。鬼祟是鬼魅的作祟力量，能引動地球的瘟疫與人類呼吸道的疾病威脅。除了造成種種身體病痛，也將危害生命，影響人體生理運作，此外還有蠱毒、災難、蠱獸的來襲。第三會面對這些鬼祟所製造的明咒，先全部予以斬斷，再予以釘住。人體的身體其實就是一個小宇宙，時時刻刻受到外在宇宙能

量的影響。依據人類意識的分別概念，宇宙能量有了正能量與負能量之分。〈楞嚴咒〉在第三會先斬斷而後再釘住十五種對象，如此將負面能量固定維持於一個局部的範圍，讓它們慢慢趨於平靜而不擾動，甚至還能轉化成正面能量。讀到這邊，讀者也許會覺得這未免太不可思議了，人類怎麼有能力進行如此龐大的任務。是的，**這不是人類完成的，而是諸佛菩薩降臨楞嚴法會所產生的神聖能量**。然而，每個人最深層意識的連結狀態，都是充滿了光明的能量，是一種覺醒的能力，也就是大乘佛教所說的「佛性」。換句話說，在持咒的過程也同時開發人類潛藏的智慧能量。

第四會，修行者追尋空性世界：摧毀、粉碎所有一切

〈楞嚴咒〉第四會中有個令人震驚的變化，那是震天撼地的「摧碎」。摧碎的意思是：摧毀、粉碎。在此會連同一切聲聞、天神、護法、明王、外道咒師、一切鬼魅、一切病難，全部都要摧毀、粉碎。為何一切聲聞、天神、護法、明王這些正能量也都需要粉碎？那是因為要脫離對正能量意識體的依賴，要遠離過於執著的心識，**如此修行者才能安穩地從「有的世界」走入「空的世界」，讓「無」達到更高的超越界**。這個部分無法在本篇序之內以簡單文字完成說明，但讀者不妨翻閱第 314 頁的關鍵要點「空性的修行過程」，或許可以很快領略其中的概念。

第五會，創造安穩的神聖空間：結界

在第五會所呼喚的咒語能量，是用來面對啖食「人類生命體的構成元素」的鬼魅，包含精氣、胎體、血、肉、髓、嬰兒氣息、壽命共七種庇護。不僅於此，也擴及瘟疫瘧疾、肉體生理疼痛疾病、皮膚病症。這時候的咒語運作，屬於呼喚佛菩薩以調伏人類身體內小宇宙能量的諧和穩定，這部分有些地方與第三會頗為相近。**不過，第五會面對一切是採取全新的「結界」方式，讓負面能量隔絕在外，無法影響修行者，也無法接近道場。**第五會透由咒語創造了一個神聖清淨空間。〈楞嚴咒〉的結

界範圍是「方圓十二由旬之內」，換算成現代的距離大約是一百二十公里，意味著在這個範圍內都能獲得庇護。所謂的「結界」，追根究柢是古代印度原始的婆羅門教與佛教行者，為了修法而創制一種所謂「曼荼羅」的神聖空間，是諸佛菩薩降臨的獨特界定區域。曼荼羅在本書有多次深入探討，請讀者注意。

此外，我們隨時、隨地、隨處都可以創造純淨的空間，也就是結界的概念。完整的〈楞嚴咒〉是祈請一切諸佛守護這塊娑婆世界，讓此空間裡的持咒者能專注安穩，也虔誠地對楞嚴五會的諸佛菩薩表達無限的恭敬。〈楞嚴咒〉不算短，筆者在熟悉內容且不被打擾下，也要接近二十分鐘才能完成。至於，看完整本書且達到深層領略，至少也要一個月。為此，在後面的導讀單元，**筆者整理出二十個精選學習，每個單元都可獨立閱讀**。先學著誦讀完整〈楞嚴咒〉，同時挑選有興趣的精選學習，在交替運用之下，相信可以提升持咒的精進效果。

最後還要感謝總編輯芝峰與編輯禎璐，說真的，這本書是筆者超過二十本著作中，編輯難度最高的一本，辛苦他們了。還有要特別感謝旅居日本東京的兩位前輩李明斌居士與日本學界的黃經理先生（經理是本名而非職務上頭銜），在這段寫作時期協助找尋楞嚴咒日文典籍，如木村得玄著作、染川英輔的《曼荼羅圖典》、空海的東寺曼荼羅、《楞嚴咒會譯》……這些都是楞嚴咒相關的重要經典。沒有他們，這本書是無法完成的。

目次

C o n t e n t s

PART 3

進階深究

導讀

〈楞嚴咒〉宛若一個龐大的咒語資料庫，其內珍藏諸佛菩薩們的神聖語彙。知名的果濱居士專研《楞嚴經》與〈楞嚴咒〉數十年。他採用晚唐不空大師的 580 句校勘版，這個版本無論句數與字數都是最多頁且最完整的。果濱居士進行楞嚴咒語的解譯分析，相當精彩。依循這位優秀前輩的著作，筆者將寺院流通版（也就是明代 427 句版本）分成 23 個結構分析。若是**早已熟悉楞嚴咒梵語羅馬拼音的讀者，或是每日早課進行漢音念誦的出家眾與在家居士**，肯定很容易進入這 23 個結構分析。

除了依據本書章節次序的結構分析，筆者再整理出 20 個精選學習，每個單元都可以獨立閱讀。以下精選出主題性的學習，**適合剛開始接觸〈楞嚴咒〉的讀者**，可以更有效率的深入楞嚴咒語的智慧世界。

精選學習 01　悉曇梵字的羅馬拼音學習

雖說在傳統寺院大部分採用梵字漢音的課誦本，如果能採更精進的學習，直接進入悉曇梵字的羅馬拼音，那肯定更能感受〈楞嚴咒〉智慧能量變化於咒字聲韻的表達。無庸置疑，咒王之王〈楞嚴咒〉是學習梵字羅馬拼音的絕佳機會，像是 śākya-muniya（釋迦牟尼）的 ś 該如何發音？或是 yakṣa（藥叉）的 kṣ 又該怎麼唸比較正確？其實一點都不難。ś 如同英文 show 的 sh，kṣ 的發音很接近 church 的 ch。筆者建議讀者進入本書的第一件事，就先翻閱「前導學習 1 · 悉曇梵字的羅馬拼音學習」，稍微了解規則即可，無須全部記憶，只要慢慢地認識一個又一個梵字發音。過程中，還可以透過梵語原意重新認識諸佛菩薩的真實意義。相信**在第一會學習結束時，即可以熟練悉曇梵字的羅馬拼音。**當你會念誦整個〈楞嚴咒〉之後，各種版本的〈大悲咒〉或是《十小咒》的梵音念誦，都成為很簡單的事。

→參閱單元：前導學習 1　悉曇梵字的羅馬拼音學習，第 57 頁

精選學習 02　頂髻智慧能量關鍵分析

佛頂（uṣṇīṣa）代表「佛陀智慧的擬像化」，這是尊貴、殊勝的相狀，象徵佛陀至高無上、正遍覺知的般若智慧。在〈楞嚴咒〉的 427 句中，總共有六個與佛頂相關的重要咒句，分別是「一切如來的頂髻」（四次）、「稱名頂髻」與「大金剛頂髻」。建議讀者不妨一開始就先對佛頂（uṣṇīṣa）有個充分的了解，這對念誦〈楞嚴咒〉會有很大的幫助。

→參閱單元：前導學習 2　頂髻智慧能量關鍵分析，
清淨時刻的咒字呼喚，第 60 頁

精選學習 03　五會最具代表的咒字

這是本書非常重要的單元，〈楞嚴咒〉總共五會，請先學會以下這五組重要咒字，即可對整個〈楞嚴咒〉有個初步的清晰概念。

第一會：毗盧真法會 namo
　　（禮敬、皈依、歸順，可以下載諸佛菩薩的能量）
第二會：釋尊應化會 hūm trūṃ（極重要的種子字，可摧破一切障礙）
第三會：觀音契約會 chinda kīla（斬斷、釘住負面能量）
第四會：剛藏折攝會 phaṭ（摧毀、粉碎，由有的世界走入空性世界）
第五會：文殊弘傳會 bandhaṃ
　　（隔離意識空間的咒字，達到神聖的結界）

優先記住這幾個梵字的羅馬拼音以及對應的漢音，可以在學習〈楞嚴咒〉的過程中有個正確扎實的清晰架構。

→參閱單元：前導學習 4　五會各有最具代表的咒字，務必牢記在心，
第 64 頁

精選學習 04　在網路上跟著慧度法師直接學習梵語楞嚴咒

透由網路學習〈楞嚴咒〉的梵語是不錯的選項，筆者精挑細選三個不同句數的念誦版，首先學習的是現今寺廟流通的 427 句版本。念誦者是慧度法師，是現任古嚴寺的住持。他擅長於音樂創作及演唱（出家前是亞洲唱片諦聽文化事業有限公司負責人），出版的梵唄佛曲及心靈音樂既多且精。讀者只要上網搜尋兩個關鍵字「楞嚴咒」與「古嚴寺」，即可查到 Youtube 網站的念誦影片。

→參閱單元：慧度法師的梵音讀誦，第 71 頁

精選學習 05　不可忽略的祈願文

〈楞嚴咒〉連續咒句的祈願文不多，但都是楞嚴法會儀軌進行時極為關鍵的念誦。在念誦這些祈願文時，要格外專注謹慎，因為需要虔誠地向諸佛菩薩發出願望。**請讀者注意，祈願文必須跟著相關文章內容一起閱讀學習。**至於部分簡單、簡短的祈願文，筆者就不特別提示。此外，有的寺院念誦本的翻譯，會形成固定的楞嚴法會祈願文格式。以下呈現楞嚴咒五個重要祈願文，可以說是〈楞嚴咒〉重要的吟詠讚歎，點出關鍵性的核心要義。

結構分析 7　啟動五種能量的祈願文，第 133 頁
結構分析 12　如來頂髻完整名號、身形、具備的偉大能量，第 220 頁
結構分析 18　啟動第四會的核心光明能量，第 302 頁
結構分析 22　三結界，第 383 頁
結構分析 23　啟動核心咒語，第 387 頁

精選學習 06　咒字原始意義與轉化的擬像化諸尊

〈楞嚴咒〉有個強大的咒字：pratyangire，具備庇護修行者與調伏宇宙的能量！ pratyangire 包含兩層意義，一是「守護庇護眾生」，二為「調伏能量」。所謂的「調伏能量」，是指此咒句可以將負面能量趨於平靜而不擾動，甚至轉化成正面能量，意味著此咒字擁有相當優秀的調節控制能力。上述能量如果被擬像化，就成為了「遍能調伏尊」或是「迴遮母」。「尊」字意味著尊者，「母」字強調陰性能量。「迴遮母」的意思就是「能轉化障礙之母」。特別介紹 pratyangire **這個咒字，是因為此字擁有一個貫穿全書的重要概念，那就是「抽象思想」或「宇宙智慧」在佛教被擬像化成一尊又一尊的佛、菩薩、護法。**回顧歷史，創造出諸佛菩薩身形的時間集中於西元二世紀至五世紀。

→參閱單元：前導學習 5　強大咒字 pratyangire，庇護修行者、調伏宇宙能量！第 68 頁

精選學習 07　透澈七大如來，重中之重，請務必徹底學習

這是一個重要的精選學習！「如來」是佛陀的另一種稱謂。〈楞嚴咒〉中最重要的七位佛陀，大致上來自三個如來系統，分別是：❶ 金剛界曼荼羅的五方佛、❷ 三寶佛、❸ 胎藏界曼荼羅的中台八葉。

「金剛界曼荼羅」的五方佛又稱「五智如來」，密教系統將宇宙空間區隔成五個方位，每個方位各擁有一股智慧能量。而「曼荼羅」（mandala）的意思是壇城，是宇宙智慧能量的空間配置圖。金剛界曼荼羅的五方佛，出自於密教經典《金剛頂經》，在中央是大日如來，東、南、西、北各有一尊如來。一般佛教徒熟悉的「三寶佛」是以釋迦牟尼為中央，他位處娑婆世界，即是我們生存的地球；東方則是來自淨琉璃世界的藥師如來，西方是極樂世界的阿彌陀如來。至於「胎藏界曼荼羅」是來自於密教最

重要的經典《大日經》，其中「胎藏界」的意思是胎體含藏的界域，是宇宙智慧儲存能量的原始空間。

認識金剛界曼荼羅、三寶佛、胎藏界曼荼羅中台八葉的「宇宙智慧空間配置」，將引領讀者走入全新的學習，可以立刻躍上佛教思想中一個清晰空間概念的境界。

→參閱單元：結構分析 6　禮敬七大如來，第 114 頁，
並且搭配第 116~117 頁的關鍵要點

精選學習 08　四種護摩法：密教壇場運作的四種成就法

〈楞嚴咒〉是神祕學中具有能量的特殊語言。咒語有兩種：一種是有意義的字句，可以經過思考而理解其義；另一種是看似不具意義的音韻，卻蘊藏了宇宙巨大的「振動能量」。持咒的諸多功能，歸屬於密教修法的範疇，分別稱為息災法、增益法、敬愛法與降伏法，統稱為四種壇法，又稱為「四種護摩法」或「四種成就法」。三種稱謂各有強調之處，分別是壇場的法事、火供（即護摩）與神聖的成就。此四法再延伸出第五法鉤召法與第六法延命法。〈楞嚴咒〉的五會依序呈現出這些護摩法的精髓，是密教重要的修行法門。護摩法或成就法是提升個人意識能量，接觸宇宙神聖意識體的絕佳法門。

→參閱單元：關鍵要點「壇法」，第 86 頁

精選學習 09　楞嚴咒的核心咒語：心咒

〈楞嚴咒〉的字數共 2620 字，為佛教中最長的咒，亦被稱為咒中之王，核心能量「心咒」更是強大。雖然出現於第五會的結尾處，但可以在這裡提前學習與念誦，是一組終極對治負面能量的咒語，其意義與梵語內容的口語化解釋如下：

人們必須借助宇宙的智慧能量，才有機會前往純淨美好的智慧空間。宇宙的智慧能量並非唯一，所有超越時空的諸佛菩薩都可以與我們連結。**整個〈楞嚴咒〉大量連結諸佛菩薩的能量，如果念誦者善於運用咒語，可以協助自己開發潛在於心靈深處的智慧能量。**來到第五會的結尾，也是〈楞嚴咒〉的最精彩之處，將啟動終極對治的「甘露火」之智慧能量，進入「上妙清淨」的清淨境態，透由「金剛持尊」的結界，結合「金剛手」的摧碎能量。心咒的四個過程，讓〈楞嚴咒〉達到圓滿成就（速疾成就）的狀態，既神聖莊嚴且圓滿。此看似簡短的心咒，卻能夠讓我們遠離負面的詛咒，轉化成善美的祝福。當達到內在心靈與宇宙共通的善與美，就是轉化、調伏我們於物質世界所存在的各種能量。**整個心咒是〈楞嚴咒〉的精髓，讀者一定要記住**，而且念誦時要有口有心！

→參閱單元：結構分析 23　啟動核心咒語，第 387 頁

精選學習 10　更正傳統漢音的錯誤，熟悉寺院念誦者，可以擁有更精進的學習

目前明版〈楞嚴咒〉已經成為漢傳佛教僧侶早課必誦的功課，收錄於《佛門必誦課本》的朝時課誦。依據斷字的不同，有 427 句、554 句兩種，也有較少見的 431 句。此三種明朝版本的字數都是 2620 字，這是代代相傳的智慧結晶，對此我們充滿敬意與感激。不過，隨著網路的發展，現代人類非常幸運可以察覺需要修正之處。

對於《佛門必誦課本》確定錯誤之處，筆者建議予以更正，舉個例子，第 13 句的 samarthānāṃ，意思是具備能力者、賢者、權能者。梵字漢音應該是「娑摩囉他喃」。可是大部分的寺院流通版誤寫成「娑囉摩他喃」。其中，「摩囉」被寫成「囉摩」，兩字次序相反。這是《佛門必備課本》明顯於傳抄的錯誤之一。另外，吽（hūm）字通常寫成「虎許」，早課時僧侶都唸成「虎信」，「虎信」與梵音「吽」（hūm）發音相距甚遠，嚴重失真！此外，寺院版本很容易出現「伽」與「迦」這兩字的漢音錯誤，這

些狀況還算不少。**只要比對原始梵字，其實很容易修正的。如果可以將確定錯誤的音譯予以修正，那麼清晨於寺院念誦〈楞嚴咒〉將更為精進！師父也可提供信眾更正確的佛學知識。**

許多梵語專家都已經對《佛門必備課本》中〈楞嚴咒〉的錯誤予以修正，但做的最仔細的是馬來西亞華僑郭火生居士。他發表《楞嚴咒乙未 2015 年校勘版》一書，筆者仔細閱讀該書，發現郭居士做學問的嚴謹非常令人敬佩。

→參閱單元：Part 3 進階分析 04 與 05，詳見第 416 頁與第 417 頁

精選學習 11 敦煌楞嚴咒：特殊且獨一無二的曼荼羅結構

位於巴黎的法國國家圖書館有一件完整保存極為清晰的獨一無二〈楞嚴咒〉，**是悉曇梵文的木刻版**，這是由一位法國語言學家、漢學家在 1908 年前往中國敦煌石窟探險所取得的。此〈楞嚴咒〉以曼荼羅的結構呈現，主體結構分為「內院」及「外院」兩大部分，此乃密教神聖的記憶裝置。整個配置圖可以對應《金剛界曼荼羅》的「成身會」，它是這個曼荼羅的中心位置，意味著最重要、最根本的一會。近十年來，香港的辛漢威居士與馬來西亞的郭火生居士，都將這個敦煌版本進行全面解讀，並且比對早期的漢傳版本。

曼荼羅是佛、菩薩聚集的神聖空間，也是宇宙智慧能量的儲存器。首先我們要認清楚東、南、西、北等方位。方位是學習曼荼羅最重要的事情之一。**金剛界曼荼羅的關鍵之處是，曼荼羅的下側代表東方，依順時針方向，左側南方、上側是西方，來到右側則是北方。這個規則請讀者務必記住。**

宇宙無形無相的神聖意識體擁有抽象的意義，而且具備智慧能量，在這神奇的曼荼羅下，透由〈楞嚴咒〉的念誦凝聚諸佛菩薩的能量於此一空間，陸續展開莊嚴的神聖五會。**透澈敦煌的這件古老楞嚴咒，肯定**

能獲得某種程度佛教知識的大進步。請讀者一定要找出時間來研究這個古代的智慧結晶，筆者甚至覺得它的豐富知識與智慧可以單獨成書。另外，辛漢威居士對此曼陀羅分析極為徹底，本書方位、佛菩薩護法的編碼，也沿用他的介紹次序。

→參閱單元：Part 3 進階分析 10，第 428 頁。
特別是第 433 頁與第 434 頁的結構圖非常重要。

精選學習 12　梵音能量轉化成發光的梵字能量

觀想梵文咒字是佛教很特殊的法門，過程是專注一心地凝視梵字，即使不認識這些梵字，也可以達到神奇效果。藏傳佛教非常講究這個方法，除了可以觀想梵字，也可以觀想藏字。**觀想咒字是「本尊相應法」的一個法門，「相應」一詞來自梵語的 yoga，意思是親近的兩個人互望一眼，就知道彼此的心意。**本尊相應法即與諸佛、菩薩相呼應，這包含對佛與菩薩的尊崇、承事、學習、成為益友等等，最終的目的是能與本尊融合為一。簡單的說，本尊相應法是為了將本尊視覺化（visualize）或具象化（embody）。觀想咒字是想像悉曇咒音化成發光的悉曇梵字，**此刻，諸佛、菩薩的咒語由「梵音」轉成發光的「梵字」，以視覺化的具體咒字顯現。所以，修行者只要凝視咒字，就能與諸佛、菩薩的心意相通。**

致力推廣楞嚴心咒觀想法的宣化上人，是近代佛教高僧，在美國加州創立萬佛聖城。他是將佛教傳入西方世界的先驅者之一。他指導信眾一個楞嚴心咒法門，內容是觀想悉曇梵字（不一定要了解其意），只要專注看著這些咒字。宣化上人說，把每個梵字都印入心裡頭，無論睜眼、閉眼都明明了了。這樣久而久之便得到三昧了。所謂三昧，意思是將心定於一處（或一境）的安定狀態。這是很奇妙的法門，藏傳佛界也是這麼認為，而且這個法門已經流傳千年。

→參閱單元：楞嚴心咒悉曇梵字觀想，第 392 頁

精選學習 13　從金剛界曼荼羅到胎藏界曼荼羅的宇宙方位：瞬間定位

「胎藏界曼荼羅」是出自於密教最重要的經典《大日經》，而「金剛界曼荼羅」來自於另一部密教經典《金剛頂經》。這個概念貫穿整個〈楞嚴咒〉。在精選學習 11 中，提及敦煌木刻〈楞嚴咒〉的主體結構配置圖，可以對應《金剛界曼荼羅》的「成身會」，現在我們談《胎藏界曼荼羅》。

筆者要特別強調，即使曼荼羅沒有說明是來自於《金剛頂經》的金剛界曼荼羅或是《大日經》的胎藏界曼荼羅。**其實只要看到東方在圖上（同時對照西方在圖下），立刻可以判斷這張宇宙空間配置圖是來自胎藏界。反之，如果東方在圖下，那就是金剛界曼荼羅。**無論在鑑定古籍繪畫（例如西藏唐卡）或是經版考古，確定「東方」在圖上的位置都是非常實用的法則。

本書第 132 頁是個絕佳的學習範例，該單元討論胎藏界「中台八葉院」的五如來、四菩薩。這個範例顯示出東方在圖繪的上方，西方在下方。接著順時針方向依序為東、南、西、北。但問題來了，絕大多數的曼荼羅並無標示東、南、西、北這幾個字。我們也沒佛菩薩適用的 GPS，又該如何定位？

很簡單，**我們熟悉的阿彌陀佛或是無量壽佛是來自西方**，確定此方位再依據前面的規則，立刻可以判讀這曼荼羅是來自金剛界或胎藏界。若能再知道幾個重要佛菩薩的方位會更好。**例如，阿閦如來、金剛薩埵在宇宙東方，寶生如來位處南方，北方最重要的是不空成就如來。**確定諸佛菩薩於宇宙空間的分布，在進行〈楞嚴咒〉的念誦或是法會儀軌的運作，肯定更踏實安穩。

→參閱單元：關鍵要點「胎藏界曼荼羅中台八葉院之五佛」，第 117 頁
關鍵要點「胎藏界曼荼羅中台八葉院的五如來、四菩薩」，第 132 頁

精選學習 14　以完整咒名認識〈楞嚴咒〉：精確呈現出楞嚴咒深層的能量意義

〈楞嚴咒〉是簡稱，它在《大藏經》裡實際上有三種不同的完整稱謂，分別是：〈大佛頂如來放光悉怛多缽怛囉陀羅尼〉、〈佛頂光明摩訶薩怛哆般怛囉無上神咒〉、〈中印度那蘭陀（寺）曼荼羅灌頂金剛大道場神咒〉。**在這三個冗長的咒名中，可以清楚呈現〈楞嚴咒〉的要點、特質**，分析的關鍵用詞分別是：佛頂（頂髻）、悉怛多（光聚、光明、放光）、缽怛囉（傘蓋）、陀羅尼（長咒）、曼荼羅（壇場、神聖智慧體的空間配置圖，亦譯為「曼荼羅」）。筆者在過去分享《心經》、《金剛經》的演講，也會提醒聽眾可以查詢完整的經名，因為含藏了該經最重要的概念。《心經》、《金剛經》的完整經名分別是《摩訶般若波羅蜜多心經》與《能斷金剛般若波羅蜜多經》。關鍵詞彙是❶ 摩訶、❷ 般若、❸ 波羅蜜多、❹ 心、❺ 能斷金剛，對應的核心要義即是偉大（摩訶）、智慧（般若）、度彼岸（波羅蜜多）、心識（心）、能量巨大足以斬斷金剛鑽（能斷金剛）。

→參閱單元：基礎分析 03　由《楞嚴經》的經文，進入〈楞嚴咒〉的神聖世界，第 46 頁

精選學習 15　〈楞嚴咒〉最難解譯的段落：啟動宇宙天地的陰性能量

這個單元可說是〈楞嚴咒〉最複雜的部分，對研究此咒的學者都是一個挑戰，內容呈現出細膩的宇宙陰性能量，全都是透由一切如來頂髻咒語的威猛力量，**將宇宙天地之間陣容龐大、數量相當的「陰性能量」陸續轉化成「女性護法」，也就是將原本的「抽象能量」轉變為「具體形象」的忿怒女神。**這些能量場雖然凡常人無法輕易窺探，但不可以認為那是虛構的，畢竟許多優秀的智者或修行者都能感受能量的存在，也將經驗所知留存於他們的著作。

一直以來，擬像化（擬人化）是佛教思想傳播的重要過程，其中最具代表性的是觀音菩薩（慈悲能量的擬像化）、文殊菩薩（智慧能量的擬像化）。然而，**隨著能量組合方式的不同，〈楞嚴咒〉的不同版本產生了佛號、名號的差異。**若依據〈楞嚴咒〉427 句版本直接解譯，總共有三十四咒句，其能量意義大多明顯可辨。雖說解釋版本眾多，但本質其實是相近的。讀者無須執著於哪位著述的女神譯名才是正確，只要記住梵文的原始意義，再加上虔誠的念誦，智慧能量就可以下載於我們所處的空間，包含個人的身體。其實可以這麼說，祂們的名號就是自然天地的真實語言，也就是「真言」一詞的意義。這個精選導讀就是希望讀者能重新認識諸佛菩薩、護法、天神，方法就是**改以宇宙能量的角度去理解祂們的名號或佛號。**

→參閱單元：結構分析 9　啟動宇宙天地的陰性能量，第 157 頁

精選學習 16　第一會的摧破調伏法：為人類自身的貪、瞋、癡而戰

在第一會第 78 至 98 句將展開十一股能量的摧破調伏法，這時候並未真正與負面能量作戰，而是預先的準備佈署。直到第二、三會才完全投入真正的戰鬥。〈楞嚴咒〉的戰鬥不是國與國之間的戰爭行為，而是與人類自身貪、瞋、癡的負面能量而戰，或是調伏生存環境空間的負面能量。近年流行於日本的動漫《鬼滅之刃》，曾經創下日本影史的最高賣座紀錄。主角是一群追求善美與智慧的修行者，他們學習系列戰術（各種呼吸法）對抗不同形式的魔鬼，並且充滿慈悲心去保護受傷的眾生。這系列動漫頗類似〈楞嚴咒〉。從第 78 句起，一直至第 98 句，都是在「讚歎」〈楞嚴咒〉的功德。**這些咒語詳述十一股能量的摧破、調伏與遮止，也清楚呈現十一組必須面臨的對象，過程是為自身及他人調伏怨敵惡人的祈禱法。**這是屬於第一會的後半段，氣勢磅礴地展現佛菩薩精彩的降伏能量，充沛的宇宙動能令人讚歎！請注意，雖然有十一股能量之中，但只有八

種不同的法門，因為摧毀降伏法（vidhvaṃsana）出現三次，而且遮遣法（nivāraṇīṃ）出現兩次。

→參閱單元：關鍵要點「十一股能量的摧破調伏法」，第 139 頁

精選學習 17　第二會的迴遮法：有意識、有智慧的宇宙聲韻所產生的振動

在第一會中宛若調遣士兵、派任將領，透由呼喚諸佛菩薩的智慧能量，以調動部署金剛護法、天龍神力。來到第二會，有如「眾兵將齊集」之後，在 hūm trūṃ 的號令下，趁其不意地猛烈攻擊具負面能量的眾多鬼魅。此次威猛能量的凝聚由第 138 句開始，直到第 162 句。其結構鋪陳完整，基本上可以拆解成六個步驟。**每一個步驟都有 hūm 與 trūṃ 兩咒字，是〈楞嚴咒〉充滿能量的兩個宇宙聲韻**，而且是「有意識、有智慧」的宇宙心智所產生的振動。在第二會的迴遮法，會先啟動諸佛頂髻熾盛的能量，達到充滿威猛德性的境態，而後再展開各種降伏法去摧破一切障礙。就如同上面提及的日本動漫《鬼滅之刃》，這些障礙是指修行過程中內心的魔障（貪、瞋、癡）與外在環境的險難困頓。主要的魔障對象包含外道、藥叉、羅剎、鬼魅眾與八萬四千鬼眾。

→參閱單元：結構分析 11　透由 hūm! trūṃ! 啟動六大迴遮能量，第 207 頁

精選學習 18　第三會的斬斷、釘住法：「光明燦爛咒語」與「外道咒語」的大對決

由精選學習 16 開始，連續三個頗為厚重的學習，分量不算小，請讀者專注用心。除了學習〈楞嚴咒〉強大的法門，也在其中反覆練習羅馬拼音，學習梵字。在第三會是針對不同對象，啟動十五次威力強大咒語

「毗陀夜闍・瞋陀夜彌・雞囉夜彌」，梵語是「vidyāṃ chinda-yāmi kīla-yāmi」。這個單元等同於兩陣營的「咒語大對決」，由光明燦爛的〈楞嚴咒〉的咒語，對決其他外道的十五組咒語。威勢強大的〈楞嚴咒〉可以猛力回應一切鬼眾的咒力，本單元的咒語核心威力的意思是：「現在立刻斬斷它！現在立刻用金剛橛釘住它！」正面迎戰其他外來的咒語，像是棒球比賽時投手與打擊者的直球對決！

→參閱單元：結構分析 16　啟動十五次威力強大的 chinda-yāmi kīla-yāmi，第 260 頁

精選學習 19　第五會的結界法：120 公里的範圍都能獲得佛菩薩的庇護

第五會中從第 333 句直到第 410 句，長達八十句描述了各式各樣的負面能量，包含心、鬼魅、疾病、瘟疫、身體痛苦、災難、獸擊，涵蓋了人類在娑婆世界的種種危厄遭遇。認識〈楞嚴咒〉，其實就是學習如何探索智慧，在生命之中遠離煩惱。這時候可以採用密教特殊的「結界」（bandhaṃ）法門。這是〈楞嚴咒〉的重要任務，過程中會創造一個純淨的曼荼羅，這是諸佛菩薩降臨的神聖空間，有獨特的界定區域。由充沛的智慧能量形成純淨的曼荼羅，將毒蠱與惡鬼驅逐隔離，達到淨化空間的作用。於此，結界共有三法：❶ 明咒結界、❷ 十方結界、❸ 勝他明咒結界。〈楞嚴咒〉的結界範圍是「方圓十二由旬之內」，算成現代的距離大約是一百二十公里，意味著在這範圍內都能獲得楞嚴咒結界法的庇護。念誦至此接近了楞嚴咒的尾端，能夠純淨個人的身心靈、創造神聖空間，心中真要好好感激宇宙天地。

→參閱單元：結構分析 22　三結界，第 383 頁

精選學習 20　人體小宇宙、自然環境中宇宙、星體大宇宙的能量運作

〈楞嚴咒〉宛若一個龐大的咒語資料庫，其實不是那麼容易依照本書的章節安排立刻投入練習，因此筆者整理 20 個精選學習，每個都可以獨立閱讀。最後的精選是〈楞嚴咒〉在不同空間能量的運作，能守護與協調的空間向度至少涵蓋三個層面：人體小宇宙、自然環境的中宇宙，還有地球外大宇宙等不同能量的運作。筆者安排在兩頁的獨立單元，即使尚未閱讀完這本書，也可以提前看看。

〈楞嚴咒〉的關鍵核心擁有調伏、庇護等兩個動能，可以將負面能量趨於平靜不擾動，甚至轉化成正面能量。**人體其實就是一個小宇宙，其內細胞是身體結構與功能的基本單位，也就是小宇宙的眾生。**〈楞嚴咒〉可以呼喚的咒語能量，是用來面對破壞「人類生命體的構成元素」(包含精氣、胎體、血、肉、髓、嬰兒氣息、壽命)。不僅於此，也擴及瘟疫瘧疾、肉體生理疼痛疾病、皮膚病症。這時候的咒語運作，屬於呼喚佛菩薩以調伏人類身體內小宇宙能量的諧和穩定。

〈楞嚴咒〉的第二個層面也可以呼喚自然環境的能量，天地山林的能量，是中型宇宙空間的正能量與負能量的諧和。**最簡單的理解就是，〈楞嚴咒〉可以調節地球的風雨、雷電、陽光、空氣，達到風調雨順的境態。**特別是這一世紀地球環境氣候的變異，地震頻繁，人類在這個空間更需要〈楞嚴咒〉的能量。

第三個層面是地球外宇宙天體的存在能量，其中「二十八星宿」的運轉也會深刻影響人體。所以〈楞嚴咒〉的能量可以讓二十八惡星一一轉換成善美正面能量，讓這些星宿眾成為讓人們歡喜的能量境態。如此等同於淨化二十八星宿，或說讓二十八星宿由混亂狀態趨於安定的境態。現在的每一天，寺院虔誠的〈楞嚴咒〉早課念誦，呼喚諸佛菩薩一一降臨楞嚴法會，在莊嚴的早課中眾生一起覺悟，宇宙萬物一起振動。楞嚴法會**讓人類參加了這個能量場的運作，就如同古代祭祀儀式祈請宇宙的和諧運行。**在〈楞嚴咒〉裡，人類個體的生命力與宇宙的生命力是被「平

等看待」的。持咒者的生命能量與空間鬼神、自然天地星體相互運作，透由佛菩薩進行大宇宙與小宇宙融合的神聖協調。如此的智慧能量的轉化，得以最快速的方法是運用〈楞嚴咒〉的核心咒語，也就是心咒。

→參閱單元：參見頁碼：關鍵要點「人體小宇宙、自然環境中宇宙、星體大宇宙的能量運作」，第 146 頁

PART 1

基礎分析

01《楞嚴經》與〈楞嚴咒〉的發展過程

平日佛教徒誦讀的經典，像是《心經》或是《佛說阿彌陀經》，其內都包含經（sutra）與咒（mantra）兩個部分。「經」是人類可以理解的文字，「咒」是禪定過程與佛、菩薩溝通的神聖語彙。咒的形式多樣而且特別，像是有些咒屬於人類無法理解的宇宙音韻，只是單純音韻震動所產生的能量。誦經時，「經」與「咒」這兩個部分都必須學習。《大佛頂首楞嚴經》簡稱《首楞嚴經》或《楞嚴經》，也包含經與咒兩個部分。**整部《首楞嚴經》的核心內容是談「定」。「首楞嚴」這三個字意譯為「一切事究竟堅固」，這是「大定」的總名。**

《楞嚴經》或是佛教徒經常念誦的《藥師經》、《金剛經》與《佛說阿彌陀經》的「經」，是人類看得懂的文字語言。對於看不懂的「咒」，念誦的意義又何在？由於咒是佛菩薩的語彙，人們未必都能了解其意，甚至許多咒語的「漢字音譯」一般人都念不出來。

但持咒過程中，只要能夠專注於一，其實佛菩薩的能量是與我們在一起的。在長期誦經持咒的過程中，修行者會發現自己總是在不知不覺中進入寧靜的世界，也就是「禪定」的境態。這時修行者將由地球的人間智慧轉入宇宙的佛陀智慧。

學佛的過程是清淨美好的，**每日虔誠的僧侶總是在清晨早課時啟動本書的〈楞嚴咒〉，展開一整天美好智慧的學習。這是佛教世界的第一個早課。**在誦讀的和雅妙音聲中，誦經者慢慢沉靜於〈楞嚴咒〉的音韻、節奏，有時還會自在地進入善美思想「義理的理解」，體悟原本看不懂的咒句。這裡的「義理的理解」是指不僅了解「世俗諦」（世俗的真理），而且能夠啟動直覺意識去領悟「勝義諦」（超越文字義理所能體悟的宇宙的真理）。

持誦〈楞嚴咒〉的過程中，除了可以端心正意，使大腦處於空的寧靜狀態，更有利於安心息妄，升起美好的思想，遠離負面的能量。將正面的能量，在聲聲誦讀之中轉入自己的身體，帶來美好的情緒。科學證明，

人類的情緒會影響身體細胞的運作，但宗教上堅強的心念能量對身體卻可以產生更大、更直接的作用，特別是在有效持咒的協助下。

1 《楞嚴經》的誕生：西元705年的印度沙門般剌密諦

以下我們先展開《楞嚴經》與〈楞嚴咒〉的學習。

咒語宛若一種神聖的記憶裝置，在此裝置內「完整封存」了一段經典的核心要義。《楞嚴經》的核心能量即是〈楞嚴咒〉。先談《楞嚴經》漢譯本的來龍去脈，歷史記載是神龍元年（西元705年）誕生的，那是武則天在世的最後一年。一位來自印度天竺的沙門，名為「般剌密諦」（Paramiti），他在廣州的光孝寺道場翻譯了《首楞嚴經》十卷，這是非常龐大的經典。較完整的經名是《大佛頂首楞嚴經》，簡稱《首楞嚴經》或《楞嚴經》。

《首楞嚴經》是讓持咒者如同英雄般勇敢前進的神聖經文

《首楞嚴經》比《楞嚴經》多了「首」字，是來自完整梵音「首楞嚴摩」（śūraṅgama）的 śū，ś 的發音為 sh，如同英文 she、show 的 sh 發音。ū 則是將 u 發音更長。後面的章節會詳述梵字羅馬拼音的簡單規則。首楞嚴摩（śūraṅgama）的英譯為 heroic march sutra，意思是如同英雄般、勇猛地前進。由於「首楞嚴摩」的意思是「勇猛勝進」，意味著念誦此經可以協助修行者勇猛前進智慧的道路，是一條內在心靈的冒險旅程。

《楞嚴經》的全部內容為何？它可以說是「佛法的百科全書」，指導修行者從初發心到修證成佛的實修手冊，在宗派上橫跨「禪、淨、密、律」。它們特別對密宗有深刻的影響。在密宗的範疇，《楞嚴經》本來就是由「密宗灌頂部」錄出，又稱「灌頂章句」。經中提及「道場建立」的壇儀與「佛頂神咒」，這兩個部分都屬於密法。壇儀是壇城儀軌，內容與「曼荼羅」（mandala）有密切關係，核心要義是宇宙智慧能量的空間配置，也就是「壇城」兩個字的意思。至於，「佛頂神咒」即是佛陀的頂部，或是稱為頂髻（uṣṇīsaṃ），這是諸佛智慧能量的匯聚處。

《首楞嚴經》或《大佛頂首楞嚴經》的核心內容：最圓滿的大定

在「金剛界曼荼羅」中，有一位菩薩的梵名也是 śūraṅgama，被譯為「大精進菩薩」，又稱「勇猛菩薩」。無論是大精進菩薩或是勇猛菩薩都翻譯得很傳神。雖說 śūraṅgama 原始的意思「如同英雄般、勇猛地前進」，然而，《首楞嚴經》的核心內容是談「定」，漢譯延伸為「一切事究竟堅固」，這是「大定」的總名。「定」指的是心念集中專一的境態，有不同境界，像是奢摩他、三摩地、禪那都是定，但尚未到達圓滿的定。此時**「首楞嚴」的定指的就是「最圓滿的大定」，不再是「如同英雄般、勇猛般前進」的梵語直譯。**所謂的「定」是心念集中專一，也是意識的精緻運作。意識能形成能量，能量可創造宇宙萬物。透由心識意念結合《楞嚴經》的咒語，即可呼喚宇宙的能量。

〈首楞嚴咒〉就安置於《首楞嚴經》的第七卷之內，為咒中之王

現在流通於寺院的〈首楞嚴咒〉，字數共 2620 字，為佛教中最長的咒，亦被稱為咒中之王。這個版本以「明本」為底，近代學者再回溯更早的「宋本、元本」予以校對。另一部佛教重要咒語是〈大悲咒〉，其流通版本的字數是 415 字。比對字數，發現〈首楞嚴咒〉的總字數超過〈大悲咒〉六倍之多。目前〈首楞嚴咒〉已經成為漢傳佛教僧侶早課必誦的功課，收錄於《佛門必誦課本》的朝時課誦。依據斷字的不同，有 427 句、554 句兩種，也有較少見的 431 句。但此三種版本的字數都是 2620 字。

透由〈首楞嚴咒〉，讓人、神、菩薩、佛陀共聚一堂

〈大佛頂如來放光悉怛多缽怛囉陀羅尼〉簡稱〈首楞嚴咒〉，被認為和藏傳密宗**〈佛頂大白傘蓋陀羅尼〉是同一咒，是佛教僧侶每一天醒來之後的第一門功課。**這套咒語的內容是呼喚宇宙不同層面的智慧能量，範圍相當龐大。念誦的時刻可以淨化寺院道場，或是守護個人的誦經書房。最奇妙的是，透由這個咒語，讓人、神、菩薩、佛陀共同聚集於神聖空間。完整咒名〈大佛頂如來放光悉怛多缽怛囉陀羅尼〉，每個梵字（大

佛頂、如來、放光、悉怛多、缽怛囉、陀羅尼）都很關鍵，了解字詞含意即可解開此咒的完整意義，隨後章節會詳細說明。

2 《楞嚴經》豐富的傳說故事

傳說一：龍樹菩薩於龍宮發現的珍寶

《楞嚴經》有些充滿傳奇的故事，成為寺院信眾的宗教信仰。據說它是隱藏於龍宮的一部稀世珍典。龍宮與龍樹菩薩（nāgārjuna）關係緊密，而且不只與一部佛經有關，最先的是《華嚴經》，而後是《楞嚴經》。在《龍樹傳》的記載裡，龍樹比丘隨著大龍菩薩進入深海，在龍宮中發掘出七寶華函，因此獲得《華嚴經》。什麼是七寶華函？就字面意思來看，應該是鑲嵌七種寶石與帶有花蔓紋飾的經盒，可以保存佛經典冊。

龍樹出身南印度，為婆羅門種姓，少年時學習吠陀經典，同時也精通各種學問及法術，例如隱身術。龍樹進入龍宮學習大乘方等經典，之後在印度南方弘法的說法深植人心。其中**「龍宮」始終是不同傳說的共同元素，除了《華嚴經》，《楞嚴經》也是透由龍樹於龍宮而獲得**，比較特殊之處是龍樹透由「過人記憶而背誦取得」的，他將完整經文背誦寫下獻給天竺國家。《楞嚴經》被視為國之重寶，嚴禁傳出國外。那麼，龍宮在哪裡呢？印順法師認為龍樹進入龍宮的地方，在於烏荼國（位於今印度的奧里薩邦〔oṛiśā〕）。

傳說二：充滿戲劇傳奇的《血漬經》

因為《楞嚴經》在印度被視為國之重寶，嚴禁傳出國外。般剌密諦法師第一次攜帶此經闖關失敗。第二次，般刺密諦先將經文寫在一種極細的白布上，把自己臂膊的肌肉割開，將寫好經文的白布塞進去。然後用蠟將創口縫合，等刀口平復後，再行出國，終於成功地渡海來到中國。

那時是武則天罷政後的唐朝中宗皇帝繼位的神龍元年初，即西元 705 年。然而，因為歷時太久，白布已經與血肉相融導致模糊了，經文難以辨識，更不要說翻譯了。當大家正處在憂慮之中的時候，奇蹟發生了，旁邊有一位啞女（或說丞相房融的女兒）忽然會說話了。她說，用人奶清洗白布上的血肉，字跡就會顯現。眾人趕緊測試之後，果然經文顯現，真是皆大歡喜。接著經過周密慎重的籌備，於神龍元年五月二十三日正式開始翻譯。

類似的傳說不少，內容大致相同，細節與人物略有出入，但都與廣州太守房融有關。因故事充滿戲劇性，也被拍成影片。

傳說三：般剌密諦遇見房融，轉譯漢字獻給武則天

般剌密諦法師於大唐中宗神龍元年抵達廣東省，與被武則天所貶的丞相房融巧遇。那時，房融是廣州的太守，於是他請般剌密諦法師在廣州制止寺和另外兩位法師——彌伽釋迦和懷迪，一同翻譯這部尊貴無上的寶典。之後，房融親自為此譯經潤色。

但這個說法有時間上的問題，因為房融確定於西元 705 年才在洛陽因罪下獄，因此他在 705 年之前就被貶至廣東任官的可能性不高，也不可能與般剌密諦法師於該年相遇，甚至一起譯經。**洛陽下獄、貶至廣東任官、遇見般剌密諦法師三件事全都在神龍元年發生，似乎可能性較低。**

綜合各種說法，如果房融先被貶官至廣東南銓，就可能在廣州參與譯經，之後才再遭流放高州或欽州。但歷史上無法確認房融流放的路線，更缺少證據說明房融是否曾參與譯經。因此，由房融家傳出《楞嚴經》的說法，始終存在著房融是否曾參與譯經的爭論。但無論如何，我們都可以知道，此經的流傳，一直被認為與房融有關。

傳說四：神秀禪師身為大唐國師，將之公諸於世

最後的版本又連結上唐代禪宗大師神秀。房融把這部佛教文學的巨著，獻給武則天，但因為在當時有《大雲經》偽造的風波，所以武則天將此經限存在宮中不得流通。後來，唐代國師神秀禪師發現此經，認為此經對禪宗極具價值並予以流通，中國才出現《楞嚴經》。

由神秀傳出的說法，再次因為**時間上的過度集中**，可能性也不高。因為神秀於西元 706 年（神龍二年）過世。根據張悅之《唐國師玉泉寺

大通禪師碑》:「神龍二年二月二十八日夜中顧命扶坐，洎如化滅。」上述的大通禪師即是神秀，碑上正確記錄了他離開世界的時間。

因為神秀大師在神龍二年過世，而根據《開元釋教錄》的紀錄，當時此經尚未譯出，在時間上神秀不可能看到此書。再看《續古今譯經圖記》，此時《楞嚴經》剛在廣州譯出。在神秀過世前是否已經傳至洛陽，也是很可疑的。

佛教傳說無法證實，但彰顯了《楞嚴經》的重要

這些都是未經證實的佛教史傳說，一般認為《楞嚴經》是最後來到中國的一部經典。更有末法時代《楞嚴經》最先毀滅，其他經典陸續毀滅，最後只剩《阿彌陀經》的說法。上述四個《楞嚴經》的傳說，充滿神奇的宗教故事，結果造成許多後代學者質疑其真實性。然而，無論這些傳說是否為真，對新時代的年輕修行者而言，他們是透由經典進入佛教世界，進而接受佛教思想義理。終究的目的是追尋宇宙的智慧，不再是因為神奇的傳說而念誦經典，如此遠離了被貼上迷信的標籤。

3〈楞嚴咒〉的再譯：約五十年後來自印度的不空三藏

中天竺的般剌密諦大師於西元 705 年將天竺國寶《楞嚴經》帶到廣州光孝寺譯成漢字，其中卷七有〈楞嚴咒〉。或許是般剌密諦翻譯的咒音應該可以更精準，於是不空金剛三藏（Amoghavajra，一般簡稱不空三藏）在唐玄宗時代（712~756 年在位）及之後到 771 年，再奉詔重新翻譯密教經軌，於五十年後在大興善寺另譯〈首楞嚴咒〉，取代般剌密諦的初始版。請注意，《首楞嚴經》維持般剌密諦版原貌，只有〈首楞嚴咒〉再譯。至於重要的不空版本，流傳至今大致上有三個咒語版本，二者見於中國的《房山石經》，還有一個見於日本江戶譯本。

有關〈楞嚴咒〉最重要的版本之一是不空三藏所譯之〈佛頂悉怛多鉢怛囉陀羅尼〉。不空大師的生平足跡，於歷史上的記載基本上都非常清

楚。唐代漢傳密宗的祖師金剛智（Vajrabodhi, 669~741）在譯經時，常請不空作譯語（註：著重在發音，指漢字音譯），協助翻譯。不空天賦異稟，一般人學習聲論，通常要十二年的時間，但不空學六個月就完成了。背誦〈文殊願〉，平常人需半年，而不空僅用幾天的時間。在金剛智三藏圓寂後，不空前往斯里蘭卡求得大量經法，之後於天寶五年（746）返抵長安。一直到大曆九年（774）的這段時間，不空譯出許多天竺佛典。〈楞嚴咒〉即是在這段時期譯出，隨唐代密法遠播日本。在日本流傳的版本與空海大師有關，主要是來自唐青龍寺內所供奉的「曇貞建不空音譯大佛頂陁（陀）羅尼碑」，由淨嚴和尚輾轉收集許多版本，並增添一些文字。

而《房山石經》的兩個不空版，分別是 481 句與 487 句，內容非常相近，僅 2%~3% 差異。487 句版是由行琳大師彙整的不空版，目前為止最完整的〈楞嚴咒〉，結構不同於現代寺院流通的 427 句版。「石經」顧名思義，是刻文於石材。地點是北京房山縣雲居寺的石經山，這是佛教大藏經的石刻洞藏，刻石事業歷經唐、遼、金，至於明朝末年。《房山石經》的〈首楞嚴咒〉**487 句是目前已知最為完整的版本，雖然不是目前寺院的流通版 427 句版，但內容結構最為清楚完整。**筆者平日在家是念誦此版，受益極大，於是安排於本書後面的進階學習分享給讀者。

關鍵要點

《房山石經》的版本目前被視為最完整，
比現在寺院的版本更貼近原本。

❶《房山石經》第 27 冊 No. 1048，篇末稱〈一切如來白傘蓋大佛頂陁（陀）羅尼〉，不空譯，481 句）

❷《房山石經》第 28 冊 No. 1071，行琳集《釋教最上乘秘密藏陀羅尼集》卷二〈大佛頂陁（陀）羅尼〉，不空譯，487 句）

❸《房山石經》第 27 冊 No. 1063，〈一切如來白傘蓋大佛頂陀羅尼〉，慈賢譯，536 句。

總結，近代從北京房山縣雲居寺發掘與整理出來的《房山石經》，其收藏的不空譯本、行琳所集之不空譯本（另本），與契丹慈賢所譯的三個版本，為學界提供了珍貴的文獻。**這三個版本，音譯用字極度精確。只要分析音字、語句規則，可以「還原」成悉曇梵語，可以比對一開始就是以悉曇梵字呈現的版本**，對於領略或持誦〈楞嚴咒〉有相當的助益。或許讀者會問，那麼為何不直接採用「原本」就是梵字的版本？

原因有三，❶ 有些梵本經年累月以至於掉字，或模糊無法閱讀。❷ 傳抄者於梵字的筆誤。❸ 即使是梵本，卻有不同的版本。由於《房山石經》這三個版本，漢字音譯用字極度精確、保存完整，成為極為珍貴的參考。反倒是其他原始梵本多半有所遺漏，不適合直接持誦。

延伸學習　〈楞嚴咒〉各版本一覽表

1	《房山行琳大師本》487 句	· 加上 93 句咒心的〈大佛頂心陀羅尼〉，總數是 580 句。 · 撰於唐代乾寧五年（西元 898 年），於西元 1147 年刻成石經。 · 目前〈楞嚴咒〉石經版中「最長」的版本。 ·《房山不空大師本》（481 句）與《房山行琳大師本》（487 句）的內容相近，僅 2%~3% 差異。 · 相關書籍 《果濱居士譯版》 《房山石經》第 28 冊，No.1071，釋教最上乘秘密藏陀羅尼集（30 卷）之《行琳集》第 2 卷
2	《房山不空大師本》481 句	· 西元 1031~1054 年在南京開雕的藏經的「複刻本」。 ·《房山石經》第 27 冊，頁 390 上到 395 下，編號 1048。 ·《房山石經》是中國早已失傳的遼刻《契丹藏》。

		·《房山不空大師本》（481 句）與《房山行琳大師本》（487 句）的內容相近，僅 2%~3% 差異。
3	《大正不空大師本》 2720 字，534 句	· 辛漢威斷句為 495 句。 ·《大正藏》第 19 冊，頁 100 上到 105 中。 · 日本江戶的靈雲寺編著《普通真言藏》中的「悉曇梵文版」。 · 日本真言宗高僧淨嚴和尚在西元 1680 年的版本。 · 結構與《房山不空大師本》（481 句）和《房山行琳大師本》（487 句）差異甚大。 · 相關書籍 《古梵文佛教咒語全集》簡豐祺（佛陀教育基金會） 《怎麼持楞嚴咒最有效》簡豐祺（大千出版社） 《楞嚴咒中英梵日》最後附註唐本（台北市大乘基金會） 《珍藏梵文咒本》（大乘精舍印經會） 《楞嚴咒會譯》唐本與日淨嚴和尚版（金陵印經處） 《楞嚴咒梵本》西蓮淨苑（網路）
4	目前流通版宋元明版 2620 字	· 永樂北藏版，繼承宋朝磧砂藏。 ·《大正藏》第 19 冊，頁 139a—14b（附於《高麗版楞嚴經》卷七之末）。 · 427 句的版本 《禪門日誦學習版，天甯寺古刻版》 《大佛頂首楞嚴經義貫 》成觀法師 《楞嚴咒．現代語譯與解說》木村得玄 《佛門必備課誦本》（台北市大乘基金會） 《常用朝暮課誦本》梵文音譯 554 句，漢音 427 句（乾隆大藏經第 47 冊） 《古嚴寺．楞嚴咒梵漢對照》（網路） 《楞嚴咒．中英梵日合刊》（台北市大乘基金會） · 554 句的版本 《國語注音小冊》（大乘精舍印經會）

		《唐譯密咒注疏》圓烈阿闍黎耶（大千出版社） 《唐譯密咒注疏 》附英文對照、紅底金字（正見學會 ） 《楞嚴咒疏本》第一會第五句多「南無」，所以是 2622 字（三峰寺版、宋柏亭法師疏） 《常用朝暮課誦本》梵文音譯 554 句，漢音 427 句（乾隆大藏經第 47 冊） · 431 句的版本 《佛門課誦本》（佛陀教育基金會，粉紅封面，內容同上，斷句小差異）
5	黃檗版 3119 字	· 無斷句 · 具名為〈大佛頂如來放光悉怛多缽怛囉陀羅尼〉 ·《大正藏》第 19 冊，頁 100—102c ·《禪宗的陀羅尼》木村俊彥（大東出版社）
6	大白傘蓋佛母	·《大白傘蓋佛母息災護佑行法》洪啟嵩（全佛出版社） · 元朝大師的音譯加意譯版。 《大正藏》第 19 冊，編號 976，沙囉巴大師〈佛頂大白傘蓋陀羅尼經〉 《大正藏》第 19 冊，編號 977，真智大師〈佛說大白傘蓋總持陀羅尼經〉
7	高麗版 2756 字，439 句	·《大正藏》第 19 冊，頁 134a—136c · 此本中土不甚流通，用字及字數與前兩系統完全不同。
8	房山慈賢版 536 句	·《房山石經》第 27 冊，編號 No.1063，第 1 卷。
9	楞嚴經第七卷內	· 北宋藏本 439 句：北宋開寶藏的《高麗藏》及《趙城金藏》 · 磧砂藏本 427 句：佛教界通行之誦本依據《永樂北藏》（明本）

02 透由完整咒名認識〈楞嚴咒〉深層的能量意義

〈楞嚴咒〉是簡稱，實際上有三種不同的完整稱謂，有必要徹底了解，分別是：❶〈大佛頂如來放光悉怛多缽怛囉陀羅尼〉，❷〈佛頂光明摩訶薩怛哆般怛囉無上神咒〉，❸〈中印度那蘭陀（寺）曼荼羅灌頂金剛大道場神咒〉，均見於《大正藏》第十九冊，每個咒名都非常長。不過，冗長的咒名可以清楚呈現〈楞嚴咒〉的要點、特質，分析如下。

第一個咒名：大佛頂如來放光悉怛多缽怛囉陀羅尼

我們可以從這個咒名拆解出七個關鍵字詞，分別是：❶大、❷佛頂、❸如來、❹放光、❺悉怛多、❻缽怛囉、❼陀羅尼，說明此咒是擁有偉大（maha）的智慧能量，凝聚於佛頂，即佛陀的頂部，或是稱為「頂髻」（uṣṇīsaṃ），這是諸佛智慧能量的匯聚處。這個咒名也告訴人們，佛陀的另一個名號是「如來」（thāgata）。**而此咒可以綻放智慧光芒，如同白色光能的累聚，稱為「光聚」（sitāta），所有光能全部集中在一個傘蓋（patrāṃ）。**這個陀羅尼（dhāraṇī）是個長咒，拆解成七個咒字的說明如下，每個咒字非常重要，不妨現在就記住。此處會先介紹簡單的梵字羅馬拼音，後文會有完整的說明。（註：〈大佛頂如來放光悉怛多缽怛囉陀羅尼〉的咒名，為唐大興善寺不空三藏譯。見於《大正藏》第 19 冊頁 100a。）

1. 大：maha，有時翻譯成「摩訶」，強調偉大的智慧境態。
2. 佛頂：uṣṇīsaṃ，意思是「佛頂」（佛的頂部）或是「頂髻」（頂上肉髻）。佛頂或頂髻是諸佛智慧能量的匯聚處。s 底下加一點成 ṣ，發音接近 si。而 ṇ 與 n 相同，發音差距不大。
3. 如來：thāgata，是佛陀的另一個稱謂，th 接近注音符號的ㄊ，ā 是

a 的長音。

4. 放光：綻放智慧光芒。其實原始的梵文咒名並無「放光」這兩字，是古代編譯時為了強調 sitāta（光聚）一字而增加的延伸譯詞。
5. 悉怛多：sitāta，光聚。sitā 的意思是白，sitāta 是白的累積，也就是光聚。ā 是 a 的長音。
6. 缽怛囉：patrāṃ，傘蓋。ṃ 字的發音接近 m。sitāta 與 patrāṃ 兩字也經常被合譯成「白傘蓋」。
7. 陀羅尼：dhāraṇī 一詞通常是指比較長的咒語。ṇ 與 n 相同，發音差距不大。ī 是將 i 唸長一點。

第二個咒名：佛頂光明摩訶薩怛哆般怛囉無上神咒

這個咒名〈佛頂光明摩訶薩怛哆般怛囉無上神咒〉，是由 ❶ 佛頂、❷ 光明、❸ 摩訶、❹ 薩怛哆、❺ 般怛囉、❻ 無上、❼ 神咒，這七個關鍵字詞構成。比對第一個咒名「大佛頂如來放光悉怛多缽怛囉陀羅尼」，其中有六個字詞是完全相同的：佛頂（uṣṇīsaṃ）、薩怛哆（sitāta）、般怛囉（patrāṃ）、神咒（dhāraṇī）、摩訶（maha，大）。**這個咒名同樣說明了此咒的智慧能量凝聚於佛頂（頂髻），透由咒語可綻放智慧光芒，如同白光的累聚（或稱光聚），全部能量集中在一個傘蓋的陀羅尼神咒。**與第一個咒名較明顯的差異是「無上」（annutara），意思是：這是一個「無法超越、無法在其上」的咒語。（註：〈佛頂光明摩訶薩怛哆般怛囉無上神咒〉的譯名，見於大正藏第 19 冊頁 133a。）

七個關鍵字詞解釋如下：

1. 佛頂：uṣṇīsaṃ，意思是「佛頂」（佛的頂部）或是「頂髻」（頂上肉髻）。佛頂或頂髻是諸佛智慧能量的匯聚處。s 底下加一點成 ṣ，發音接近 si。而 ṇ 與 n 相同，發音差距不大。
2. 光明：綻放智慧光芒。其實原始的梵文並無「光明」這兩字，是古代編譯時為了強調 sitāta（光聚）的延伸譯名。

3. 摩訶：maha，強調偉大的智慧境態。
4. 薩怛哆：sitāta，光聚。sitā 的意思是白，sitāta 是白光的累積，也就是光聚。ā 是 a 的長音。
5. 般怛囉：patrāṃ，傘蓋。sitāta 與 patrāṃ 也經常被翻譯成「白傘蓋」，ṃ 字發音接近 m。
6. 無上：annutara，無法超越、無法在其上。
7. 神咒：dhāraṇī 的另一個譯法，代表神祕的咒語，即陀羅尼。

第三個咒名：中印度那蘭陀（寺）曼荼羅灌頂金剛大道場神咒

〈中印度那蘭陀（寺）曼荼羅灌頂金剛大道場神咒〉，可以解析為：❶中印度、❷那蘭陀（寺）、❸曼荼羅、❹灌頂、❺金剛、❻大道場、❼神咒。除了神咒（dhāraṇī）一詞相同，其他咒字聚焦於三個空間地點。**分別是地理位置「中印度那蘭陀寺」，宇宙智慧能量的配置空間「曼荼羅」，僧侶接受灌頂的「金剛大道場」。**此外，「灌頂」是極為突出的字詞，意思是灌注佛菩薩的智慧能量於修行者的身上。（註：〈中印度那蘭陀（寺）曼荼羅灌頂金剛大道場神咒〉譯名，見於大正藏第 19 冊 133c。）

七個關鍵字詞解釋如下：

1. 中印度：地點。其實原始梵文並無「中印度」這個字詞，是古代編譯者為了說明那蘭陀寺屬於中印度地區，於是將地理位置加入咒名之內。
2. 那蘭陀寺：nālandā vihāra，寺名。為古代印度佛教最高學府和學術中心。那蘭陀寺規模宏大，曾有多達九百萬卷的藏書，歷代學者輩出，最盛時有上萬僧人學者聚集於此。「曼荼羅」同「曼荼羅」，「荼」乃古籍用字。現今多半採用「曼荼羅」，特別是日本佛教典籍。

3. 曼荼羅：mandala，意思是壇城、壇場，是宇宙智慧能量的空間配置圖，諸佛菩薩可以透由持咒與儀軌降臨於此。
4. 灌頂：abhiṣeka，原來的意思是古代印度儀式，以古代世界觀的四大海之水灌在頭頂，表示祝福之意。而後轉換的意思為「灌注佛菩薩的智慧能量於修行者」。
5. 金剛：vajra，原本的意思是鑽石與雷電，鑽石代表地表最堅固的物質，雷電是天空最強大的能量。結合地表與天空最強大的雙重力量。
6. 大道場：原本是指佛陀成道之處，後來泛指僧侶的修行空間。道場的梵語是 bodhi-mandala，音譯是菩提曼荼羅。推測，當年採用「大道場」這個咒名的古代編譯群，格外強調那蘭陀寺的重要性。那個時代的僧侶在那蘭陀寺進行法會儀式與念誦楞嚴咒。另請注意，那蘭陀寺肯定是印度古代最龐大的道場，所以稱之「大道場」。
7. 神咒：dhāraṇī 的另一個譯法，神咒代表神祕的咒語，即陀羅尼。

03 由《楞嚴經》的經文，進入〈楞嚴咒〉的神聖世界

《楞嚴經》中，除了釋迦牟尼（亦稱釋尊、世尊）之外，最重要有三位人物：❶「多聞第一」的阿難，❷ 代表「情慾流轉」的摩登伽女，與 ❸「象徵智慧」的文殊菩薩。其中，阿難的「多聞」主要是佛學的邏輯知識，可以用文字語言表達。摩登伽女的「情慾」是生命體與生俱來的感官意識，而文殊菩薩的「智慧」更是超越感官意識與邏輯意識的境態。這可以對應《心經》的感官意識（眼耳鼻舌身）、邏輯意識（意）、智慧（「無」眼耳鼻舌身意）。最後的「無」，意思是超越，而不是有、無的對立。

《楞嚴經》一開始描述佛陀的弟子阿難在乞食時，遇見摩登伽女，她是一位賤民摩登伽的女兒。因為前世因緣，她很自然地喜愛上阿難，對他充滿愛慾。於是，母親摩登伽透由幻術讓阿難心識迷離，想讓女兒與阿難可以親密結合一起。當阿難即將面臨毀壞戒體的危難時，世尊於禪定中大放光明，展放智慧能量，趕緊派遣文殊師利菩薩以神咒前往守護，隨後並將阿難及摩登伽女帶回釋迦牟尼的道場。**之後，經文轉入《楞嚴經》第七卷，展開此經最重要的咒語〈楞嚴咒〉，這就是提升阿難與摩登伽女的智慧能量的關鍵時刻。**

當阿難被文殊師利帶回，見到釋迦牟尼時，頂禮悲泣，悔恨自己一向多聞，但禪定修持的道路尚未究竟。因而他祈請釋迦牟尼宣說十方如來得成菩提「妙奢摩他三摩禪那」，這是最初的方便法門。其中的「奢摩他」的梵音是 śamatha，意譯為止、寂靜、能滅，是以專注的力量，安定身心，以求進入三昧的修行方法。**佛陀透由指導阿難與摩登伽女的過程中，闡述說明一切眾生「從無始來」生死相續的狀態，都是來自於不知如何「常住於真心，性淨明體」，於是產生種種妄想，形成了痛苦輪轉。**

以上是《大佛頂首楞嚴經》的起始因由，全經共十卷相當龐大，無法在本書一一詳細說明。但本書依序將有關阿難及摩登伽女的部分陳述

於下。他們共同出現在卷一、卷四、卷六、卷七，與部分的卷九。

1 「娑毗迦羅」的大幻術可以移動宇宙星體？

卷一寫著：「爾時，阿難因乞食次，經歷婬室，遭大幻術摩登伽女以娑毘（毗）迦羅先梵天咒，攝入婬席，婬躬撫摩，將毀戒體。」故事的開始是阿難因為乞食，經過賣淫人家門前，被外道的大幻術迷惑。此摩登伽女的母親用「娑毗迦羅」的梵天咒術迷惑阿難，使他心意恍惚。娑毗迦羅是印度外道中的一派，**「毗迦羅」（kapila）的意思是金黃頭髮，因其祖師頭髮黃如金色又稱為「金髮外道」，或許這是來自西方的金髮求道團體。**（註：kapila 似乎翻譯為「迦毗羅」才對，但查詢資料都是毗迦羅）經典中所謂的「娑毗迦羅」的梵天幻術，據說能移動星體讓日月墮地，其實此「大幻術」並非具備如此神力，而是強大能量的催眠術，讓人們誤以為真，整個事情是佛教史著名的「摩登伽女事件」。

閱讀此經時，特別讓人難以理解的是「多聞第一」的阿難修持超越凡常人，怎麼會輕易被女色迷惑，究竟是怎麼回事？

2 多聞第一的阿難遭遇情慾流轉的「摩登伽女事件」是歷史上確實發生過的事嗎？

歷史學家檢視史蹟，認為這可能不是在佛典經常可見的「隱喻故事」，即可能「真有其事」。釋迦牟尼最親信的侍者弟子阿難居然被摩登伽女以咒術「攝入婬席，婬躬撫摩，將毀戒體」。摩登伽女究竟是誰？居然有此能耐！

其實，摩登伽女是印度種姓制度中的賤民，真實身分是妓女。此故事意味著佛陀教導眾生的慈愛之心是沒有分別的，即使是性工作者也一樣慈悲看待。**更深層的意義是，修行過程中任何人都是平等的，無論身分貴賤都可以擁有成就智慧的機會。**甚至，摩登伽女的智慧成就超越了阿難。

3 釋迦牟尼命令文殊菩薩帶著〈楞嚴咒〉的威猛動能前往迎救阿難

《楞嚴經》於卷一繼續寫著「如來知彼婬術所加，齋畢旋歸。王及大臣長者居士，俱來隨佛，願聞法要。於時，世尊頂放百寶無畏光明，光中出生千葉寶蓮，有佛化身結跏趺坐，宣說神咒，敕文殊師利將咒往護。惡咒消滅，提獎阿難及摩登伽歸來佛所。」其中，「世尊頂放百寶無畏光明」是非常關鍵的文字，意思是由世尊的頂髻，綻放百寶的智慧能量，此乃勇敢無畏的宇宙光能。此光能可以讓在場的國王、大臣、長老與居士的心靈產生共振，一起擁有最大的祝福能量。至於「提獎」，意思是提攜獎勵。

世尊的佛頂，梵音是 uṣṇīsaṃ，意思是佛的頂部或是頂髻（頂上肉髻）。無論是佛頂或頂髻，均是諸佛智慧能量的匯聚處。這是〈楞嚴咒〉非常重要的咒字，已經在前面咒名解說單元反覆說明。而且此段經文可以深刻感受到《楞嚴經》的重點，阿難之所以能免除摩登伽女咒術困局，是釋迦牟尼教導文殊菩薩前往拯救的〈楞嚴咒〉。不僅於此，隨後**摩登伽女由情慾流轉的迷境走入清靜的智慧道路，最直接的轉化能量就是此一神咒的威神力。**

4 淨極光通達，摩登伽女的果位超越了「多聞第一」的阿難

接著《楞嚴經》於卷四提到，摩登伽女在〈楞嚴咒〉的智慧能力加持之下，因而「婬火頓歇，得阿那含（三果）」。「阿那含」是佛教修行者進入聖道的果位之一，達到這樣的智慧境態的人，將不再回還欲界，而能證得不同層面的涅槃境態（註：涅槃有不同的修行境態）。然而，摩登伽女追尋智慧的成就不僅於此。在二十五位羅漢及菩薩述說「成道方便」之後，佛陀再次命令文殊菩薩說偈。聽過文殊菩薩的偈子之後，與會的修行者都獲得到甚大的啟發，一起聽法的摩登伽女也因而證得「阿羅漢果」（卷六）。

卷六中有關摩登伽的偈，說明世間的情愛是場縹緲夢幻。內容寫著：

淨極光通達，寂照含虛空；
却來觀世間，猶如夢中事，
摩登伽在夢，誰能留汝形？
如世巧幻師，幻作諸男女，
雖見諸根動，要以一機抽；
息機歸寂然，諸幻成無性。

「淨極光通達」代表覺知進入一種純淨的境態，心光自然通達。「寂照含虛空」說明修行達到寂然常照的境界，形態包含整個宇宙虛空。「却來觀世間， 猶如夢中事」，「却」字的意思是「再」，整句的意思是：當再回頭來看這個世界，一切如在夢中的事一樣。「摩登伽在夢，誰能留汝形？」意思是：摩登伽女是夢中之人，怎能留得住阿難你呢？「如世巧幻師，幻作諸男女」，這兩句以**古代皮影幻術師巧妙的作戲做為比喻，世間情愛宛若幻師用驢皮剪男女人形**，象徵阿難與摩登伽女兩位重要的主角。

關鍵要點

摩登伽女在楞嚴會上的智慧境界變化

凡人情慾	阿那含果位	阿羅漢果位
卷一	卷四	卷六
摩登伽女是一位情戀甚深，對阿難充滿愛慾的女性。其母用「娑毗迦羅」的梵天咒術迷惑阿難。釋迦牟尼教導文殊菩薩以〈楞嚴咒〉拯救阿難。	摩登伽女在〈楞嚴咒〉的智慧能力加持下，得阿那含（三果）。	摩登伽女在聽聞文殊菩薩的偈子之後，證得「阿羅漢果」，這是非常了不起的成就。阿難在釋尊生前，一直都未能證得阿羅漢果位。

「雖見諸根動，要以一機抽」，意思是：所有發生的劇情，必須由皮影術師來抽引機關線繩，才能演動劇本。「息機歸寂然，諸幻成無性」，意思是：當術師停止操作機關，整個劇場歸於寂滅，說明一切幻術都是無體性的。

5 圓滿的摩登伽女事件，阿難促成楞嚴法會，並且由《楞嚴經》正式走進〈楞嚴咒〉

總結《楞嚴經》的整個故事，是釋迦牟尼佛離席返回祇樹給孤獨園，佛陀進入禪定過程中大放光明。佛陀讓整個空間充滿宇宙的智慧能量之後，開始宣說〈楞嚴咒〉。而後派遣文殊師利菩薩持咒前往守護阿難，透由念誦〈楞嚴咒〉，把「先梵天咒」的威力消除掉。此為外道與佛教咒語的大對決，大幻術一遇到〈楞嚴咒〉便被徹底化解，於是阿難及摩登伽女一起進入佛教的智慧世界。

接著，阿難誠摯祈請佛開示禪定的方法，名為「十方如來得成菩提妙奢摩他」，是讓心得安止的妙法。「奢摩他」的意思是「止、寂靜、能滅」，這是能夠進入禪那的特殊修行方法。阿難所經歷的「摩登伽女事件」，促成了一場著名的楞嚴法會。**而最後法會內容予以精要整輯，日後結集為《楞嚴經》，並且在〈楞嚴咒〉卷七正式登場。**〈楞嚴咒〉流傳甚廣，直至清朝乾隆年間，續法大師曾對《楞嚴經》做過《楞嚴經灌頂疏》，全文詳盡，並且是近代唯一對〈楞嚴咒〉有詳盡釋義的註疏，爾後被單獨抽出成為《楞嚴咒疏》。

04 《楞嚴經》的偈讚發願

偈讚發願是念誦〈楞嚴咒〉的前行儀軌，內容結構有三個部分，分別來自：❶《楞嚴經》卷三的結尾處、❷七個南無祈請，與❸卷七的起始處。過程是在《楞嚴經》經文阿難禮佛合掌，在佛陀面前的說偈讚佛。

第一部分取自《楞嚴經》卷三：

妙湛總持不動尊。　首楞嚴王世希有。
銷我億劫顛倒想。　不歷僧祇獲法身。
願今得果成寶王。　還度如是恒沙眾。
將此深心奉塵剎。　是則名為報佛恩。
伏請世尊為證明。　五濁惡世誓先入。
如一眾生未成佛。　終不於此取泥洹。
大雄大力大慈悲。　希更審除微細惑。
令我早登無上覺。　於十方界坐道場。
舜若多性可銷亡。　爍迦羅心無動轉。

第二部分是七個南無，祈請楞嚴法會最重要的七組智慧能量：

南無常住十方佛
南無常諸十方法
南無常住十方僧
南無釋迦牟尼佛
南無佛頂首楞嚴
南無觀世音菩薩
南無金剛藏菩薩

第三部分取自《楞嚴經》卷七：

爾時世尊從肉髻中。涌百寶光。光中涌出千葉寶蓮。有化如來，坐寶華中。頂放十道百寶光明。一一光明。皆遍示現十恒河沙金剛密跡，擎山持杵，遍虛空界。大眾仰觀，畏愛兼抱，求佛哀祐。一心聽佛無見頂相放光如來宣說神咒。

解說第一部分的前六句偈

妙湛總持不動尊。　首楞嚴王世希有。

銷我億劫顛倒想。　不歷僧祇獲法身。

願今得果成寶王。　還度如是恒沙眾。

⊙段落意思

〈楞嚴咒〉諸尊的智慧能量是超越人類所能體悟的美好境態，深厚、清澈。可以總一切法和持一切義，這是能量穩定狀態的意識體。此乃堅定不動搖，是無法移動、無法變動的智慧境態。當進入一切事究竟堅固的法王的禪定境界，楞嚴諸尊可以銷融耗盡顛倒夢想，無須歷經無量歲月即可達到法身境界。祈願現在可以獲得寶王的成就，再次度化如恆河沙數般的眾生。

⊙字詞解釋

· 妙湛：妙，超越人類所能體悟的美好。湛：深厚、清澈。
· 總持：總一切法和持一切義的意思，總持是梵語陀羅尼（dharani）的意譯。
· 不動尊：能量穩定狀態的意識體，達到無法移動、無法變動（不動）的智慧境態。
· 首楞嚴王：一切事究竟堅固的法王之定。
· 銷：銷融耗盡。
· 僧祇：印度最大的數量單位，意為無量。
· 還度：還，再次。度，度化。

解說第一部分的後十二句偈

內容是將誠摯的慈悲心念，奉獻給無數無盡的佛國。發願進入五濁惡世，去救渡眾生。這部分先談慈悲而後是智慧，當慈悲與智慧融合為一，即可達到正等正覺的境態。

將此深心奉塵剎。　是則名為報佛恩。
伏請世尊為證明。　五濁惡世誓先入。
如一眾生未成佛。　終不於此取泥洹。
大雄大力大慈悲。　希更審除微細惑。
令我早登無上覺。　於十方界坐道場。
舜若多性可銷亡。　爍迦羅心無動轉。

⊙ 段落意思

將深摯的心念奉獻給無數無盡的佛國，此乃稱為報佛恩。恭敬祈請世尊作證，願比他人更先進入五濁惡世。發願只要一眾生無法成佛，就不獲取涅槃。如同偉大的英雄，擁有強大的力量，與大慈大悲的胸懷，希望再一次明白了解細微的迷惑。讓我早日能達到無上正等正覺的境態，以十方世界為道場。即使空性可銷亡，心識也不會轉動（意思是堅固之心無動搖）。

⊙ 字詞解釋

- 塵剎：像塵埃那麼多，數也數不盡的佛國。
- 五濁：濁，煩惱。五濁，五種煩惱，分別是命濁、眾生濁、煩惱濁、見濁、劫濁。
- 泥洹：nirvana 的音譯，同「涅槃」。
- 大雄：偉大的英雄，能降伏魔障。
- 大力：強大的力量。
- 大慈悲：大慈大悲。
- 更審：更，再次。更審：明白、了解。

・微細惑：三界的迷惑，與出世的無明惑。
・無上覺：無上正等正覺。
・十方界：四方、四維、上下之總稱。
・舜若多：梵語 sunyata 的音譯，意思是空性。
・爍迦羅：梵語 cakra 的音譯，意思是輪子，延伸為轉動的意思。

解說第二部分

這七個南無是祈請七組宇宙智慧降臨楞嚴法會。比較需要解釋的是「南無佛頂首楞嚴」與「南無金剛藏菩薩」。佛頂首楞嚴是〈楞嚴咒〉最重要的智慧能量，此能量來自諸佛頂髻，而且具備首楞嚴的特質。如前所述，首楞嚴（śūraṅgama）梵語的英譯是 heroic march，意思這是如同英雄般、勇猛地前進的智慧能量。

金剛藏菩薩（Vajragarbha），音譯「縛日囉孽囉婆」。「金剛藏」一詞又意譯為「金剛胎」。該尊屬於密教賢劫十六尊之一，可由菩薩變換成護法身形。其身形握持金剛杵以降伏惡魔，呈現忿怒威猛之相。該尊還有「金剛藏王」的稱謂，所以金剛藏、金剛胎、金剛藏王是同尊異名。金剛藏（金剛藏王）主要是出現在「胎藏界曼荼羅」的虛空藏院（請參考 155 頁）。除了胎藏界之外，此尊也位居「金剛界曼荼羅」的微細會、供養會等外院，是北方四尊中之第三位。

解說第三部分

第三部分來自於《楞嚴經》卷七，念誦完這段經文，隨後即開始念誦〈楞嚴咒〉，經文擷取明版 427 句的版本，也就是本書的版本。

爾時世尊從肉髻中。涌百寶光。光中涌出千葉寶蓮。有化如來，坐寶華中。頂放十道百寶光明。一一光明。皆遍示現十恒河沙金剛密跡，擎山持杵，遍虛空界。大眾仰觀，畏愛兼抱，求佛哀祐。一心聽佛無見頂相放光如來宣說神咒。

⊙ 段落意思

此時世尊從肉髻中涌（湧）現百寶光芒。光芒之中再顯出千葉寶蓮。轉化身形的如來安坐於寶花之中。其頂放綻放十道百寶光明，一一光明，全部展現十恒河沙數量的金剛密跡，高舉山岳握持金剛杵，遍居整個虛空法界。與會群眾抬頭仰視，以恭敬而且畏懼的心，仰慕佛陀的威德，祈求諸佛的慈悲與保佑。眾生一心聽聞佛陀的教誨，而釋迦牟尼先講說「無見頂相放光如來」的教法，再宣誦此楞嚴神咒。

⊙ 字詞解釋

- 肉髻：uṣṇīsaṃ，佛頂的突起物，象徵佛陀的智慧能量。
- 金剛密跡：Vajra Pani，Vajra 的意思是金剛，Pani 的意思是手。Vajra Pani 直譯為「金剛手」。其屬性通常視為護法，「金剛密跡」與「金剛手護法」異名同尊。
- 擎山持杵：擎，意思也是「持」，還有「高舉」的意思。擎山持杵即是金剛密跡的法相，握持金剛杵是關鍵識別處。
- 無見頂相：無見頂相是指為「無人能見」的佛陀頂相，在密教視為尊貴、殊勝的境態。無見頂相是平凡人類，甚至是天神（deva）也無法見到的相狀。

05 進入〈楞嚴咒〉念誦的前導學習

★非常重要★

在正式進入〈楞嚴咒〉的學習前，有五個前導學習非常值得徹底了解，這是行前的重點提示。這是一份宛若進入神聖世界的心靈地圖，讓念誦者連結宇宙智慧前往純淨美好的智慧空間，也就是楞嚴法會。

首先是悉曇梵字的羅馬拼音學習，可以協助我們更接近咒語的原始發音。目前傳統寺院的念誦多半採國語發音，其實這樣已經「遠離」最初的河洛語發音。**唐代的漢字音譯是比較接近閩南話的河洛語。**然而，現代人未必熟悉閩南語（台語），於是羅馬拼音成為非常有利的工具。

以下五點前導學習分別是：❶ 悉曇梵字的羅馬拼音是很不錯的學習。接著是 ❷ 頂髻智慧能量關鍵分析，這是創造清淨時刻的咒字呼喚，認識「頂髻」，就可以清楚知道整個〈楞嚴咒〉全部是來自佛陀的頂髻，那是宇宙智慧的集中處。簡單說，頂髻即是佛陀智慧的能量場。接著，我們可以繼續深入 ❸ 頂髻智慧能量的進階分析。更深入地了解頂髻智慧能量擁有不同層面的深度發展，進而延伸到更多深層形式能量的「頂髻咒語」。**它們的聲韻能量可以讓修行者慢慢地由「人生智慧」走向「宇宙智慧」。**

完成上述三項前導學習，接下來會學習到〈楞嚴咒〉中反覆出現的幾個咒字，其能量強大驚人，分別是重要的強大咒字：❹ pratyangire，它可以庇護修行者、調伏宇宙能量，以及 ❺ 五會各自擁有的關鍵咒字。

❹ 與 ❺ 兩個步驟若能好好學習並實踐，就可以安穩地走進〈楞嚴咒〉的神聖世界。先理解本單元每個咒字的意義，再正式進入〈楞嚴咒〉，就好比在修行路徑上拿著羅盤而不會迷失方向，可以正確安穩地誦讀〈楞嚴咒〉。

前導學習 1　悉曇梵字的羅馬拼音學習

現今世界佛學界的資料引用皆以《大正藏》為準，《大正藏》中所有梵文資料幾乎全以「悉曇字」完成。「悉曇」是 siddhāṃ 的音譯，該字的意思是「成就」或「完美」。悉曇字又稱梵書、梵字，大約是西元 600 年至 1200 年間書寫梵語的文字。悉曇文字源自於印度笈多王朝（Gupta Empire，西元四至六世紀）使用的笈多文的改良版。笈多文延續自西元前印度古老的婆羅米文（brāhmī），它又是藏文等文字的祖先。

漢文佛典中的梵文書跡，除了悉曇文之外，現代學者也有引用編纂經典時的「天城體」。天城體（devanāgarī），deva 的意思是天，天人的天。nāgarī 的意思是城市，故稱天城體或天城文，簡言之，這是天人城市使用的語言。這是印度和尼泊爾的一種文字，用來書寫印度語、梵語、尼泊爾語等語言。天城文最早出現在十三世紀初。

無論是悉曇字或是天城體，對一般讀者閱讀與念誦〈楞嚴咒〉來說，是頗為辛苦的，**其中的學習包含元音（意即母音）、輔音、鼻音、軟齶鼻音……近音和擦音，各種發聲的組合。**為了方便閱讀與念誦，許多〈楞嚴咒〉典籍的咒語學習都改用羅馬拼音。本書建議幾個簡易的方法，讓讀者可以立刻開始念誦梵字悉曇的羅馬拼音。但如果要更標準的發音，還是建議參考專業的梵語學習。林光明先生的《梵字悉曇入門》（嘉豐出版社，2015）是很好的教材，筆者非常推薦。

〈楞嚴咒〉在寺院通行版中共 427 句梵字音譯，本書會說明並提醒每個字的發音原則，直到後面的章節才不會再詳細提示。以下的規則只是整理，讀者無須立刻記憶，只要隨著咒句輕鬆學習、慢慢熟悉即可。

（1）母音加上橫線時：

母音 a、u、i、e、o 依羅馬拼音發音。其上若加有橫線時，例如 ā、ī、ū 這三字要特別發長音。e、o 其上雖然沒有加橫線，也是要發長音。例如，白傘蓋的 sitāta（白）的 ā，是 a 的長音。

（2）字母下加點：

字母下加一點者，共有兩組，ṃ、ṇ、ḥ、ṭ，這四字發音仍是 m、n、h、t。如果是 r、s 兩個字母下加一點者，就要特別注意。r 下面加一點 ṛ 唸成 ri。ṣ 唸成 si。例如，uṣṇīṣa（頂髻）的 ṣ 唸成 si，ṇ 還是 n。

（3）特殊的三樣學習 ś、c、k

- ś 的發音為 sh，如同英文 she、show 的 sh 發音，這一點非常重要。例如，釋迦牟尼 śākya-muniya 的 ś，或是金剛索菩薩（vajra-pāśa）的 ś。
- c 的發音接近 church 的 ch，或是注音符號的ㄐ也頗接近。請記住，不是發音成 cake、cat、cold 的 c。例如，cittā（心）的 c，這是經常可見的梵字。
- kṣ的發音很接近church的ch，這時的ṣ就不唸成si。例如，yakṣa（藥叉）的 kṣ。

（4）透由注音符號的方便念誦

- 單獨的 r 唸成ㄌ音。
- ṭ 的發音接近注音符號的ㄉ。
- th 的發音接近注音符號的ㄊ。
- h 與 ḥ 的發音相同，都是氣音，接近「喝」的短發音。
- c 的發音接近除了上述 church 的 ch，也頗接近注音符號的ㄐ。

（5）相似梵字的困惑，音韻與能量的變化

- 梵字的羅馬拼音很難統一，如果拼音用字一致，就會失去咒語念誦的音韻變化，namo 或 namaḥ 是個極佳範例。
- namo 或 namaḥ 都是漢字音譯成「南無」，其他還有 namā、namas。但中文的「南無」，是無法察覺梵字音韻的不同。
- 念誦咒語採羅馬拼音有其優點，可以呈現咒語念誦的音韻變化，如

咒語能量的停頓、轉折或是加強。建議讀者能學習梵字羅馬拼音的念誦。

- 請讀者專心念誦，如果過度專注於其中差異，反而會阻礙學習。關鍵在於真誠念誦，即使漢字音譯相同的「南無」一詞，假以時日最後也可領略其中的能量變化。

前導學習 2　頂髻智慧能量關鍵分析，清淨時刻的咒字呼喚

《大佛頂首楞嚴經》的「頂首」兩字，梵語是 uṣṇīṣa，其複數形式是 uṣṇīṣāṃ，亦稱為頂髻，又稱螺髮、螺髻。因為 uṣṇīṣa 是佛陀頭頂上隆起的肉叢，因為形如髮髻，故名肉髻。又如一個個海螺，故名螺髮、螺髻。uṣṇīṣa 是佛陀三十二丈夫相、八十隨形好之一，也是人天最尊貴的外相標誌。uṣṇīṣāṃ 的羅馬拼字如何發音呢？字母下多出一點的 ṣ 唸成 si。ī、ā 是 i、a 的長音。至於 ṇ、ṃ 與 n、m 大致相同。這不會很難，請讀者一點一點慢慢累積簡易發音的方式。

但最重要的概念是，佛頂（uṣṇīṣa）代表「佛陀智慧的擬像化」，那是尊貴、殊勝的相狀，象徵佛陀至高無上、正遍覺知的般若智慧。大乘佛教透由佛陀的般若勝慧與無邊宏願，可以遍度一切眾生，讓眾生能夠證悟無生法忍，達到究竟涅槃，進而利益一切眾生。就〈楞嚴咒〉而言，首先是對諸佛所證得的平等大慧充滿景仰，進而將抽象智慧具象化成為「佛頂」。隨後再形成「無見頂相」的尊崇，最後是咒語的多元發展，於是出現了不同的佛頂咒語。**重要的有「白傘蓋佛頂」、「尊勝佛頂」、「金輪佛頂」等種種明咒**，以表廣無邊際佛智慧之分德，回應眾生種種不同的除障的祈請。

其中第一個「白傘蓋佛頂」，即是〈楞嚴咒〉的核心能量，透由〈楞嚴咒〉第 74、141、165 句出現的「瑟尼釤」（uṣṇīṣāṃ），可以清楚看到〈楞嚴咒〉與白傘蓋（sitātapatrāṃ）的密切連結。由於此咒功效明著，除了漢傳佛教信眾之外，也廣為漢藏民眾信受。而且「佛頂智慧」轉入西藏之後，變成一位女性聖尊「大白傘蓋佛母」。祂的咒語流傳甚廣，現有梵文本及漢、藏、西夏、回鶻、蒙等多種語言的譯本存世。

所以，佛陀智慧的擬像化或具象化，在不同佛教傳承有著不同的發展，先是佛頂（三十二丈夫相之一）的尊崇，而後是大白傘蓋佛母（女性聖尊）的禮敬。〈楞嚴咒〉的念誦過程，是下載一切如來的智慧能量（satathāgato），降臨於佛頂（uṣṇīṣāṃ），再來啟動並凝聚光能於傘蓋

（sitātapatrāṃ，譯為光聚白蓋或白傘蓋）。

以下是〈楞嚴咒〉427 句中六個佛頂的重要咒句，分別是「一切如來頂髻」（4 次）、「稱名利益頂髻」與「大金剛頂髻」。

咒句編號	音譯	意譯
2	薩怛他　佛陀　俱胝　瑟尼釤（satata buddha koṭi uṣṇīsaṃ）	一切如來諸佛千萬頂髻
74	薩怛他伽都　瑟尼釤（sa-tathāgato ṣṇīsaṃ）	一切如來頂髻
127	夜囉菟瑟尼釤（artho-ṣṇīṣāṃ）	稱名利益頂髻
141	薩怛他伽都瑟尼釤（stathāgato-ṣṇīṣaṃ）	一切如來頂髻
165	薩怛他伽都瑟尼釤（sarva-tathāgato-uṣṇīṣaṃ）	一切如來頂髻
412	摩訶　跋闍嚧瑟尼釤（mahā vajro-uṣṇīṣāṃ）	大金剛頂髻

前導學習 3　頂髻智慧能量進階分析：❶ 白傘蓋佛頂 ❷ 勝佛頂、❸ 最勝佛頂、❹ 光聚佛頂 ❺ 除障佛頂

讓我們延續上個單元提到的「大白傘蓋佛母」，此尊是由一切如來頂髻中出生，祂代表佛陀無見頂相的「佛格化」。再提醒一次，無見頂相是指「無人能見」的佛陀頂相，在密教視為尊貴、殊勝的境態。此相狀是一切人、天都無法見到的頂點。所以，頂髻是平凡人類，甚至是天神（deva）也無法見到的相狀。

在密教中，「無見頂相」延伸為最尊貴的諸尊，而稱為「佛頂尊」。其一切功德中，以佛陀的智慧為無上尊貴的，所以佛頂（uṣṇīṣāṃ）是佛陀智慧的代表，因此大白傘蓋佛母即是佛智的「法爾示現」。佛教典籍經常可以看到「法爾」一詞，**口語的意思是「如此自然而然」，或是「如同宇宙法則自然地運作」**。

然而，在《大日經》卷一中，不只「白傘蓋佛頂」代表佛智，還有尊勝佛頂、金輪佛頂等等。回顧佛教的發展過程，大約是西元七世紀左右，屬於大乘佛教系統的密宗逐漸興起。象徵佛陀智慧能量的佛頂，在發展過程是為了瑜伽觀行，才有「三佛頂」、「五佛頂」之別。五佛頂出自《胎藏曼荼羅釋迦院》，是釋迦牟尼五智的德性，分別是：❶ 白傘蓋佛頂（usnīsa-sitātapattrā），或稱白傘佛頂；❷ 勝佛頂（usnīsa-jayā），或稱勝頂；❸ 最勝佛頂（usnīsa-vijayā），或稱最勝頂；❹ 光聚佛頂（usnīsa-tejorāśi），或稱火聚佛頂、火聚頂；❺ 除障佛頂（snīsa-vikīrna），或稱捨除頂。

依據《大日經疏》卷五，可以得知五佛頂的不同之處，而且由字面意思即可知道，祂們幾位與「瑜伽觀想」的修行過程有關。「瑜伽」的意思是相應（修行者與諸佛的相應），「觀想」則是抽象思想的視覺化。

五佛頂不只擁有不同的意義與境態，而且是依序發展出來的。首先，白傘佛頂是「如來眾相」之頂，展現出如來的眾相。當如來達到「廣大寂靜」之後即是勝佛頂，代表如來「大寂」之頂。接著進入神通境態的

最勝佛頂，這是如來「壽量祕密神通」之頂。而後是光聚佛頂，凝聚如來的「定慧光明」，能除暗障。最後則再一次神通的境態，可以面對業力，名為除障佛頂，以「無所畏神」的神通力量柔伏一切眾生之業垢。**由眾相、大寂、壽量祕密神通、定慧光明，一直到無所畏神通，均是瑜伽觀想的修行過程。**提醒讀者，如果將如來、佛頂等字詞暫時移開，這五個名相其實就是「瑜伽觀想」的五個修行過程，都是抽象思想的擬像化。

最後再提醒讀者，白傘蓋佛母即是「如來的智慧光明」的擬像化，也是〈楞嚴咒〉的核心要義之一，代表著究竟圓滿的佛智。其「內在」的意涵是**引導眾生成就佛智、圓滿成佛**。而「外在」的功德是透由如來的智慧光明顯現的大白傘蓋（或稱光聚白蓋），**擁有無上的威力光明，能守護一切眾生**。所以，〈楞嚴咒〉息災的廣大功德，數百年傳誦於佛教界，直至今日依舊是出家眾每天的早課。

關鍵要點

五佛頂於「禪定狀態」與「智慧能量」的變化過程

白傘佛頂＝如來**眾相**之頂。

↓

勝佛頂＝如來**大寂**之頂。

↓

最勝佛頂＝如來**壽量祕密神通**之頂。

↓

光聚佛頂＝如來**定慧光明**之頂，能除暗障。

↓

除障佛頂＝如來力**無所畏神通**之頂，能柔伏一切眾生之業垢。

前導學習 4　五會各有最具代表的咒字，務必牢記在心！★非常重要★

這是本書非常重要的單元之一，請先學會這五組重要咒字，即可對〈楞嚴咒〉有個初步的清晰概念。請優先記住這個單元每個梵字的羅馬拼音以及對應的漢音。

第一會：毗盧真法會 namo
第二會：釋尊應化會 hūm trūṃ
第三會：觀音契約會 chinda kīla
第四會：剛藏折攝會 phaṭ
第五會：文殊弘傳會 bandhaṃ

第一會宇宙強大的智慧咒字：namo——禮敬、皈依、歸順，可以下載諸佛菩薩的能量

重複31次

「南無」(namo 或 namaḥ) 是〈楞嚴咒〉第一會最重要的咒字，意思是「禮敬、皈依」。禮敬的意思是對宇宙的智慧能量充滿敬意，皈依則是祈請祂們的保護。在第一會總共出現 31 個南無，持咒者虔誠地呼喚來自「宇宙」(虛空) 與「地球」(娑婆世界) 重要的智慧能量。最高層級是佛陀或稱如來，第一會「禮敬、皈依」的對象，包括來自宇宙的一切如來、一切如來佛的千萬頂髻。

而偉大的釋迦牟尼也是其中之一，他是有別於宇宙虛空的智慧者。釋迦牟尼是來自地球的證悟者，唯一存在歷史上真實人物的佛陀（註：藏傳佛教認為蓮華生大師也已經達到佛陀的境界）。上述的「一切」(sarva)，其意思是遍及整個宇宙虛空，此外，禮敬、皈依的對象也擴及菩薩、聖者、智者、天神、護法與天地山林間女神等。

第二會〈楞嚴咒〉的核心種子字：hūm! trūṃ!
——極重要的種子字，可摧破一切障礙

重複 **6** 次

「吽」（hūm）與「都盧雍」（trūṃ）是第二會的關鍵咒字，此刻即將展開調伏修行者「內在心靈」與「外在環境」的魔鬼。調伏具備「調節」與「降伏」等雙層意義，為自身及他人調節降伏怨敵、惡人的祈禱法。在第二會中，hūm! trūṃ! 兩個威猛咒句，氣勢磅礴地連續六次啟動「迴遮能量」，「迴」是迴避，「遮」是攔阻，迴避與攔阻天地存在的負面能量。hūm 是「一切金剛的種子字」，原本是威嚇、忿怒的擬聲語。在空海大師的著作《吽字義》中，寫著此字有「擁護、自在能破、能滿願、大力、恐怖」等意思。

hūm 是可以摧破一切障礙的咒字，而 trūṃ 則是「光聚佛頂」的種子字。ū 是 u 的長音，ṃ 的發音接近 m。種子字在咒語的領域非常重要，它們是宇宙真實的語言，其最大功能在於協助我們與宇宙的「真理實相」接軌。同時，種子字就像是「擁有能量的種子」，佛教徒相信不斷地持念咒語，可以讓宇宙的能量如種子般得以生生不息。此外，種子字是密教中代表佛、菩薩的梵文音節字母。傳統中書寫種子字時，多使用悉曇文，如前所述，這是西元 600 至 1200 年梵語的書寫文字。

基本上，huṃ 與 trūṃ 必須兩字同時連用，它們是充滿能量的咒句，總結其功德於〈楞嚴咒〉，詳述如下：啟動諸佛頂髻（uṣṇīṣaṃ）熾盛的能量，形成充滿威猛的德性，能夠摧破（destroy、distinguish）一切障礙（obstacle）。這些障礙是指修行過程中內心的魔障（貪、瞋、癡）與外在環境的險難困頓。強大的 huṃ 與 trūṃ 兩個咒句，即可清除修行上的障礙，達到心靈健康、外在環境和諧、穩定的智慧狀態。

第三會基礎的兩個強大戰鬥咒字：chinda 與 kīla
——斬斷、釘住

重複 **15** 次

由於第三會將面對諸多鬼祟，面臨更為嚴厲危險的境態。其中的魔難包括八部鬼眾、惱亂童子之十五鬼神，還有引動瘟疫、呼吸道等疾病

瘟神的威脅，以及身體的種種病痛，最後則是毒、災難、蟲獸的來襲。第一會「南無」（namo 或 namaḥ）的祈請，與第二會透由 huṃ 與 trūṃ 的迴遮能量進行協調，在第三會驟然轉變成「瞋陀」（chinda，斬斷）與「雞囉」（kīla，釘住）威猛力量，這是讓「被調伏者」倉卒驚訝、措手不及的摧破能量。所謂的「被調伏者」，是指個人內在的貪、瞋、癡三魔，與外在空間的環境鬼魅。面對上述鬼祟所製造的咒語（vidyāṃ）予以「斬斷」（chinda），再全部「釘住」（kīla）。前者徹底斬斷個人與環境的魔障，後者再釘住魔障，不讓負面能量外溢竄離。

「瞋陀」一詞於悉曇梵字的正式羅馬拼音應該是 cchinda，但發音仍然是 chinda。chinda 也有極少數寫成 chīnda 的音韻變化，筆者建議，學習時直接採用 chinda，較方便學習，也可避免念誦時的困擾。

第四會基礎的徹底毀滅咒字：phaṭ——摧毀、粉碎

重複 39 次

〈楞嚴咒〉在第四會中有個更驚人的變化，那是震天撼地的「泮」（phaṭ，摧碎）咒字。連同一切聲聞、天神、護法、明王、外道咒師、一切鬼魅、一切病難，全部都要摧毀、粉碎。為何一切聲聞、天神、護法、明王也都需要粉碎？那是因為要脫離對正能量意識體的依賴，要遠離過於執著的心識，如此修行者才能安穩地從「有的世界」走入「空的世界」。

「泮」（phaṭ）如何發音呢？它是擬聲字，ṭ 的發音接近注音符號的ㄉ。此字模擬火焰燃燒的爆裂聲，象徵火焰熾燃的情景。phaṭ 通常使用於降伏魔障的真言「末尾」，有摧碎、摧滅的意思。三十九個數量龐大的 phaṭ! 威猛的能量徹底摧毀粉碎一切。

第五會進階的空間隔離咒字：bandhaṃ——結界

重複 3 次

第五會面對一切是採取全新的「盤曇」（bandhaṃ，結界）方式，讓上述的負面能量完全隔絕在外。如此鬼魅（來自內在心魔與外在環境）

無法影響修行者或接近道場，透由咒語「結界」（bandhaṃ），創造了一個神聖清淨空間。這一切是仰賴「光聚傘蓋」（大白傘蓋佛母）的能量來達到調伏庇護的神咒之力，而且借助「大金剛頂髻」之法（詳見第五會）。結界範圍是「方圓十二由旬之內」，換算成現代的距離約 120 公里。**實在厲害！這意味著約台北到桃園的範圍內，都能獲得「光聚傘蓋」的庇護。**

最後的叮嚀

請讀者先慢慢記住這五組咒語，它們代表〈楞嚴咒〉中層次分明的五個法門（五會）。第一是宇宙強大的咒字「禮敬、皈依」（namo），虔誠下載諸佛菩薩的能量。第二會是種子字的對治法門，以一切金剛的種子字「吽」（hūm）與光聚佛頂的種子字「都盧雍」（trūṃ）啟動迴遮能量，對治一切障礙。第三會的「斬斷」（chinda）與「釘住」（kīla），徹底斬斷個人與環境的魔障，然後再釘住魔障不讓它們四處逃竄。第四會是鋪天蓋地的「摧碎」（phaṭ）能量，連同一切聲聞、天神、護法、明王、外道咒師、一切鬼魅、一切病難，全部都要摧毀、粉碎。第五會取「結界」（bandhaṃ）的方式，讓上述的負面能量隔絕在外。**讓鬼魅（內在心魔與外在環境）無法影響修行者或接近道場，創造了一個神聖清淨空間。五組咒字對照出〈楞嚴咒〉五會的精髓。**

前導學習 5　強大咒字 pratyangire，庇護修行者、調伏宇宙能量！

pratyangire 是〈楞嚴咒〉極為重要的咒字，隨音韻順暢或詞型變化有幾個形式，最常見的是「般囉帝揚歧囉」（pratyangirāṃ），一開始我們就可以先試著記住它。相關的咒句分別出現於第 77、166、312、314、413 句，總共五次。pratyangirāṃ 包含兩層意義，一是「守護庇護眾生」（shelter），二為「調伏能量」（coordinate）。所謂的「調伏能量」，是指此咒句可以將負面能量趨於平靜而不擾動，甚至轉化成正面能量，意味著此咒字擁有相當優秀的調節控制能力。

這股能量如果被擬像化，就成為了「遍能調伏尊」或是「迴遮母」。「尊」字意味著尊者，「母」字強調陰性能量。「迴遮母」的意思就是「能轉障礙之母」。也有學者將 pratyangirāṃ 拆解成 praty-agiras，認為這是女性神名，與迴遮相關的女性聖尊，有大迴遮母、獅面女神與大緊母。

「般囉帝揚歧囉」（pratyangirāṃ）相關咒句整理於下頁，**此咒字在〈楞嚴咒〉五會中的四會都出現過**。只有第三會的對治方法是斬斷（chinda）、釘住（kīla），沒有透由「般囉帝揚歧囉」。第三會是直接對鬼魅發動攻擊，此攻擊並非暴力，而是對抗自己內在魔鬼時，修行者絕對不能屈服。而其他四會強烈需要「般囉帝揚歧囉」，來守護庇護眾生與調伏能量。

讓我們看一段〈楞嚴咒〉中屬一屬二重要的連續咒句，它以祈請文的方式出現在第二會。這在〈楞嚴咒〉是非常罕見的，因為呼喚出如來頂髻的完整名號、身形與具備的偉大能量！咒語寫著：「(163) 守護我，(164,165,166) 此世尊一切如來頂髻甚能庇護調伏（pratyangire）！(167,167,168) 展現偉大千臂千首、千億千眼，(169,170) 與燃燒堅固無二熾盛火焰諸相狀！(171,172) 此大金剛持 (173,174) 之三界壇城！」。「般囉帝揚歧囉」（pratyangirāṃ）扮演關鍵的咒語，達到甚能庇護調伏的神聖境態。

再看精彩的第五會寫著「(410) 如是等一切諸難 (411) 以光聚傘蓋的能量，(412) 與大金剛頂髻之法，(413) 予以大庇護調伏（mahā pratyangirāṃ）。(414) 乃至於方圓十二由句(415)之內，(416)皆以明咒而作結界，(417)並結十方界，(418)再以勝他明咒而作結界。」如此完整的結界，將所有負面能量隔絕於外。(413)「大庇護調伏」(mahā pratyangirāṃ) 同樣是最關鍵的咒語，負責庇護調伏的功德。密教特殊的「結界」(bandhaṃ) 法門完成〈楞嚴咒〉的重要任務，過程中會創造一個純淨的曼荼羅 (mandala)。那是諸佛菩薩降臨的神聖空間，有獨特的界定區域。充沛的智慧能量形成純淨的曼荼羅，將毒蟲與惡鬼驅逐，達到淨化空間的作用。以下是〈楞嚴咒〉出現「般囉帝揚歧囉」(pratyangirāṃ) 相關咒句。

第一會	第 77 句	般囉帝揚歧囉 (pratyangirāṃ)
第二會	第 166 句	波囉點闍吉唎 (pratyangire)
第四會	第 312 句	摩訶　波囉丁羊乂耆唎弊 (mahā pratyangire-bhyaḥ)
第四會	第 314 句	波囉丈耆　囉闍耶 (pratyangira rājāya)
第五會	第 413 句	摩訶　般賴丈耆藍 (mahā pratyangirāṃ)

06 推薦三個重要的梵字羅馬拼音念誦版本

目前佛教世界比較容易見到的〈楞嚴咒〉共有三個版本，最常見的是現代寺院通行的念誦本，總共 427 句。然而，寺院多半採用國語注音念誦，這樣比較無法還原原始梵音，甚至嚴重失真。如果換成閩南話發聲就非常接近了，因為唐代流行河洛語，此與閩南話的聲韻較為相近。

如果採國語注音，就遠離了梵語發音。舉個例子，「吽」(hūm)，發音接國語注音「ㄏㄨㄥˋ」，此字在《佛門必備課誦本》通常寫成「虎許」，國語注音是「ㄏㄨˇ　ㄒㄧㄣˋ」。hūm 就是六字真言中「唵嘛呢叭咪吽」的最後的「吽」字。將吽「ㄏㄨㄥˋ」唸成「ㄏㄨˇ　ㄒㄧㄣˋ」，與 hūm 的發音相差距甚遠。

然而，悉曇字或天城體有各種發聲的複雜組合，一般讀者要以此來念誦是頗為辛苦的，因此學習原始梵字的方法比較難以推廣。於是，現代的學習多半改用梵字的羅馬拼音來念誦，可以避開國語拼音失真的問題。本單元將分享三個重要的版本，分別是寺院 427 句明代通行版，《大正新脩大藏經》(簡稱大正新脩)青龍寺 476 句版本，與結構最完整的《房山石經》的不空版本，共 580 句。三個重要版本都是採用羅馬拼音念誦。

1	慧度法師梵音讀誦	明，永樂北藏版	427 句（寺院流通版）
2	法豐法師梵音讀誦	清，江戶淨嚴和尚再校不空版	534 句（學術界普通應用，較完整）
3	果濱居士梵音讀誦	晚唐，行琳大師校勘不空版	580 句（結構最完整）

1 慧度法師的梵音讀誦（明版，寺院流通，427 句）

目前全世界持誦般剌密諦大師版本的《楞嚴經》，其內的〈楞嚴咒〉是原始版本 439 句，而後在明朝校勘後重寫成為 427 句版，即是現今寺院的「流通版」。由於〈楞嚴咒〉的版本不少，**光是不空法師至少就有三個譯本**，造成查詢時易於混淆，筆者發現句數或字數是區別版本的好方式。

目前的 427 句流通版見於《大正藏》第 19 冊（No.0945, p. 139a-14b）。這個版本源自於明代官方版本的大藏經，稱為《永樂北藏》。永樂即是明成祖永的年號，在永樂八年（1410）敕令雕印。正式開始刻印於明成祖永樂十七年（1419），完成於英宗正統五年（1440），前後超過二十年。

現在主要的佛寺每天已經有網路的「即時早課」，〈楞嚴咒〉是第一早課，一般寺院採「國語念誦」的 427 句明版。這個版本每日固定的念誦影片，讀者可以在 Youtube 網站上找到。不過若是明版的「梵音念誦」，相對來說比較少。其中高雄仁武古嚴寺的念誦版非常值得推薦。念誦者是慧度法師，是現任古嚴寺的住持。他擅長於音樂創作及演唱（出家前是亞洲唱片諦聽文化事業有限公司負責人），出版的梵唄佛曲及心靈音樂既多且精。讀者只要輸入關鍵字「楞嚴咒」、「古嚴寺」即可查到 Youtube 網站的念誦影片。

https://www.youtube.com/watch?v=9jBrKSa1ESQ&t=838s

2 法豐法師的梵音讀誦（不空版本，江戶淨嚴和尚再校版，534 句）

《大正藏》收錄的日系〈楞嚴咒〉

不空大師的〈楞嚴咒〉譯本有三，其中之一是著名的《楞嚴咒會譯》。這是西元 1680 年於日本江戶靈雲寺編著的《普通真言藏》中「悉曇梵文版」的一部分。《普通真言藏》記載著「靈雲寺門人於元祿十六年（西元 1703 年）以淨嚴和上之本再校了」，最後被收入於 1934 年出版的《大正藏》。淨嚴和上（即和尚）年輕時在高野山出家，修學顯密諸教，之後在京都的仁和寺鑽研小野、廣澤諸流之學，精通悉曇與儀軌，對密教事相方面貢獻極大。

《大正藏》是目前學術界應用最廣且比較完備的版本

說到這裡一定要好好介紹《大正藏》，其全名是《大正新脩大藏經》，是諸多大藏經的一個版本。日本大正十三年（1924年），高楠順次郎和渡邊海旭兩位學者組成「大正一切經刊行會」。由小野玄妙等人負責編輯校勘，於1934年印行完成。**《大正藏》是目前學術界應用最廣且比較完備的版本。我們現在誦讀的佛教經典，無論是《金剛經》、《藥師經》、《佛說阿彌陀經》……等版本，都是出自於《大正新脩大藏經》。**也因為不空大師的〈楞嚴咒〉被收入《大正藏》，深刻地影響現代佛教界對淨嚴和尚的空海版本的重視。

《楞嚴咒會譯》與《大正藏》19冊內的是校勘版

如果再比較《楞嚴咒會譯》與《大正藏》第19冊第100至105頁的內容，明顯看得出《楞嚴咒會譯》是原版，《大正藏》第19冊內的則是《楞嚴咒會譯》的校勘版。在最前面寫著：「弘法大師由唐請來」。弘法大師空海（774~835）是日本真言宗的開山祖師，京都著名的東寺與大阪的高野山都是他的道場，筆者已鑽研他的著作多年。「由唐請來」，淨嚴法師的意思是，將此經請來日本。**淨嚴法師即是譯本中的常淨法師，❶他將般剌密諦大師的版本以小字寫出來並列做對照，❷對梵文做出意譯❸於梵文處寫出日文注音。**另外，淨嚴和尚所作的是：將青龍寺碑〈楞嚴咒〉加筆成《楞嚴咒會譯》。（詳見426頁）

簡豐祺居士念誦的〈楞嚴咒〉，即是接近淨嚴和尚的《楞嚴咒會譯》或《大正藏》中空海的版本

簡豐祺居士致力於〈楞嚴咒〉的翻譯，專注於咒語的效力，全新學習佛教悉曇梵文。他以日本之梵字修習課本、文法、梵和大辭典著手研究，再透由 Deepak Simkhada 梵文博士的錄音帶，先是整理出〈楞嚴咒〉的悉曇梵文、羅馬音標、單字解釋的原始版本。之後，再請教斯里蘭卡梵文學家 Davuldena Nanisana 老法師，經由老法師修正先前的〈楞嚴咒〉版本與讀音指導，重新發行修正版本。簡豐祺居士在 1995 年完成《古梵文楞嚴咒校註》，也在台北佛陀教育基金會華藏講堂，教授古梵文〈楞嚴咒〉。

在其重要著作《古梵文楞嚴咒校註》（台北佛陀教育基金會，2000）與《古梵文佛教咒語全集》（台北佛陀教育基金會，2006）收錄的〈楞嚴咒〉，即是日人淨嚴和尚的《楞嚴咒會譯》，或《大正藏》中空海的版本。在《怎麼持楞嚴咒最有效》（大千出版社，2011）一書附有梵音念誦的光碟片。而後，簡豐祺居士正式出家，法號是法豐法師。另外，在 Youtube 網站也可以找到簡豐祺的念誦版，內容與光碟一致。

https://www.youtube.com/watch?v=Y8OzLo6LO98

西蓮淨苑編輯始於 2007 年的網路唱誦版，由慧常法師負責編曲唱誦

此外，西蓮淨苑的〈楞嚴咒〉念誦也很不錯。編輯始於 2007 年，由慧常法師編曲唱誦。慧常法師用清淨的吟唱式的唱誦〈楞嚴咒〉，非常莊嚴也更能貼近心靈，非常精彩。當年慧常法師負責編輯梵文〈楞嚴咒〉，熟背梵文本，**他經常到山林大聲唱誦〈楞嚴咒〉。熟背之後，並進行各種音韻的定調，晚課後在西蓮淨苑的大雄寶殿多次錄製與校訂。**

第一會 https://www.youtube.com/watch?v=4p8oDOcoIgU&t=0s

第二會 https://www.youtube.com/watch?v=XtZT5B9uzK0&t=0s

第三會 https://www.youtube.com/watch?v=ih8oYzkispA&list=UU_utNk1iPFRd5_XOneLnOAg&t=0s

第四會 https://www.youtube.com/watch?v=fWxYMmClRDQ&list=UU_utNk1iPFRd5_XOneLnOAg&t=0s

第五會 https://www.youtube.com/watch?v=1RXLiTri77M&t=0s

以下幾個經常可見的〈楞嚴咒〉流通版本，都是淨嚴和尚的版本。

·《古梵文佛教咒語全集》簡豐祺著（佛陀教育基金會）

·《怎麼持楞嚴咒最有效》簡豐祺著（大千出版社）

·《楞嚴咒中英梵日》唐本（台北市大乘基金會）

·《珍藏梵文咒本》（大乘精舍印經會）

·《楞嚴咒會譯》唐本與日淨嚴和尚版（金陵印經處）

·《楞嚴咒梵本》西蓮淨苑（網路）

以下資訊提供給想「深入研究」的讀者，如果只是單純學習則無須刻意閱讀。資料來源是香港楞嚴咒專家辛漢威先生。他的著作非常精闢，如有需要讀者可搜尋網路。重點資料擷取如下：

1. **《大正藏》的〈楞嚴咒〉版本編號出處：**《大正藏》卷 19，no. 944A。《大正藏》的底本是「黃檗版淨嚴等加筆本」。源頭來自唐青龍寺內所供奉之「曇貞建不空音譯大佛頂陁羅尼碑」本。
2. **認識淨嚴和尚：**（日・寬永十六年〔1639〕至元祿十五年〔1702〕），江戶時代中期真言宗僧。字覺彥，號妙極堂、瑞雲道人等。河內國（現大阪府東部，當初亦包括西南部）錦部郡人。年輕時在高野山出家，修學顯密諸教，後於仁和寺鑽研小野、廣澤諸流之學，精通悉曇與儀軌，集其大成而創立新安祥寺流，對密教事相方面貢獻極大。有感於戒律之衰微，遂倡導如法真言律，被視為真言律宗中興大德。
3. **淨嚴和尚的關鍵研究：**元祿四年（1691）得將軍德川綱吉等諸侯歸依護持，在江戶湯島開創靈雲寺，門下有契沖等四百餘人。元祿十五年示寂，世壽六十四。著作甚豐，有《真言律辨》、《悉曇三密鈔》、《諸真言要集》等百餘部，另以僧俗為對象，編刊《普通真言藏》發行，普及悉曇梵語之真言陀羅尼藏。淨嚴和尚編，稻谷祐宣氏校注《普通真言藏》，又輔以長谷寶秀氏編《大師御請來·梵字真言集》。

4. **《普通真言藏》與《大正新脩大藏經》的〈楞嚴咒〉的差異：讀**者可參考《大正新脩大藏經》卷 19，no. 944B，pp. 102-105《大佛頂大陀羅尼》，此本雖說原底本為靈雲寺版《普通真言藏》，但是與上述稻谷氏校注本稍有些微出入。

   另外，《大正新修大藏經》卷 19，no. 944A，pp. 100-102。此本於卷末稱：「大唐青龍寺內供奉沙門曇貞修建真言碑本　元祿十六年二月六日以淨嚴和上之本再校了尊教」。

3 果濱居士的梵音讀誦（不空版本，晚唐行琳大師校勘版，580 句）

基本上，〈楞嚴咒〉最重要的版本是初始的「般剌密諦」版本，五十年後，不空大師在大興善寺另譯〈楞嚴咒〉，取代了般剌密諦初始版。請注意，新版的《首楞嚴經》維持般剌密諦經文原貌，只有〈楞嚴咒〉是屬於再譯，經咒不一。經與咒是兩種心靈路徑，「讀經」是思惟語言文字而體悟智慧，「持咒」是透由聲音直接連通宇宙的智慧。方式不同，目的相同。

重要的〈楞嚴咒〉不空版本，流傳至今大致上有三個咒語版本，其中二者見於中國《房山石經》，還有一個見於日本淨嚴和尚（詳見前面的單元）。不空的〈楞嚴咒〉版本到底多麼重要呢？不空的全名是不空金剛（Amoghavajra, 705~774），音譯為阿目佉跋折羅。「阿目佉」（amogha）的意思是不空，「跋折羅」（vajra）是金剛。他是重要的佛經翻譯家、漢傳「密宗的祖師」，也是唐代的外交官。每個身分都是當年舉足輕重的歷史人物，影響佛教既深又遠。

不空大師堪稱「翻譯密教經典的第一人」，最重要的翻譯即是《金剛頂一切如來真實攝大乘現證大教王經》，**讀者往後只要看到「大教王經」這四個字，就知道這是密教的經典。**《金剛頂一切如來真實攝大乘現證大教王經》是密教最根本的經典，簡稱《金剛頂經》或《大教王經》。該經內容以大日如來為受用身，宣揚五佛顯五智。五佛即是宇宙五位智慧能量，祂們於〈楞嚴咒〉的第一會依序顯現。不空大師翻譯的《金剛頂經》與善無畏翻譯的《大日經》，構成密教思想最基本的兩大經典，研究或信奉密教的信眾是不會錯過的。此外，〈楞嚴咒〉中許多的聖尊都是來自《金剛頂經》與《大日經》，在後面的咒句逐一解釋中會有說明。

1956 年是佛教重要的日子，因為釋迦牟尼佛逝世兩千五百年。在這重要的一年，世界佛教聯合會號召全世界信仰佛教的國家進行有意義的事情。中國佛教協會報請國務院，決定以挖掘拓印《房山石經》，做為中國的佛教獻禮。《房山石經》分別埋在北京房山縣雲居寺的石經山上九處洞穴，及現在雲居寺的地宮。歷經唐、遼、金 、元、明等朝代，共刻石碑 14278 塊，佛經 1122 部，3400 多卷。此外，遼代所刻的《契丹藏》在中國早已失傳，但從《房山石經》中卻發現了《契丹藏》的復刻石版，這是佛教界的盛事，**此版本是研究《大藏經》的夢幻經典**。整體而言，《房山石經》的形成是包含「唐代宮廷寫本」與「遼代《契丹藏》」兩大結構。

人們在這邊挖掘出與〈楞嚴咒〉相關的重要石碑，其中以唐密唯一佛典《釋教最上乘秘密藏陀羅尼集》的影響最深大。**「釋教」是指釋迦牟尼的教導或是由他發展的宗教。「最上乘秘密藏」是密教特有的用詞，意思是無法超越於上的祕密寶藏。「陀羅尼集」是陀羅尼總集或稱咒語的總集。**這是一部失傳已久的密教經典，是由晚唐大德行琳校勘，總集晚唐以前的一切陀羅尼。行琳大師自述序文長達 1500 餘字（898 年），石碑是 1147 年刻成的。這部《陀羅尼集》是按「密宗修法次第」編排，最重要的是在每一密咒旁注有梵文對照，以正讀音，不僅是密教可貴的文獻，也是唐代中印度音韻學的寶貴資料。（註：許多古籍的經名使用「秘密」，至於本書解說部分則會使用現代較常用的「祕密」。）

不空大師的〈楞嚴咒〉至少有重要的三個版本，行琳大師所收集的版本最為完整，全咒是分成 487 句，加上 93 句咒心的「大佛頂心陀羅尼」，總數是 580 句，為目前〈楞嚴咒〉石經版中「最長」的版本。在房山也發現了另一個不空大師的〈楞嚴咒〉，共 481 句，與行琳大收集的 487 句的內容非常接近，兩版只有百分之二到三的相差率。

研究〈楞嚴咒〉甚深的果濱居士，選用行琳大師的版本進行 ❶ 梵音比對、❷ 結構分析、❸ 漢字音譯、❹ 中文意思解說。他將全咒完成著書，並且親自錄音指導念誦。**透由果濱居士的結構分析，我們發現行琳大師收集的「487」句不空版本，比起目前寺院使用的「427」句版本更完善**，在諸佛菩薩的祈請、每個聖尊的出現的結構上，都更為完整。此外，行琳的不空版在護法、明王角色上，無論「出現次序」或是「完整度」都更清晰明確。

https://www.youtube.com/watch?v=y9w8ZnDYobA&t=1996s

PART 2

五會逐句解析

第一會

毗盧真法會

{ namo }

禮敬皈依環繞在娑婆世界的智慧意識體

南無（namo 或 namaḥ）是〈楞嚴咒〉非常重要的咒字，「禮敬、皈依」是南無咒字的核心能量，禮敬是對宇宙的智慧能量充滿尊敬，皈依是祈請祂們的保護。在第一會總共出現31個南無，持咒者虔誠地呼喚來自「宇宙與地球」重要的智慧能量。

首先是禮敬皈依「環繞」娑婆世界的智慧意識體，祂們是宇宙與地球的「證悟者」。來自宇宙的是一切如來、一切如來佛之千萬頂髻、一切諸佛菩薩。每一個「一切」（sarva）都是遍及整個宇宙虛空。偉大的釋迦牟尼是地球證悟者之一，而來自地球的智慧追尋者是聲聞眾與僧伽眾，是當年跟隨在釋迦牟尼身旁，也已經達到優秀覺知境態的弟子們。隨後，禮敬在娑婆世界「精進的聖者」，這包含阿羅漢眾、須陀洹眾、斯陀含眾與世間已度眾。雖然他們尚未到達無上正等正覺的狀態，但已經是地球上非常優秀的智者。

在娑婆世界的天地之間還有天仙眾（deva-ṛṣīnāṃ），其中包含慈善面容的天神，如梵天眾、帝釋天眾，也有擁有忿怒面容的天神，像是大自在天眾、那羅延天眾、大黑天眾，祂們都是持咒者尊敬禮拜的對象。於是，宇宙的證悟者、地球的證悟者、娑婆世界精進的聖者、慈善面容的天仙眾與忿怒面容的天神眾，在持咒者的虔誠之下，一一降臨於此盛會。

呼喚宇宙不同場域的智慧能量

宇宙虛空在不同方位存在不同的智慧能量，每個「場域」都充滿豐沛的神聖力量。這些在第一會中也一一呼喚，祈請共襄盛舉駕臨能量於地球。在宇宙虛空總共有五個場域，依據〈楞嚴咒〉第一會的出場次序分別是：如來部（中央）、蓮華部（西方）、金剛部（東方）、摩尼寶部（南方）與羯磨部（北方）。

連結由金剛界曼荼羅、胎藏界曼荼羅與橫三世佛，精選出的七大如來

「曼荼羅」(mandala) 的意思是壇城，是宇宙智慧能量的空間配置圖。曼荼羅是個神聖境域，透由持咒與儀軌呼喚宇宙的諸佛菩薩，共同降臨於此空間。「胎藏界曼荼羅」是出自於密教最重要的經典《大日經》，而「金剛界曼荼羅」來自於另一部密教經典《金剛頂經》。至於，「橫三世佛」是依據地球空間概念的佛陀，分別是太陽升起（東方）、正午（中央）、太陽下山（西方）等時刻的三位佛陀，也就是寺院的三寶佛。這七位佛陀來自「胎藏界曼荼羅」、「金剛界曼荼羅」與「橫三世佛」，共同降臨於神聖的楞嚴會上。

啟動〈楞嚴咒〉核心智慧能量

七大如來之後，盛大進入整個〈楞嚴咒〉最重要的五個能量，它們幾乎就是〈楞嚴咒〉的完整咒名。在顯教，〈楞嚴咒〉通俗的稱謂是「大佛頂首楞嚴神咒」。還原經典梵語的直譯是「如來頂髻白蓋無有能及，甚能調伏陀羅尼」，「陀羅尼」(dhāraṇī) 一詞通常是指比較長的咒語。其內涵蓋以下能量咒字：❶ 一切如來、❷ 頂髻、❸ 光聚傘蓋、❹ 無能勝、❺ 調伏庇護。它們是關鍵的核心咒句，是〈楞嚴咒〉的精華。透由這組陀羅尼反覆出現，以串聯〈楞嚴咒〉整個五會，成功且圓滿地守護念誦此咒的修行者。

這五種能量在第一會的祈願文如下，請讀者不妨先仔細記住中文意思，這是〈楞嚴咒〉的核心。這組咒句將與〈楞嚴咒〉第五會的「心咒」（詳見結尾處）共同守護整個楞嚴法會。

(73) idām bhagavatī　此世尊

(74) sā-tathāgato ṣṇīsaṃ　一切如來頂髻

(75) sitāta patrāṃ　光聚傘蓋（或白傘蓋）

(76) nāmā-parājitaṃ　禮敬皈依無能勝者

(77) pratyangirāṃ　庇護調伏者

念誦完重要的陀羅尼之後，俱足了上述完美的智慧能量，接著鋪陳〈楞嚴咒〉的「摧破調伏法」，共有十一股能量，是強力有效的能量法門。然後，再「轉化宇宙天地間的女性智慧能量」，共三十四位尊者。這些存在於天地山林之間的陰性意識體，都充滿旺盛的能量，本書將針對每一個咒句逐字說明不同諸尊的屬性。而最後在本會結尾處，持咒者送上至誠的〈第一會祈請文〉。

1 禮敬 ❶ 一切如來、善逝、應供、正等正覺者，❷ 一切如來佛之千萬頂髻，❸ 一切諸佛菩薩，❹ 七千萬正等正覺者，❺ 聲聞眾與僧伽眾

（第 1~5 句）

〈楞嚴咒〉具備強大的能量，這是來自宇宙與地球的神聖智慧能量。念誦此咒可以平息災難，也可增加壽命、福德、智慧，還有獲得佛菩薩的庇護與伏怨敵惡。咒語是一種運用聲音、音節或文字的神聖語文，在佛教被認為有著某種神祕或不思議的能力。印度人自古以來便利用咒語以求獲的神靈護佑，攘災招福。

傳統上來說，〈楞嚴咒〉是神祕學中具有能量的特殊語言。咒語有兩種：一種是有意義的字句，可以由思考而理解；另一種是看似不具意義的音韻，卻蘊藏了宇宙巨大的「振動能量」。持咒的這些功能歸屬於密教修法，分別稱為息災法（śāntika）、增益法（pustika）、敬愛法（vaśākarana）、降伏法（abhicāraka），統稱為四種壇法，又稱為「四種護摩法」或「四種成就法」。此四法再延伸出第五法鉤召法（ākarsa）與第六法延命法（janitam）。而鉤召法攝於敬愛法，延命法連結增益法之中。

〈楞嚴咒〉的起始單元是啟動其中的「敬愛法」（vaśākarana）與「鉤召法」（ākarsa）。敬愛法為自身及他人想獲得佛菩薩的庇護，或欲得君王眾人愛護的祈禱法。鉤召法是召請呼喚本尊之法，通常不會獨立存在，而是融入於敬愛法之中。

〈楞嚴咒〉第一會的敬愛法，結構非常清晰，其對象依序是：第一，一切如來、善逝、應供、正等正覺者，其中如來、善逝、應供、正等正覺者都是佛陀的十大名號，這一組是宇宙證悟者，包含偉大的釋迦牟尼。第二是一切如來佛的「千萬頂髻」，頂髻是諸佛智慧能量的匯聚處，是佛陀三十二相中之最勝者，因其位置是在如來之頂（首）。第三，一切諸佛、菩薩，這裡的「一切」代表遍及「整個宇宙虛空」。第四，是七千萬正等正覺者，說明達到佛陀境界者不只一位，有七千萬的數字。第五，聲聞眾（聽佛陀開示修四聖諦的人）與僧伽眾（僧團），這一組是當年幸運跟

隨著釋迦牟尼修行的弟子，他們也達到優秀的悟道狀態，是一群地球的追求智慧者。請注意，前四組都是宇宙的證悟者，未必有人類的身形，只有釋迦牟尼是以人類的肉體達到宇宙證悟者的境態。

稍微認識息（息災）、增（增益）、懷（懷愛、敬愛）、誅（降伏）等四法，有助於了解〈楞嚴咒〉的結構。此四法再加上第五法鉤召法與第六法延命法，都含藏於整個〈楞嚴咒〉之中，隨後的圖表可以了解每個法門的特質與功用。息、增、懷、誅等四法，會出現於護摩、經、咒、陀羅尼、儀軌等。護摩（hama）是火供的意思，透由火來供養諸佛。陀羅尼（dhāraṇī）通常是指比較長的咒語。

關鍵要點

結構分析1的五組智慧能量

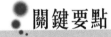

關鍵要點

壇法（別名：護摩法、成就法）

❶ 息災法（śāntika）	❷ 增益法（pustika）	❸ 敬愛法（vaśākarana）	❹ 降伏法（abhicāraka）
梵語原意是「讓混亂狀態趨於平靜、寂靜」，又稱為寂災法，為消除自身及他人之種種病難惡事等之修法。	增益自身與他人的壽命、福德、智慧等之修法。	為自身及他人想獲得佛菩薩的庇護，或欲得君王眾人愛護的祈禱法。	又稱作調伏法。為自身及他人調伏怨敵惡人等的祈禱法。
	↓ ❻ 延命法（janitam）	↓ ❺ 鉤召法（ākarsa）	
	連結增益法	召請呼喚本尊之法，通常會融入於敬愛法之中。	

延伸學習　四法的重要參考經典

- 各種經軌關於修法過程的開始與結束有所差異，於是上述四種法之外再加入鉤召法，則稱五種法。此外，由增益法再特別延伸出延命法，最後形成六種法。
- 四壇法的修行法門在火供的護摩壇、時分（時間的區隔）、供物、念誦、坐法、燈油、燒香、念誦法、真言，都有個別的規範。
- **四法的重要參考經典有：《大日經卷七．持誦法則品》、《七俱胝佛母所說准提陀羅尼經》、《蘇悉地羯囉經卷上．真言相品》、《金剛頂瑜伽護摩儀軌》、《尊勝佛頂修瑜伽法儀軌卷下．尊勝佛頂真言修瑜伽護摩品》。**

本書體例說明

1. 梵字的羅馬音譯有時候太長，難以閱讀，為了方便讀者念誦，會在適當的地方加「-」，但「漢字音譯」依原譯版不另加「－」，至於逐句解析的「中文意譯」則會視情況加上空格。
2. 總覽表中，「意譯」與「連貫句義」會有些許差異，「意譯」這欄主要是採用梵字的直接翻譯，而「連貫句義」這欄的翻譯會修飾或採用較常用的譯名。
3. 解說文章中提及漢字音譯的咒句時，佛經中以空格區隔之處，本書會加上點，以利辨識。

• 第 1~5 句總覽

漢字音譯	① 南無　薩怛他　蘇伽多耶　阿囉訶帝　三藐三菩陀寫 ② 薩怛他　佛陀　俱胝　瑟尼釤 ③ 南無　薩婆　勃陀　勃地薩跢鞞弊 ④ 南無　薩多南　三藐　三菩陀　俱知喃 ⑤ 娑舍囉婆迦　僧伽喃
梵　　音	① namaḥ satata sugatāya arhate saṃyak-saṃbuddhāya ② satata buddha koṭi uṣṇīsaṃ ③ namaḥ sarva buddha bodhisattva-bhyaḥ ④ namaḥ saptānāṃ saṃyak saṃbuddha koṭīnāṃ ⑤ sa-śrāvaka samghānāṃ
意　　譯	① 禮敬皈依　一切如來　善逝　應供　正等正覺者 ② 一切如來　諸佛　千萬頂髻 ③ 禮敬皈依　一切　諸佛　與菩薩眾 ④ 禮敬皈依　七千萬　正等　正覺者　眾 ⑤ 共同的聲聞眾　與僧伽眾
連貫句義	禮敬皈依一切如來、善逝、應供、正等正覺者，禮敬皈依一切如來、千萬諸佛之頂髻，禮敬皈依一切諸佛與菩薩眾，禮敬皈依七千萬（七百億）正等正覺者、聲聞眾與僧伽眾。

第1句		
	漢字音譯	南無　薩怛他　蘇伽多耶　阿囉訶帝　三藐三菩陀寫
	梵　音	namaḥ　satata　sugatāya　arhate　saṃyak-saṃbuddhāsya
	中文意譯	禮敬皈依　一切如來　善逝　應供　正等正覺者

詞彙解說

- **南無**：namaḥ，皈依、禮敬。ḥ 是氣音，接近「喝」的短發音。「皈依」一詞是佛教特有的用詞，「皈」字的意思是「歸來、返回」，所以「皈依」也有「歸依」的譯法。
- **薩怛他**：satata，一切如來。satata 是 sarva thāgata 的縮寫。sarva 是「一切」，thāgata 是「如來」。其中 th 的發音接近注音符號的ㄊ。ā 是 a 的長音。
- **蘇伽多耶**：sugatāya，善逝，完整的意思是「善美的逝去、善美的離去」。
- **阿囉訶帝**：arhate，音譯為「阿羅漢」，意思是「應該為世人所供養」，而後取其中兩個字簡略成「應供」，甚至只留下「應」一字。阿囉訶帝的「囉」發音「辣」，「訶」的發音同「喝」。
- **三藐三菩陀寫**：saṃyak-saṃbuddhāsya，意思是「正等正覺或正等正菩提」，亦可翻譯成「正遍知」。ṃ 的發音與 m 接近。

關鍵內容

如來、善逝、應供、正等正覺者，這四個都是佛陀的名號，其中善逝（sugatāya）比較需要解釋。su 的意思是善美、好。gatā 的意思是去，這兩字合併除了翻譯成「善逝」，也可翻譯成「好去」，意思都是「善美的離去」。念誦〈楞嚴咒〉的人們對一切如來（satata）、善逝（sugatāya）、世人應該供養的阿羅漢（arhate）與達到正等正覺境界（saṃyak-saṃbuddhāsya）的佛陀，都應該虔誠地禮敬與皈依（namaḥ）。

第2句		
	漢字音譯	薩怛他　佛陀　俱胝　瑟尼釤
	梵　音	satata　buddha　koṭi　uṣṇīsaṃ
	中文意譯	一切如來　諸佛　千萬　頂髻

詞彙解說

- **佛陀**：buddha 的音譯，意思是覺知者。

- **俱胝**：koṭi，千萬、億。「俱」的發音同「具」，「胝」的發音同「知」。
- **瑟尼釤**：uṣṇisam，意思是「頂髻」（頂上肉髻）或是「佛頂」（佛的頂部）。「頂髻」是諸佛智慧能量的匯聚處。ṣ 的發音接近 si。而 ṇ 與 n 相同，發音差距不大。uṣṇīsaṃ 音譯成「烏瑟尼釤」更佳。「瑟」的發音同「色」，「釤」的發音同「衫」。

關鍵內容

瑟尼釤（頂髻）即是頂上肉髻，稱為「無見頂相」，是如來三十二相之一。無見的意思是無法見到此相狀，一切人、天也無法見到的頂點。所以，頂髻是平凡的人類與天神都無法見到的相狀。而頂髻是所有三十二相中最勝者，因其位置是在如來之頂（首）。

此段咒語的過程，代表一切如來佛（satata buddha）其上千萬（koṭi）頂髻（uṣṇīsaṃ）的能量凝聚充滿。這是一個多麼神聖美好充滿能量的境態，於是念誦〈楞嚴咒〉的人們對此一切充滿禮敬與歸依的純淨心（namaḥ）。

第3句

漢字音譯	南無　薩婆　勃陀　勃地薩跢鞞弊
梵　音	namaḥ　sarva　buddha　bodhisattva-bhyaḥ
中文意譯	禮敬皈依　一切　諸佛　與菩薩眾

詞彙解說

- **薩婆**：sarva，一切。
- **勃陀**：buddha，佛陀。
- **勃地薩跢**：bodhisattva，菩提薩埵，或簡略成菩薩。「跢」的發音同「多」。
- **鞞弊**：bhyaḥ，「鞞」的發音同「皮」。「弊」的意思是眾，代表複數。連同上字合併為「勃地薩跢鞞弊」（bodhisattva-bhyaḥ），意思是「菩提薩埵眾」。

第4句

漢字音譯	南無　薩多南　三藐　三菩陀　俱知喃
梵　音	namaḥ　saptānāṃ　saṃyak　saṃbuddha　koṭīnāṃ
中文意譯	禮敬皈依　七千萬（俱胝）　正等　正覺者　眾

詞彙解說

- **薩多南：**saptānāṃ，七。ā 字母上有橫線時，要特別發長音。「南」也可以寫成「喃」。
- **三藐：**saṃyak，正等。字母下加一點者，如 ṃ、ṇ 發音仍是 m、n。
- **三菩陀：**saṃbuddha，正覺。
- **俱知喃：**koṭīnāṃ，ṭ 唸ㄉ音。koṭī 音譯為俱知或俱胝，意思是千萬或億。喃（nāṃ）的意思是眾，代表複數。俱知喃（koṭīnāṃ）即是指千萬的「正等正覺者們」、「正等正覺者眾」。

關鍵內容

梵語 koṭī，有很多種音譯，除了俱知或俱胝，還有「拘胝、俱致」，發音大致相近。koṭī 是印度古代數字單位，意譯為「億」或是「千萬」。翻譯方式非常多，也有人將此句翻譯成「禮敬十方三世，正等正覺百億佛」。或是避免數字上譯法不同的困擾，乾脆直接音譯成「皈依七俱胝正遍知」，正遍知即是正等正覺。

第5句		
	漢字音譯	娑舍囉婆迦　僧伽喃
	梵　　音	sa-śrāvaka　samghānāṃ
	中文意譯	共同的聲聞眾　與僧伽眾

詞彙解說

- **娑舍囉婆迦：**sa-śrāvaka，ś 的發音為 sh，如同英文 she、show 的 sh 發音。娑（sa），共同的、相同的。舍囉婆迦（śrāvaka）的意思是聲聞。當年於佛陀身旁聽聞的弟子即是聲聞眾。娑舍囉婆迦（sa-śrāvaka）的中文意譯為「共同的聲聞眾」。
- **僧伽喃：**samghānāṃ，僧伽眾。samghā，音譯為僧伽。結尾字 nāṃ 代表複數，眾。ā 加有橫線時，要特別發長音。
- 請注意，接下來的幾句（第 6 至 13 句）中，「喃」（nāṃ）都是「眾」的意思。

關鍵要點

頂髻的三個重要特質

❶ 佛頂肉髻。

❷ 無見頂相，無見的意思是凡常人無法見到的相狀，即使是一切的人、天也都無法見到的頂點。

❸ 無見頂相是三十二相中最勝者，因為其位置是在如來之頂。

「南無」的梵音

讀者在接觸咒語時，很容易發現同一個漢譯字詞有不同的梵字拼音，或許會感到困惑，像是「南無」可能是來自於 namo 或 namaḥ，還有 namā、namas。其實，咒語就像是一長串的咒語音韻，宛若梵字與樂譜的融合體，念誦時的音韻變化會呈現出咒語能量的停頓、轉折或是加強。通常，namo 是平穩念誦，namaḥ 強調氣音，namā 的 ā 要拉長音，表示加重語氣、增強能量。namas（本咒譯成南無薩、南無娑）出現在一段的結尾處與 kṛtaya 並用，強調「受」頂禮的被動語氣。

不僅是「南無」，還有很多咒字都是這樣的現象，要是過度專注其中差異，反而會阻礙學習。關鍵在於真誠念誦，即使漢字音譯看似相同，假以時日就可領略其中的能量變化，語氣自然會跟著變動。

2 禮敬世間精進的修行眾生，❶ 阿羅漢眾，❷ 須陀洹眾，❸ 斯陀含眾，❹ 世間已度眾，❺ 正向聖眾（第 6~10 句）

這個單元依舊啟動「敬愛法」（vaśākarana）與「鉤召法」（ākarsa）。前者為自身及他人祈請獲得佛菩薩的庇護，後者召請呼喚本尊。祈請的對象則是世間追尋宇宙智慧的四種果位，即須陀洹果（預流果）、斯陀含果（一來果）、阿那含果（不還果）與阿羅漢果四者。在目前大部分寺院使用的 427 句版本，唯獨遺漏了阿那含果，其他版本的〈楞嚴咒〉則完整呈現四果。除了四果之外，再加上世間所有已度聖眾與正向聖眾。這些地球的精進修行者，雖未達到正等正覺的境態，但已經是世間極為優秀的聖者。

• 第 6~10 句總覽

漢字音譯	⑥ 南無　盧雞　阿羅漢哆喃 ⑦ 南無　蘇盧多波那喃 ⑧ 南無　娑羯唎陀　伽彌喃 ⑨ 南無　盧雞　三藐伽哆喃 ⑩ 三藐伽　波囉底波多那喃
梵　　音	⑥ namo loke arhānta-nāṃ ⑦ namaḥ srotā-pannā-nāṃ ⑧ namaḥ sakṛdā gāmināṃ ⑨ namo loke saṃyak-gatānāṃ ⑩ saṃyak prati-pannānāṃ
意　　譯	⑥ 禮敬皈依　世間　阿羅漢眾 ⑦ 禮敬皈依　須陀洹眾 ⑧ 禮敬皈依　斯陀含眾 ⑨ 禮敬皈依　世間　已度眾 ⑩ 正　向聖眾 ※ 此版四果缺阿那含，補足於後。
連貫句義	禮敬皈依七千萬正等正覺者與聲聞乘與僧伽眾，禮敬皈依世間的阿羅漢眾，禮敬皈依須陀洹眾，禮敬皈依斯陀含眾，禮敬皈依世間已度眾與正向聖眾。

第6句		
	漢字音譯	南無　盧雞　阿羅漢哆喃
	梵　　音	namo　loke　arhānta-nāṃ
	中文意譯	禮敬皈依　世間　阿羅漢眾

第7句		
	漢字音譯	南無　蘇盧多波那喃
	梵　　音	namaḥ　srotā-pannā-nāṃ
	中文意譯	禮敬皈依　須陀洹眾（入流眾）

詞彙解說

- **南無：**namo、namaḥ，禮敬皈依。
- **盧雞：**loke，世間。
- **阿羅漢哆：**arhānta，即阿羅漢，意思是「應被世人所供養」，簡稱「應供」。
- **喃：**nāṃ 代表複數，眾。母音加有橫線時，例如 ā、ī、ū 這三字，要特別發長音。字母下加一點者，如 ṃ、ṇ，發音仍是 m、n。後面許多梵字的字尾都有加 nāṃ 來表示複數，於後不再重複解說。
- **蘇盧多波那：**srotā-pannā，即聲聞乘的初果「須陀洹」。srot 的意思是河流，āpanna 的意思是進入者、勝者。srotāpannā 的直譯就是「進入河流」，並且延伸為「勝者河流」，接近 jump into river 的境態。為何是河流？釋迦牟尼佛以河流來比喻八正道，此為獲得最終解脫的八種正確方法和途徑。其實，srotāpannā 的音譯在〈楞嚴咒〉譯為「蘇盧多波那」，比起常見的「須陀洹」，譯法更貼近梵語的發音。

第8句		
	漢字音譯	南無　娑羯唎陀　伽彌喃
	梵　　音	namaḥ　sakṛdā　gāmināṃ
	中文意譯	禮敬皈依　斯陀含眾（一來眾）

漏句		
	漢字音譯	南無　阿那伽彌喃
	梵　　音	namo　anāgāmināṃ
	中文意譯	禮敬皈依　阿那含眾（不再來眾、不還眾）

※427 句版本明顯缺漏「禮敬皈依阿那含」（anāgāmināṃ，不還眾），位置就在這裡。

詞彙解說

- **娑羯唎陀　伽彌喃：**娑羯唎陀（sakṛdā）的意思是「一、一度」。伽彌（gāmi）的意思是「來」。合併的意思是「一來」，意思是再來娑婆世界一次。sakṛdāgāmināṃ 即是聲聞乘的二果「斯陀含」。ṛ 的發音接近 ri，中文的利。「娑羯唎陀伽彌」在第八句被拆解成「娑羯唎陀」（sakṛdā）與「伽彌」（gāmi），「伽彌」之後再加上代表複數的「喃」（nāṃ），最後成為「娑羯唎陀」與「伽彌喃」兩字。

- **阿那伽彌：**anāgāmin，聲聞乘的三果「阿那含」。阿那（anā）的意思是不還、不再，「還」的意思就是「再」。伽彌（gāmi）的意思是「來」。合併的意思是「不還來、不再來」，也就是不再來欲界受生死。

第9句

漢字音譯	南無　盧雞　三藐伽哆喃
梵　　音	namo　loke　saṃyak-gatānāṃ
中文意譯	禮敬皈依　世間　已度眾、正行眾

第10句

漢字音譯	三藐伽　波囉底波多那喃
梵　　音	saṃyak　prati-pannānāṃ
中文意譯	正　向聖眾

詞彙解說

- **三藐伽哆：**三藐（saṃyak），意思是正確。伽哆（gatā），意思是前進、到達、度。ā 發長音。saṃyak-gatā 兩字合併成為「已經到達、正確到達」，於是翻譯成「已度、正行」。再結合 nāṃ 字，譯成「已度眾、正行眾」。

- **三藐伽：**saṃyak，正、正確。

- **波囉底波多那：**prati-pannā 代表「精進修行者」、「具足成就者」。其中，prati 的意思是「向、往」，pannā 的意思是「進入」，saṃyak prati-pannānāṃ 可以翻譯成「正向聖眾」。一般而言，正向聖眾是一群優秀的精進修行者，已經安住於真實的境態。而 pratipannā 的漢音「波囉底波多那」應該是「波囉底波那」，去掉一個「多」。

3 禮敬天界四大天神眾，❶ 天仙眾，❷ 持明仙眾，❸ 梵天，❹ 帝釋天，為慈面神

（第 11~15 句）

此處來到了禮敬天神（deva）與仙人（rṣī）。天神眾共有兩組宇宙能量的代表，分別是「梵天」（brahmaṇe）與「因陀羅」（indrāya）所引領的眾神。梵天代表宇宙創造、生成的能量泉源。因陀羅則是天界諸神最有能力的主宰，是諸神的領袖。祂又是雷神和戰神的組合體，在佛教中，因陀羅常被翻譯成「帝釋天」（śakra）。

在〈楞嚴咒〉的仙人（rṣī）是指一群精進修行而有成者，而非道家所說的仙人。他們懂得持明、持咒，稱為「持明仙人眾」（siddhaya vidyā-dhāra rṣīnāṃ）。「持明」的「明」的意思是真言、咒語，等同於受持宇宙的真實語言，也就是諸佛菩薩的咒語。他們是密教「胎藏界曼荼羅」外金剛部院的尊者，其名號「持明仙人眾」的意思是「持誦真言咒語」，或「藉咒力而得神通力」之仙人。原本持明仙人為婆羅門教濕婆神（śiva）

關鍵要點

四組天界智慧能量

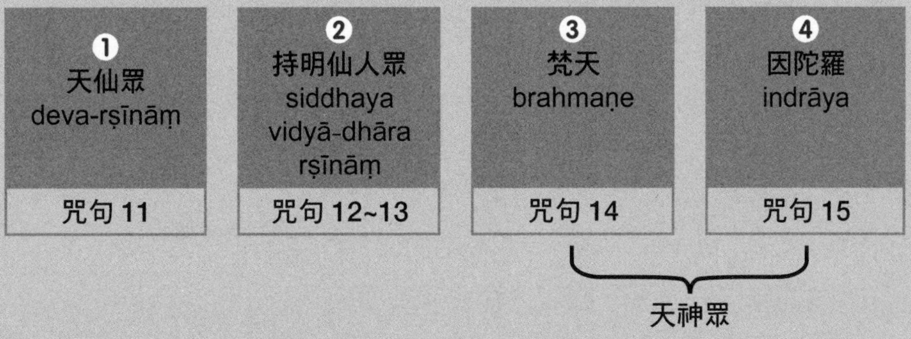

的侍從，相傳住於印度雪山。這群雪山仙人具備運作咒力的特殊能量（śāpānu）。在〈楞嚴咒〉裡面，持明仙人眾是具備超凡能力的權能者，可以降伏對治鬼魅的負面能量，守護千眾生。

• 第 11~15 句總覽

漢字音譯	⑪ 南無　提婆離瑟赧 ⑫ 南無　悉陀耶　毗地耶陀囉　離瑟赧 ⑬ 舍波奴　揭囉訶　娑訶　娑摩囉他喃 ⑭ 南無　跋囉訶摩尼 ⑮ 南無　因陀囉耶
梵　　音	⑪ namo deva-rṣīnāṃ ⑫ namaḥ siddhaya vidyādhāra rṣīnāṃ ⑬ śāpānu graḥa śaha samarthānāṃ ⑭ namo brahmaṇe ⑮ nama indrāya
意　　譯	⑪ 禮敬皈依　天神與仙人眾 ⑫ 禮敬皈依　成就　持明　仙人眾 ⑬ 具備強勁能力的權能者，可以降伏對治鬼魅的負面能量，守護眾生 ⑭ 禮敬皈依　梵天 ⑮ 禮敬皈依　帝釋天
連貫句義	禮敬天神與仙人眾，禮敬成就持明仙人眾，能夠降伏鬼魅與守護眾生的強勁權能們，禮敬梵天，禮敬帝釋天。

第11句		
	漢字音譯	南無　提婆離瑟赧
	梵　　音	namo　deva-rṣīnāṃ
	中文意譯	禮敬皈依　天神、仙人眾

第12句		
	漢字音譯	南無　悉陀耶　毗地耶陀囉　離瑟赧
	梵　　音	namaḥ　siddhaya　vidyādhāra　rṣīnāṃ
	中文意譯	禮敬皈依　成就　持明　仙人眾

詞彙解說

- **南無**：namo、namaḥ，禮敬皈依。
- **提婆**：deva，天神。如帝釋天、大梵天等等都是重要的天神。
- **離瑟**：rṣī，意思是仙人。ṣ 的發音為 si。
- **赧**：nāṃ，眾。「赧」的發音同「南」。ā 發長音。
- **悉陀耶**：siddhaya，成就。dha 的 h 是氣音，如果不會發氣音，dha 就唸成 da 也頗接近。
- **毗地耶陀囉**：vidyādhāra，持明、持咒、持明咒。

第13句

漢字音譯	舍波奴　揭囉訶　娑訶　娑摩囉他喃
梵　　音	śāpānu　graḥa　śaha　samarthānāṃ
中文意譯	具備能力的權能者們，可以對治降伏鬼魅的負面能量，守護眾生。

※ 寺院流通版抄寫錯誤為「娑訶　娑**囉摩**他喃」，摩與囉兩字的次序相反，正確是「娑訶　娑**摩囉**他喃」。

詞彙解說

- **舍波奴**：śāpānu，降伏（subdue）、對治負面能量。
- **揭囉訶**：graḥa，鬼魅。
- **娑訶**：śaha，強勁。
- **娑摩囉他喃**：smarthānāṃ，具備能力者、賢者、權能者。他們是一群擁有優秀能力的人，能以咒力攝惡作善的天人。nāṃ 代表複數，眾。th 的發音接近注音符號的ㄊ。

關鍵內容

上述的天神、仙人眾具備優秀能量，他們可以透由持咒來對治降伏鬼魅（graḥa）的負面能量。傳統上的解釋為，這些天仙眾可以攝受降伏（śāpānu）諸鬼魅，他們是一群具備能力者、賢者、擁有強勁能力（śaha）的天仙們，能夠「攝惡而作善」的諸賢眾，也就是這些擁有優秀能力的人（smarthānāṃ）能夠掌控負面能量（攝惡），再轉換成正面能量（作善）。

第14句	
漢字音譯	南無　跋囉訶摩尼
梵　音	namo　brahmaṇe
中文意譯	禮敬皈依　梵天

詞彙解說

· **跋囉訶摩尼：**brahmaṇe，梵天、大梵天，是古印度人共同尊奉的神明，代表宇宙創造、生成的能量。brahmā 一詞原本的意思是「清淨、離欲」。相傳釋迦牟尼開悟時，本來不願意為世人說法，將要進入涅槃的境態。後經由梵天勸請，於是釋迦牟尼決定向世人傳播他所得到的解脫之道。

梵天職司創造，是智慧之神，被視為宇宙一切法的創造者。此外，婆羅門教相信梵文字母是由梵天創造，故又稱祂為「造書天」。之後，梵天為佛教所吸收，成為佛教重要的護法神，常在佛教經典中以侍立或請法的形象出現，留有若干獨有的陀羅尼咒。

祂居住在天界，所居的地方也被稱為大梵天（或曰梵天，同樣是祂的名號），那個智慧空間是色界天初禪天的「頂層天」。密教將大梵天列為十二天之一，同時也是千手觀音二十八部眾之一。傳統上，大梵天的形象是四面四臂，右手持蓮花、念珠，左手執軍持瓶，作唵（om）字印，乘七鵝車，戴髮髻冠。

第15句	
漢字音譯	南無　因陀囉耶
梵　音	nama　indrāya
中文意譯	禮敬皈依　帝釋天

詞彙解說

· **因陀囉耶：**indrāya，音譯為因陀羅，意思則為「最勝、最優秀、最優越、征服、王者」。因此，其完整的帝釋天概念應該是「天界諸神最有能力的主宰者」，是諸神的領袖。祂又是雷神和戰神，是空界的統領主宰者。在佛教中，因陀羅常被轉譯成「帝釋天」（śakra）。

帝釋天原本是古印度人共同尊奉的神明，而且在印度古籍《梨俱吠陀》中，祂是出現最多次的神之一。最後，祂被收入佛教的護法神，在密教中將帝釋天列為十二天之首。雖然帝釋天是眾神之帝王，而且是優秀的戰神。但祂擁有凡人的缺點，喝酒、好色、膽小，遭遇挫折會逃跑。顯然神與人類同樣充滿情慾糾葛，也會進入愛恨交織的境態。然而，透由佛菩薩的智慧能量給予正面的轉換機制，因陀囉耶也成為守護人類的護法天神。

關鍵要點

成就持明仙眾

持明仙人眾（siddhaya vidyādhāra rṣināṃ）又稱為「悉地持明仙」、「成就持明仙」，就字面上解讀其意是「持誦陀羅尼」，或「藉由咒力而獲得神通力」之仙人。以其所持之明咒，密教遂列之於曼荼羅的神聖空間之內。rṣīnāṃ 的 nāṃ（眾）說明不只一位，共有以下四類，第 12 句咒句指的是第三類仙眾。

❶ 持明藥叉 ❷ 成就仙眾 ❸ 成就持明仙眾 ❹ 成就明仙

印度古代神話與宇宙的能量運作

	創造者 梵天	維護者／保護者 毗濕奴	毀滅者／轉化者 濕婆
佛教名稱	大梵天	那羅延天	大自在天
對應咒句	⑭ 跛囉訶摩尼	㉑ 那囉野拏耶	⑰ 嚧陀囉耶
梵文	brahmaṇe	ṇārāyaṇāya	rudrāya

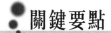

4 禮敬三大護法眾，❶ 大自在天眾，❷ 那羅延天眾，❸ 大黑天眾，為忿怒神

（第 16~31 句）

接著〈楞嚴咒〉來到護法的啟動與呼喚。護法的梵語是 dharmapala，其中 dharma 是佛法的意思，pala 意指保護，兩字結合為護法、保護佛法。顧名思義，護法就是一群護持佛法的天神。護法有時稱為明王，因為認為祂們可以戰勝無明。護法絕大多數曾經是世間神，當祂們還是世間神的時候，沒有具備佛教果位，也沒有超出三界（欲界、色界、無色界）。由於護法尚未脫離輪迴，仍屬於眾生的行列。但祂們與眾生又有不同之處，大都是具有相當的神通，才被佛教吸收作為「護法」。

佛教世界中，護法的來源之一是印度教的天神。前一單元的梵天與因陀羅屬於祥和寂靜的身形，稱為「寂靜尊」。本單元這三組：❶ 大自在天眾，❷ 那羅延天眾 ❸ 大黑天眾，均擁有威猛剛烈的身形，屬於「忿怒尊」。這些看似「負面能量」的忿怒相天神，一一被佛菩薩降伏，進而轉化成正面能量的天神，以威猛的能量護持佛法。大部分的護法都是以猛惡形象，來象徵佛法的力量可以戰勝愚昧無知。

第一組由大自在天（rudrāya）引領，rudrāya 意含「暴怒、憤怒」，代表宇宙的破壞能量。祂是印度古代非常重要的天神，其源頭是來自印度破壞之神濕婆（śiva）。其手下包含大自在天妃后烏摩主（umāpati）其眷屬們。烏摩是 umā 的音譯，原本的意思是寧靜（tranquillity）、輝煌（splendour）與名望（fame），這些也都是烏摩女神的特質。

第二組由擁有五大手印的「那羅延天」（ṇārāyaṇāya）引領。此尊源自於印度古代的天神「毗紐天」（viṣṇu），代表宇宙的保護與維護能量，而後被收納入佛教。在佛教信仰體系中，那羅延是天界的金剛力士，更是佛教重要的護法之一。而「那羅延天」的五部大印（pañca mahā samudrām）對應佛部、蓮花部、金剛部、寶部、羯磨部等五部。

第三組的角色特別複雜，由大黑天（kālāya）引領，其手下包含「三宮城的破壞進行者」，與「喜愛居住墓地者、本母眾」。大黑天如同大自

在天，也是源自印度破壞之神濕婆（śiva），也同樣被佛教吸收而成為佛教的護法神。在密宗，大黑天神是極為重要的護法神，是專治疾病之醫神與財富之神。

「三宮城的破壞進行者」是〈楞嚴咒〉比較複雜的咒語能量。印度古籍記載三宮城（tripura-nagara）是以金、銀、鐵打造的三個城市，分屬於天界、空界與地界的城市。三宮城與大黑天的關係為何？三宮城最初是由好戰的阿修羅們所建立的，是一個充滿邪惡能量的城市。阿修羅們的敵手即是帝釋天（indrā）率領的天神。天神帝釋天曾經率領暴風雨神多次進擊此三座城市，但都無功而返，最後是由濕婆射出一箭，成功破壞三宮城。大黑天即是濕婆的變化身形。此外，前文提到的 indrā（因陀羅／帝釋天）即是第 15 咒句的 indrāya。加上 ya 是念誦時的音韻變化，有些學者將 indrāya 翻譯成「因陀羅呀！」。此外，ya 還有強調「主格」的概念，這種情形經常出現於楞嚴咒，例如：indrāya（因陀羅，原名 indrā）、rudrāya（大自在天，原名 rudrā）、mahā kālāya（大黑天，原名 mahā kālā）。

「喜愛居住墓地者、本母眾」又是誰？墓林、墓地的梵語是 śmaśāna，音譯為「屍陀林」。在這裡居住著掌管屍陀林之神祇，所保護與掌管之地稱為「八大寒林」。śmaśāna 是極為殊聖的神祕空間，因為是空行勇父與空行母的聚會所、薈供處，他們喜愛（adhi）安住（nivāsini）在這裡修行，在此追求智慧獲得解脫（mukte）。

• 第 16~23 句總覽

漢字音譯	⑯ 南無　婆伽婆帝　⑰ 嚧陀囉耶　⑱ 烏摩般帝　⑲ 娑醯夜耶 ⑳ 南無　婆伽婆帝　㉑ 那囉野拏耶　㉒ 盤遮　摩訶　三慕陀囉 ㉓ 南無悉羯唎多耶
梵　　音	⑯ namo bhagavate　⑰ rudrāya　⑱ umāpati　⑲ sahiyāya ⑳ namo bhagavate　㉑ ṇārāyaṇāya　㉒ pañca mahā samudrām ㉓ namas-kṛtāya
意　　譯	⑯~⑲ 禮敬皈依　世尊　大自在天　大自在天的妃后主　眷屬 ⑳~㉒ 禮敬皈依　世尊　那羅延天　五大手印 ㉓ 禮敬皈依以上受頂禮者
連貫句義	禮敬世尊，禮敬大自在天、大自在天后及其眷屬等。禮敬世尊，禮敬那羅延天。禮敬五部大印，皈命頂禮。

• 第 24~31 句總覽

漢字音譯	㉔ 南無　婆伽婆帝　㉕ 摩訶迦囉耶 ㉖ 地唎般剌那伽囉　㉗ 毗陀囉波拏　迦囉耶 ㉘ 阿地目帝迦　㉙ 屍摩舍那　泥婆悉泥　㉚ 摩怛唎伽拏 ㉛ 南無悉羯唎多耶
梵　　音	㉔ namo bhagavate　㉕ mahā-kālāya ㉖ tripura-nagara　㉗ vidrāvaṇa kārāya ㉘ adhi-muktoka　㉙ śmaśāna nivāsini　㉚ mātṛ-ganāṃ ㉛ namas-kṛtaya
意　　譯	㉔~㉕ 禮敬皈依　世尊　大黑天 ㉖~㉗ 降伏破壞三宮城者 ㉘~㉙ 喜樂住於墓地得解脫者　㉚ 本母眾 ㉛ 一起皈依禮拜
連貫句義	禮敬世尊，禮敬大黑天神、摧壞三宮城、樂居屍陀林（墓地）者、本母眾。

① 大自在天眾

第16句		
	漢字音譯	南無　婆伽婆帝
	梵　　音	namo　bhagavate
	中文意譯	禮敬皈依　世尊

第17句		
	漢字音譯	嚧陀囉耶
	梵　　音	rudrāya
	中文意譯	大自在天

詞彙解說

- **婆伽婆帝：**bhagavate，意譯「世尊」，意思是「為世人最尊敬」。bha 的 h 是氣音，接近很短的「喝」。如果無法精確念誦，bha 不妨就唸成 ba。
- **嚧陀囉耶：**rudrāya 的音譯，意含「暴怒、憤怒」。祂是印度古代非常重要的天神。原始的嚧陀囉耶是婆羅門教的神明，來自印度濕婆（śiva），乃破壞之神，代表宇宙的破壞與改變的能量。

　　嚧陀囉耶後來被佛教所吸納成為護法神，稱為「大自在天」，是欲界六欲天之一。關於 rudrāya 最初的源頭，在佛教的系統中認為此尊居住在「色究竟天」，為色界之頂點。因為身形能夠「自在變化」，故稱為「大自在天」（maheśvara）。於釋迦牟尼時代，六師外道之一的「自在天外道」就是以信奉大自在天為主。此外，嚧陀囉耶另一個常見的名號是「伊舍那天」（isanaya），這是大自在天於「胎藏界曼荼羅」中十二天的名號。

第18句		
	漢字音譯	烏摩般帝
	梵　　音	umāpati
	中文意譯	大自在天的妃后主

第19句		
	漢字音譯	娑醯夜耶
	梵　　音	sahiyāya
	中文意譯	眷屬

詞彙解說

- **烏摩：** umā，即烏摩天后，是大自在天的妃后。烏摩是 umā 的音譯，原本的意思是寧靜（tranquillity）、輝煌（splendour），與名望（fame），這些也都是烏摩女神的特質。烏摩是美麗的女神，但擁有不同的變化身形。她有時成為善戰天女的戰士，有時又是名為迦利（kali）的殘忍報復女神。這位女神身分複雜，總結共有戰鬥女神、美麗女神、殘忍復仇女神、性愛女神等不同屬性。
- **般帝：** pati，意思是主、主人。
- **娑醯夜耶：** sahiyāya 的音譯，意思是眷屬。於是，前一句的 pati（主人）與 sahiyāya（眷屬）是主從的對應關係。「娑醯」的發音同「縮西」。

關鍵內容

第 16、17、18、19 等四句應該是一起解釋的，意思是禮敬為世人所尊的嚧陀囉耶（大自在天主）、烏摩般帝（大自在天后主）與他們的眷屬們。

② 那羅延天眾

第20句		
	漢字音譯	南無　婆伽婆帝
	梵　　音	namo　bhagavate
	中文意譯	禮敬皈依　世尊

第21句		
	漢字音譯	那囉野拏耶
	梵　　音	ṇārāyaṇāya
	中文意譯	那羅延天

第22句		
	漢字音譯	盤遮　摩訶　三慕陀囉
	梵　　音	pañca　mahā　samudrām
	中文意譯	五　大　手印

詞彙解說

- **婆伽婆帝：**bhagavate，意譯「世尊」，意思是「為世人最尊敬」。bha 的 h 是氣音，接近很短的「喝」。如果無法精確念誦，bha 不妨就唸成 ba。
- **那囉野拏耶：**ṇārāyaṇāya 的音譯，即那羅延天。此尊源自於印度古代的天神「毗紐天」（viṣṇu），代表宇宙的保護與維護能量，而後被收納入佛教。在佛教信仰體系中，那羅延是天界的金剛力士，是佛教的護法之一。在佛教寺廟中，常以「密跡金剛」（guhya，第 266 句）與「那羅延天」的圖像，做為寺院山門的守護者。
- **盤遮：**pañca，五。c 的發音同 ch，如同英文 child 的 ch 發音。ñ 與 n 接近，但發聲延長，接近英文 song 的 ng 發音。
- **摩訶：**mahā，大。
- **三慕陀囉：**samudrām 的音譯，其中 mudrā 的意思是手印。手印又稱為印契，現常指密教在修法時，修行者雙手與手指所結的各種姿勢。

關鍵內容

第 20、21、22 三句應該是一起解釋的。此組咒句的意思是「禮敬為世人所尊敬擁有五大手印的那羅延天」。對於禮敬五部大印的「五部」，其解釋是佛部、蓮花部、金剛部、寶部、羯磨部。

第23句		
	漢字音譯	南無悉羯唎多耶
	梵　　音	namas-kṛtaya
	中文意譯	禮敬皈依以上受頂禮者（意指上述那羅延天系統的眾護法）

詞彙解說

- **南無悉：**namas，禮敬皈依。
- **羯唎多耶**，kṛtāya，受頂禮者、受禮拜者。ṛ 唸成 ri。「羯」的發音同「茄」。

③ 大黑天眾

第24句		
	漢字音譯	南無　婆伽婆帝
	梵　　音	namo　bhagavate
	中文意譯	禮敬皈依　世尊

第25句		
	漢字音譯	摩訶迦囉耶
	梵　　音	mahā-kālāya
	中文意譯	大　黑天

詞彙解說

· **南無**：namo，禮敬皈依。

· **婆伽婆帝**：bhagavate，世尊。

· **摩訶**：mahā，大。

· **迦囉耶**：kālāya，黑、時。

關鍵內容

在梵文中，mahā-kāla 由摩訶（mahā，意思為大）與迦囉耶（kāla，意為黑色，或時間）兩字組成，成為「大黑」或「大時」。該神本是婆羅門教濕婆（śiva，即大自在天）的化身，代表宇宙破壞與改變的能量。之後被佛教吸收而成為佛教的護法神。

第26句		
	漢字音譯	地唎般剌那伽囉
	梵　　音	tripura-nagara
	中文意譯	三宮城

詞彙解說

· **地唎般剌**：tripura，三宮。

· **那伽囉**：nagara，城、城市。

關鍵內容

印度古籍記載三宮城（tripura-nagara）是以金、銀、鐵打造的三個城市，分屬於天界、空界與地界的城市。天界與空界有何差異？天界是人類肉眼看不的，空界則是人類肉眼可見。三宮城最初是由好戰的阿修羅們（asura，第 291 句）所建立的，是個充滿邪惡能量的城市。除了三宮城，也有三重城、三界城的譯法。

三宮城與大黑天的關係為何？阿修羅們的對手即是帝釋天（indrāya 或 indrā，第 15 句）率領的天神。起初，帝釋天率領暴風雨神，多次進擊此三座城市，都無功而返。最後是由濕婆（大自在天，見第 17 句）射出一箭，成功破壞三宮城。而大黑天即是濕婆的轉變化身，所以可說是大黑天成功攻下這三座城市。

第27句		
	漢字音譯	毗陀囉波拏　迦囉耶
	梵　　音	vidrāvaṇa　kārāya
	中文意譯	進行破壞者

詞彙解說

- **毗陀囉波拏：**vidrāvaṇa，破壞、摧毀。ṇ 的發音仍是 n。「拏」的發音同「拿」。
- **迦囉耶：**kārāya，作、做、完成、進行。

第28句		
	漢字音譯	阿地目帝迦
	梵　　音	adhi-muktoka
	中文意譯	喜樂解脱

※ 寺院流通版寫著「阿地目帝」，掉字「迦」，正確是「阿地目帝迦」。

第29句		
	漢字音譯	屍摩舍那　泥婆悉泥
	梵　　音	śmaśāna　nivāsini
	中文意譯	墓林居住者

詞彙解說

- **阿地：**adhi，樂、喜。
- **目帝迦：**muktoka，解脱。
- **屍摩舍那：**śmaśāna，音譯屍陀林、意思是墓林、墓地、寒林。ś 的發音為 sh，如同英文 show 的 sh 發音。
- **泥婆悉泥：**nivāsini，住、居住、停留、安住。

關鍵內容

墓林、墓地的梵語是 śmaśāna，音譯為「屍陀林」。這裡居住著掌管屍陀林之神祇，而由祂們所保護與掌管之地，則稱為「八大寒林」。śmaśāna 是極為殊聖的神祕空間，是空行勇父與空行母的聚會所、薈供處。「薈」的意思是聚集，供是供養。薈供處即是聚集供養的地方。空行勇父與空行母喜愛（adhi）、安住（nivāsini）在這裡修行，在此獲得解脱（mukte）。

第30句

漢字音譯	摩怛唎伽拏
梵　　音	mātṛ-ganāṃ
中文意譯	本母眾

第31句

漢字音譯	南無悉羯唎多耶
梵　　音	namas-kṛtaya
中文意譯	禮敬以上受頂禮者（指上述大黑天等護法眾）

詞彙解說

- **摩怛唎：**mātṛ，母、本母。ṛ 唸成 ri。「怛」的發音同「達」。
- **伽拏：**ganāṃ，眾。與 mātṛ 合併解釋為本母眾，或稱陰母眾，即鬼神眾。「伽拏」的發音同「茄拿」。
- **羯唎多耶：**kṛtaya，受頂禮者、受禮拜者。

5 禮敬五方部族智慧能量，❶ 如來部，❷ 蓮華部，❸ 金剛部，❹ 摩尼寶部，❺ 羯磨部

（第 32~37 句）

• 第 32~37 句總覽

漢字音譯	㉜ 南無　婆伽婆帝 ㉝ 多他伽　俱囉耶 ㉞ 南無　般頭摩　俱囉耶 ㉟ 南無　跋闍　俱囉耶 ㊱ 南無　摩尼　俱囉耶 ㊲ 南無　伽闍　俱囉耶
梵　音	㉜ namo bhagavate ㉝ tathāgatā kulāya ㉞ namo padma kulāya ㉟ namo vajra kulāya ㊱ namo mani kulāya ㊲ namo gaja kulāya
意　譯	㉜ 禮敬皈依　世尊 ㉝ 如來　部 ㉞ 禮敬皈依　蓮華　部 ㉟ 禮敬皈依　金剛　部 ㊱ 禮敬皈依　寶　部 ㊲ 禮敬皈依　羯磨　部
連貫句義	禮敬皈敬世尊佛部種族，禮敬皈敬蓮華部種族，禮敬皈敬金剛部種族，禮敬皈敬寶部種族，禮敬皈敬白象（羯磨部）種族。

接下來的咒句（32-37），會連續看到五次「俱囉耶」（kulāya）這個字詞，其意思是「部」、「部族」，接近英文的 clan 或是 group。宇宙中相同能量境態或是相關的智慧族群會聚集在一起，這就好比能量相近的佛菩薩也會凝聚一起。此外，除了佛菩薩有不同層面的能量，在印度的人民階級制度也是 kulā 這個字詞，傳統稱為「種姓制度」。當〈楞嚴咒〉出現 kulā 這個字，第一種可能是五個部族的意思，第二種是翻譯成「種、姓」，代表印度社會不同的出生狀態，如第 122 咒的 kula-dhārī，是一位女性神祇「持姓女尊」。

五部宇宙空間、五色、五種子字

在密教金剛界曼荼羅（mandala）中，將「宇宙智慧能量」依據空間「方位」分成五部，此五部由五位佛陀（或如來）來統領，各自擁有不同的顏色（白、藍、黃、紅、綠）與種子字。種子字是密教中代表佛、菩薩的梵文音節字母。傳統中，書寫種子字多使用悉曇文，這是西元 600 年至 1200 年間梵語的書寫文字。也有種子字使用藏文、蘭札文等文字書寫，其中蘭札文是尼泊爾的書寫文字。

種子字在咒語的領域非常重要，它們是宇宙真實的語言，其最大功能就是在於協助我們與宇宙的「真理實相」接軌。同時，種子字就像是「能量種子」，佛教徒相信不斷地持念咒語，可讓宇宙的能量如種子般得以生生不息。

由第 33 句到第 37 句，總共禮敬皈依（namo）五個部族，目的是呼喚宇宙的五種智慧能量來保護地球的眾生。依據傳統，分別是來自宇宙的中央、東、南、西、北之方位的部族。

方位	部主	顏色	種子字
中央佛部（tathāgatā kulāya）／如來部	大日如來	白色	vam
東方金剛部（vajra kulāya）	阿閦如來	藍色	hūṃ
南方寶部（mani kulāya）	寶生如來	黃色（金色）	trah
西方蓮華部（padma kulāya）	阿彌陀佛	紅色	hrīh
北方羯磨部（gaja kulāya）	不空成就如來	綠色	ah

※ 傳統密教中，羯磨部大都是用 karma kulāya 稱之，〈楞嚴咒〉是採用 gaja kulāya。

傳統上會依據「金剛界曼荼羅」五部儀軌次序，由中央開始，然後是東、南、西、北的次序。但在〈楞嚴咒〉中呼喚的次序略為不同，分別是 (33) 中央、(34) 西、(35) 東、(36) 南、(37) 北。

五種宇宙智慧、密教五法

至於五部智慧能量群所具備的功能為何？這是〈楞嚴咒〉非常重要的核心能量。呼喚宇宙五部的智慧能量，依序協助地球的眾生，其能量如下：

1. 中央佛部（tathāgatā kulāya）：息災法，透由大日如來的智慧能量，「平息」眾生遭遇的災難。
2. 東方金剛部（vajra kulāya）：降伏法，以阿閦如來的威猛能量，「降伏調協」空間中存在負面的能量。
3. 南方寶部（mani kulāya）：增益法，透由寶生如來的富足能量，「增加與助益」眾生的生命能量。
4. 西方蓮華部（padma kulāya）：敬愛法，以阿彌陀佛給予眾生「禮敬慈愛」的溫暖能量。
5. 北方羯磨部（gaja kulāya）：鉤召法，以不空成就如來「引導召來」人們的心，也能鉤召三惡趣的有情眾生，協助他們由負面能量轉化成善良的意識體。鉤召法猶如鉤之牽引諸物，故有此稱。

第32句		
	漢字音譯	南無　婆伽婆帝
	梵　　音	namo　bhagavate
	中文意譯	禮敬皈依　世尊

第33句		
	漢字音譯	多他伽　俱囉耶
	梵　　音	tathāgatā　kulāya
	中文意譯	如來　部

詞彙解說

- **南無**：namo，禮敬皈依。
- **婆伽婆帝**：bhagavate，世尊。

‧**多他伽**：tathāgatā，如來、佛。th 的發音接近注音符號的ㄊ。母音加有橫線時，例如 ā、ī、ū，這三字要特別發長音。

‧**俱囉耶**：kulāya，部族。

第34句		
漢字音譯	南無　般頭摩　俱囉耶
梵　　音	namo　padma　kulāya
中文意譯	禮敬皈依　蓮華　部

第35句		
漢字音譯	南無　跋闍　俱囉耶
梵　　音	namo　vajra　kulāya
中文意譯	禮敬皈依　金剛　部

詞彙解說

‧**般頭摩**：padma，蓮花、蓮華。

‧**跋闍**：vajra，金剛。

第36句	
漢字音譯	南無　摩尼　俱囉耶
梵　　音	namo　mani　kulāya
中文意譯	禮敬皈依　寶　部

第37句	
漢字音譯	南無　伽闍　俱囉耶
梵　　音	namo　gaja　kulāya
中文意譯	禮敬皈依　羯磨　部

詞彙解說

‧**摩尼**：mani，寶、寶石、珍寶。

‧**伽闍**：gaja，白象。代表北方羯磨部（karma，業部）。為何以白象來代表羯磨部呢？成觀法師的解釋是「白象有力，能成辦事，故在此代表羯磨部，以羯磨為作業、辦事、成辦之義」。

關鍵要點

五方（宇宙五個方位）、**五部**（五個部族）、**五法**（密教五法）

依據《金剛界曼荼羅》配置圖的方位，也就是東方於下面，順時針方向依序為東、南、西、北。

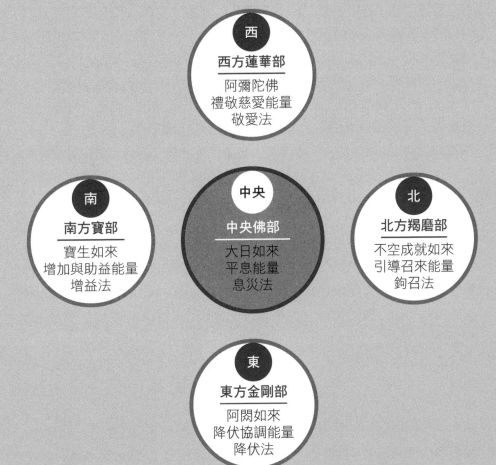

6 禮敬七大如來

（第 38~72 句）

「如來」是佛陀的另一種稱謂，〈楞嚴咒〉中最重要的七位佛陀，大致上來自三個如來系統，分別是：❶ 金剛界曼荼羅五方佛，❷ 三寶佛，❸ 胎藏界曼荼羅中台八葉。

「金剛界曼荼羅」的五方佛又稱五智如來，密教系統將宇宙空間區隔成五個方位，每個方位各擁有一股智慧能量。而「曼荼羅」（mandala）的意思是壇城，是宇宙智慧能量的空間配置圖。金剛界曼荼羅的五方佛出自於密教經典《金剛頂經》，在中央是大日如來，東、南、西、北各有一尊如來。

「三寶佛」是以釋迦牟尼為中央，位處地球的中央；東方則是來自淨琉璃世界的藥師如來，西方是極樂世界的阿彌陀如來。這三位共屬「橫三世佛」，以空間區隔的三位佛陀。佛界的世界觀還有「縱三世佛」，以時間為區隔，分別是過去佛燃燈佛，現在佛釋迦牟尼佛，未來佛彌勒佛。

至於「胎藏界曼荼羅」是來自於密教最重要的經典《大日經》，其中「胎藏界」的意思是胎體含藏的界域，是宇宙智慧儲存的能量空間。

第一位是「堅固勇猛軍部持器械王如來」，只有此尊不屬於上述三個系統。透由名稱顯示這是一位戰鬥屬性的如來，如同一個國家的國防部長，掌管整個國家的戰鬥武器，面對的敵人是貪、瞋、癡等三大魔軍。其智慧能量是用來摧毀內心魔障，祂可以幫助修行者清除覺悟道上的障礙。由於明顯的戰鬥屬性，合理推測堅固勇猛軍部持器械王如來與宇宙東方部族有關係。

第二位是「阿彌陀如來」，屬於五方佛之一，是來自宇宙西方的智慧能量。阿彌陀如來的字意是無量光佛，意思是無限量的光芒；另名為無量壽佛，代表無限量壽命的佛陀。此外，祂又被稱為無量清淨佛、甘露王如來。在大乘佛教信仰中，阿彌陀如來是西方「極樂世界」的教主，擁有「妙觀察智」，可以剋除貪欲。而宇宙西方屬於蓮華部（padma kulāya）是敬愛法的代表，以阿彌陀佛給予眾生「禮敬慈愛」的溫暖能量。

第三位是「阿閦如來」，祂與「阿彌陀如來」同屬於五方佛，是來自宇宙東方淨土「妙喜世界」的智慧能量。其中的「閦」字極少見，發音「觸」，阿閦的意思是不動，無法動搖、無法撼動。五方佛又稱「金剛界五智如來」，阿閦如來是其中來自東方的神聖意識體，代表「大圓鏡智」，可以剋除瞋恨心。

第四位是「藥師琉璃光王如來」，為三寶佛之一，來自宇宙東方的智慧能量。漢地就其消災與醫療功能譯為「消災延壽藥師佛」或「大醫藥王佛」。依據《藥師琉璃光如來本願功德經》的記載，藥師佛通身透澈、藍色如琉璃，清淨無染發出溫柔光芒，故以「琉璃光」爲功德名號；其成就以及所主管的佛國「淨琉璃世界」，亦處處是藍色的琉璃淨光。

第五位是「開敷華娑羅樹王如來」，來自胎藏界曼荼羅中台八葉，屬於宇宙南方的智慧能量，代表覺悟成就。開敷華娑羅樹王如來源自於《大日經》，在經典之中的名號「華開敷」，「華」是「花」的古字，「開」的意思是展開，「敷」是平躺、攤開來，所以「華開敷」的意思是花朵平鋪展開的狀態。「開敷華娑羅樹王如來」擁有平等性智，與五方佛的南方寶生如來是位置對等的聖尊。

第六位是「釋迦牟尼如來」，為娑婆世界的教主。三寶佛是以釋迦牟尼為中央，祂位處地球的中央。東方則是藥師如來，西方是阿彌陀如來。如果以太陽運轉於地球的次序來說，清晨太陽升起於東方時顯現的是藥師如來，然後是釋迦牟尼，等太陽下山則是西方的阿彌陀如來。在大雄寶殿三寶佛的空間配置即是右邊藥師佛（東邊）、中央釋迦牟尼佛（中央）、左邊阿彌陀佛（西方），完全符合日出東方、日落西方的概念。

第七位是「寶幢王如來」，源自於胎藏界曼荼羅中台八葉，是宇宙東方的智慧能量。許多密宗派別認為寶幢如來是東方妙喜世界不動如來的化身，即阿閦如來的變化身形。寶幢王如來如同阿閦如來，擁有大圓鏡智，可以剋除瞋恨心。

關鍵要點

七如來與出處

七如來	出處	
❶ 堅固勇猛軍部持器械王如來		等同於國防部的統帥
❷ 阿彌陀如來	三寶佛，也是金剛界曼荼羅五方佛	
❸ 阿閦如來	金剛界曼荼羅五方佛	
❹ 藥師琉璃光王如來	三寶佛	
❺ 開敷華娑羅樹王如來	胎藏界曼荼羅中台八葉	等同「金剛界五方佛的南方寶生如來」
❻ 釋迦牟尼如來	三寶佛	
❼ 寶幢王如來	胎藏界曼荼羅中台八葉	等同「金剛界五方佛的東方阿閦如來」

金剛界曼荼羅五方佛

胎藏界曼荼羅中台八葉之五佛

「胎藏界曼荼羅」來自於密教最重要的經典《大日經》。「胎藏界」的意思是胎體含藏的界域，是宇宙智慧儲存的能量空間。「曼荼羅」的意思是壇城，是宇宙智慧能量的空間配置圖。

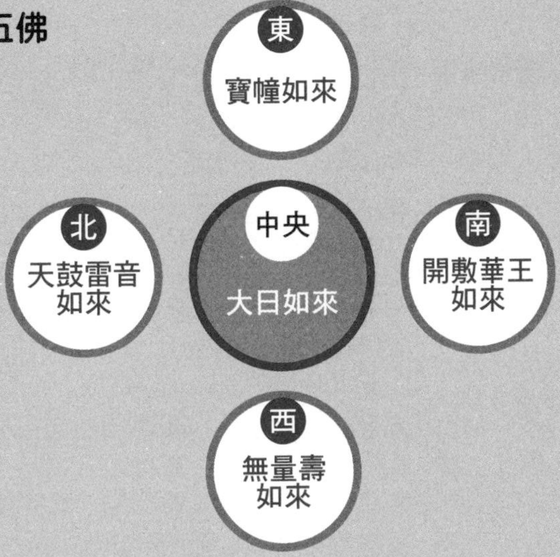

阿彌陀如來與無量壽如來

阿彌陀如來 ＝ 無量壽如來

阿彌陀如來	無量壽如來
金剛界曼荼羅五方佛的西方統領	胎藏界曼荼羅中台八葉的西方統領
強調「無限量光芒」	強調「無限量壽命」
代表空間無限，因為光可抵達無限的空間。	代表時間無限，因為無限量的時間即是無限量的壽命。

大雄寶殿的三寶佛方位結構

左邊	中央	右邊
西方極樂世界 阿彌陀如來	**娑婆世界** 釋迦牟尼如來	**東方淨琉璃世界** 藥師琉璃如來

• 第 38~51 句總覽

漢字音譯	㊳ 南無　婆伽婆帝　㊴ 帝唎荼輸囉西那　㊵ 波囉訶囉拏　囉闍耶　㊶ 跢他伽多耶 ㊷ 南無　婆伽婆帝　㊸ 南無　阿彌多婆耶　㊹ 跢他伽多耶　㊺ 阿囉訶帝　㊻ 三藐　三菩陀耶 ㊼ 南無　婆伽婆帝　㊽ 阿芻鞞耶　㊾ 跢他伽多耶　㊿ 阿囉訶帝　(51) 三藐　三菩陀耶
梵　音	㊳ namo bhagavate　㊴ dṛḍha-śūra-senā　㊵ praharaṇa rājāya　㊶ tathāgatāya ㊷ namo bhagavate　㊸ namo amitābhāya　㊹ tathāgatāya　㊺ arhate　㊻ saṃyak saṃbuddhāya ㊼ namo bhagavate　㊽ akṣobhyāya　㊾ tathāgatāya　㊿ arhate　(51) saṃyak saṃbuddhāya
意　譯	㊳ 禮敬皈依世尊　㊴ 堅固勇猛軍部　㊵ 持器械王　㊶ 如來 ㊷ 禮敬皈依世尊　㊸ 禮敬阿彌陀　㊹ 如來　㊺ 應供　㊻ 正等正覺 ㊼ 禮敬皈依世尊　㊽ 不動　㊾ 如來　㊿ 應供　(51) 正等正覺
連貫句義	禮敬皈依世尊堅固勇猛軍部持器械王如來。禮敬皈依世尊，禮敬皈依阿彌陀如來、應供、正等正覺者。禮敬皈依世尊阿閦如來、應供、正等正覺者。

• 第 52~61 句總覽

漢字音譯	(52) 南無　婆伽婆帝　(53) 鞞沙闍耶　俱盧　吠柱唎耶　(54) 般囉婆　囉闍耶　(55) 跢他伽多耶 (56) 南無　婆伽婆帝　(57) 三補師毖多　(58) 薩憐捺囉　剌闍耶　(59) 跢他伽多耶　(60) 阿囉訶帝　(61) 三藐　三菩陀耶
梵　音	(52) namo bhagavate　(53) bhaiṣajya guru vaidūrya　(54) prabhā rājāya　(55) tathāgatāya (56) namo bhagavate　(57) sampuṣpita　(58) sālendra rājāya　(59) tathāgatāya　(60) arhate　(61) saṃyak saṃbuddhāya
意　譯	(52) 禮敬皈依世尊　(53) 藥師琉璃　(54) 光王　(55) 如來 (56) 禮敬皈依世尊　(57) 開敷華（花）　(58) 娑羅樹王　(59) 如來　(60) 應供　(61) 正等正覺
連貫句義	禮敬皈依世尊藥師琉璃光王如來。禮敬皈依世尊開敷華娑羅樹王如來、應供、正等正覺者。

• 第 62~72 句總覽

漢字音譯	㊷ 南無　婆伽婆帝　㊸ 舍雞野母那曳　㊹ 跢他伽多耶 ㊺ 阿囉訶帝　㊻ 三藐　三菩陀耶 ㊼ 南無　婆伽婆帝　㊽ 剌怛那　雞都　囉闍耶　㊾ 跢他伽多耶 ㊿ 阿囉訶帝　⑦ 三藐　三菩陀耶　⑫ 帝瓢　南無薩羯唎多
梵音	㊷ namo bhagavate　㊸ śākya-muniya　㊹ tathāgatāya ㊺ arhate　㊻ saṃyak saṃbuddhāya ㊼ namo bhagavate　㊽ ratna ketu rājāya　㊾ tathāgatāya ㊿ arhate　⑦ saṃyak saṃbuddhāya　⑫ tebhyo namas-kṛtya
意譯	㊷ 禮敬皈依世尊　㊸ 釋迦牟尼　㊹ 如來　㊺ 應供　㊻ 正等正覺 ㊼ 禮敬皈依世尊　㊽ 寶幢王　㊾ 如來　㊿ 應供　⑦ 正等正覺 ⑫ 如是禮敬皈依受頂禮者
連貫句義	禮敬皈依世尊釋迦牟尼如來、應供、正等正覺者。禮敬皈依世尊寶幢王如來、應供、正等正覺者。如是禮敬皈依受頂禮者。

東方之堅固勇猛軍部持器械王如來（第 38-41 句）

七位如來的第一位是堅固勇猛軍部持器械王如來，依其「戰鬥屬性」應該是來自宇宙東方的智慧能量，但也有可能是來自北方的「成就屬性」，尚待研究。❶ 堅固（dṛdha）、❷ 勇猛（śūra），前兩個咒字是這位如來的特質，而 ❸ 軍部（senā）、❹ 握持器械（praharaṇa），此兩字則顯示其戰鬥位置，再加上 ❺ 王（rājāya），這位如來就如同一個國家的國防部長，掌管整個國家的戰鬥武器，但是所面對的敵人是貪、瞋、癡三大魔障軍團。堅固勇猛軍部持器械王如來的智慧能量是用來摧毀內心魔障，可以幫助修行者清除覺悟道上的障礙。

「帝唎荼輸囉西那．波囉訶囉拏．囉闍耶」（dṛdha-śūra-senā praharaṇa rājāya）也有其他類似的譯法，如「堅固勇猛軍鬥戰王如來」、「堅固勇猛部器械王如來」、「堅固勇猛軍擊王如來」。雖然不同，但都翻譯得很貼切。其實，只要記住上述五個梵字名號的核心意義，就可以清晰理解。別忘記了，所有的戰鬥都是為了摧毀內心魔障，而非人類國家的衝突與暴力戰爭。這屬於降伏法，以堅固勇猛軍部持器械王如來的威猛能量「降伏調協」空間中所存在的負面能量。

此外，《大佛頂首楞嚴經義貫》將之翻譯為「威德破魔軍極啖盡王如來」，「啖盡王」是很獨特又傳神的譯法，認為此尊代表總攝一切外金剛部及金剛、明王、力士、護法鬼神眾，屬於「外金剛部」，是外部的守護聖尊。

	第38句	第39句
漢字音譯	南無　婆伽婆帝	帝唎荼輸囉西那
梵　　音	namo　bhagavate	dṛdha-śūra-senā
中文意譯	禮敬皈依　世尊	堅固勇猛軍部

詞彙解說

· **南無**：namo，禮敬皈依。

· **婆伽婆帝**：bhagavate，世尊。

· **帝唎荼**：dṛdha，堅固（sturdy）。ṛ 的發音接近 ri，接近中文的利。dha 的 h 是氣音，如果不會發氣音，dha 就唸成 da 也頗接近。

· **輸囉**：śūra，勇猛（brave）。ś 的發音為 sh，如同英文 show 的 sh 發音。

· **西那**：senā，軍、部等軍事單位。像是八旗軍的「軍」字、國防部的「部」字。

關鍵要點

解析「堅固勇猛軍部持器械王如來」的五個梵字

dṛdha	śūra	senā	praharaṇa	rājāya
堅固	勇猛	軍部	握持器械	王
特質		戰鬥位置	武器	位階

第40句		
漢字音譯	波囉訶囉拏　囉闍耶
梵　音	praharaṇa　rājāya
中文意譯	持器械　王

第41句	
漢字音譯	跢他伽多耶
梵　音	tathāgatāya
中文意譯	如來

詞彙解說

- **波囉訶囉拏**：praharaṇa，握持器械、器杖、兵械。這些都是古代軍事武器的用詞。ṇ 的發音仍是 n。praharaṇa 除了握持器械的梵語之外，還有攻擊（striking）、投擲（casting）、打擊（beating）等意思，這些梵語意義都反映出這位王者擁有強大的戰鬥能量。
- **囉闍耶**：rājāya，王。

② 西方之阿彌陀如來（第 42-46 句）

阿彌陀如來是七位如來的第二位，屬於五方佛之一，來自宇宙西方的智慧能量，甚受漢傳佛教喜愛的一尊。梵語 amitabha，意為無量光佛，意思是「無限量的光芒」。又名為無量壽佛（amitayus），代表「無限量的壽命」。此外，阿彌陀如來又稱為無量清淨佛、甘露王如來（amiritaraja）。在大乘佛教信仰中，祂是西方極樂世界的教主。而西方蓮華部（padma kulāya）是敬愛法的能源代表，以阿彌陀佛給予眾生「禮敬慈愛」的溫暖能量。

大乘佛教各宗派普遍接受阿彌陀佛，而「淨土宗」則以專心信仰阿彌陀佛為其主要特色。在大乘佛教初期發展時，西方阿彌陀佛與東方阿閦佛同等地位，兩位均屬密宗五方佛。阿彌陀佛為蓮花部主，具備「妙觀察智」的智慧能量，可以剋除貪欲。自從唐代善導大師推崇淨土宗念佛法門後，阿彌陀佛成為漢傳佛教中的信仰主流之一。

第42句		
	漢字音譯	南無　婆伽婆帝
	梵　　音	namo　bhagavate
	中文意譯	禮敬皈依　世尊

第43句		
	漢字音譯	南無　阿彌多婆耶
	梵　　音	namo　amitābhāya
	中文意譯	禮敬皈依　阿彌陀（無量光、無量壽）

詞彙解說

· **南無：**namo，禮敬皈依。

· **婆伽婆帝：**bhagavate，世尊。

· **阿彌多婆耶：**amitābhāya，即阿彌陀佛，這是音譯。而意譯是無量光佛，祂與無量壽佛同尊。無量光佛強調「空間無限」，因為無限量的光芒能抵達無限的空間。無量壽佛強調無限量的壽命，代表「時間無限」。

第44句		
	漢字音譯	跢他伽多耶
	梵　　音	tathāgatāya
	中文意譯	如來

第45句		
	漢字音譯	阿囉訶帝
	梵　　音	arhate
	中文意譯	應供（應該供養）

第46句		
	漢字音譯	三藐　三菩陀耶
	梵　　音	saṃyak　saṃbuddhāya
	中文意譯	正等　正覺（或正遍知覺）

詞彙解說

- 三藐：saṃyak，正等。
- 三菩陀耶：saṃbuddhāya，正覺。

③ 東方之阿閦如來（第 47-51 句）

七位如來的第三位是阿閦如來，是五方佛之一，來自宇宙東方的智慧能量。梵語 akṣobhyāya，音譯為阿閦如來、阿閦佛、阿閦鞞佛。其中的「閦」字極少見，發音同「觸」。阿閦如來的意譯是不動佛、無動佛，屬於金剛界五智如來（或稱五方佛）中的東方如來，代表「大圓鏡智」，此種智慧能量可以剋除人類的瞋恨心。另外，阿閦如來還有寶幢如來的轉化身形，即隨後的第七位如來。

最早有關阿閦佛的漢語佛經相當早，西元 147 年，東漢時代一位來自印度貴霜王朝的月氏區域的三藏法師，名為支婁迦讖（Lokakṣema），由他譯成漢語的《阿閦佛國經》。這部經也是已知「最古老的淨土經典」，直到近代才在巴基斯坦被發現的，採用犍陀羅語書寫。淨土是清淨的宇宙空間，最古老的是宇宙東方的阿閦佛土，而西方的彌陀佛土流傳最廣。此外，還有娑婆世界的人間淨土，與兜率天的彌勒淨土。

第47句		
	漢字音譯	南無　婆伽婆帝
	梵　音	namo　bhagavate
	中文意譯	禮敬皈依　世尊

第48句		
	漢字音譯	阿芻鞞耶
	梵　音	akṣobhyāya
	中文意譯	不動

詞彙解說

- **南無**：namo，禮敬皈依。
- **婆伽婆帝**：bhagavate，世尊。
- **阿芻鞞耶**：akṣobhyāya，又音譯為阿閦，意譯為不動、無法搖動（unshakaeble）。其中，kṣ 的發音接近 church 的 ch。

第49句		
	漢字音譯	跢他伽多耶
	梵　　音	tathāgatāya
	中文意譯	如來

第50句		
	漢字音譯	阿囉訶帝
	梵　　音	arhate
	中文意譯	應供（應該供養）

第51句		
	漢字音譯	三藐　三菩陀耶
	梵　　音	saṃyak　saṃbuddhāya
	中文意譯	正等　正覺（或正遍知覺）

詞彙解說

- **阿囉訶帝**：arhate，應該供養、應供。
- **三藐**：saṃyak，正等。
- **三菩陀耶**：saṃbuddhāya，正覺。

④ 東方之藥師琉璃如來（第 52-55 句）

七位如來的第四位是藥師琉璃光王如來，祂是三寶佛之一，來自宇宙東方的智慧能量。藥師琉璃光如來的梵文是 bhaiṣajya guru vaiḍūrya prabhā rājāya，可以直譯為「藥師琉璃光王佛」（或如來）。其中的「王」字對應於梵文 rājāya，但譯經與稱名多省略此字。「琉」與「瑠」字皆有用例。漢地依其消災與醫療功能譯為「消災延壽藥師佛」或「大醫藥王佛」。依據《藥師琉璃光如來本願功德經》的記載，藥師佛通身透澈、藍色如琉璃，清淨無染發出溫柔光芒，故以「琉璃光」為功德名號；其成就以及所主管的淨琉璃世界，亦處處是藍色的琉璃淨光。

第52句

漢字音譯	南無　婆伽婆帝
梵　　音	namo　bhagavate
中文意譯	禮敬皈依　世尊

第53句

漢字音譯	鞞沙闍耶　俱盧　吠柱唎耶
梵　　音	bhaiṣajya　guru　vaidūrya
中文意譯	藥　師　琉璃

詞彙解說

- **南無**：namo，禮敬皈依。
- **婆伽婆帝**：bhagavate，世尊。
- **鞞沙闍耶**：bhaiṣajya，藥。ṣ 的發音為 si。
- **俱盧**：guru，師、導師。
- **吠柱唎耶**：vaidūrya，琉璃。

第54句

漢字音譯	般囉婆　囉闍耶
梵　　音	prabhā　rājāya
中文意譯	光　王

第55句

漢字音譯	跢他伽多耶
梵　　音	tathāgatāya
中文意譯	如來

詞彙解說

- **般囉婆**：prabhā，光。
- **囉闍耶**：rājāya，王。

⑤ 南方之開敷花娑羅樹王如來（第 56-61 句）

七位如來的第五位是開敷華娑羅樹王如來，來自宇宙南方的智慧能量。開敷華娑羅樹王如來，梵語是 sam-kusumita-raja，位處胎藏界曼荼羅的八葉之中，而在〈楞嚴咒〉的稱謂是 sampuṣpita sālendra rājāya。所謂「胎藏界曼荼羅」是宇宙智慧能量的空間配置圖，此尊屬於宇宙南方的智慧意識體。開敷華娑羅樹王如來在《大日經》中的名號為「華開敷」，「華」是「花」的古字，「開」的意思是展開，「敷」是指平躺、攤開來，所以華開敷的意思是「花朵展開平鋪」的狀態。

在相關的典籍《大日經疏》中，稱之為「沙羅樹王開敷佛」，其相狀如同黃金色般綻放光明，並且安住於「離垢三昧」（離垢，遠離雜染）的能量境態。開敷華娑羅樹王如來的能量場是來自於南方寶部（mani kulāya），屬於「增益法」。祂的智慧能量是「平等性智」，能夠「長養大悲萬行，開敷萬德」。透由沙羅樹王開敷佛的富足能量，可以「增加與助益」娑婆眾生的生命能量。

第56句	
漢字音譯	南無　婆伽婆帝
梵　　音	namo　bhagavate
中文意譯	禮敬皈依　世尊

第57句	
漢字音譯	三補師毖多
梵　　音	sampuṣpita
中文意譯	開敷華（花）

詞彙解說

- **南無**：namo，禮敬皈依。
- **婆伽婆帝**：bhagavate，世尊。
- **三補師毖多**：sampuṣpita，開敷華（華是花的古字），意思是「展開平鋪的花」。三（sam），一起。補師毖多（puṣpita），展開的花朵。ṣ 的發音為 si。

第58句	
漢字音譯	薩憐捺囉　剌闍耶
梵　　音	sālendra　rājāya
中文意譯	娑羅樹　王

第59句	
漢字音譯	跢他伽多耶
梵　　音	tathāgatāya
中文意譯	如來

詞彙解說

· **薩憐捺囉：**sālendra，音譯為娑羅樹，原始的意思是「高遠」，那是印度一種極高的樹，又稱高遠樹。據説娑羅樹是地球最高大的樹，沒有任何樹木的高度可以超越它，藉此比喻佛勝超三界。

· **剌闍耶：**rājāya，王。母音加有橫線時，例如 ā、ī、ū 這三字，要特別發長音。

· sālendra rājāya 合併稱為「娑羅樹王」。

第60句	
漢字音譯	阿囉訶帝
梵　　音	arhate
中文意譯	應供

第61句	
漢字音譯	三藐　三菩陀耶
梵　　音	saṃyak　saṃbuddhāya
中文意譯	正等　正覺（或正遍知覺）

詞彙解說

· **阿囉訶帝：**arhate，應該供養、應供。

· **三藐：**saṃyak，正等。

· **三菩陀耶：**saṃbuddhāya，正覺。

⑥ 娑婆世界之釋迦牟尼如來（第 62-66 句）

七位如來的第六位釋迦牟尼如來，是娑婆世界的教主。「釋迦牟尼」是梵語 śākamuni 的音譯，意思是釋迦族的聖人（muni）。他是佛教創始人，俗名悉達多。原是釋迦國的太子，二十九歲出家修道，追隨當時著名的沙門阿羅邏迦羅摩（āḷāra-kālāma）和烏陀迦羅摩子（udraka-rāma-putra）修習禪定，這兩位都是極優秀的智者。不久，悉達多就達到他們所教導的一切，但這並不能滿足他的希求。

經過六年的苦修，在一次夜晚的修禪中，悉達多依序經歷禪那的四種境界。然後他繼續集中精神，竭盡一切努力，就在那晚證悟了生命的真相，成就正覺，達到佛陀的智慧境界。

第62句		
	漢字音譯	南無　婆伽婆帝
	梵　　音	namo　bhagavate
	中文意譯	禮敬皈依　世尊

第63句		
	漢字音譯	舍雞野母那曳
	梵　　音	śākya-muniya
	中文意譯	釋迦牟尼（能寂）

第64句		
	漢字音譯	跢他伽多耶
	梵　　音	tathāgatāya
	中文意譯	如來

詞彙解說

- **南無**：namo，禮敬皈依。
- **婆伽婆帝**：bhagavate，世尊。

第65句	
漢字音譯	阿囉訶帝
梵　　音	arhate
中文意譯	應供

第66句	
漢字音譯	三藐　三菩陀耶
梵　　音	saṃyak　saṃbuddhāya
中文意譯	正等　正覺（或正遍知覺）

詞彙解說

- **阿囉訶帝**：arhate，應該供養、應供。
- **三藐**：saṃyak，正等。
- **三菩陀耶**：saṃbuddhāya，正覺。

⑦ 東方之寶幢王如來（第 67-72 句）

七位如來的第七位是寶幢王如來（ratna ketu tāthagāta），位處胎藏界曼荼羅中台八葉，來自宇宙東方的智慧能量。許多密宗派別則說，寶幢如來是東方妙喜世界不動如來的化身，即第三位阿閦如來的變化身形。寶幢王如來擁有大圓鏡智，這種智慧可以對治瞋恨的負面能量。

在密教的世界裡，寶幢王如來是「胎藏界中台八葉院」東方之尊，「胎藏界」的意思是「胎體含藏的界域」，是宇宙智慧儲存的「能量空間」。「寶幢」一詞的寶（ratna）代表寶物，也可以引申成「發菩提心」的珍貴意思；幢（ketu），是象徵戰鬥勝利的持物，降伏四魔軍眾的標幟。同樣地，降伏四魔軍眾意味著摧毀內心魔障，屬於「降伏法」的範疇，寶幢王如來可以幫助修行者清除覺悟道上的障礙。

第67句	
漢字音譯	南無　婆伽婆帝
梵　音	namo　bhagavate
中文意譯	禮敬皈依　世尊

第68句	
漢字音譯	剌怛那　雞都　囉闍耶
梵　音	ratna　ketu　rājāya
中文意譯	寶　幢　王

※ 郭火生居士精確地還原〈楞嚴咒〉的許多梵字，在第 68 句，他發現掉字「俱蘇摩」（kusuma）。該字的意思是花，所以完整咒句是「剌怛那・俱蘇摩・雞都・囉闍耶」，此尊是「寶花幢王」。

第69句	
漢字音譯	跢他伽多耶
梵　音	tathāgatāya
中文意譯	如來

詞彙解說

- **南無**：namo，禮敬皈依。
- **婆伽婆帝**：bhagavate，世尊。
- **剌怛那**：ratna，寶。
- **雞都**：ketu，幢。象徵勝利的持物，戰勝貪瞋癡等心魔。
- **囉闍耶**：rājāya，王。

第70句	
漢字音譯	阿囉訶帝
梵　音	arhate
中文意譯	應供

第71句		
漢字音譯	三藐　三菩陀耶
梵　音	saṃyak　saṃbuddhāya
中文意譯	正等　正覺（或正遍知覺）

第72句		
漢字音譯	帝瓢　南無薩羯唎多
梵　音	tebhyo　namas-kṛ(ā)tya（※ 疑掉 ā 字）
中文意譯	如是　禮敬皈依　受頂禮者

詞彙解說

- **阿囉訶帝**：arhate，應該供養、應供。
- **三藐**：saṃyak，正等。
- **三菩陀耶**：saṃbuddhāya，正覺。
- **帝瓢**：tebhyo，如是。
- **南無薩**：namas，禮敬皈依。
- **羯唎多**：kṛtya，受禮拜者、受頂禮者。在祈請文的結尾處會出現 namas-kṛtya，帶有「已經」或「完成」的語氣。

補充說明

此句在許多版本中出現差異，讓人相當困擾。第 23、31 句都是 namas-kṛtāya，來到第 72 句卻成為 namas-kṛtva 或是 namas-kṛtya（少一個 ā），這樣現象出現在國內許多譯版。筆者推測很可能是 y 筆誤成 v，或是遺漏 ā。建議採用 kṛtāya 的梵音。不過，在日人木村得玄的版本中，發現此處又不同，為 namasṛtya。

參考比較：

(23)namas-kṛtāya　南無悉羯唎多耶
(31)namas-kṛtāya　南無悉羯唎多耶
(72)tebhyo namas-kṛtva　帝瓢　南無薩羯唎多（建議改成 kṛtāya）

關鍵要點

何謂「權化」(avatāra)

權化（avatāra）是佛教用語，代表化現（變化顯現）、應現（相應顯現）之意。整個〈楞嚴咒〉是大規模的權化。佛菩薩為濟度眾生，以神通力「權示化現」種種之身或種種之物，也就是權化的意思。

更簡單的意思是，諸佛菩薩的智慧能量降臨顯現於娑婆世界，例如：觀世音菩薩以三十三身的化現攝受眾生，密教大日如來示現「明王之忿怒相」，以驚覺難化之眾生；甚至變現化城等物（變化出一座城市）利導眾生，如《法華經》「化城之喻」。

所以，權化（權示化現）可以變化成為「身」或「物」。

胎藏界曼荼羅中台八葉院的五如來、四菩薩

胎藏界曼荼羅的東方在圖繪的上方，然後順時針方向，依序為東、南、西、北。

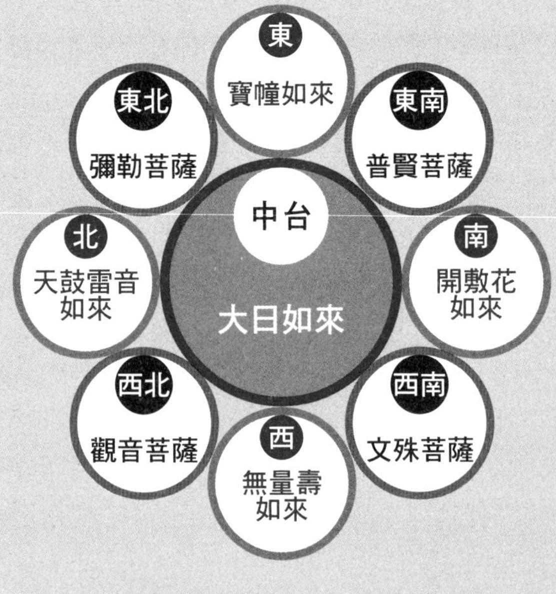

7 啟動五種能量的祈願文，❶ 一切如來，❷ 頂髻，❸ 光聚傘蓋，❹ 無能勝，❺ 調伏庇護

（第 73~77 句）

以下展開整個〈楞嚴咒〉「最重要」的五個咒字，它們幾乎就是〈楞嚴咒〉的完整咒名。在顯教，〈楞嚴咒〉通俗的稱謂是「大佛頂首楞嚴神咒」。其實，梵語的直譯是「如來頂髻白蓋無有能及，甚能調伏陀羅尼」，也就是以下這五個咒字。雖然〈楞嚴咒〉所有的咒句都很重要，但以 ❶ 一切如來、❷ 頂髻、❸ 光聚傘蓋、❹ 無能勝、❺ 調伏庇護，此五字最為重要，是關鍵的核心咒句。

先前是禮敬皈依（namo 或 nama）「七大如來」，祂們分別來自胎藏界曼荼羅、金剛界曼荼羅與三寶佛（橫三世佛）。而現在是要呼喚「一切如來」，由七位擴展至一切，達到遍及整個宇宙虛空的如來聚集的境態。

呼喚的過程是一切如來的智慧能量（satathāgato）降臨於佛頂（ṣṇīsaṃ），再來啟動並凝聚於傘蓋的光能（sitāta patrāṃ，或譯光聚白蓋或白傘蓋）。隨後頂禮皈依無有能勝（nāmā-parājitaṃ）的智慧者，透由祂們的能量來庇護眾生與調伏眾生（pratyangirāṃ）。這是非常精采的一段咒語，充滿能量！

「勝利」一詞在梵語中經常可見，概念是戰勝人類內在的心魔（小宇宙）與宇宙空間的負面能量（大宇宙）。進入此單元後，念誦者容易感到困惑，因為咒語中有好幾種勝利。例如，這裡的無能勝即是一種勝利。〈楞嚴咒〉的勝利大致上有三種，最高層面的是本單元的無能勝（aparājitā），見於第 76、99 句，這是「如來層級」的勝利，也包含「佛母」的勝利，是擴及整個宇宙的神聖勝利。

還有一種勝利通常是「護法」或「忿怒女神」的最勝（vijaya），如第 107、120 句，屬於摧破人類內心的負面能量或是來自自然環境的危害力量。第三種是「聖者、修行者」在精進過程中的勝利，屬於個人證悟上的勝利（jaya），可以參考第 246、306 句。只要能夠區分出 ❶ 整個宇宙如來的勝利、❷ 忿怒女神戰勝人類與環境的負面能量，與 ❸ 修行者證悟上的勝利，就不會有困擾了。

(73) idām bhagavat　此世尊

(74) sā-tathāgato ṣṇīsaṃ　一切如來頂髻

(75) sitāta patrāṃ　光聚傘蓋

(76) nāmā-parājitaṃ　禮敬無能勝者

(77) pratyangirāṃ　庇護調伏者

關鍵要點

〈楞嚴咒〉最關鍵的五咒句，太重要了！！

1. 一切如來（satathāgato）
2. 頂髻（ṣṇīsaṃ）
3. 光聚傘蓋（sitāta patrāṃ）
4. 禮敬無能勝（nāmā-parājita）
5. 調伏庇護（pratyangirāṃ）

勝利的不同境態

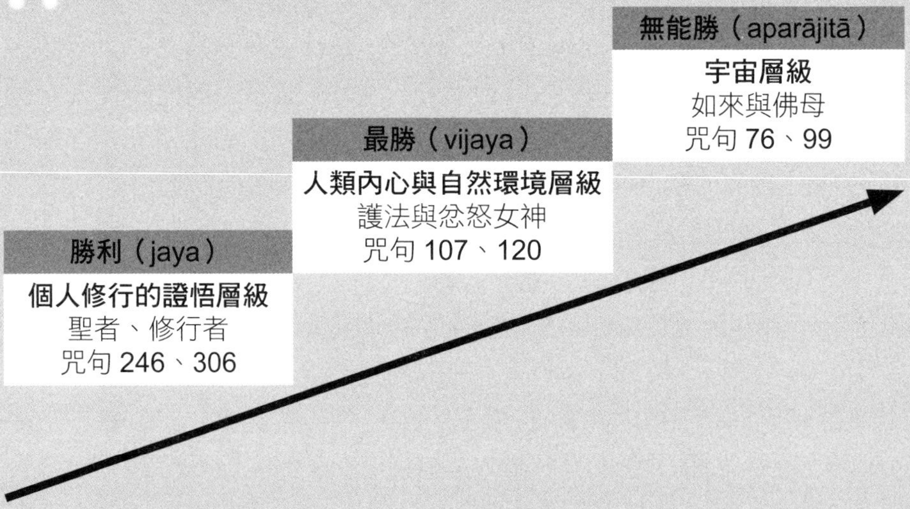

• 第 73~77 句總覽

漢字音譯	⑬ 翳曇　婆伽婆多 ⑭ 薩怛他伽都　瑟尼釤　⑮ 薩怛多　般怛嚂 ⑯ 南無阿婆囉視耽　⑰ 般囉帝揚岐囉
梵　　音	⑬ idām bhagavatī ⑭ sa-tathāgato ṣṇīsaṃ　⑮ sitāta patrāṃ ⑯ nāmā-parājitaṃ　⑰ pratyangirāṃ
意　　譯	⑬ 此　世尊 ⑭ 一切如來　頂髻　⑮ 光聚　傘蓋 ⑯ 禮敬皈依　無有能勝　⑰ 庇護調伏者
連貫句義	如是禮敬稱讚已，此世尊如來頂首光聚傘蓋無有能勝者、庇護調伏者

關鍵要點

不可忽略祈願文

楞嚴咒連續咒句的祈願文不多，但都是楞嚴法會儀軌進行時極為關鍵的念誦。在念誦這些祈願文時，要格外專注謹慎，因為需要虔誠地向諸佛菩薩發出願望。請讀者注意，祈願文必須跟著相關內文一起閱讀學習。

楞嚴咒重要祈願文有：結構分析 7（啟動五種能量的祈願文）、結構分析 12（如來頂髻完整名號、身形、具備的偉大能量）、結構分析 18（啟動第四會的核心光明能量）、結構分析 20（三結界）、結構分析 23（啟動核心咒語），請特別留意。至於簡單、簡短的祈願文，筆者就不特別提示，例如結構分析 10 第一會終結祈願文「如是一切法印眾，願守護於我，與我等眾生皆獲得」。此外，有的寺院念誦本的翻譯，會產生固定的楞嚴法會祈願文格式。

第73句		
	漢字音譯	翳曇　婆伽婆多
	梵　　音	idām　bhagavatī
	中文意譯	此　世尊

第74句		
	漢字音譯	薩怛他伽都　瑟尼釤
	梵　　音	sa-tathāgato　ṣṇīsaṃ
	中文意譯	一切如來　頂髻

詞彙解說

- **翳曇：**idām，此。
- **婆伽婆多：**bhagavatī，世尊（為世人所尊敬）。
- **薩怛他伽都：**sa-tathāgato，一切如來。sa 是 sarve（一切）的縮寫。thāgatoth 是如來，th 接近注音符號的ㄊ。
- **瑟尼釤：**ṣṇīsaṃ，頂首、頂髻。ṣ 的發音為 si。ṇ 的發音仍是 n。ṣṇīsaṃ（頂髻）的完整梵字是 uṣṇīsaṃ，隨著前一咒語 sa-tathāgato 的 o 音韻念誦而省略了 u，這種現象在咒語中不算少見。

第75句		
	漢字音譯	薩怛多　般怛嚂
	梵　　音	sitāta　patrāṃ
	中文意譯	光聚　傘蓋

詞彙解說

- **薩怛多：**sitāta，光聚。sitā 的意思是白，sitāta 是「白的累積、聚集」，也就是光聚、光能的凝聚。
- **般怛嚂：**patrāṃ，蓋、傘蓋。
- sitāta patrāṃ 可以直譯為「光聚白蓋」，或譯為「光聚白傘蓋」、「大白傘蓋」。

第76句		
	漢字音譯	南無阿婆囉視耽
	梵　　音	nāmā-parājitaṃ
	中文意譯	禮敬皈依　無能勝者

第77句		
	漢字音譯	般囉帝揚歧囉
	梵　　音	pratyangirāṃ
	中文意譯	庇護調伏者

詞彙解說

- **南無**：nāmā，禮敬皈依。
- **阿婆囉視耽**：āparājitaṃ，無有能勝、無能勝，如同英文的 invincible（無敵）。nāmā-parājitaṃ 的 nāmā 與 āparājitaṃ 共用一個 ā，合併成 nāmāparājitaṃ。加上一個「-」，形成 nāmā-parājitaṃ 是為了區隔出南無、無能勝者兩個梵字。
- **般囉帝揚歧囉**：pratyangirāṃ，這是〈楞嚴咒〉極為重要的咒字，分別出現於第 77、166、 312、314、413 句，總共五次。pratyangirāṃ 包含兩層意義，守護庇護眾生（shelter）與調伏能量（coordinate）。所謂的「調伏能量」是指此咒句可以將負面能量趨於平靜不擾動，甚至轉化成正面能量。

8 啟動〈楞嚴咒〉十一股能量的摧破調伏法

（第78~98句）

從第1句開始到第77句，主要是啟動了「敬愛法」（vaśākarana），其中也加入「鉤召法」（ākarsa）。敬愛法是祈請自身與他人獲得佛菩薩的保護，也是古代獲得君王和眾人愛護的祈禱法。鉤召法則為召請本尊之法，經常被納入敬愛法之內。

敬愛法與鉤召法的進行方式就是namo或nama，它所涵藏的意義至少包含禮敬、歸敬、皈依三個層面。「禮敬」是頂禮、崇敬諸佛菩薩，「歸敬」是歸順、臣服諸佛菩薩，「皈依」是將生命依靠在佛菩薩的庇護之下。第一會中，持咒者總共對宇宙送出三十一個namo（或nama、namah），虔誠頂禮諸佛菩薩，祈請祂們的保護。

接著來到第78句，一直至第98句，都是在「讚歎」〈楞嚴咒〉的功德，除了詳述十一股能量的大摧破、調伏、遮止，也清楚呈現十一組要面臨的對象。整個段落仔細說明〈楞嚴咒〉的各種功德，這意味著〈楞嚴咒〉隨後將準備啟動「降伏法」（abhicāraka）。降伏法又稱為「調伏法」，是為自身及他人調伏怨敵惡人的祈禱法。此法的源頭是來自宇宙東方金剛部（vajra kulāya），以阿閦如來的威猛能量「降伏調協」空間中存在的負面能量。於此第一會的後半段，氣勢磅礴地展現佛菩薩精彩的降伏能量，充沛的宇宙動能令人讚歎！

關鍵要點

十一股能量的摧破調伏法

❶ nigrahā 反制鬼魅法	❷ chindanī 截斷法	❸ paritrāyana 救護法
(78-79) 一切部多鬼魅！反制之	(80) 其他外道明咒！截斷之	(81-82) 橫死！救護之
❹ mokṣanīṃ 解脫法	**❺ nivāraṇīṃ 遮遣法**	**❻ vidhvaṃsana 摧毀、降伏法**
(83) 一切縛禁！解脫之	(84-85) 一切極惡惡夢！遮遣之	(86-88) 八萬四千鬼魅眾！摧毀、降伏他們
❼ prasādana 淨化法	**❽ vidhvaṃsana 摧毀、降伏法**	**❾ nivāraṇīṃ 遮遣法**
(89-91) 二十八星宿眾！淨化、安定他們	(92-94) 八大鬼眾！摧毀、降伏他們	(95) 一切怨害！遮遣之
❿ nāśanīṃ 滅除法	**⓫ uttaranīṃ 救度法**	
(96) 嚴酷惡夢！滅除之	(97-98) 毒害、刀杖害、火難、水難！救度之	

• 第 78~85 句總覽

漢字音譯	⑦⑧ 薩囉婆　部多　揭囉訶　⑦⑨ 尼揭囉訶　羯迦囉訶尼 ⑧⓪ 跋囉　毖地耶　叱陀你 ⑧① 阿迦囉　密唎柱　⑧② 般唎怛囉耶儜　揭唎 ⑧③ 薩囉婆　盤陀那　目叉尼 ⑧④ 薩囉婆　突瑟吒（吒）　⑧⑤ 突悉乏般那　你伐囉尼
梵　　音	⑦⑧ sarva bhūta grahā　⑦⑨ nigrahā karanī ⑧⓪ para vidyā chindanī ⑧① akāla mṛtyu　⑧② paritrāyana karī ⑧③ sarva bhandhana mokṣanīṃ ⑧④ sarva duṣṭa　⑧⑤ duḥsvapna nivāraṇīṃ
意　　譯	⑦⑧ 一切　部多　鬼魅　⑦⑨ 反制鬼魅　作 ⑧⓪ 其他　明咒　截斷 ⑧① 非時　死亡　⑧② 普遍救護　作 ⑧③ 一切　縛禁　解脫 ⑧④ 一切　極惡　⑧⑤ 惡夢　遮遣
連貫句義	反制一切部多鬼魅！截斷其他外道明咒！救護橫死！解脫一切縛禁！遮遣一切極惡之惡夢！

• 第 86~98 句總覽

漢字音譯	⑧⑥ 赭都囉失帝南　⑧⑦ 羯囉訶　娑訶薩囉若闍 　⑧⑧ 毗多崩娑那　羯唎 ⑧⑨ 阿瑟吒（吒）冰舍帝南　⑨⓪ 那叉剎怛囉若闍 　⑨① 波囉薩陀那　羯唎 ⑨② 阿瑟吒（吒）南　⑨③ 摩訶　揭囉訶若闍　⑨④ 毗多崩薩那　羯唎 ⑨⑤ 薩婆　舍都嚧　你婆囉若闍 ⑨⑥ 呼藍　突悉乏難　遮　那舍尼 ⑨⑦ 毖沙　舍悉怛囉　⑨⑧ 阿吉尼　烏陀迦　囉若闍
梵　　音	⑧⑥ catura-śītīnāṃ　⑧⑦ grahā sahasrānāṃ 　⑧⑧ vidhvaṃsana karīṃ ⑧⑨ aṣṭā-viṃśatīnāṃ　⑨⓪ nakṣa-trānāṃ　⑨① prasādana karīṃ ⑨② aṣṭānāṃ　⑨③ mahā grahānāṃ　⑨④ vidhvaṃsana karīṃ ⑨⑤ sarva śatru nivāraṇīṃ ⑨⑥ gurāṃ duḥsvapnānāṃ ca nāśanīṃ ⑨⑦ viṣa śastra　⑨⑧ āgni udaka uttaraṇīṃ

意　　譯	⑧⑥八十四　眾　⑧⑦鬼魅　千眾　⑧⑧摧伏 作 ⑧⑨二十八　眾　⑨⓪星宿　眾　⑨①淨化（令喜愛）　作 ⑨②八眾　⑨③大　鬼神眾　⑨④摧伏　作 ⑨⑤一切　怨害　遮遣 ⑨⑥嚴酷　惡夢　與　滅除 ⑨⑦毒害　刀杖　⑨⑧火難　水難　救除
連貫句義	能摧伏八萬四千鬼魅眾，能淨化二十八宿眾、讓人心生歡喜，能摧伏八大惡星眾。能遮遣一切怨害，能消滅重大惡夢等，能救度一切毒害、刀杖、水、火諸難。

前五組摧破調伏法：① 反制鬼魅，② 截斷，③ 救護，④ 解脫，⑤ 遮遣（第 78-85 句）

第78句		
	漢字音譯	薩囉婆　部多　揭囉訶
	梵　　音	sarva　bhūta　grahā
	中文意譯	一切　部多　鬼魅

第79句		
	漢字音譯	尼揭囉訶　羯迦囉訶尼
	梵　　音	nigrahā　karanī
	中文意譯	反制鬼魅　作

詞彙解說

- **薩囉婆：**sarva，一切。
- **部多：**bhūta，或音譯為步多。中文意譯有多種，包含大身（巨大身軀）、自生（自然而生）、化生（變化而生）。此外，精靈、幽靈或是妖魅也是常見的譯法。
- **揭囉訶：**grahā，鬼魅。還有執、祟、惱害者的意思。因為 grahā 一字帶有緊緊握住的意思，於是產生執著、執念的意涵，就如同握住不肯放手。
- **尼揭囉訶：**nigrahā，反制鬼魅、降伏鬼魅、對治鬼魅。nigrahā 拆解成 ni（反制）與 grahā（鬼魅），即是反制鬼魅的負面能量。
- **羯迦囉訶尼：**karanī，做、作（do、make）。「羯迦囉訶尼」這個音譯有多字，應該更正為「迦囉尼」。

補充說明

羯迦囉訶尼的「羯」與「迦」，其音譯都可能是 ka，此處單一的 ka 重複音譯為「羯」與「迦」。簡單說，karanī 可以音譯成「羯囉尼」或「迦囉尼」。或許是在經典的傳承過程中，後人無法決定該用「羯」或「迦」，又不小心多了「訶」，因而譯成「羯迦囉訶尼」，讓兩字多譯同時呈現，正確是「羯囉尼」或「迦囉尼」。請見進階深究 05，第 417 頁。

第 80 句

漢字音譯	跛囉　毖地耶　叱陀你
梵　音	para　vidyā　chindanī
中文意譯	其他　明咒　截斷

詞彙解說

- **跛囉：**para，其他、外。
- **毖地耶：**vidyā，咒、明咒。
- **叱陀你：**chindanī，截斷、斬斷、割斷，強調「斷裂」的狀態。ch 如同英文 child 的 ch 發音。

關鍵內容

這句是對治外道的咒術，para vidyā（他咒）代表其他邪惡咒術、巫蠱幻術所使用的咒語。採取的手法是 chindanī，將之截斷、斬斷、割斷。

第 81 句

漢字音譯	阿迦囉　密唎柱
梵　音	akāla　mṛtyu
中文意譯	非時　死亡

詞彙解說

- **阿迦囉：**akāla。kāla 的意思是時間，加上 a 成為否定用字，成為非時、非正常時間。
- **密唎柱：**mṛtyu，死亡。

關鍵內容

上述兩字合併即是「非正常狀態死亡，時間未到不該死卻死」，亦可翻譯成「橫死」。

第82句		
	漢字音譯	般唎怛囉耶儜　揭唎
	梵　　音	paritrāyana　karī
	中文意譯	普遍救護　作

詞彙解說

- **般唎怛囉耶儜：**paritrāyana，普遍救護、普遍救度（rescue），也有翻譯成除滅障礙。其中，pari 的意思是圍繞、普遍、遍及。
- **揭唎：**karī，做、作（do、make）。
- pari 的意思是圍繞、普遍，karī 的意思是做、作，結合上面兩句可以翻譯成普作救護、普作救度。

關鍵內容

透由第 81、82 句，可以普遍救護（paritrāyana）❶ 非正常狀態的死亡、❷ 時辰未到的死亡，與 ❸ 橫禍招致的死亡。

郭火生居士比對梵字，發現 paritrāyana 此字有誤，正確是 paritrāṇa（去掉 ya）。依據梵字還原，他認為正確的漢音是「般唎怛囉儜」，刪掉「耶」字。

第83句		
	漢字音譯	薩囉婆　盤陀那　目叉尼
	梵　　音	sarva　bhandhana　mokṣanīṃ
	中文意譯	一切　縛禁　解脫

詞彙解說

- **薩囉婆：**sarva，一切。
- **盤陀那：**bhandhana，縛禁、束縛。dha 的 h 是氣音，如果不會發氣音，dha 就唸成 da 也頗接近。
- **目叉尼：**mokṣanīṃ，解脫。其中 kṣ 的發音接近 church 的 ch。

關鍵內容

透由第 83 句，可以解脫一切煩惱所帶來的束縛。

第84句		
	漢字音譯	薩囉婆　突瑟咤（吒）
	梵　　音	sarva　duṣṭa
	中文意譯	一切　極惡

第85句		
	漢字音譯	突悉乏般那　你伐囉尼
	梵　　音	duhṣvapna　nivāraṇīṃ
	中文意譯	惡夢　遮遣

詞彙解說

- **薩囉婆：**sarva，一切。
- **突瑟咤（吒）：**duṣṭa，極惡。ṣ 的發音為 si。 ṭ 發音接近注音符號的ㄉ。「咤」的發音同「炸」。
- **突悉乏般那：**duhṣvapna，惡夢。
- **你伐囉尼：**nivāraṇīṃ，阻止、防止、止息、遮遣。ṇ 的發音仍是 n。

關鍵內容

一切極惡的惡夢，透由〈楞嚴咒〉來遮遣。「遮遣」的解釋非常精準。遮，阻止。遣，遣送。為了達到穩定調和一個區域空間的能量，先阻止（遮）不讓新的負面能量進入，同時也遣送（遣）原本存在的負面能量。如此就能淨空所有的負面能量。

關鍵要點

grahā ＝如同鬼魅般的糾纏（咒句 78）

因為 grahā 一字帶有緊緊握住的意思，於是產生執著、執念的意涵。人類的負面能量（如貪、瞋、癡）緊緊握住自己的心，就如同鬼魅般的糾纏，或是魔鬼的作祟。隨著疑心疑鬼惱害著人類，所以 grahā 一詞的翻譯為鬼魅、執、祟、惱害者。

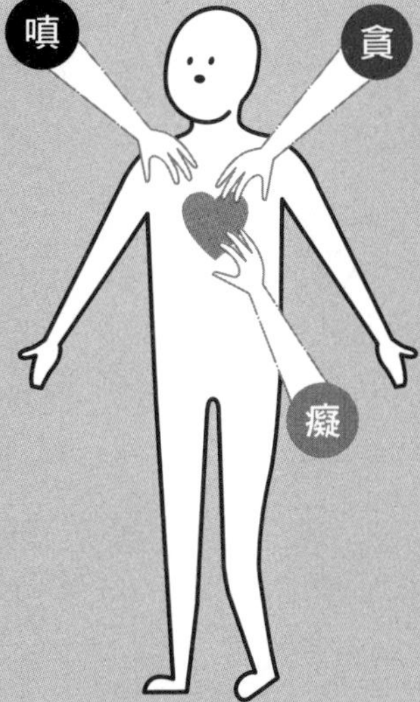

縛禁與解脫（咒句 83）

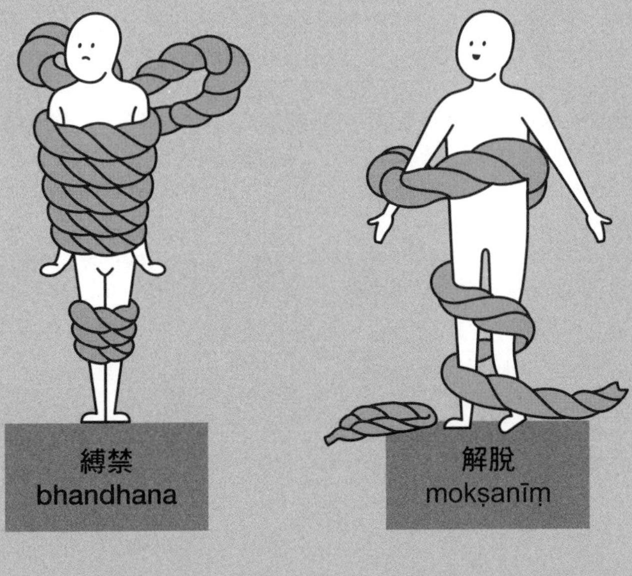

關鍵要點

nivāraṇīṃ ＝遮遣（咒句 85）

音譯為「你伐囉尼」，同時包含「遮」與「遣」兩個意思。

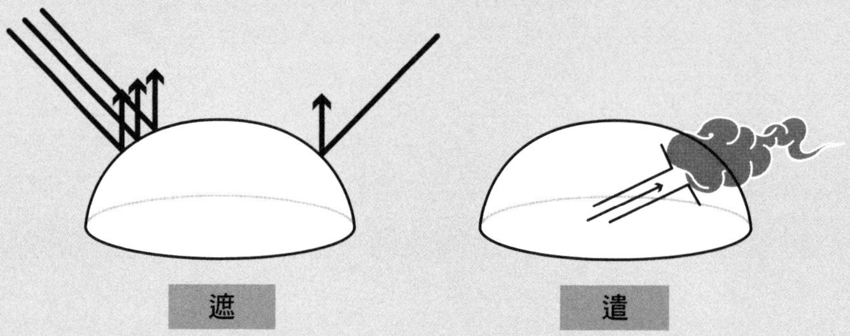

人體小宇宙、自然環境中宇宙、星體大宇宙的能量運作（咒句 78~97）

〈楞嚴咒〉能守護與協調的空間向度至少涵蓋三個層面：人體小宇宙、生活環境的中宇宙，還有地球外大宇宙等不同能量的運作。

關鍵的核心咒字之一是 (77)「般囉帝揚歧囉」（pratyangirāṃ），它擁有調伏、庇護等兩個動能，可以將負面能量趨於平靜不擾動，甚至轉化成正面能量。這部分接近四種壇法的「息災法」（śāntika）。

人體小宇宙

人體其實就是一個小宇宙，依據人類意識的分別概念，宇宙能量有了正能量與負能量之分。但宇宙自身不會有正與負能量的分別心。

在第五會所呼喚的咒語能量，是用來面對啖食「人類生命體的構成元素」的鬼魅，(335-341) 包含精氣、胎體、血、肉、髓、嬰兒氣息、壽命共七種庇護。不僅於此，也擴及瘟疫瘧疾、肉體生理疼痛疾病、皮膚病症。這時候的咒語運作，屬於呼喚佛菩薩以調伏人類身體內小宇宙能量的諧和穩定。這部分接近四種壇法的增益法（pustika），並且擴及到延命法。

自然環境中宇宙

〈楞嚴咒〉的第二個層面也可以呼喚自然環境的能量，透由咒語轉換 (92-93)「八大惡星」（aṣtānāṃ mahā grahānāṃ）的負面能量，成為守護人類的智慧能量。這是來自大自然環境的能量，是中型的宇宙空間正能量與負能量的諧和。〈楞嚴咒〉也可以對治啖食祭祀供品的鬼魅，(342-346) 如啖食祭祀品、香、花、果、穀物的鬼魅們。其中香、花、果、穀代表著農作生成的豐碩，這部分屬於協調地球空間的能量穩定。

最簡單的解釋就是：〈楞嚴咒〉可以調節地球的風雨、雷電、陽光、空氣，達到風調雨順的境態。特別是這一世紀地球環境氣候的變異，地震頻繁，人類在這個空間更需要〈楞嚴咒〉的能量。

星體大宇宙

第三個層面是地球外宇宙天體的存在能量，其中 (89-90)「二十八星宿」（aṣtā-viṃśatīnāṃ nakṣa-trānāṃ）的運轉也會深刻影響人體。對治二十八星宿的方法是咒語 (91)「波囉薩陀那」（prasādana），此梵字原本的意思是「生歡喜、讓人歡喜」，更完整的意思是產生或是形成歡喜的能量狀態。

所以〈楞嚴咒〉的能量可以讓二十八惡星一一轉換成善美正面能量，讓這些星宿眾成為讓人們歡喜的能量境態。如此等同於淨化（purify）二十八星宿，或是讓二十八星宿由混亂狀態趨於安定（stabilize）的境態。

這一切能量的協調應該起源自印度古代的「吠陀經典」（veda），這是用古梵文創作的宗教詩歌，記錄了虔誠的祭祀儀式，人類因而洞悉宇宙的力動、運行的象徵。〈楞嚴咒〉也相同，在這方面強化了人體生理學的感受與覺知。而現在的每一天，寺院虔誠的〈楞嚴咒〉早課念誦，讓人類參加了這個能量的運作，就如同古代祭祀儀式的祈請順序與宇宙的運行，諸佛菩薩一一降臨楞嚴法會。

在〈楞嚴咒〉裡，人類個體的生命力與宇宙的生命力是被「平等看待」的。持咒者的生命能量與空間鬼神、自然天地星體相互運作，透由佛菩薩進行大宇宙與小宇宙融合的神聖協調。如此的智慧能量的轉化是運用〈楞嚴咒〉的核心咒語。

(74) 一切如來頂髻　sa-tathāgato ṣṇīsaṃ
(75) 光聚傘蓋　sitāta patrā
(76) 禮敬皈依無能勝者　nāmā-parājitaṃ
(77) 調伏庇護者　pratyangirāṃ

如此，可以啟動五種能量的祈願文一切如來、頂髻、光聚傘蓋，而後來到「無能勝的調伏庇護」（parājitaṃ pratyangirāṃ）。

後六組摧破調伏法：① 第一次摧毀降伏，② 淨化，③ 第二次摧毀降伏，④ 遮遣，⑤ 滅除，⑥ 救度（第 86-98 句）

第86句		
	漢字音譯	赭都囉失帝南
	梵　音	catura-śītīnāṃ
	中文意譯	八十四　眾

第87句		
	漢字音譯	羯囉訶　娑訶薩囉若闍
	梵　音	grahā　sahasrānāṃ
	中文意譯	鬼魅　千眾

第88句		
	漢字音譯	毗多崩娑那　羯唎
	梵　音	vidhvaṃsana　karīṃ
	中文意譯	摧伏　作

詞彙解說

- **赭都囉**：catura，四。c 的發音為 ch，如同英文 child 的 ch 發音。「赭」的發音同「者」。
- **失帝南**：śītīnāṃ，八十。ś 發音為 sh，如同英文 show 的 sh 發音。
- **羯囉訶**：grahā，鬼魅。
- **娑訶薩囉若闍**：sahasrānāṃ，千眾。sahasrā，千。nāṃ，複數，眾。「闍」的發音同「舌」。
- **毗多崩娑那**：vidhvaṃsana，摧伏、摧毀降伏，或是壞、破壞。包含摧毀（destroy、distinguish）與降伏（subdue）兩股作用。
- **羯唎**：karīṃ，做、作。

補充說明

《佛門必備課門》在第 87 句有明顯的錯誤，nāṃ 應該翻譯成「喃」，或是「若闇」（闇＝門＋音），而非「若闍」（闍＝門＋者）。「闇」的意思與發音都是「暗」，若闇（若暗）兩字以閩南語發音就是 nāṃ。

由於「闇」被誤寫成「闍」，以至於國語「若闍」發音為「若舌」，如此完全不符合 nāṃ 的發音。第 90、93、98、154 句的「若闍」都必須更正為「喃」，或閩南語發音「若闇」（若暗）。

第89句	
漢字音譯	阿瑟咤（吒）冰舍帝南
梵　　音	aṣṭā-viṃśatīnāṃ
中文意譯	二十八　眾

第90句	
漢字音譯	那叉刹怛囉若闍
梵　　音	nakṣa-trānāṃ
中文意譯	星宿　眾

※nāṃ 應該翻譯成「喃」，或是「若闇」，詳見第 87 句後的補充說明。

第91句	
漢字音譯	波囉薩陀那　羯唎
梵　　音	prasādana　karīṃ
中文意譯	淨化（令喜愛）　作

詞彙解說

- **阿瑟咤（吒）**：aṣṭā，八。
- **冰舍帝南**：viṃśatīnāṃ，二十眾。viṃśatī，二十。nāṃ，複數，眾。
- **那叉刹怛囉**：nakṣa-trānāṃ，意思是星宿，代表天空的列星。其中 kṣ 的發音接近 church 的 ch，nakṣa 就唸成 nacha。
- **若闍**：nāṃ，眾，代表複數。
- **波囉薩陀那**：prasādana，淨化、安定。也有令人喜愛的意思。
- **羯唎**：karīṃ，做、作。

關鍵內容

第 89~91 句是對治二十八星宿。「波囉薩陀那」（prasādana）原本的意思是「生歡喜、讓人歡喜」，完整的意思是產生歡喜的狀態或是形成歡喜的狀態。也就是說，〈楞嚴咒〉的能量可以讓二十八惡星一一轉換成善美正面能量，讓這些星宿眾形成讓人們歡喜的能量境態，這等同於淨化（purify）二十八星宿，或是讓二十八星宿由混亂狀態趨於安定（stabilize）的境態。波囉薩陀那的淨化能量，讓修行者心靈健康，處於外在環境和諧，達到穩定的智慧狀態。

第92句

漢字音譯	阿瑟咤（吒）南
梵　　音	aṣṭānāṃ
中文意譯	八眾

第93句

漢字音譯	摩訶　揭囉訶若闍
梵　　音	mahā　grahānāṃ
中文意譯	大　鬼神眾

※nāṃ 應該翻譯成「喃」，或是「若闍」，詳見第87句後的補充說明。

詞彙解說

- **阿瑟咤（吒）：**aṣṭā，八。ṣ 的發音為 si。
- **南：**nāṃ，複數，眾。
- **摩訶：**mahā，大。
- **揭囉訶若闍：**grahānāṃ，鬼神眾。grahā，鬼神、鬼魅。nāṃ，複數，眾。母音加有橫線時，例如 ā、ī、ū 這三字，要特別發長音。

關鍵內容

阿瑟吒南（aṣṭānāṃ）的意思是八，摩訶羯囉訶若闍則是 maha grahānam 的音譯，意譯為「大惡星眾」或「大鬼神眾」。他們究竟是指哪八大惡星眾呢？那是四大天王統領的八部眾，分別為乾闥婆（樂神、香神）、毘舍闍（piśāca，食血肉鬼、啖精氣鬼）、鳩槃荼（kumbhāṇḍa，甕形鬼、冬瓜鬼）、薜荔多（preta，餓鬼、祖父鬼）、那伽蛇神（nāga，龍蛇）、富單那（pūtanā，臭餓鬼）、藥叉（yakṣa，勇健鬼）、羅剎（rākṣaṣa，捷疾鬼）。這八位鬼神眾陸陸續續都會出現在後面的咒句。

第94句		
	漢字音譯	毗多崩薩那　羯唎
	梵　　音	vidhvaṃsana　karīṃ
	中文意譯	摧伏　作

詞彙解說

- **毗多崩薩那：**vidhvaṃsana，摧伏，摧毀、降伏。包含摧毀（destroy）與降伏（subdue）這兩股作用。
- **羯唎：**karīṃ，做、作。

關鍵內容

毗多崩薩那（vidhvaṃsana）是個能量極為強大的咒字，含藏著兩種破壞動作：第一是摧毀（destroy），第二是降伏（subdue）。在這一會的咒語中，前後已經出現兩次（第 88、94 句），藉此分別摧毀降伏（86-87）「八萬四千鬼魅」與（92-93）「八大鬼神眾」。

另外，第 88 句是「毗多崩娑那．羯唎」，於此第 94 句翻譯成「毗多崩薩那．羯唎」。「娑」改成「薩」。雖說中文譯字不同，但梵語都是 vidhvaṃsana karīṃ。

第95句		
	漢字音譯	薩婆　舍都嚧　你婆囉若闍
	梵　　音	sarva　śatru　nivāranīṃ
	中文意譯	一切　怨害　遮遣

詞彙解說

- **薩婆：**sarva，一切。
- **舍都嚧：**śatru，怨害，冤家仇害。ś 的發音為 sh，如同英文 show 的 sh 發音。
- **你婆囉若闍：**nivāranīṃ，遮遣、止息。

關鍵內容

「遮遣」兩字對「你婆囉若闍」（nivāranīṃ）的解釋非常精準，遮是「阻止」，遣是「遣送」。在一個區域清淨能量時，必須先「阻止（遮）」新的負面能量進入，同時也「遣送（遣）」早已經存在的負面能量，如此就能淨化空間所有的負面能量。此咒句能遮遣一切冤家仇害。（參見 146 頁的圖。）

第 96 句

漢字音譯	呼藍　突悉乏難　遮　那舍尼
梵　　音	gurām　duḥsvapnānām　ca　nāśanīṃ
中文意譯	嚴酷　惡夢　與　滅除

詞彙解說

- **呼藍**：gurām，嚴酷的、緊要的（critical）、重大的（major）。另一種梵字解釋認為 ghura 是魔法咒，而結尾加 m 字成 ghuram 則代表女魔咒。
- **突悉乏難**：duḥsvapnānām，惡夢。duḥ，惡。svapna，夢。明版的漢音在此處掉兩字，正確是「突悉乏般那難」。
- **遮**：ca，與。c 的發音為 ch，如同英文 child 的 ch 發音。
- **那舍尼**：nāśanīṃ，消除、滅除。gurām duḥsvapnānām ca nāśanīṃ 合起來的意思是「消除重大惡夢」，或是第二種解釋「滅除女魔咒與噩夢」。

第 97 句

漢字音譯	毖沙　舍悉怛囉
梵　　音	viṣa　śastra
中文意譯	毒害　刀杖

第 98 句

漢字音譯	阿吉尼　烏陀迦　囉若闍
梵　　音	āgni　udaka　uttaranāṃ
中文意譯	火難　水難　救除

※nāṃ 應該翻譯成「喃」，或是「若闍」，詳見第 87 句後的補充說明。

詞彙解說

- **毖沙**：viṣa，毒害、毒氣。以現代角度而言，類似生化武器。ṣ 的發音為 si。

・**舍悉怛囉**：śastra，刀杖。

・**阿吉尼**：āgni，火、火難。

・**烏陀迦**：udaka，水、水難。

・**囉若闍**：uttaranāṃ，救除、救助。其中 tara 是「救度」的意思。

關鍵內容

第 97 與 98 句，透由 uttaranāṃ（救除）的方式來救除毒難（viṣa）、刀杖難（śastra）、火難（āgni）、水難（udaka）等四種災難。此四種災難都出現於佛教徒熟悉的《妙法蓮華經・觀世音菩門品》內。

關鍵要點

八大惡星

阿瑟咤（吒）南・摩訶・揭囉訶若闍＝ aṣtānam maha grahānam
＝八大惡星眾、八大鬼神眾
＝四大天王統領的八部眾

1 乾闥婆（樂神、香神）
2 毘舍闍（食血肉鬼、啖精氣鬼）
3 鳩槃荼（甕形鬼、冬瓜鬼）
4 薜荔多（餓鬼、祖父鬼）
5 那伽蛇神（龍蛇）
6 富單那（臭餓鬼）
7 藥叉（勇健鬼）
8 羅刹（捷疾鬼）

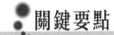

關鍵要點

印度文的數字表達方式：28、84、84000

1. 28 → 8（aṣṭā）＋ 20（viṃśatī）= aṣṭā-viṃśatī
2. 84 → 4（catura）＋ 80（śītīnāṃ）= catura-śītīn
3. 84000 →

84 catura-śītīnāṃ	×	1000 sahasrānāṃ	＝	84000 catura-śītīnāṃ sahasrānāṃ

vidhvaṃsana ＝摧伏

音譯：毗多崩娑那．毗多崩薩那
包含兩個充滿能量的動作：「摧毀」（destroy、distinguish）與「降伏」（subdue）。

第一會共出現兩次（第88與94句），透由此咒字分別摧毀降伏（86-87）「八萬四千鬼魅眾」與（92-93）「八大鬼神眾」。

第二會中，將再度展現 vidhvaṃsana 的強大威力，摧毀降伏的對象也是（158-159）「八萬四千鬼魅眾」，與（153-154）「一切藥叉、羅剎鬼魅眾」。

二十八星宿（外金剛院的最外圍）

（相關說明請見下一頁）

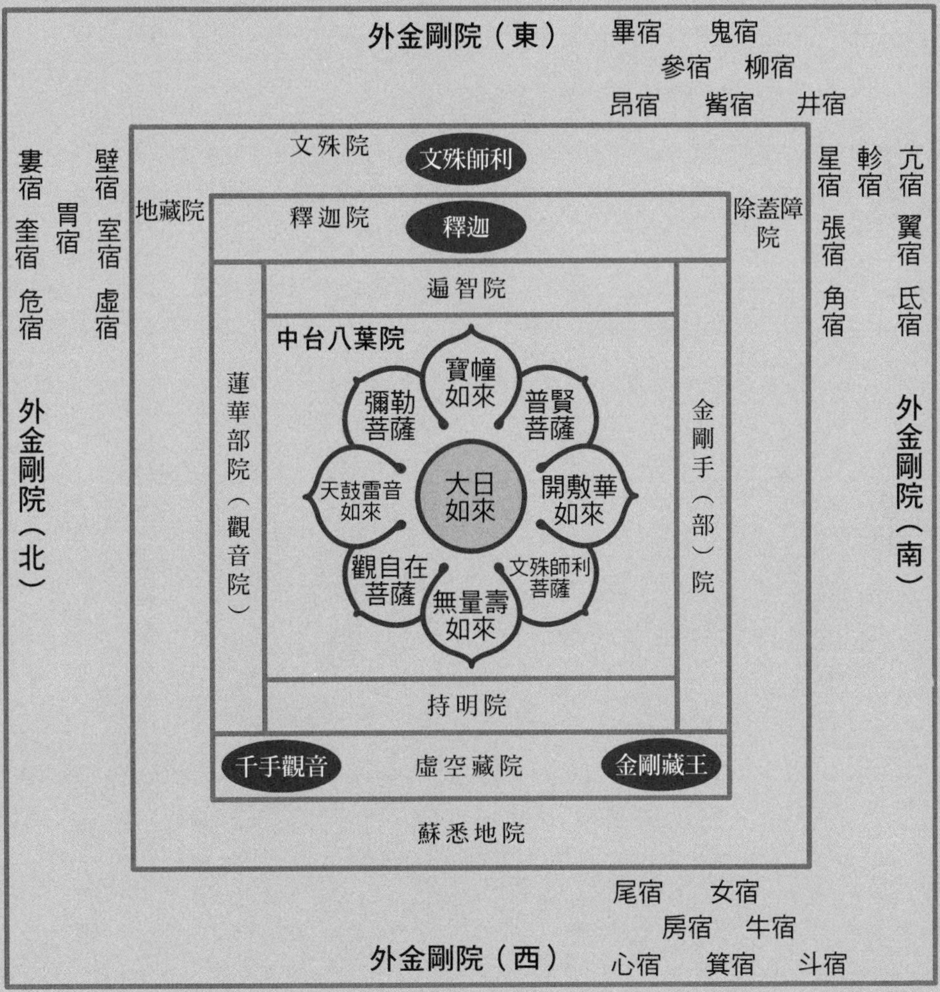

這裡筆者要特別強調，即使這張圖沒有說明是來自於《金剛頂經》的「金剛界曼荼羅」或是《大日經》的「胎藏界曼荼羅」，但只要看到東方在上方，立刻可以判斷這張諸佛菩薩空間配置圖是來自胎藏界。反之，如果東方在下方，那就是金剛界。無論在鑑定古籍繪畫（例如西藏唐卡）或是經版考古，確定「東方」在圖上的位置都是非常實用的法則。

此外，「開敷華如來」有多種譯名，各強調不同的重點：

❶ 開敷華（強調「花」字），❷ 娑羅樹（強調「樹」字），❸ 王（強調「王」字）❹ 如來（或是「佛」）有不同組合如下：

1.《楞嚴咒》：開敷華娑羅樹王如來（①②③④花、樹、王、如來）

2.《大日經》：開敷華如來或華開敷如來（①④花、如來，無「王」字）

3.《大日經疏》：沙羅樹王開敷佛（②③④樹、王、佛，無「華」字）

其他經典，還有開敷華王如來（②③④花、王、如來）、開敷華佛（①④花、佛）、華開敷佛（①④花、佛）等。

9 啟動宇宙天地的陰性能量

（第 99~132 句）

這個單元可說是〈楞嚴咒〉最複雜的部分，呈現出細膩的**宇宙陰性能量**。全都透由一切如來頂髻咒語的威猛力量，將宇宙天地之間陣容龐大、數量相當的「陰性能量」陸續轉化成「女性護法」，也就是將原本的「抽象能量」轉變為「具體形象」的忿怒女神。這些能量場雖然凡常人無法輕易窺探，但不可以認為那是虛構的，畢竟許多優秀的智者或修行者都能感受能量的存在，也將經驗所知留存於他們的著作。

一直以來，**擬像化（擬人化）**是佛教思想傳播的重要過程，其中最具代表是觀音菩薩（慈悲能量的擬像化）、文殊菩薩（智慧能量的擬像化）。

然而，隨著**能量組合方式的不同**，〈楞嚴咒〉的不同版本**產生名號的差異**。若依據〈楞嚴咒〉427 句版本直接解譯，總共有三十四咒句，其能量意義大多明顯可辨，但是因為組合的方式隨著不同的解譯，產生諸尊的不同稱謂。

以「**大白傘蓋佛母**」為例，這是元代藏傳佛教《佛說大白傘蓋總持陀羅尼經》的經典版本，其內容與漢傳〈楞嚴咒〉的內容甚為近似，該系統出現許多忿怒女神、度母、女性護法、佛母等。

透由**漢傳與藏傳**的整理，藏傳佛教的大白傘蓋佛母系統有「明確數目」(22 尊）與「名號」。不過，這與漢傳譯法不一致，如果改以梵語梵音原意（三十四咒句）就很清楚。所以，筆者特別強調直接解譯三十四咒句能量的原始意義，讓所有智慧能量直接且清晰，就無須在意不同譯版名號上的混淆。

• 不同譯版的名號對照

	《佛說大白傘蓋總持陀羅尼經》 元代版本，藏傳佛教系統，共二十二尊	現在通行的 427 句梵版 第 99 句到 132 句，共三十四句
1	無有能敵大緊母	⑨⑨ aparājitāgurā
2	大掇朴母大力母	⑩⑩ mahā pracaṇḍā
3	大熾然母大威力	⑩① mahā dīptā ⑩② mahā tejāh
4	大白蓋母大力母	⑩③ mahā śveta jvālā ⑩④ mahā bala
5	熾然掛纓白衣母	⑩④ pāṇdara vāsinī
6	聖救度母具嚬皺	⑩⑤ āryā tārā ⑩⑥ bhṛkuṭī
7	勝勢金剛稱念珠	⑩⑦ caiva-vijayā ⑩⑧ vajra-māleti ⑩⑨ viśrutā
8	蓮華昭明金剛名	⑩⑩ padmakā ⑪① vajra-jihvā ca
9	無有能敵具念珠	⑪② mālā caiva-aparājitā
10	金剛牆等摧壞母	⑪③ vajra daṇḍī ⑪④ viśālāca
11	柔善佛等供養母	⑪⑤ śānta ca vaideva pūjitā
12	柔相威力具大母	⑪⑥ saumya-rūpā
13	聖救度母大力母	⑪⑦ mahā-śvetā ⑪⑧ āryā tārā
14	不歿金剛鐵錠母	⑪⑨ mahā balāh apara ⑫⑩ vajra śaṃkalā caiva
15	金剛少童持種母	⑫① vajra kumārī ⑫② kula-dhārī
16	金剛手種金念珠	⑫③ vajra hastā ca
17	大赤色及寶珠母	⑫④ vidyā kāñcana mālikā ⑫⑤ kusumbha ratnā
18	種明金剛稱頂髻	⑫⑥ vairocana kriya ⑫⑦ artho-ṣṇīṣāṃ

《佛說大白傘蓋總持陀羅尼經》 元代版本，藏傳佛教系統，共二十二尊		現在通行的 427 句梵版 第 99 句到 132 句，共三十四句
19	種相窈窕金剛母	⑫⑧ vijrmbha-māṇā-ca
20	如金色光具眼母	⑫⑨ vajra-kanaka prabhā
21	金剛燭及白色母	⑬⓪ locanā vajra tundī ca
22	蓮華眼及月光母	⑬① śvetā ca kamalākṣā ⑬② śaśi prabhā

※ 補充說明

1. 諸位陰性智慧能量在不同版本的解譯之中產生許多「名號稱謂不一致」，主因是「前後咒句結合」的不同。
2. 只要能夠了解每一咒字的「原始意義」，就能理解每一尊所代表的能量。即使不同能量的交叉形成不同的組合，依舊可以清楚知道背後含藏的能量意義。如此，對於不同法師或是居士的不同譯法，我們都可理解而不會有所困惑。

第一組九位女性尊者：① 無能勝，② 大瞋怒，③ 大熾燃，④ 大威光，⑤ 大白光，⑥ 大力白衣，⑦ 聖度母，⑧ 忿怒母，⑨ 破壞勝利母（第 99-107 句）

• 第 99-107 句總覽

漢字音譯	⑨⑨ 阿般囉視多具囉 ⑩⓪ 摩訶　般囉戰持 ⑩① 摩訶　迭多 ⑩② 摩訶　帝闍 ⑩③ 摩訶　税多　闍婆囉 ⑩④ 摩訶　跋囉　盤陀囉　婆悉你 ⑩⑤ 阿唎耶　多囉 ⑩⑥ 毗唎俱知 ⑩⑦ 誓婆毗闍耶
梵　音	⑨⑨ aparājitāgurā ⑩⓪ mahā pracaṇdā ⑩① mahā dīptā ⑩② mahā tejāh ⑩③ mahā śveta jvālā

	(104) mahā bala pāṇḍara vāsinī (105) āryā tārā (106) bhṛkuṭī (107) caiva-vijayā
意　　譯	(99) 無能勝（尊者） (100) 大　瞋怒（尊者） (101) 大　熾燃（尊者） (102) 大　威光（尊者） (103) 大　白　火光（尊者） (104) 大　力　白衣（尊者） (105) 聖　救度母 (106) 忿怒母 (107) 就像　最勝者
連貫句義	無能勝尊者！大瞋怒尊者！大熾燃尊者！大威光尊者！大白光尊者！大力白衣大士！聖度母多羅尊！忿怒母尊者！最勝母尊者！

第99句		
	漢字音譯	阿般囉視多具囉
	梵　　音	aparājitāgurā
	中文意譯	無能勝（尊者）

詞彙解說

- **阿般囉視多具囉：**aparājitāgurā，無能勝的咒法、無有能敵咒法。「無能勝」如同英文的 invincible（無敵）。此咒字拆解分析如下。
- **阿般囉：**aparā，無法超越。
- **視多：**jitā，勝利。ā 發長音。
- **具囉：**gurā，咒法。

關鍵內容

抽象思想或是意識的擬像化，是密教常見的能量轉換，思想、意識甚至咒法都可以擬像化，成為一位神聖尊者。於此，宇宙間一股無敵的意識能量或咒法，被擬像化成為一位尊者，稱為阿般囉視多具囉（aparājitāgurā），即是無能勝尊者，或譯成無敵最勝尊、無能勝者。

第100句	
漢字音譯	摩訶　般囉戰持
梵　　音	mahā　pracaṇḍā
中文意譯	大　瞋怒（尊者）

詞彙解說

- **摩訶：**mahā，大。
- **般囉戰持：**pracaṇḍā，瞋怒、暴怒、暴惡。c 的發音為 ch，如同英文 child 的 ch 發音。ṇ 的發音仍是 n。

關鍵內容

摩訶般囉戰持（mahā pracaṇḍā）是陰性的強大能量，具備瞋怒、暴怒、暴惡的「降伏力量」，稱為「大瞋怒菩薩」（女性尊）或「大暴怒母」，也有「最極暴惡大忿怒尊」的譯法。菩薩之所以要展現忿怒貌來對應惡魔，這是因為每個人在面對貪、瞋、癡等負面能量的時候，修行者絕不能妥協，否則也會跟著變成魔鬼。此外，精通梵語的郭火生居士將「摩訶般囉戰持」依據梵字還原成 mahā balā caṇḍī，意思是：大（mahā）、力（balā）、嗔怒（caṇḍī）。以郭居士的專業，這一點非常值得參考。

第101句	
漢字音譯	摩訶　迭多
梵　　音	mahā　dīptā
中文意譯	大　熾燃（尊者）

詞彙解說

- **迭多：**dīptā，熾燃、熾然，意思是「熾烈燃燒」。母音加有橫線時，例如 ā、ī、ū 這三字，要特別發長音。

關鍵內容

迭多（dīptā）代表「劇烈燃燒、熾烈燃燒」。於是，摩訶迭多（mahā dīptā）稱為「大熾然尊者」，此處的「然」同「燃」，是古代用法。於此，劇烈燃燒、熾烈燃燒是宇宙的光明能量，祈請強大的威勢能夠摧伏內心的黑暗惡魔。此「迭多」的能量可將灰暗的混亂世界，轉化成光明燦爛的境態。

另外，mahā dīptā 在《大佛頂首楞嚴經義貫》中的翻譯是大天、天中天，算是罕見。

第102句		
	漢字音譯	摩訶　帝闍
	梵　　音	mahā　tejāh
	中文意譯	大　威光、威德（尊者）

詞彙解說

· **帝闍**：tejāh，威光、威猛的光芒或是威德。

關鍵內容

摩訶迭多（mahā dīptā，第 101 句）燃燒之後會出現強烈威猛的光芒，即是本句的摩訶帝闍（mahā tejāh）。由劇烈燃燒的能量再延伸為「大威光」與「大威德」的威勢，這是宇宙的能量轉化與提升。摩訶帝闍（mahā tejāh）是綻放威光的神聖意識體，所以被稱為「大威光尊者」或「大威德尊者」，擁有無上的威力光明，能守護一切眾生。

第103句		
	漢字音譯	摩訶　稅多　闍婆囉
	梵　　音	mahā　śveta　jvālā
	中文意譯	大　白　火光（尊者）

詞彙解說

· **稅多**：śveta，白、白光、白天。ś 的發音為 sh，如同英文 show 的 sh 發音。

· **闍婆囉**：jvālā，光、火光、火焰。延伸的意義為勢力、威勢。

關鍵內容

摩訶稅多闍婆囉（mahā śveta jvālā）是白色光焰的陰性智慧能量，具備強大（mahā）、白光（śveta）、火焰（jvālā）等三種能量、勢力特質。簡單來說，分別是強大的能量、白色的能量與火焰的能量。其名號被稱為「大白光母」或「大白火光母」，其中的「母」字代表這是宇宙陰性的能量。大白光母所具備的白色強大的光能，可以照耀闇黑無明世界。

第104句

漢字音譯	摩訶　跋囉　盤陀囉　婆悉你
梵　　音	mahā　bala　pāṇḍara　vāsinī
中文意譯	大　力　白衣（尊者）

詞彙解說

・**跋囉：**bala，力。

・**盤陀囉：**pāṇḍara，白衣、白。ṇ 發音仍是 n。

・**婆悉你：**vāsinī，穿、維持在一種狀態。

關鍵內容

「摩訶跋囉盤陀囉婆悉你」這位尊者，梵語直譯就是「穿著白衣的大力佛母」。其能量特質是「偉大力量」（mahā bala）與「白色相狀」（pāṇḍara vāsinī）。其中，pāṇḍara 含有「白色光輝」的意思，梵語 vāsinī 的意思是「維持在一種狀態」。兩字合併的意思是「維持在白色光輝的狀態」，於是被延伸解釋成「穿著白衣的尊者」，譯為「大力白衣尊者」。另外，pāṇḍara vāsinī 位處胎藏界的蓮華部院（觀音院），此處的白代表菩提心，意即「住此白淨菩提心」，此尊名號「大白衣觀音」、「白處觀音」。

第105句

漢字音譯	阿唎耶　多囉
梵　　音	āryā　tārā
中文意譯	聖　救度母

詞彙解說

・**阿唎耶：**āryā，聖、神聖。聖觀自在觀音的「聖」就是 āryā 此字。

・**多囉：**tārā，救渡、救度。白度母或綠度的字源就是 tārā（度）一字，多囉是該字的音譯。

關鍵內容

這兩個字合併的意思為「聖救度母」或「聖度母」，佛經中亦音譯為「多羅菩薩」。阿唎耶多囉（āryā tārā）是一位充滿救度能量的神聖意識體，能救度眾生脫離苦海。這股「神聖救度」的智慧能量，轉變成觀世音菩薩的化身之一。

第106句		
	漢字音譯	毗唎俱知
	梵　　音	bhṛkuṭī
	中文意譯	忿怒母、瞋目女

詞彙解說

- **毗唎俱知：**bhṛkuṭī，忿怒。ṭ 發音接近注音符號的ㄉ。

關鍵內容

毗唎俱知（bhṛkuṭī）原始梵語的意思包含「瞋目、皺眉、蹙額」的面容特性，呈現出忿怒的形象，意味著此尊可以透由「忿怒能量」摧破「負面意識能量」。bhṛkuṭī 被視為觀音菩薩的忿怒化身之一，音譯為「毘俱胝天女」，或意譯為「忿怒母」。屬胎藏界觀音院三十七尊之一，此尊從觀音的額上之皺眉中生出。（參見右頁圖。）

第107句		
	漢字音譯	誓婆毗闍耶
	梵　　音	caiva-vijayā
	中文意譯	就像　最勝者

詞彙解說

- **誓婆毗闍耶：**caiva-vijayā，最勝者、最勝利者。vija，勝。yā，者。ā 發長音。此咒字拆解分析如下。
- **誓婆：**caiva，說法甚多，比較合理的解釋是：就像、且如是、即如是。一說破壞，也被認為與濕婆有關。此外，還有最勝、最妙的解釋，詳見 166 頁的進階分析。c 的發音為 ch，如同英文 child 的 ch 發音。
- **毗闍耶：**vijaya，最勝者。yā（耶），者。
- 另一種解釋是，最勝與破壞兩股能量合併成陰性神祇「最勝破壞母」。

關鍵要點

「瞋目、皺眉、蹙額」的面容特質

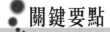

成觀法師的觀點

成觀法師認為，第 106 句「忿怒母」（bhṛkuṭī）與第 107 句「最勝破壞母」（caiva-vijayā）必須一起解釋，誓婆（caiva）一字來自「濕婆」（shiva），與濕婆同義，具備破壞的能量。而忿怒母（bhṛkuṭī）具備「破壞」的能量，是勝利的尊者，其破壞的能力（caiva）可以摧毀負面的意識能量，戰勝（vijaya）魔怨、邪惡與汙穢等，因此翻譯成單尊「大忿怒最勝破壞毘俱胝尊」，其中的「毘俱胝」就是 bhṛkuṭī 的音譯。

忿怒母 bhṛkuṭī	+	最勝破壞母 caiva-vijayā	=	大忿怒最勝破壞毘俱胝尊
		caiva（破壞）＋ vavija（勝利） ＝可以破壞邪惡 能量，獲得勝利		

關鍵要點

進階分析　caiva 的字義

第 107 句「誓婆毗闍耶」（caiva-vijayā），第 112 句「摩囉・制婆般囉質多」（mālā caiva-aparājitā）與第 120 句「跋闍囉・商揭囉・制婆」（vajra śaṃkalā caiva），這三句都出現梵語 caiva 一字，被音譯成「誓婆」與「制婆」。

這個字在許多〈楞嚴咒〉相關重要著作有不同的解釋。以下採條例式陳述如下：

1. 簡豐祺居士於其著書《怎麼持楞嚴咒最有效》（P9）認為，上述三句 caiva 的意思是「最勝」。
2. 成觀法師於其著作《大佛頂手楞嚴經義貫》中，認為第 107 句「誓婆」的意思為「破壞」，也譯為「濕婆」，此乃印度的破壞之神。而第 112 句的「制婆」譯為「最妙」，第 120 句的「制婆」譯為「最勝」。
3. 其實，caiva 的解釋是「且如、就像、必定和」，可拆解為由 ca（和、與、and）＋ iva（如此、如是、恰似、猶如）組合而成，意思就是：就像、且如是、即如是。
4. 此一分析是來自郭居士，他解析諸多梵文石刻版本，提出更正修改。他譯成 ceva（接近 caiva），解譯成「及如是」。郭居士直接由梵語文字下手拆解，精確度最高。之後的 caiva，建議都採用「且如、就像、即如是」的翻譯。以下是筆者比較推薦的譯法。

咒句	音譯	意譯
(107) caiva-vijayā	誓婆毗闍耶	就像最勝利者
(112) mālā caiva-aparājitā	摩囉　制婆般囉質多	華鬘　就像無能勝
(120) vajra śaṃkalā caiva	跋闍囉　商揭囉　制婆	金剛　鎖　就像

三觀音

《大佛頂首楞嚴經義貫》寫著這一節中的三觀音：❶ 白衣、❷ 多羅、❸ 毘俱胝，皆是如意輸（應是「輪」）曼荼羅四隅之尊，另外一尊是一髻羅剎。此三尊分別代表息災（白衣）、增益、敬愛（多羅）、調伏（毘俱胝）。

以上是成觀法師的見解，如果再看「如意輪曼荼羅」，結構以如意輪觀音為中尊，分為內、外二院。內院中心畫三十二葉之開敷蓮花，花臺上安置二臂如意輪聖觀自在菩薩，四方為圓滿意願明王、大勢至菩薩、馬頭觀世音明王、四面觀世音明王。四個角落是 ❶ 白衣觀世音母菩薩、❷ 多羅菩薩、❸ 一髻羅剎女、❹ 毘俱胝菩薩。

第二組十三位女性尊者：① 金剛鬘女，② 普聞尊者，③ 蓮花相尊者，④ 金剛舌尊者，⑤ 華鬘最妙無能勝尊者，⑥ 金剛杖尊者，⑦ 摧碎女，⑧ 寂靜天眾供養女，⑨ 善相尊者，⑩ 大白尊者，⑪ 聖救度尊者，⑫ 大力最勝母，⑬ 金剛鎖最勝母（第 108-120 句）

• 第 108-114 句總覽

漢字音譯	⑱ 跋闍囉摩禮底 ⑲ 毗舍嚧多 ⑩ 勃騰罔迦 ⑪ 跋闍囉制喝那阿　遮 ⑫ 摩囉　制婆般囉質多 ⑬ 跋闍囉　擅持 ⑭ 毗舍囉遮
梵　　音	⑱ vajra-māleti ⑲ viśrutā ⑩ padmakā ⑪ vajra-jihvā ca

梵　音	⑫ mālā caiva-aparājitā ⑬ vajra daṇḍī ⑭ viśālāca
意　譯	⑱ 金剛鬘（尊者） ⑲ 普聞（尊者） ⑩ 蓮華（花）瓔珞（尊者） ⑪ 金剛舌（尊者） ⑫ 華鬘無能勝（尊者） ⑬ 金剛杖（尊者） ⑭ 摧碎（尊者）
連貫句義	金剛鬘尊者！普聞尊者！蓮華（花）瓔珞尊者！金剛舌尊者！華（花）鬘最妙無能勝尊者！金剛杖尊者！摧碎尊者！

• 第 115-120 句總覽

漢字音譯	⑮ 扇多 舍　鞞提婆　補視多 ⑯ 蘇摩嚧波 ⑰ 摩訶税多 ⑱ 阿唎耶　多囉 ⑲ 摩訶　婆囉　阿般囉 ⑳ 跋闍囉　商揭囉　制婆
梵　音	⑮ śānta ca vaideva pūjitā ⑯ saumya-rūpā ⑰ mahā-śvetā ⑱ āryā tārā ⑲ mahā balāh apara ⑳ vajra śaṃkalā caiva
意　譯	⑮ 寂靜　及　天眾　供養 ⑯ 善相（尊者） ⑰ 大白（尊者） ⑱ 聖多羅（度母） ⑲ 大力最勝（尊者） ⑳ 最勝金剛鎖（尊者）
連貫句義	柔善供養天眾尊者！善貌大白尊者！聖度母多羅尊者！大力無能比尊者！最勝金剛鎖菩薩！

第108句	
漢字音譯	跋闍囉摩禮底
梵　　音	vajra-māleti
中文意譯	金剛　鬘（尊者）

詞彙解說

· **跋闍囉：**vajra，金剛。

· **摩禮底：**māleti，念珠、鬘。

關鍵內容

「摩禮底」還原成梵音後，不只有一種解釋方法。

第一種譯法中，「摩禮底」帶有梵語 mala 的字根，意思是花鬘。以花蔓（莖）做成的花環也稱為 mala，而後轉變成項鍊、瓔珞、念珠等等意思，這些都是佛菩薩身上穿戴的瓔珞珠璣。於是，vajra-māleti 被譯為「金剛鬘女神」或「金剛念珠女」。

第二種譯法中，「摩禮底」來自梵字 mala-iti，簡略成 maleti，意思是汙穢，翻譯成「穢垢女神」、「穢垢母」與「穢垢女金剛」。

第109句	
漢字音譯	毗舍嚧多
梵　　音	viśrutā
中文意譯	普聞（尊者）

詞彙解說

· **毗舍嚧多：**viśrutā，普聞、有聞、普遍聞名。也就是非常有名，英文的 famous、well know 的意思。此外，viśrutā 也有「最勝」的意思。

第110句	
漢字音譯	勃騰罔迦
梵　　音	padmakā
中文意譯	蓮華（花）瓔相（瓔珞）（尊者）

詞彙解說

· **勃騰罔迦**：padmakā，蓮花相狀、蓮花瓔相。padma，蓮花。padmakā 也有另一種解釋，意指蓮花做成瓔珞項串，稱為蓮花瓔珞。

第111句	
漢字音譯	跋闍囉制喝那阿　遮
梵　音	vajra-jihvā ca
中文意譯	金剛　舌　及

詞彙解說

· **跋闍囉**：vajra，金剛。

· **制喝那阿**：jihvā，舌。c 的發音為 ch，如同英文 child 的 ch 發音。此處明版漢音「制喝那阿」多了「那」，需去除，正確是「制喝阿」。

· **遮**：ca，及。

關鍵內容

密宗教義認為蓮花代表佛陀的舌頭。佛以廣長舌說一切法，令眾生都能因此知道佛教義理，是為「舌燦蓮花」(與「舌綻蓮花」同義)。或是菩薩宣說妙法，出廣長舌，堅固勇猛如金剛，所以稱為「金剛舌」。

第112句	
漢字音譯	摩囉　制婆般囉質多
梵　音	mālā　caiva-aparājitā
中文意譯	華鬘　就像　無能勝（尊者）

詞彙解說

· **摩囉**：mālā，華（花）鬘、瓔珞珠璣、以花蔓（莖）串成花環如同項鍊般。

· **制婆**：caiva，最妙、最勝。

· **般囉質多**：aparājitā，無能勝利、無有能敵、無敵。jitā，勝利。ā 加有橫線時，要特別發長音。

· 最後，caiva 比較合理的解釋是「且如、就像、必定和」，拆解 caiva 由 ca（和、與、and）＋ iva（如此、如是、恰似、猶如）組合而成。精通梵文的郭居士認為這個比較精確，筆者非常認同。

關鍵內容

第 108 句金剛鬘尊者（vajra-māleti）、第 110 句蓮花瓔珞尊者（padmakā）、第 112 句華鬘最妙無能勝尊者（mālā caiva-aparājitā），連續三尊都提及瓔珞珠璣，都是用瓔珞來供養諸佛菩薩。雖然連續幾個咒字在各版本中的譯法不同，但是誦經持咒的能量卻是相同的，請修行者無須在意。元代版本的譯法如下，目前藏傳佛教的傳承經常採用以下譯名。

勝勢金剛稱念珠＝ (107) caiva-vijayā、(108) vajra-māleti、(109) viśrutā
蓮華昭明金剛名＝ (110) padmakā、(111) vajra-jihvā ca
無有能敵具念珠＝ (112) mālā caiva-aparājitā

第113句

漢字音譯	跋闍囉　擅持
梵　　音	vajra　daṇḍī
中文意譯	金剛　杖（尊者）

詞彙解說

· **跋闍囉**：vajra，金剛。

· **擅持**：daṇḍī，杖。ṇ 的發音仍是 n。

第114句

漢字音譯	毗舍囉遮
梵　　音	viśālāca
中文意譯	摧碎（尊者）

詞彙解說

· **毗舍囉**：viśālā，摧碎，摧毀（destroy）粉碎（shatter），亦有「顯赫」的意思。ś 的發音為 sh，如同英文 show 的 sh 發音。

補充說明

成觀法師在《大佛頂首楞嚴經義貫》有不同的解釋，他認為 viśālāca 是北天王毘沙門天，屬於他個人見解，在此提供給大家參考。第 112~114 句，他的翻譯是「最妙瓔珞無能勝金剛杵！毘沙門天！」（註：「毗」通「毘」，本書的用字會依照原古籍，因此不會一致。）

第115句		
	漢字音譯	扇多　舍　鞞提婆　補視多
	梵　音	śānta　ca　vaideva　pūjitā
	中文意譯	寂靜　及　天眾　供養

詞彙解說

- **扇多：**śānta，柔善、寂靜。
- **鞞提婆：**vaideva，天眾。提婆，deva，天神。
- **補視多：**pūjitā，供養。

關鍵內容

扇多（śānta）是寂靜、善美的能量，「息災法」（śāntika）的梵語與此字（śānta）同字根，具備寂、靜、息、善的能量。śāntika 也是《十小咒》第二咒〈消災吉祥神咒〉的關鍵咒字。在《十小咒》中，此咒字消解平息災害，讓「衝突混亂」的狀態達到「寂靜善美」境態。

舍鞞提婆（ca vaideva）的意思是「及天眾」，提婆（deva）的意思是天神。一群有福的天神，其天福來自過去世供養諸佛。而現世之中，天神供養的善根習慣依舊，以眾妙寶飲食「供養」（pūjitā）諸佛及大菩薩。

第116句		
	漢字音譯	蘇摩嚧波
	梵　音	saumya-rūpā
	中文意譯	善相（尊者）

詞彙解說

- **蘇摩：**saumya，柔善。

・**嚧波：**rūpā，相、貌、色。色界與無色界的「色」就是 rūpā，該字的原始意思是「有形狀」。廣義的色，為物質存在之總稱。狹義的色，專指眼根所取之境，「嚧」的發音同「盧」。

第117句		
	漢字音譯	摩訶稅多
	梵　　音	mahā-śvetā
	中文意譯	大　白（尊者）

詞彙解說

・**摩訶：**mahā，大。

・**稅多：**śvetā，白。

關鍵內容

摩訶稅多代表兩股神聖的能量，大（mahā）與白（śvetā）的顯現。

第118句		
	漢字音譯	阿唎耶　多囉
	梵　　音	āryā　tārā
	中文意譯	聖　多羅（度母）

詞彙解說

・**阿唎耶：**āryā，聖。ā 發長音。

・**多囉：**tārā，度母。「多羅」是音譯，而「度母」為意譯。

補充說明

若將第 117 與 118 句（摩訶稅多・阿唎耶多囉／ mahā-śvetā āryā tārā）合併解釋，就是名號「大白聖度母」，意指多羅菩薩身穿白衣。

若將第 116 與 117 句（蘇摩嚧波・摩訶稅多／ saumya-rūpā mahā-śvetā）合併解釋，就是名號「大白柔相佛母」。

顯然，隨著結合咒句的選擇不同，有了不同的解譯方法。

第119句

漢字音譯	摩訶　婆囉　阿般囉
梵　　音	mahā　balāh　apara
中文意譯	大　力　無能比、最勝（尊者）

詞彙解說

- **婆囉**：balāh，力。
- **阿般囉**：apara，無能比、無能相比，最勝、無能勝。

補充說明

至少有兩種還原「阿般囉」之梵音的方式。

1.apara：無能勝、無比。（可參考成觀法師、古嚴寺慧律法師網路念誦版本。）

2.amara：無死、不歿。（可參考木村得玄、果濱居士、正見學會的版本。）

第120句

漢字音譯	跋闍囉　商揭囉　制婆
梵　　音	vajra　śaṃkalā　caiva
中文意譯	金剛　鎖　就像（一說：破壞）

詞彙解說

- **跋闍囉**：vajra，金剛。
- **商揭囉**：śaṃkalā，鎖。
- **制婆**：caiva，最勝、最妙。

補充說明

正確的斷字應該是第 119 句的「阿般囉」（apara）連接第 120 句的「跋闍囉．商揭囉．制婆」（vajra śaṃkalā caiva），翻譯成「最勝金剛鎖母就像……」，祂是陰性神聖意識體。這邊的金剛鎖又稱金剛鏁。鏁是鎖的古代用法，發音相同。金剛鎖是密教金剛界三十七尊之一，屬於四攝菩薩之一。

金剛鎖位居「金剛界曼荼羅」，又稱金剛連（鍊）鎖菩薩。金剛鎖尊者以大慈悲的誓願，閉鎖一切惡趣之門，使眾生安住菩提而不退。

第三組十二位女性尊者：① 金剛童女，② 持姓女尊，③ 金剛手女尊，④ 明咒金色摩利伽尊，⑤ 朱紅寶珠女，⑥ 遍照光明頂禮尊，⑦ 頂髻稱尊，⑧ 皺眉相尊，⑨ 金剛威勢光母，⑩ 金剛眼嘴母，⑪ 白蓮眼母，⑫ 月光女尊（第 121-132 句）

• 第 121-125 句總覽

漢字音譯	⑿ 跋闍囉　俱摩唎 ⑿ 俱藍陀唎 ⑿ 跋闍囉　喝薩多　遮 ⑿ 毗地耶　乾遮那　摩唎迦 ⑿ 啒蘇母婆羯　囉多那
梵　　音	⑿ vajra kumārī ⑿ kula-dhārī ⑿ vajra hastā ca ⑿ vidyā kāñcana mālikā ⑿ kusumbha ratnā

關鍵要點

鎖與螺

很容易混淆而譯錯的兩個梵字。

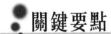

鎖	法螺
śaṃkalā	śaṅkha

意　　譯	⑫1 金剛　童女 ⑫2 持姓女 ⑫3 金剛手掌（尊者） ⑫4 明咒　金色　花鬘（尊者） ⑫5 朱紅　寶珠（女）
連貫句義	金剛童女、持姓尊者、金剛手聖尊、明咒金色瓔珞尊者、紅寶尊者

• 第 126-132 句總覽

漢字音譯	⑫6 鞞嚧遮那　俱唎耶 ⑫7 夜囉菟瑟尼釤 ⑫8 毗折藍婆摩尼遮 ⑫9 跋闍囉迦那迦　波囉婆 ⑬0 嚧闍那　跋闍囉　頓稚　遮 ⑬1 稅多　遮　迦摩囉剎 ⑬2 奢尸　波囉婆
梵　　音	⑫6 vairocana kriyā ⑫7 artho-ṣṇīṣāṃ ⑫8 vijrmbha-māṇā-ca ⑫9 vajra-kanaka prabhā- ⑬0 locanā vajra tundī ca ⑬1 śvetā ca kamalākṣā ⑬2 śaśi prabhā
意　　譯	⑫6 光明普照　頂禮 ⑫7 稱名利益　頂髻（尊者） ⑫8 皺眉（尊者） ⑫9 金剛　金光（威勢）　光 ⑬0 眼　金剛　嘴　及 ⑬1 白色　及　蓮華眼（尊者） ⑬2 月　光（尊者）
連貫句義	光明普照頂禮尊、頂髻稱尊、皺眉相尊、金剛威勢尊、金剛眼尊（嘴）、白蓮眼尊、月光尊

第121句	
漢字音譯	跋闍囉　俱摩唎
梵　　音	vajra　kumārī
中文意譯	金剛　童女

詞彙解說

- **跋闍囉：**vajra，金剛。
- **俱摩唎：**kumārī，童女。另外，kumāra 是指童男，音譯為鳩摩羅天、鳩摩羅伽天、拘摩羅天。祂是初禪梵王，顏如童子，騎乘孔雀。

第122句	
漢字音譯	俱藍陀唎
梵　　音	kula-dhārī
中文意譯	持姓女（持種姓女、持部女）

詞彙解說

- **俱藍：**kula，姓、種、種姓，還有部、族的意思。基本上接近英文的 group、clan、tribe。
- **陀唎：**dhārī，持。

補充說明

《大佛頂首楞嚴經義貫》將第 122 句與第 121 句合併，解譯成「金剛持姓童女」。

第123句	
漢字音譯	跋闍囉　喝薩多　遮
梵　　音	vajra　hastā　ca
中文意譯	金剛　手　及

詞彙解說

- **喝薩多：**hastā，手、手掌。
- **遮：**ca，及、與、and。c 的發音為 ch，如同英文 child 的 ch 發音。

補充說明

vajra hastā 與 vajra-pani 的直譯都是金剛手。不過，在佛教典籍中，金剛手菩薩（vajra-pani）比較常見，並且屬於藏傳佛教，是名聲顯赫的「三族姓尊之一」。三族姓尊是觀音菩薩、文殊菩薩與金剛手菩薩，分別代表宇宙三股能量：慈悲、智慧、力量。

由於「金剛手菩薩」在三族姓尊代表著伏惡的忿怒尊，vajra-pani 有時會被譯成「金剛手護法」。至於此尊「跋闍囉喝薩多遮」（vajra hastā）於佛經就比較少見，喝薩多遮（hastā）強調「手」，就是身體四肢的一部分，而且是手掌。vajra-pani 強調「用手握持」金剛杵。兩者還是有差異。vajra hastā 不是層級極高的三族姓尊之一的金剛手菩薩，或許翻譯成「金剛手尊者」較容易區分。

vajra-pani ➡ 金剛手菩薩（或護法）➡ 強調用手握持

vajra hastā ➡ 金剛手（尊者）➡ 這邊的手就是身體四肢的一部分「手掌」

第124句		
	漢字音譯	毗地耶　乾遮那　摩唎迦
	梵　音	vidyā　kāñcana　mālikā
	中文意譯	明咒　金色　花鬘（尊者）

詞彙解說

- **毗地耶：**vidyā，明咒。
- **乾遮那：**kāñcana，金色、真金。ñ 的發音與 n 接近，但發長音，ñ 接近英文 song 的 ng 發音。c 的發音為 ch，如同英文 child 的 ch 發音。
- **摩唎迦：**mālikā，摩利伽花鬘。摩利伽花串成的瓔珞，也包含花鬘、花環或項鍊。《大智度論》提及摩利伽花是最美麗的水生花（aquatic flowers），串成花環用來供養。在梵語中，摩利伽花屬於茉莉花系統。

第125句		
	漢字音譯	啒蘇母婆羯　囉多那
	梵　音	kusumbha　ratnā
	中文意譯	朱紅色　寶珠

詞彙解說

- **啒蘇母婆羯：**kusumbha，赭紅色、朱紅色。「羯」應該是「喝」的傳抄誤寫。kusumbha 唸成「啒蘇母婆喝」比較合理，顯然「啒蘇母婆羯」不適合。
- **囉多那：**ratnā，寶珠，也指佛法僧三寶的寶。
- 啒蘇母婆喝（kusumbha）的意思是赭紅色，囉多那（ratnā）代表寶珠，這兩個咒字合併為陰性智慧能量「朱紅寶珠女」。

補充說明

成觀法師的梵音略為不同。對於「啒蘇母・婆羯・囉跢那」，他的梵文音譯是 kusumbha vigaratana。他在《大佛頂首楞嚴經義貫》解釋，啒蘇母（kusumbha）的意思是「紅、藍」兩色；而婆羯（viga）是「最勝」；囉跢那（ratana）則翻譯成寶物，並將整句翻譯成「紅藍最勝寶」，指出紅為調伏，藍為息災。這個說法非常獨特，可能是成觀法師在東密學習過程中的心得。

第126句

漢字音譯	鞞嚧遮那　俱唎耶
梵　　音	vairocana　kriyā
中文意譯	光明普照　頂禮

詞彙解說

- **鞞嚧遮那：**vairocana，光明普照、光明遍照。
- **俱唎耶：**kriyā，意思模糊不詳，但由前後咒句推斷，應該是禮拜、頂禮的意思。

補充說明

kriyā 應該接到第 127 句，此處明版的斷句需要更正。

第127句

漢字音譯	夜囉菟瑟尼釤
梵　　音	artho-ṣṇīṣāṃ
中文意譯	稱名利益　頂髻（尊者）

詞彙解說

· **夜囉菟：**artho，稱名、名，或是利益、義利。「義利」這兩字比較難以理解，意思是「字義帶來的利益」，或是「稱名帶來的利益」。th 的發音接近注音符號的ㄊ。

· **瑟尼釤：**ṣṇīṣāṃ，頂首、頂髻。ṣ 的發音為 si。ṇ 的發音仍是 n。

補充說明

· 第 127 句的 artho，字義並不是很清楚，漢字音譯成「夜囉菟」，似乎不相近，rtho 的音譯為「囉菟」是合理的，但整個字的梵音肯定有掉字。「夜」可能是前面 126 句的最後「耶」（yā）的重複翻譯。但是《大佛頂首楞嚴經義貫》指出此字應為 kudāratha，稱（稱名的稱）。

· 第 126 到 127 句，成觀法師認為其中的「鞞嚧遮那」（vairocana）的意思是「遍照、普照」，至於「俱唎耶．夜囉菟．瑟尼釤」，而且文章中的梵語是 kudāratha ṣṇīṣā（缺 m）。他認為，「瑟尼釤」（ṣṇīṣāṃ）應該是「烏瑟尼沙」（uṣṇīṣāṃ），意思是頂髻。於此，成觀法師將 vairocana 與 kudāratha ṣṇīṣā 這三個梵字合併稱為「遍照髻稱尊」。

第128句		
	漢字音譯	毗折藍婆摩尼遮
	梵　　音	vijrmbha-māṇā-ca
	中文意譯	皺眉相、蹙眉相（尊者）

詞彙解說

· **毗折藍婆：**vijrmbha，皺眉、蹙眉。vijrmbha 原本是眉毛（eyebrow）的意思。

· **摩尼：**māṇā，相，表現於外的相狀。

· **遮：**ca，及、與，英文的 and。

第129句		
	漢字音譯	跋闍囉迦那迦　波囉婆
	梵　　音	vajra-kanaka　prabhā-（連接 130 句）
	中文意譯	金剛　金光（威勢）　光

詞彙解說

· **跋闍囉**：vajra，金剛。

· **迦那迦**：kanaka，金光、金色光能。金色光能延伸為「威勢」的意思。

· **波囉婆**：prabhā，光。

補充說明

成觀法師將 (128)「毗折藍婆摩尼遮」(vijrambha-māṇā-ca) 翻譯為「羅剎神女」。

果濱居士採用更完整的「487」句《房山石經》中的不空大師版本，其版本的咒句排序、結構與本書有些差異。在不空版本的 vi-jṛmbha-mānā-ca savajra 聖尊可以對應到此處的「毗折藍婆摩尼遮．跋闍囉」，果濱翻譯此尊為「種相窈窕金剛母」(或「皺眉儒童金剛」)。

第130句		
	漢字音譯	嚧闍那　跋闍囉　頓稚　遮
	梵　　音	locanā　vajra　tundī　ca
	中文意譯	眼　金剛　嘴　及

詞彙解說

· **嚧闍那**：locanā，眼。

· **跋闍囉**：vajra，金剛。

· **頓稚**：tundī，嘴。

· **遮**：ca，及、與。

補充說明

《大佛頂首楞嚴經義貫》將 tundīca 解釋為「主、首領」，稱此尊為金剛眼尊。於此提供另一個參考。

第131句		
	漢字音譯	稅多　遮　迦摩囉剎
	梵　　音	śvetā　ca　kamalākṣā
	中文意譯	白色　及　蓮華眼(尊者)

詞彙解說

- **稅多**：śvetāca，白色。 vetā，白。
- **遮**：ca，及、與。
- **迦摩囉剎**：kamalākṣā，蓮華眼、蓮華目。「迦摩囉」（kamalā）原本有粉紅色的意思，代表粉紅色的蓮花。而蓮花的花瓣如同眼睛造型，「迦摩囉剎」（kamalākṣā）延伸成蓮花眼。kṣā 的發音如同 cha，於此音譯成「剎」。

補充說明

成觀法師認為「稅多遮」（svetaca）為「白」，而「迦摩囉」（kamala）為「蓮花」，兩字合併為「白蓮花」。

第132句		
	漢字音譯	奢尸　波囉婆
	梵　音	śaśi　prabhā
	中文意譯	月　光（尊者）

詞彙解說

- **奢尸**：śaśi，月。
- **波囉婆**：prabhā，光。

補充說明

梵漢對照的極佳學習範例，「奢尸」（śaśi）應該唸成 sha-shi。
śa 的發音為 sha。śi 的發音為 shi。

關鍵要點

第 126 句和第 127 句的組合詮釋

第 126 句「鞞嚧遮那・俱唎耶」(vairocana kriyā)與第 127 句「夜囉菟・瑟尼釤」(artho-ṣṇīṣāṃ)應該合併稱呼，但有不同的詮釋。

第一種：《大佛頂首楞嚴經義貫》將 artho(夜囉菟)還原為 kudāratha，將這兩句合併稱呼為「遍照髻稱尊」。

第二種：果濱居士認為 artho(夜囉菟)是 kulāthadām，即金剛稱，將這兩句合併稱呼為「遍照光明金剛稱頂髻」。

接著，《大佛頂首楞嚴經義貫》的延伸合併採用更多咒句，將第 124 到 127 句整體合併為單尊神聖意識體「頂上肉髻發出紅藍等最勝寶光之毘盧遮那(遍照尊)!」

如果採用原本的梵字直譯如下，則明白清楚，無須在意是哪幾組能量的結合。

咒句	意譯
(124) vidyā kāñcana mālikā	明咒　金色　花鬘
(125) kusumbha ratnā	朱紅　寶珠
(126) vairocana kriyā	光明遍照　頂禮
(127) artho-ṣṇīṣāṃ	稱名利益　頂髻

第 129 至 131 句的組合詮釋

第 129 句「跋闍囉迦那迦・波囉婆」(vajra-kanaka prabhā)、第 130 句「嚧闍那・跋闍囉・頓稚・遮」(locanā vajra tundī ca)、第 131 句「稅多・遮・迦摩囉剎」(śvetā ca kamalākṣā)也有多種組合。

組合一：第 131 句與 132 句可以合併，成觀法師《大佛頂首楞嚴經義貫》解釋這句為「白(śvetā)蓮花目(kamalākṣā)如月(śaśi)之光明(prabhā)」，亦即光明而清涼。這似是成觀法師個人獨特的儀軌經驗與觀想體悟，而後融合咒句的原始意義的解譯。

組合二：果濱居士依據《房山石經》版本，綜合第 129 句、130 句、131 句的能量組合，成為 ❶ 金色光具眼母(kanaka prabhā locanā)、❷ 金剛嘴及白色母(vajra tundī ca)、❸ 蓮花眼及月光母(kamalākṣā śaśi prabhā)等三尊。

關鍵要點

第 121 至 131 句的解譯比對

咒句		逐字直接解釋（個人非常推薦！）	成觀法師的連續翻譯（目前寺院道場的接受度頗高）
		共 12 組陰性能量	共 6 位女性聖尊
121	vajra kumārī （金剛　童女）	金剛童女	金剛童女
122	kula-dhārī （姓、種姓　持）	持姓尊者	持姓金剛女
123	vajra hastā ca （金剛　手）	金剛手聖尊	金剛手菩薩等
124	vidyā kāñcana mālikā （明咒　金色　花鬘）	明咒金色瓔珞尊者	頂上肉髻發出紅藍等最勝寶光之毘盧遮那（遍照尊）
125	kusumbha ratnā （朱紅　寶珠）	紅寶尊者	
126	vairocana kriyā （光明遍照　頂禮）	光明普照頂禮尊	
127	artho-ṣṇīṣāṃ （稱名利益　頂髻）	頂髻稱尊	
128	vijrmbha-māṇā-ca （皺眉　相）	皺眉相尊	羅剎神女金剛威勢之光耀
129	vajra-kanaka prabhā- （金剛　金光、威勢　光）	金剛威勢尊	
130	locanā vajra tundī （眼　金剛　嘴）	金剛眼尊（嘴）	金剛眼尊，如白蓮花，其光如月
131	śvetā ca kamalākṣā （白　及　蓮花眼）	白蓮眼尊	
132	śaśi prabhā （月　光）	月光尊	

元《佛說大白傘蓋總持陀羅尼經》 （這是禪定觀想的絕佳範例，近代學者最常參考的版本）
共 8 位女性聖尊
金剛少童持種母
金剛手種金念珠
大赤色及寶珠母
種明金剛稱頂髻
種相窈窕金剛母
(129-130) 如金色光具眼母 (130-131) 金剛燭及白色母
蓮華眼及月光母

關鍵要點

七佛母

無論是在印度教或是漢傳佛教，特別是藏傳佛教都很容易見到七位宇宙的陰性智慧能量，稱為「七佛母」，或稱「七母天」。主要的成員是印度古代神話中最重要三位神的妃后，而此三神分別是創造之神大梵天（對應第 14 句，佛教稱為大梵天）、維持之神毗濕奴（對應第 21 句，佛教稱為那羅延天）和毀滅之神濕婆（對應第 17 句，佛教稱為大自在天）。三位都是宇宙的能量運作予以擬人化、擬像化。

此三尊再加上帝釋天、閻摩天、韋馱天共六位的妃后，都出現於目前寺院念誦的〈楞嚴咒〉之內，唯獨「婆羅訶」（varaha）的妃后（varahi）於大部分版本中沒有見到。然而，在《真言藏梵本》版本，於梵天妃后（brahmāṇiye）後有一句 varakiye，即是婆羅訶的妃后。

《真言藏梵本》來自日本靈雲寺僧侶淨嚴和尚（1639~1702）的《普通真言藏》，總共 534 句，比本書使用的 427 句版本多出許多佛菩薩、天神等等宇宙的智慧能量。淨嚴和尚是江戶時代重要的真言宗僧侶，他的〈楞嚴咒〉版本相關訊息見於《大正新脩大藏經》卷 19, no. 944A, pp. 100-102。此本於卷末稱：「大唐青龍　寺內供奉沙門曇貞修建真言碑本　元祿十六年二月六日以淨嚴和上之本再校了　尊教」。

元祿十六年即是西元 1703 年，在淨嚴和尚之下的〈楞嚴咒〉傳承，於日本廣為流傳。臺灣也有少數寺院採用這個版本，像是西蓮淨苑的惠敏法師的念誦版。此外，簡豐祺居士的《古梵文佛教咒語全集》也是採用淨嚴和尚的版本。簡居士將 varakiye 翻譯為「寂淨天」，算是少見的譯法。第七位母神的梵名是 varakiye，其實是「婆羅訶」（varaha）妃后「毗紐亥」（varahi）。varakiye 就是 varahi。此尊擁有豬首，也被稱為「豬頭神」，傳入西藏後成為重要的空行母「金剛亥母」（vajra varahi），她的形象在人面的右方多出一個豬首，之所以被翻譯成亥母，因為「亥」字即是代表豬的生肖。

在目前許多流通的善書，只要有日音註記的，基本上都是來自於淨嚴和尚的版本。像是《珍藏梵文咒本》（大乘基金會，2003）、《楞嚴咒　中英梵日 合刊》（大乘基金會，2016）、《楞嚴咒會譯》（金陵刻經處，2018）。這些譯版的內容包含明代或唐代的漢譯、原始梵文、日音註記、羅馬拼音與中文解釋，比對詳細、極為豐富，深具參考價值。諸日系版本都將 varakiye 翻譯成「豬頭神」，不同於簡居士的「寂淨天」。

〈楞嚴咒〉中還有一位重要的護法，他是耳熟能詳的韋馱天（skanda），是伽藍、僧團、寺院及齋供中最著名的守護神。此尊見於咒句第 203 與 256 句。現今寺院使用的經書，在最後一頁都會印上韋馱天來守護經本與誦持者，其形像是身著甲冑，合掌，腕捧寶劍。韋馱天在少年時代的名字為鳩摩羅天（kumār），共有七位與他極為親近的女神養育他，稱為七佛母。七位女神養育他，意味著此韋馱天擁有來自七位母親的神聖力量。七佛母即是七母天。以下是七母天的排序：

印度教的名稱	〈楞嚴咒〉中的名稱
❶ 梵天妃　brahmani	第 319 句—brahmāṇiye，梵天妃
❷ 自在天妃　mahesvari	第 18 句—umāpati，大自在天的后妃主 第 324 句—rudrīye，凶暴女神
❸ 韋馱天妃　kaumari	第 121、310 句—vajra kumārī，金剛童女
❹ 毗紐天妃　vaisnavi	第 318 句—viṣṇuvīye，毗紐天妃后
❺ 婆羅訶妃　varahi	明版無此尊，應該是 varakiye（毗紐亥女）。在日本文獻《珍藏梵文咒本》中寫著「豬頭神」。
❻ 帝釋天妃　indrani	第 15 句—indrāya，帝釋天女
❼ 閻摩天妃　camuda	第 325 句—cāmuṇḍāye，忌妒女神

10 第一會終結祈願文，祈請上述三十四尊女性智慧能量的守護

（第 133~137 句）

連續 32 咒句啟動陣容龐大女性聖尊之後，整個楞嚴會於空間上充滿神智慧能量。接著，誦持者發出以下至誠的祈願文，正式完成第一會階段的能量凝聚。咒文如下，連貫句義是：「如是一切法印眾，一切守護祈願皆作於如是我等獲得。」更口語化的意思是，在此咒語祈願之下，上述的女性聖尊所有的法印都能聚集能量，讓祈願、一切的守護都能成功地運作，而且我等都能擁有她們的守護。

(133-134) ityete mudrā gaṇāh
如是　一切法印眾

(135-137) sarve rakṣāṃ kurvantu itthā māmaśya
一切守護　願皆作於　如是我等獲得

• 第 133-137 句總覽

漢字音譯	⑬³ 翳帝夷帝 ⑬⁴ 母陀囉　羯拏 ⑬⁵ 娑鞞　囉懺 ⑬⁶ 掘梵都 ⑬⁷ 印兔那　么么寫
梵　　音	⑬³ ityete ⑬⁴ mudrā　gaṇāh ⑬⁵ sarve　rakṣāṃ ⑬⁶ kurvantu ⑬⁷ itthā　māmaśya
意　　譯	⑬³ 如是等 ⑬⁴ 法印　眾 ⑬⁵ 一切　守護 ⑬⁶ 作於 ⑬⁷ 此　我等獲得
連貫句義	如是一切法印眾，願守護於我，與我等眾生皆獲得。

第133句		
	漢字音譯	翳帝夷帝
	梵　　音	ityete
	中文意譯	如是等

詞彙解說

· **翳帝夷帝**：ityete，如是等。意思是：如是等等上述所有的女性聖尊。

第134句		
	漢字音譯	母陀囉　羯拏
	梵　　音	mudrā　gaṇāh
	中文意譯	法印　眾

第135句		
	漢字音譯	娑鞞　囉懺
	梵　　音	sarve　rakṣāṃ
	中文意譯	一切　守護

詞彙解說

· **母陀囉**：mudrā，法印、手印。

· **羯拏**：gaṇāh，眾。ā 要發長音。ṇ 的發音仍接近 n。

· **娑鞞**：sarve，一切。此為 sarva 的音韻變化。

· **囉懺**：rakṣāṃ，守護。其中 kṣ 的發音接近 church 的 ch。

第136句		
	漢字音譯	掘梵都
	梵　　音	kurvantu
	中文意譯	作於

第137句		
	漢字音譯	印兔那　么么寫
	梵　　音	itthā　māmaśya
	中文意譯	此　我等獲得

詞彙解說

- **掘梵都：**kurvantu，作於、施於。
- **印兔那：**itthā，此。th 的發音接近注音符號的ㄊ。
- **么么寫：**māmaśya，我獲得、給予我（中文比較少這樣的文字模式，意思是我「獲得」佛菩薩的能量，或是佛菩薩「給予」我能量）。māma，我。śya，獲得、給予。ś 的發音為 sh，如同英文 show 的 sh 發音。

第一會結構分析總複習

結構分析 1
（第 1-5 句）

禮敬 ❶ 一切如來、善逝、應供、正等正覺者，❷ 一切如來佛之千萬頂髻、❸ 一切諸佛菩薩、❹ 七千萬正等正覺者、❺ 聲聞眾與僧伽眾

POINT 皆為宇宙證悟者與娑婆世界證悟者

結構分析 2
（第 6-10 句）

禮敬世間精進的修行眾生：❶ 阿羅漢眾、❷ 須陀洹眾、❸ 斯陀含眾、❹ 世間已度眾、❺ 正向聖眾

POINT 皆為娑婆世界精進者

結構分析 3
（第 11-15 句）

禮敬天界四大天神眾：❶ 天仙眾、❷ 持明仙眾、❸ 梵天、❹ 帝釋天

POINT 皆為善神

結構分析 4
（第 16-31 句）

禮敬三大護法眾：❶ 大自在天眾、❷ 那羅延天眾、❸ 大黑天眾

POINT 皆為忿怒神

結構分析 5
（第 32-37 句）

禮敬五方部族智慧能量：❶ 如來部、❷ 蓮華部、❸ 金剛部、❹ 摩尼寶部、❺ 羯磨部

POINT

- 五部宇宙空間、五色、五種子字
- 五種宇宙智慧、密教五法
  （息、增、懷、誅四法再加鉤召法）

結構分析 6
（第 38-72 句）

禮敬七大如來

❶（東方）堅固勇猛軍部持器械王如來（第 38-41 句）
❷（西方）阿彌陀如來（第 42-46 句）
❸（東方）阿閦如來（第 47-51 句）
❹（東方）藥師琉璃如來（第 52-55 句）
❺（南方）開敷花娑羅樹王如來（第 56-61 句）
❻（娑婆世界）釋迦牟尼如來（第 62-66 句）
❼（東方）寶幢王如來（第 67-72 句）

結構分析 7
（第 73-77 句）

建議背誦！

啟動五種能量的祈願文：❶ 一切如來、❷ 頂髻、❸ 光聚傘蓋、❹ 無能勝、❺ 調伏庇護

idām bhagavatī 此世尊（第 73 句）
sā-tathāgato ṣṇīsaṃ 一切如來頂髻（第 74 句）
sitāta patrāṃ 光聚傘蓋（第 75 句）
nāmā-parājitaṃ 禮敬皈依無能勝者（第 76 句）
pratyangirāṃ 庇護調伏者（第 77 句）

POINT 皆為呼請的重點

結構分析 8
（第 78-98 句）

啟動楞嚴咒十一股能量的摧破調伏法

• 前五組摧破調伏法

❶ nigraha 反制、❷ chindanī 截斷、❸ paritrāyana 救護、❸ mokṣanīṃ 解脫、❹ nivāraṇīṃ 遮遣（第 78-85 句）

• 後六組摧破調伏法

❶ vidhvaṃsana 第一次摧毀降伏、❷ prasādana 淨化、❸ vidhvaṃsana 第二次摧毀降伏、❹ nivāranīṃ 遮遣、❺ nāśanīṃ 滅除、❻ uttaranīṃ 救度（第 86-98 句）

結構分析 9
（第 99-132 句）

啟動宇宙天地的陰性能量

• 第一組，九位女性尊者

❶無能勝、❷大瞋怒、❸大熾燃、❹大威光、❺大白光、❻大力白衣、❼聖度母、❽忿怒母、❾破壞勝利母（第 99-107 句）

• 第二組，十三位女性尊者

❶金剛鬘女、❷普聞尊者、❸蓮花相尊者、❹金剛舌尊者、❺華鬘最妙無能勝尊者、❻金剛杖尊者、❼摧碎女、❽寂靜天眾供養女、❾善相尊者、❿大白尊者、⓫聖救度尊者、⓬大力最勝母、⓭金剛鎖最勝母（第 108-120 句）

• 第三組，十二位女性尊者

❶金剛童女、❷持姓女尊、❸金剛手女尊、❹明咒金色摩利伽尊、❺朱紅寶珠女、❻遍照光明頂禮尊、❼頂髻稱尊、❽皺眉相尊、❾金剛威勢光母、❿金剛眼嘴母、⓫白蓮眼母、⓬月光女尊（第 121-132 句）

結構分析 10
（第 133-137 句）

第一會終結祈願文

POINT 祈請上述三十四尊女性智慧能量的守護

第一會咒句總覽（第 1-137 句）

說明：本單元的「現代讀音」，是以現代常見用字來替換原漢字音譯的用字，同時亦更正一些誤譯之處，僅供參考。建議以梵音來念誦最為正確。

1	**漢字音譯**	南無	薩怛他	蘇伽多耶	阿囉訶帝	三藐三菩陀寫
	現代讀音	南無	薩達他	蘇茄多耶	阿辣喝帝	三秒三菩陀寫
	梵　　音	namaḥ	satata	sugatāya	arhate	saṃyak-saṃbuddhāsya
	中文意譯	禮敬皈依	一切如來	善逝	應供	正等正覺者

2	薩怛他	佛陀	俱胝	瑟尼釤
	薩達他	佛陀	具知	色尼衫
	satata	buddha	koṭi	uṣṇīsaṃ
	一切如來	諸佛	千萬	頂髻

3	南無	薩婆	勃陀	勃地薩跢鞞弊
	南無	薩婆	博陀	博地薩多皮弊
	namaḥ	sarva	buddha	bodhisattva-bhyaḥ
	禮敬皈依	一切	諸佛	與菩薩眾

4	南無	薩多南	三藐	三菩陀	俱知喃
	南無	薩多南	三秒	三菩陀	具知南
	namaḥ	saptānāṃ	saṃyak	saṃbuddha	koṭīnāṃ
	禮敬皈依	七千萬（俱胝）	正等	正覺者	眾

5	娑舍囉婆迦	僧伽喃
	縮舍辣婆加	僧茄南
	sa-śrāvaka	samghānāṃ
	共同的聲聞眾	與僧伽眾

6	南無	盧雞	阿羅漢哆喃
	南無	盧雞	阿羅漢多南
	namo	loke	arhānta-nāṃ
	禮敬皈依	世間的	阿羅漢眾

7	漢字音譯	南無	蘇盧多波那喃
	現代讀音	南無	蘇盧多博那南
	梵　　音	namaḥ	srotā-pannā-nāṃ
	中文意譯	禮敬皈依	須陀洹眾（入流眾）

8	南無	娑羯唎陀	伽彌喃
	南無	縮茄利陀	茄彌南
	namaḥ	sakṛdā	gāmināṃ
	禮敬皈依	斯陀含眾（一來眾）	

漏	南無	阿那伽彌喃
	南無	阿那茄彌南
	namo	anāgāmināṃ
	禮敬皈依	阿那含（不再來眾、不還眾）

9 10	南無	盧雞	三藐伽哆喃	三藐伽	波囉底波多那喃
	南無	盧雞	三秒茄多南	三秒茄	博辣底博多那南
	namo	loke	saṃyak-gatānāṃ	saṃyak	prati-pannānāṃ
	禮敬皈依	世間	已度眾、正行眾	正	向聖眾

11	南無	提婆離瑟赧
	南無	提婆離色南
	namo	deva-rṣīnāṃ
	禮敬皈依	天神、仙人眾

12	南無	悉陀耶	毗地耶陀囉	離瑟赧
	南無	悉陀耶	皮地耶陀辣	離色南
	namaḥ	siddhaya	vidyādhāra	rṣīnāṃ
	禮敬皈依	成就	持明	仙人眾

13	舍波奴	揭囉訶	娑訶	娑摩囉他喃
	舍博奴	傑辣喝	縮喝	縮摩辣他南
	śāpānu	graha	śaha	samarthānāṃ
	具備能力的權能們，可以對治降伏鬼魅的負面能量，並守護千眾生。			

14 15					
	漢字音譯	南無	跋囉訶摩尼	南無	因陀囉耶
	現代讀音	南無	拔辣喝摩尼	南無	因陀辣耶
	梵　音	namo	brahmaṇe	nama	indrāya
	中文意譯	禮敬皈依	梵天	禮敬	帝釋天

16 17			
	南無	婆伽婆帝	嚧陀囉耶
	南無	婆茄婆帝	盧陀辣耶
	namo	bhagavate	rudrāya
	禮敬皈依	世尊	大自在天

18 19		
	烏摩般帝	娑醯夜耶
	烏摩博帝	縮西夜耶
	umāpati	sahiyāya
	大自在天的妃后主	眷屬

20 21 22						
	南無	婆伽婆帝	那囉野拏耶	盤遮	摩訶	三慕陀囉
	南無	婆茄婆帝	那辣野拿耶	盤遮	摩呵	三慕陀辣
	namo	bhagavate	ṇārāyaṇāya	pañca	mahā	samudrām
	禮敬皈依	世尊	那羅延天	五	大	手印

23	
	南無悉羯唎多耶
	南無悉茄利多耶
	namas-kṛtāya
	禮敬皈依以上受頂禮者（意指上述那羅延天系統的眾護法）

24 25			
	南無	婆伽婆帝	摩訶迦囉耶
	南無	婆茄婆帝	摩呵加辣耶
	namo	bhagavate	mahā-kālāya
	禮敬皈依	世尊	大黑天

26 27			
	地唎般剌那伽囉	毗陀囉波拏	迦囉耶
	地利博辣那茄辣	皮陀辣博拿	加辣耶
	tripura-nagara	vidrāvaṇa	kārāya
	三宮城	進行破壞者	

28 29	漢字音譯	阿地目帝迦	屍摩舍那	泥婆悉泥
	現代讀音	阿地目帝加	屍摩舍那	泥婆悉泥
	梵　　音	adhi-muktoka	śmaśāna	nivāsini
	中文意譯	喜樂解脱	墓林居住者	

30 31	摩怛唎伽拏	南無悉羯唎多耶
	摩達利茄拏	南無悉茄利多耶
	mātṛ-ganāṃ	namas-kṛtāya
	本母眾	禮敬以上受頂禮者

32 33	南無	婆伽婆帝	多他伽	俱囉耶
	南無	婆茄婆帝	多他茄	具辣耶
	namo	bhagavate	tathāgatā	kulāya
	禮敬皈依	世尊	如來	部

34 35	南無	般頭摩	俱囉耶	南無	跋闍	俱囉耶
	南無	博頭摩	具辣耶	南無	拔舌	具辣耶
	namo	padma	kulāya	namo	vajra	kulāya
	禮敬皈依	蓮華	部	禮敬皈依	金剛	部

36 37	南無	摩尼	俱囉耶	南無	伽闍	俱囉耶
	南無	摩尼	具辣耶	南無	茄舌	具辣耶
	namo	mani	kulāya	namo	gaja	kulāya
	禮敬皈依	寶	部	禮敬皈依	羯磨	部

38 39	南無	婆伽婆帝	帝唎茶輸囉西那
	南無	婆茄婆帝	帝利茶輸辣西那
	namo	bhagavate	dṛdha-śūra-senā
	禮敬皈依	世尊	堅固勇猛軍部

40 41	波囉訶囉拏	囉闍耶	跢他伽多耶
	博辣喝辣拏	辣舌耶	多他茄多耶
	praharaṇ	rājāya	tathāgatāya
	持器械	王	如來

42 43	漢字音譯	南無	婆伽婆帝	南無	阿彌多婆耶
	現代讀音	南無	婆茄婆帝	南無	阿彌多婆耶
	梵　音	namo	bhagavate	namo	amitābhāya
	中文意譯	禮敬皈依	世尊	禮敬皈依	阿彌陀

44 45 46	跢他伽多耶	阿囉訶帝	三藐	三菩陀耶
	多他茄多耶	阿辣喝帝	三秒	三菩陀耶
	tathāgatāya	arhate	saṃyak	saṃbuddhāya
	如來	應供	正等	正覺

47 48	南無	婆伽婆帝	阿芻鞞耶
	南無	婆茄婆帝	阿除皮耶
	namo	bhagavate	akṣobhyāya
	禮敬皈依	世尊	不動

49 50 51	跢他伽多耶	阿囉訶帝	三藐	三菩陀耶
	多他茄多耶	阿辣喝帝	三秒	三菩陀耶
	tathāgatāya	arhate	saṃyak	saṃbuddhāya
	如來	應供	正等	正覺

52 53	南無	婆伽婆帝	鞞沙闍耶	俱盧	吠柱唎耶
	南無	婆茄婆帝	皮沙舌耶	具盧	吠柱利耶
	namo	bhagavate	bhaiṣajya	guru	vaidūrya
	禮敬皈依	世尊	藥	師	琉璃

54 55	般囉婆	囉闍耶	跢他伽多耶
	博辣婆	辣舌耶	多他茄多耶
	prabhā	rājāya	tathāgatāya
	光	王	如來

56 57	南無	婆伽婆帝	三補師毖多
	南無	婆茄婆帝	三補師必多
	namo	bhagavate	sampuṣpita
	禮敬皈依	世尊	開敷華（花）

58 59	漢字音譯	薩憐捺囉	剌闍耶	跢他伽多耶
	現代讀音	薩憐捺辣	辣舌耶	多他茄多耶
	梵　音	sālendra	rājāya	tathāgatāya
	中文意譯	娑羅樹	王	如來

60 61	阿囉訶帝	三藐	三菩陀耶
	阿辣喝帝	三秒	三菩陀耶
	arhate	saṃyak	saṃbuddhāya
	應供	正等	正覺

62 63 64	南無	婆伽婆帝	舍雞野母那曳	跢他伽多耶
	南無	婆茄婆帝	舍雞野母那夜	多他茄多耶
	namo	bhagavate	śākya-muniya	tathāgatāya
	禮敬皈依	世尊	釋迦牟尼	如來

65 66	阿囉訶帝	三藐	三菩陀耶
	阿辣喝帝	三秒	三菩陀耶
	arhate	saṃyak	saṃbuddhāya
	應供	正等	正覺

67 68 69	南無	婆伽婆帝	剌怛那	雞都	囉闍耶	跢他伽多耶
	南無	婆茄婆帝	辣達那	雞都	辣舌耶	多他茄多耶
	namo	bhagavate	ratna	ketu	rājāya	tathāgatāya
	禮敬皈依	世尊	寶	幢	王	如來

70 71	阿囉訶帝	三藐	三菩陀耶
	阿辣喝帝	三秒	三菩陀耶
	arhate	saṃyak	saṃbuddhāya
	應供	正等	正覺

72	帝瓢	南無薩羯唎多
	帝瓢	南無薩茄利多
	tebhyo	namas-kṛt(ā)ya
	如是	禮敬皈依受頂禮者

73 74 75	漢字音譯	翳曇	婆伽婆多	薩怛他伽都	瑟尼釤	薩怛多	般怛嚂
	現代讀音	醫壇	婆茄婆多	薩達他茄都	色尼衫	薩達多	博達藍
	梵　音	idām	bhagavatī	sa-tathāgato	ṣṇīsaṃ	sitāta	patrāṃ
	中文意譯	此	世尊	一切如來	頂髻	光聚	傘蓋

76 77	南無阿婆囉視耽	般囉帝揚歧囉
	南無阿婆辣視丹	博辣帝揚歧辣
	nāmā-parājitaṃ	pratyangirāṃ
	南無無能勝者	庇護者、調伏者

78 79	薩囉婆	部多	揭囉訶	尼揭囉訶	羯迦囉訶尼
	薩辣婆	部多	傑辣喝	尼傑辣喝	茄加辣喝尼
	sarva	bhūta	grahā	nigrahā	karanī
	一切	部多	鬼魅	反制鬼魅	作

80 81	跋囉	毖地耶	叱陀你	阿迦囉	密唎柱
	拔辣	必地耶	赤陀你	阿加辣	密利柱
	para	vidyā	chindanī	akāla	mṛtyu
	其他	明咒	截斷	非時	死亡

82 83	般唎怛囉耶儜	揭唎	薩囉婆	盤陀那	目叉尼
	博利達辣耶寧	傑利	薩辣婆	盤陀那	目叉尼
	paritrāyana	karī	sarva	bhandhana	mokṣanīṃ
	普遍救護	作	一切	縛禁	解脫

84 85	薩囉婆	突瑟咤（吒）	突悉乏般那	你伐囉尼
	薩辣婆	突色乍（吒）	突悉乏博那	你伐辣尼
	sarva	duṣṭa	duhṣvapna	nivāraṇīṃ
	一切	極惡	惡夢	遮遣

86 87 88	赭都囉失帝南	羯囉訶	娑訶薩囉若闍	毗多崩娑那	羯唎
	者都辣失帝南	茄辣喝	縮喝薩辣若舌	皮多崩縮那	茄利
	catura-śītīnāṃ	grahā	sahasrānāṃ	vidhvaṃsana	karīṃ
	八十四眾	鬼魅	千眾	摧伏	作

89 90	漢字音譯	阿瑟吒冰舍帝南	那叉剎怛囉若闍
	現代讀音	阿色炸冰舍帝南	那叉叉達辣若舌
	梵　音	aṣṭā-viṃśatīnāṃ	nakṣa-trānāṃ
	中文意譯	二十八眾	星宿

91	波囉薩陀那	羯唎
	博辣薩陀那	茄利
	prasādana	karīṃ
	淨化（令喜愛）	作

92 93 94	阿瑟吒南	摩訶	揭囉訶若闍	毗多崩薩那	羯唎
	阿色炸南	摩呵	傑辣喝若舌	皮多崩薩那	茄利
	aṣṭānāṃ	mahā	grahānāṃ	vidhvaṃsana	karīṃ
	八眾	大	鬼神眾	摧伏	作

95	薩婆	舍都嚧	你婆囉若闍
	薩婆	舍都盧	你婆辣若舌
	sarva	śatru	nivāranīṃ
	一切	怨害	遮遣

96	呼藍	突悉乏難	遮	那舍尼
	呼藍	突悉乏難	遮	那舍尼
	gurām	duḥsvapnānām	ca	nāśanīṃ
	嚴酷	惡夢	與	滅除

97 98	毖沙	舍悉怛囉	阿吉尼	烏陀迦	囉若闍
	必沙	舍悉達辣	阿吉尼	烏陀加	辣若舌
	viṣa	śastra	āgni	udaka	uttaranāṃ
	毒害	刀杖	火難	水難	救除

99 100	阿般囉視多具囉	摩訶	般囉戰持
	阿博辣視多具辣	摩呵	博辣戰持
	aparājitāgurā	mahā	pracaṇdā
	無能勝（尊者）	大	瞋怒（尊者）

101 102	漢字音譯	摩訶	迭多	摩訶	帝闍
	現代讀音	摩呵	迭多	摩呵	帝舌
	梵音	mahā	dīptā	mahā	tejāh
	中文意譯	大	熾燃（尊者）	大	威光、威德（尊者）

103 104	摩訶	稅多	闍婆囉	摩訶	跋囉	盤陀囉	婆悉你
	摩呵	稅多	舌婆辣	摩呵	拔辣	盤陀辣	婆悉你
	mahā	śveta	jvālā	mahā	bala	pāṇdara	vāsinī
	大	白	火光（尊者）	大	力	白衣（尊者）	

105 106 107	阿唎耶	多囉	毗唎俱知	誓婆毗闍耶
	阿利耶	多辣	皮利具知	誓婆皮舌耶
	āryā	tārā	bhṛkuṭī	caiva-vijayā
	聖	救度母	忿怒母、瞋目女	就像最勝者

108 109 110	跋闍囉摩禮底	毗舍嚧多	勃騰罔迦
	拔舌辣摩禮底	皮舍盧多	博騰罔加
	vajra-māleti	viśrutā	padmakā
	金剛鬘（尊者）	普聞（尊者）	蓮華（花）瓔相（瓔珞）（尊者）

111 112	跋闍囉制喝那阿	遮	摩囉	制婆般囉質多
	拔舌辣制喝那阿	遮	摩辣	制婆博辣質多
	vajra-jihvā	ca	mālā	caiva-aparājitā
	金剛舌	及	華鬘	就像無能勝

113 114	跋闍囉	擅持	毗舍囉遮
	拔舌辣	擅持	皮舍辣遮
	vajra	daṇḍī	viśālāca
	金剛	杖（尊者）	摧碎（尊者）

115 116	扇多	舍	鞞提婆	補視多	蘇摩嚧波
	扇多	舍	皮提婆	補視多	蘇摩盧博
	śānta	ca	vaideva	pūjitā	saumya-rūpā
	寂靜	及	天眾	供養	善相（尊者）

編號					
117 118	漢字音譯	摩訶稅多	阿唎耶	多囉	
	現代讀音	摩呵稅多	阿利耶	多辣	
	梵　　音	mahā-śvetā	āryā	tārā	
	中文意譯	大白（尊者）	聖	多羅（度母）	

119 120	摩訶	婆囉	阿般囉	跋闍囉	商揭囉	制婆
	摩呵	婆辣	阿博辣	拔舌辣	商傑辣	制婆
	mahā	balāh	apara	vajra	śaṃkalā	caiva
	大	力	無能比、最勝	金剛	鎖	就像

121 122	跋闍囉	俱摩唎	俱藍陀唎
	拔舌辣	具摩利	具藍陀利
	vajra	kumārī	kula-dhārī
	金剛	童女	持姓女

123 124	跋闍囉	喝薩多	遮	毗地耶	乾遮那	摩唎迦
	拔舌辣	喝薩多	遮	皮地耶	前遮那	摩利加
	vajra	hastā	ca	vidyā	kāñcana	mālikā
	金剛	手	及	明咒	金色	花鬘

125 126	啒蘇母婆羯	囉多那	鞞嚧遮那	俱唎耶
	苦蘇母婆茄	辣多那	皮盧遮那	具利耶
	kusumbha	ratnā	vairocana	kriyā
	赭紅色	寶珠	光明普照	頂禮

127 128	夜囉菟瑟尼釤	毗折藍婆摩尼遮
	夜辣兔色尼衫	皮折藍婆摩尼遮
	artho-ṣṇīṣāṃ	vijrmbha-māṇā-ca
	稱名利益頂髻（尊者）	皺眉相、蹙眉相（尊者）

129 130	跋闍囉迦那迦	波囉婆	嚧闍那	跋闍囉	頓稚	遮
	拔舌辣加那加	博辣婆	盧舌那	拔舌辣	頓稚	遮
	vajra-kanaka	prabhā	locanā	vajra	tundī	ca
	金剛金光	光	眼	金剛	嘴	及

131 132						
	漢字音譯	稅多	遮	迦摩囉剎	奢屍	波囉婆
	現代讀音	稅多	遮	加摩辣叉	奢屍	博辣婆
	梵　音	śvetā	ca	kamalākṣā	śaśi	prabhā
	中文意譯	白色	及	蓮華眼（尊者）	月	光（尊者）

133 134 135					
	翳帝夷帝	母陀囉	羯拏	娑鞞	囉懺
	翳帝夷帝	母陀辣	茄拿	縮皮	辣懺
	ityete	mudrā	gaṇāh	sarve	rakṣāṃ
	如是等	法印	眾	一切	守護

136 137			
	掘梵都	印兔那	么么寫
	掘梵都	印兔那	磨磨寫
	kurvantu	Itthā	māmaśya
	作於	此	我等獲得

第二會

釋尊應化會

{ hūṃ! trūṃ! }

降伏法的暖身準備

在第一會誠敬地禮敬皈依諸佛、菩薩、聖者、智者、天神、護法、天地山林間女神等，這些都屬於「敬愛法」、「鉤召法」。而第二會中，即將展開「降伏法」（abhicāraka）的暖身準備，降伏修行者來自於內在心靈與外在環境的魔鬼。降伏法又稱作「調伏法」，具備「調節」與「降伏」的雙層意義，是一種為自身及他人調節降伏怨敵惡人的祈禱法。「調伏法」最初始的源頭是來自東方金剛部（vajra kulāya），以阿閦如來的威猛能量「降伏協調」空間中存在的負面能量。

hūm! trūṃ! 連續六次啟動迴遮能量

第二會首先是透由「hūm! trūṃ!」兩個威猛咒句，氣勢磅礡地連續六次啟動迴遮能量，迴避（迴）、攔阻（遮）天地存在的負面能量。迴遮能量的來源，包含如來頂髻、破碎、摧折、啖食淨盡、摧毀降伏、再次摧毀降伏，這些都是「降伏法」的暖身準備，但真正展開猛烈強擊是落在第三會（詳見後文）。

「hūm! trūṃ!」咒句緊連六次能量啟動的簡單說明如下：「薩怛他伽都瑟尼釤」（stathāgato-ṣṇīṣaṃ）是引動一切如來頂髻與天仙眾的能量；「瞻婆那」（jambhana）是啟動押領的粉碎能量；「悉耽婆那」（stambhana）則是鎮守的摧斷能量；再由「三般叉拏羯囉」（sam-bhakṣaṇa）來對治外道的明咒啖食；接著連續啟動兩次「毗騰崩薩那」（vidhvaṃsana），先是對治藥叉、羅剎、鬼魅眾，而後對治八萬四千鬼魅眾，這是具備摧毀降伏的能量。

第二會最重要的連續咒句

準備好六大迴遮能量之後，就要呼喚如來頂髻的完整名號、身形與降臨偉大的智慧能量！這是第二會中極為重要的祈請，這十二個咒句必須「牢記在心」。內容是：

(163-164) rakṣa bhagavan

守護世尊

(165-166) sarva-tathāgato-uṣṇīṣaṃ pratyangire

調伏庇護一切如來頂髻

(167-168) mahā sahasra bhuje sahasra śīṛse

大千臂千首

(169-170) koṭi sahasra netre abhedya jvalitaṭ

千萬千眼堅固不二　熾盛

(171-172) ṭaṇka mahā vajra dhara

具種相大金剛持

(173-174) tri-bhuvana maṇḍala

三界壇城

最後再送上第二會終結祈願文，準備進入第三會。第二會其實是暖身的準備階段，第三會才是真正展開平息鬼魅帶來的「災難」（bhaya），以及「斬斷、釘住」（chinda-yāmi kīla-yāmi）外來咒力的龐大戰場。

提醒一下，自第二會開始，直到第五會，都有降伏法的身影。這完全符合〈楞嚴咒〉的咒名〈如來頂髻白蓋無有能及，甚能調伏陀羅尼〉中的「無有能及、甚能調伏」（pratyangire），所以此咒能「降伏」一切魔怨，「調伏」一切諸天、鬼神。

11 透由 hūm! trūṃ! 啟動六大迴遮能量：❶ 如來頂髻，❷ 破碎，❸ 摧折，❹ 啖食淨盡，❺ 摧毀降伏，❻ 摧毀降伏

（第 138~162 句）

在第一會中，有如調遣士兵、派任將領那樣，呼喚諸佛菩薩的智慧能量，以調動部署金剛護法、天龍神力。來到第二會，有如「眾兵將齊集」之後，在 hūm trūṃ 的號令下，出其不意地猛烈攻擊具負面能量的眾多鬼魅。

此次威猛能量的凝聚由第 138 句開始，直到第 162 句。其結構鋪陳完整，基本上可以拆解成六個步驟。每一個步驟都有 hūm 與 trūṃ 兩咒字，是〈楞嚴咒〉充滿能量的兩個宇宙聲韻，除了可以第 138~143 句先啟動諸佛頂髻（ṣṇīṣam）熾盛的能量（flame、glare），達到充滿威猛德性的境態，而後再啟動各種降伏法，第 144~162 句能夠摧破（destroy、distinguish）一切障礙（obstacle）。這些障礙是指修行過程中內心的魔障（貪、瞋、癡）與外在環境的險難困頓。主要的魔障對象包含外道、藥叉、羅剎、鬼魅眾與八萬四千鬼眾。

整個對治貪、瞋、癡三魔的過程有如兩軍作戰。成觀法師極為生動地描述如下：

有如驟然而來的氣勢及廣大威勢，真是有驚天動地的震撼力量，沛然莫之能御。然而細察此震撼力之來源，亦在於極其「冗長」而虔敬的第一會中之祈請所蓄積的力量，然後於第一會「好不容易」完畢之後，於第二會開始，「突然」語氣一轉，由十分恭謹、一切禮敬的「敬愛」，轉為毫不留情的「調伏」。——成觀法師《大佛頂首楞嚴經義貫》

六個組合結構如下，前端是個別屬性的咒字，尾端再加上 hūm trūṃ 兩字！

1. (138-143) om ṛṣigana praśasta statathāgato-ṣṇīṣaṃ hūm trūṃ
2. (144-146) jambhana hūm trūṃ
3. (147-149) stambhana hūm trūṃ
4. (150-152) para vidyā sam-bhakṣaṇa kara hūm trūṃ
5. (153-157) sarva yakṣa rāksaṣa grahā-nāṃ vidhvaṃsana kara hūm trūṃ
6. (158-162) catura-śiti-nāṃ grahā sahasrā-naṃ vidhvaṃsana kara hūm trūṃ

• 第 138~149 句總覽

漢字音譯	⑬⑧ 烏許　⑬⑨ 唎瑟揭拏　⑭⓪ 般剌舍悉多　⑭① 薩怛他伽都瑟尼釤　⑭② 虎許　⑭③ 都盧雍 ⑭④ 瞻婆那　⑭⑤ 虎許　⑭⑥ 都盧雍 ⑭⑦ 悉耽婆那　⑭⑧ 虎許　⑭⑨ 都盧雍
梵　音	⑬⑧ oṃ　⑬⑨ ṛṣi-gana　⑭⓪ praśasta　⑭① statathāgato-ṣṇīṣam　⑭② hūm　⑭③ trūṃ ⑭④ jambhana　⑭⑤ hūm　⑭⑥ trūṃ ⑭⑦ stambhana　⑭⑧ hūm　⑭⑨ trūṃ
意　譯	⑬⑧ 嗡　⑬⑨ 仙眾　⑭⓪ 讚歎、讚美　⑭① 一切如來頂髻　⑭② 吽　⑭③ 咄 ⑭④ 破碎　⑭⑤ 吽　⑭⑥ 咄 ⑭⑦ 摧折　⑭⑧ 吽　⑭⑨ 咄
連貫句義	嗡！仙眾讚嘆一切如來頂髻！呼喚一切金剛的種子字！呼喚摧破一切障礙的種子字！粉碎一切障礙！呼喚一切金剛的種子字！呼喚摧破一切障礙的種子字！摧毀斷裂一切障礙！呼喚一切金剛的種子字！呼喚摧破一切障礙的種子字！

• 第 150~162 句總覽

漢字音譯	⑮⓪ 波囉　瑟地耶　三般叉拏　羯囉　⑮① 虎許　⑮② 都盧雍 ⑮③ 薩婆　藥叉　喝囉剎娑　⑮④ 揭囉訶若闍　⑮⑤ 毗騰崩薩那　羯囉 ⑮⑥ 虎許　⑮⑦ 都盧雍

	⑮⑧者都囉屍底南　⑮⑨揭囉訶　娑訶薩囉南 ⑯⓪毗騰崩薩那　羯囉　⑯①虎𤙖　⑯②都盧雍
梵　音	⑮⓪ para vidyā sam-bhakṣaṇa kara　⑮① hūm　⑮② trūṃ ⑮③ sarva yakṣa rāksaṣa　⑮④ grahā-nāṃ　⑮⑤ vidhvaṃsana kara ⑮⑥ hūm　⑮⑦ trūṃ ⑮⑧ catura-śiti-nāṃ　⑮⑨ grahā sahasrā-naṃ　⑯⓪ vidhvaṃsana kara ⑯① hūm　⑯② trūṃ
意　譯	⑮⓪外道　咒　啖食　作　⑮①吽　⑮②咄 ⑮③一切　藥叉　羅剎鬼　⑮④鬼魅眾　⑮⑤摧伏　作　⑮⑥吽　⑮⑦咄 ⑮⑧八十四眾　⑮⑨鬼魅　千眾　⑯⓪摧伏　作　⑯①吽　⑯②咄
連貫句義	啖食一切外道明咒！呼喚一切金剛的種子字！呼喚摧破一切障礙的種子字！將一切藥叉、羅剎、鬼魅眾摧破降伏之！呼喚一切金剛的種子字！呼喚摧破一切障礙的種子字！將八萬四千鬼魅眾摧破降伏之！呼喚一切金剛的種子字！呼喚摧破一切障礙的種子字！

六種不同屬性的智慧能量

1. (141) statathāgato-ṣṇīṣaṃ：呼喚一切如來的頂髻能量
2. (144) jambhana：啟動破碎（押領）的能量
3. (147) stambhana：啟動摧折（鎮守）的能量
4. (150) sam-bhakṣaṇa：對治外道啖食、淨盡的能量
5. (155)vidhvaṃsana：啟動對治藥叉、羅剎、鬼魅眾摧毀、降伏的能量
6. (160) vidhvaṃsana：啟動對治八萬四千鬼眾摧毀、降伏的能量

另外，上述的 jambhana 是強烈的咒語，具備「破碎與粉碎」的能量，而成觀法師依據其傳承，認為它具備「押領、引領」的能量，意思是透由如來神咒押領一切天龍鬼神、金剛護法，及一切諸天等。而 stambhana 具備「摧毀與斷裂」的能量，成觀法師認為是「鎮守」的能量，鎮守寺院道場與保護修行者。

延伸學習　由敬愛法進展成調伏法

成觀法師在《大佛頂首楞嚴經義貫》中，分析第一會與第二會的差異。第一會主要為召請、皈敬諸佛菩薩、四果聖者與天神仙人眾，屬於敬愛法。從第二會開始，展開調伏法。在這一點上，成觀法師的見解如同其他學者。

成觀法師比較特殊的是對種子字的解釋，他說，首先禮敬讚揚 (139) 天仙眾（ṛṣigana），而後啟動 (141)「如來頂髻」（statathāgato-ṣṇīṣaṃ），接著呼喚 (145)「一切金剛」的種子字（hūm）與 (149)「佛頂部族代表」的種子字（brūṃ）。此處，成觀法師將 trūṃ 改成 brūṃ，hūm 向來是金剛的種子字，而 brūṃ 不僅與佛頂部族相關，也與「一字金輪王」密切相關。

「一字金輪佛頂」極為重要，是甚深三昧禪定境界的心智狀態，據說如來在此刻會宣說一字真言「brūṃ」。此咒字的能量被神格化為「一字金輪王」，「一字」指的就是 brūṃ 這個字。此咒字能量威強，可以轉動金輪，依據經文的記載，就連觀世音菩薩與金剛密跡（註：金剛手菩薩）都無法承受其佛威神力，會突然倒地。

調伏法的升級——啖盡法！

由「調伏」升級能量運作的力道，進而「啖盡」被調伏者。這時不但調伏，而且要「啖盡」，趕盡殺絕，徹底摧毀負面的能量。「啖盡」能量在於原本敬愛與調伏之間的協調之下，驟然轉變，使得被調伏者倉卒驚訝、措手不及。因為「啖盡」的出現，明顯提升了咒語的威猛勢能。

認識「驚覺的能量」

在密教有個專有名詞「三昧耶」（samaya），其梵文的意思很多，由「彼此相互了解」的意思開始，而後衍生出「協議、約定、合同、參與」等義，最後產生「平等、本誓、除障、驚覺」四種意義，而且可以對應出四種能量，全都出現於〈楞嚴咒〉。

首先，就佛與眾生的本質而言，兩者之間完全平等，完全無有差別，這是「平等的能量」。而佛陀發下誓願，想讓所有眾生能達到開悟成佛的境態，這是「本誓的能量」。而眾生由於佛陀的加持力，能夠拔除所有煩惱，這是「除障的能量」。最後，眾生的迷心隨之而驚醒，即是「驚覺的能量」。四種能量以「除障的能量」與「驚覺的能量」在〈楞嚴咒〉中格外突出。

① stathāgato-ṣṇīṣaṃ：引動一切如來頂髻與天仙眾的能量（第 138-143 句）

第138句

漢字音譯	烏絆
梵　　音	oṃ
中文意譯	嗡

詞彙解說

在大乘佛教裡有一個宇宙最基礎、最根本的咒字「oṃ」，讀音為「嗡」，這個咒字就可能幫助修行者達到物質境域與精神境域兩者融合為一的境界。oṃ 是一切咒語的根本，代表宇宙力量。成觀法師在《大佛頂首楞嚴經義貫》說明 oṃ 字可歸命三身（法、報、化），並給予種子字的概念。另外，oṃ 的漢字音譯寫成「烏絆」，兩字的注音是「ㄨ ㄒㄧㄣ 丶」。這已經遠離梵字的發音，建議採羅馬拼音 oṃ 較貼近。

第139句

漢字音譯	唎瑟揭拏
梵　　音	ṛṣi-gana
中文意譯	仙眾

第140句

漢字音譯	般剌舍悉多
梵　　音	praśasta
中文意譯	讚歎、讚美

詞彙解說

- **唎瑟：**ṛṣi，仙人，意指追求宇宙智慧的大修行者，並不是中國道教的仙人。
- **揭拏：**gana，眾。
- **般剌舍悉多：**praśasta，讚歎、讚美。pra 在中文經常翻譯為「般剌」，唸成「博辣」。ś 的發音為 sh，如同英文 show 的 sh 發音。成觀法師將「般剌舍悉多」（praśasta）解釋為「善相」。

第141句		
	漢字音譯	薩怛他伽都瑟尼釤
	梵　音	stathāgato-ṣṇīṣaṃ（或 sarva-thāgato-ṣṇīṣaṃ）
	中文意譯	一切如來　頂髻

詞彙解說

- **薩怛他伽都：**stathāgato，一切如來。stathāgato 是 sarva（一切）與 thāgato（如來）兩字的縮寫結合體。
- **瑟尼釤：**ṣṇīṣaṃ，頂髻、佛頂、頂首髻。ṣ 的發音為 si。ṇ 的發音仍是 n。

第142句		
	漢字音譯	虎𤙖
	梵　音	hūm
	中文意譯	吽

詞彙解說

這是一切金剛的種子字，原本是威嚇、忿怒的擬聲語。在空海大師的著作《吽字義》中，寫著此字有「擁護、自在能破、能滿願、大力、恐怖」等意思。

吽的發音如「轟」，但現代通行念誦本的 hūm 字，通常寫成「虎𤙖」，而寺院傳統誦本上標註的國語注音是「ㄏㄨˇ ㄒㄧㄣˋ」，但這與 hūm 的發音相距甚遠，「吽」字請務必採用如同「轟」的發音。

第143句		
	漢字音譯	都盧雍
	梵　音	ṭrūṃ（或 drūṃ）
	中文意譯	咄

詞彙解說

基本上，第 142 句的 huṃ，與第 143 句的 ṭrūṃ，這兩字必須連用，是充滿能量的咒句，其功德如下：啟動諸佛頂髻（ṣṇīṣaṃ）熾盛的能量（flame、glare），形成充滿威猛的德性，能夠摧破（destroy、distinguish）一切障礙（obstacle）。這些障礙是指修行過程中內心的魔障（貪、瞋、癡）與外在環境的險難困頓。強大的 huṃ 與 ṭrūṃ 兩咒句，即可清除修行上的障礙，達到心靈健康、外在環境和諧、穩定的智慧狀態。

關鍵要點

「都盧雍」的梵音

對於此句，學者有不同的梵音解釋：

梵音	支持的學者或版本	說明
ṭrūṃ	日本坂內龍雄的梵文校訂版 果濱居士的房山版本	依據漢字發音，「都盧雍」的梵音應該是 ṭrūṃ，因為 ṭ 的發音接近注音符號的ㄉ。
drūṃ	日本學者木村得玄	日本學者木村得玄認為除了 ṭrūṃ，也可音譯為 drūṃ。
brūṃ	成觀法師	以下兩位的分析都與日本佛教相關。 成觀法師是高野山真言宗第五十三世傳法灌頂阿闍梨，推測古時傳抄經本時可能將「部」字誤為「都」字。他認為，依據日本密教真言宗系統，以密部所傳梵本來看，正確之音應為「部隆」，也就是 brūṃ 或譯成 bhrum，此咒字是「一字頂輪王」的種子字，屬於「佛頂部族」的系統。 成觀法師主要是架構於《大正藏》中不空三藏之梵本（拉丁拼字）的基礎上，再結合個人傳承的真言宗所傳之法本，特別說明：「若依梵本，正確之音應為『部隆』，所以音譯成 brūṃ。」
	法豐法師	採用《大正藏》的日本淨嚴和尚版本

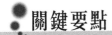

② jambhana：啟動押領的能量（第 144-146 句）

第144句		
	漢字音譯	瞻婆那
	梵　　音	jambhana
	中文意譯	破碎（同英文的 smash）

第145句		
	漢字音譯	虎絣
	梵　　音	hūm
	中文意譯	吽

第146句		
	漢字音譯	都盧雍（嘟盧雍）
	梵　　音	ṭrūṃ（或 brūṃ）
	中文意譯	咄（或部隆）

補充說明

hūm 是「一切金剛部族」的種子字，而 trūṃ 是「光聚佛頂」的種子字。至於 brūṃ，則為「一字金輪王」的種子字。hūm ṭrūṃ 兩字或 hūm brūṃ 兩字，不同傳承各有堅持。

③ stambhana：啟動鎮守的能量（第 147-149 句）

第147句		
	漢字音譯	悉耽婆那
	梵　　音	stambhana
	中文意譯	摧折（同英文的 break）

第148句		
	漢字音譯	虎絣
	梵　　音	hūm
	中文意譯	吽

第149句		
	漢字音譯	都盧雍（嘟盧雍）
	梵　音	ṭrūṃ（或 brūṃ）
	中文意譯	咄（或部隆）

延伸學習　jambhana 與 stambhana 的字義

	音譯	常見的解釋	郭火生的解釋	成觀法師的解釋
jambhana	瞻婆那	破碎	擊碎	押領（以如來神咒押領一切天龍鬼神、金剛護法，及一切諸天等。）
stambhana	悉眈婆那	摧折	降伏	鎮守（鎮守行者。）

④ sam-bhakṣaṇa：對治外道明咒啖食的能量（第 150-152 句）

第150句					
	漢字音譯	波囉	瑟地耶	三般叉拏	羯囉
	梵　音	para	vidyā	sam-bhakṣaṇa	kara
	中文意譯	外道	咒	啖食	作

詞彙解說

- **波囉**：para，外、其他、外道。
- **瑟地耶**：vidyā，咒。此處「瑟」（發音為色）是古代流傳過程中漢字的筆誤，正確應該是「毖」（發音為必）。第 80 句也出現 vidyā，該處的翻譯是正確的「毖地耶」，而非「瑟地耶」。
- **三般叉拏**：sam-bhakṣaṇa，啖食。「三」（sam）的意思是「一起」。其中 kṣ 的發音接近 church 的 ch。
- **羯囉**：kara，作。

關鍵內容

以上四咒字合併的意思：啖食一切外道明咒，「三般叉拏」（sambhakṣaṇa）所指的啖食，意思是「把它吃掉，消除淨盡」。連續咒句的意思是：作（kara）啖食（samb-hakṣaṇa）一切外道明咒（para vidyā）這件事。在第一會中，持咒者透由神聖咒語祈請，蓄積諸佛菩薩的降伏力量，綿密細膩地念誦諸佛菩薩的名號，虔誠地呼喚。第二會開始，瞬間語氣巨變。〈楞嚴咒〉由恭謹而充滿禮敬的「敬愛法」，毫不留情地轉變成「調伏法」。

啖盡的咒句以「三般叉拏」（samb-hakṣaṇa）展開，不只是調伏地球空間（娑婆世界）的負面能量，還要進一步「啖盡」此空間所有的惡魔。此咒句以令人敬畏的趕盡殺絕，除惡務盡。為何要趕盡殺絕？因為這些惡魔是貪、瞋、癡、慢、疑五種人類情緒上的毒素所構成的負面能量，如果我們屈服於他們，我們也會跟著變成惡魔，絕不能妥協。

第151句		
	漢字音譯	虎쓜
	梵　音	hūṃ
	中文意譯	吽

第152句		
	漢字音譯	都盧雍
	梵　音	ṭrūṃ（或 brūṃ）
	中文意譯	咄（或部隆）

⑤ vidhvaṃsana（啟動第一次）：對治藥叉、羅剎、鬼魅眾的摧毀降伏能量（第 153-157 句）

第153句		
	漢字音譯	薩婆　藥叉　喝囉剎娑
	梵　音	sarva　yakṣa　rākṣasa
	中文意譯	一切　藥叉　羅剎鬼

詞彙解說

· **薩婆**：sarva，一切。

· **藥叉**：yakṣa，藥叉。其中的 kṣ 發音接近 church 的 ch。

· **喝囉刹娑**：rāksaṣa，羅刹鬼。

關鍵內容

從第 153 句開始，即將陸續出現佛教世界知名的「八部眾」，他們是娑婆世界存在的空間能量。首先，由藥叉與羅刹鬼這兩位登場。藥叉是森林裡的自然精靈，而羅刹鬼是餓鬼道中的有福德、威神力的強大鬼魅，他是四大天王中多聞天王的手下。整個四大天王統領的八部眾，分別為乾闥婆（樂神、香神）、毘舍闍（piśāca，食血肉鬼、啖精氣鬼）、鳩槃荼（kumbhāṇḍa，甕形、冬瓜鬼）、薜荔多（preta，餓鬼、祖父鬼）、那伽蛇神（nāga，龍蛇）、富單那（pūtanā，臭餓鬼），與本句的藥叉（yakṣa，勇健鬼）與羅刹（rāksaṣa，捷疾鬼）。這八位鬼神眾陸陸續續都會出現在後面的咒句，每位都具備獨特的性質或是能量。

第154句		
	漢字音譯	揭囉訶若闇
	梵　　音	grahā-nāṃ
	中文意譯	鬼魅眾

詞彙解說

· **揭囉訶**：grahā，鬼魅。

· **若闇**：nāṃ，眾。代表複數。

關鍵內容

《佛門必備課門》在此處有明顯的錯誤，nāṃ 應該翻譯成「喃」，或是「若闇」，而非「若闇」。「闇」的意思與發音都是「暗」，「若闇」（若暗）以閩南語發音就是 nāṃ。

第155句		
	漢字音譯	毗騰崩薩那　羯囉
	梵　　音	vidhvaṃsana　kara
	中文意譯	摧伏　作

詞彙解說

· **毗騰崩薩那**：vidhvaṃsana，摧伏、摧毀降伏，即英文的 destory and subdue。

· **羯囉**：kara，作。

第156句		
	漢字音譯	虎𤙖
	梵　　音	hūṃ
	中文意譯	吽

第157句		
	漢字音譯	都盧雍
	梵　　音	ṭrūṃ（或 brūṃ）
	中文意譯	咄（或部隆）

⑥ vidhvaṃsana（啟動第二次）：對治八萬四千鬼魅眾的摧毀降伏能量（第 158-162 句）

第158句		
	漢字音譯	者都囉尸底南
	梵　　音	catura-śiti-nāṃ
	中文意譯	八十四眾

詞彙解說

· **者都囉**：catura，四。c 的發音為 ch，如同英文 child 的 ch 發音。

· **尸底**：śiti，八十。

· **南**：nāṃ，眾。

第159句

漢字音譯	揭囉訶　娑訶薩囉南
梵　　音	grahā　sahasrā-naṃ
中文意譯	鬼魅　千眾

詞彙解說

- **揭囉訶**：grahā，鬼魅。
- **娑訶薩囉**：sahasrā，千。
- **南**：nāṃ，眾。

第160句

漢字音譯	毗騰崩薩那　羯囉
梵　　音	vidhvaṃsana　kara
中文意譯	摧伏　作

詞彙解說

- **毗騰崩薩那**：vidhvaṃsana，摧伏、摧毀降伏，即英文的 destory and subdue。
- **羯囉**：kara，作。

第161句

漢字音譯	虎絣
梵　　音	hūm
中文意譯	吽

第162句

漢字音譯	都盧雍
梵　　音	ṭrūṃ（或 brūṃ）
中文意譯	咄（或部隆）

12 如來頂髻完整名號、身形、具備的偉大能量！

（第 163-174 句）

〈楞嚴咒〉總共 427 句，其中第 163 句到 174 句極為精彩，是一連串充滿能量的咒句。請專心細讀此單元，短短十二句共有四個結構，能量充沛飽滿。第一，祈請如來頂髻的神奇力量（tathāgato-uṣṇīṣaṃ），下載能調伏庇護的宇宙動能（pratyangire），祈請祂守護眾生（rakṣa）。第二，描述其外在壯麗強大的身形，擁有偉大千臂（mahā sahasra bhuje）、千首（sahasra śīṛse）、千億千眼（koṭi sahasra netre）。第三，咒句繼續描述著燃燒堅固無二（abhedya）、熾盛火焰（jvalita）諸相狀，如此神奇超越凡人肢體身形的內在，含藏更強大的火焰能量，照耀眾生。第四，最後是此神聖大金剛持（mahā vajra dhara）能量所能擴及的空間範圍，完整包含整個三界（tri-bhuvana）的壇城（maṇḍala）！

祈請如來頂髻的神奇力

(163-166) rakṣa bhagavan sarva-tathāgato-uṣṇīṣam pratyangire

守護我，此世尊如來頂髻甚能調伏庇護！

偉大神聖的身形

(167-169) mahā sahasra bhuje sahasra śīṛse koṭi sahasra netre

展現偉大千臂千首、千億千眼

內在火焰

(170-171) abhedya jvalitaṭ ṭaṇka

與燃燒堅固無二熾盛火焰諸相狀！

能量的空間範圍！三界壇城！精彩精彩！

(172-174) mahā vajra dhara tri-bhuvana maṇḍala

此大金剛持之三界壇城！

• 第 163~174 句總覽

漢字音譯	⑯③ 囉叉　⑯④ 婆伽梵　⑯⑤ 薩怛他伽都瑟尼釤　⑯⑥ 波囉點闍吉唎 ⑯⑦ 摩訶　娑訶薩囉　⑯⑧ 勃樹　娑訶薩囉　室唎沙 ⑯⑨ 俱知　娑訶薩　泥帝隸 ⑰⓪ 阿弊提　視婆唎多　⑰① 吒吒罌迦 ⑰② 摩訶　跋闍嚧　陀囉　⑰③ 帝唎菩婆那　⑰④ 曼茶囉
梵　　音	⑯③ rakṣa　⑯④ bhagavan　⑯⑤ sarva-tathāgato-uṣṇīṣam ⑯⑥ pratyangire ⑯⑦ mahā sahasra　⑯⑧ bhuje sahasra śīṛse　⑯⑨ koṭi sahasra netre ⑰⓪ abhedya jvalitaṭ　⑰① ṭaṇka ⑰② mahā vajra dhara　⑰③ tri-bhuvana　⑰④ maṇdala
意　　譯	⑯③ 守護　⑯④ 世尊　⑯⑤ 一切如來頂髻　⑯⑥ 調伏、庇護 ⑯⑦ 大　千　⑯⑧ 臂　千　首　⑯⑨ 千萬　千　眼 ⑰⓪ 堅固　熾盛　⑰① 具種相 ⑰② 大　金剛　持　⑰③ 三界　⑰④ 壇場
連貫句義	守護我，此世尊如來頂髻甚能調伏庇護！展現偉大千臂千首、千億千眼，與燃燒堅固無二熾盛火焰諸相狀！此大金剛持之三界壇城！

第163句

漢字音譯	囉叉
梵　　音	rakṣa
中文意譯	守護

詞彙解說

· kṣ 的發音接近 church 的 ch。

第164句

漢字音譯	婆伽梵
梵　　音	bhagavan
中文意譯	世尊

第165句		
	漢字音譯	薩怛他伽都瑟尼釤
	梵　　音	sarva-tathāgato-uṣṇīṣaṃ
	中文意譯	一切　如來　頂髻

詞彙解說

- **薩怛他伽都**：sarva-tathāgato，一切如來。
- **瑟尼釤**：uṣṇīṣaṃ，頂髻、頂首髻、佛頂。

第166句		
	漢字音譯	波囉點闍吉唎
	梵　　音	pratyangire
	中文意譯	調伏、庇護

詞彙解說

主要有兩層意義，調伏能量（coordinate）與守護庇護眾生（shelter）。pratyangire 可以將負面能量趨於平靜不擾動，甚至轉化成正面能量。

另外，此處有明顯的錯誤，「闍」是「闇」的筆誤。正確的「闇」（音同「暗」），符合 an 的閩南語發音。

第167句		
	漢字音譯	摩訶　娑訶薩囉
	梵　　音	mahā　sahasra
	中文意譯	大　千

詞彙解說

- **摩訶**：mahā，大
- **娑訶薩囉**：sahasra，千。

第168句		
漢字音譯	勃樹　娑訶薩囉　室唎沙
梵　　音	bhuje　sahasra　śīṛse
中文意譯	臂　千　首

詞彙解說

- **勃樹：**bhuje，臂、手臂。
- **娑訶薩囉：**sahasra，千。
- **室唎沙：**śīṛse，首。ś 發音為 sh，如同英文 show 的 sh 發音。r 加下面一點 ṛ 唸成 ri。

第169句		
漢字音譯	俱知　娑訶薩　泥帝隸
梵　　音	koṭi　sahasra　netre
中文意譯	千萬　千　眼

詞彙解說

- **俱知：**koṭi，千萬、億。
- **娑訶薩：**sahasra，千。結合俱知，千萬千等於百億，或億千等於千億。另外，「娑訶薩」掉字，正確是「娑訶薩囉」，如同第 168 句的漢音譯法。
- **泥帝隸：**netre，眼。

第170句		
漢字音譯	阿弊提　視婆唎多
梵　　音	abhedya　jvalitaṭ
中文意譯	堅固　熾盛

第171句		
漢字音譯	吒（吒）吒（吒）罌迦
梵　　音	ṭaṇka
中文意譯	具種相

詞彙解說

· **阿弊提：**abhedya，堅固、不二、無別異。其實，這三個字詞都是描述這股宇宙能量的強大與穩定。因為相狀極為穩定，所以「堅固」。這是獨一無二的相狀，所以「不二」。不會變動，所以「無別異」。因此，abhedya 有堅固、不二或無別異等三種譯法。

· **視婆唎多：**jvalitaṭ，熾盛、猛焰、猛烈火焰。口語化的 jvalitaṭ 就是熊熊烈火。

· **具種相：**ṭaṇka。不過，ṭaṇka 的正確意思無人能確定，許多學者都沒有解釋。這個譯法出自元代，是古籍翻譯的用詞，因為元代的連貫句義譯出的內容最多、最完整，於是不少學者紛紛引用。《佛說大白傘蓋總持陀羅尼經》CBETA 電子版 No. 977 的相關內容如下：「具十萬俱胝目不二熾燃具種相金剛寬廣大白母。」

第172句

漢字音譯	摩訶　跋闍嚧　陀囉
梵　　音	mahā　vajra　dhara
中文意譯	大　金剛　持

詞彙解說

· **摩訶：**mahā，大。

· **跋闍嚧：**vajra，金剛。

· **陀囉：**dhara，持。dha 的 h 是氣音，如果不會發氣音，dha 就唸成 da 也頗接近。

第173句

漢字音譯	帝唎菩婆那
梵　　音	tri-bhuvana
中文意譯	三界

第174句

漢字音譯	曼荼囉
梵　　音	maṇḍala
中文意譯	壇場

詞彙解說

- **帝唎菩婆那：**tri-bhuvana，意譯為三界，即欲界、色界、無色界。三界構成世間，相當於三有。有情眾生都在三界中因為淫慾的關係而再次生死輪迴。
- **曼荼囉：**maṇḍala，意譯為壇場，諸佛菩薩能量匯聚的神聖空間。

關鍵要點

第 170 至 171 句的各種解說版本

具備連續完整翻譯者，僅見於元代的《佛說大白傘蓋總持陀羅尼經》，經文中寫著「不二熾燃具種相」，以下列表不同學者的見解。

郭火生 最接近梵字，推薦！	abhede 阿弊提	jvālitaṭ 視婆唎多吒	ṭaṇka 吒瞿迦
	意譯	意譯	意譯
	不二	熾燃	
成觀法師 《大佛頂首楞嚴經義貫》	內 abaidya	焰 jvalita	無別異 natanaka
圓烈阿闍黎耶 《唐密咒注疏》	內 abhedya	照耀 jvalita	踊 natanaka
簡豐祺居士 《怎麼持楞嚴咒最有效》	堅固 abhedya	猛焰 jvalita	作舞 natanaka
木村得玄 《楞嚴咒現代語譯與解說》	無法 破壞的 abhedya	光輝 jvalita	舞姬 natanaka
果濱居士 袖珍型《房山石經》版的梵音「楞嚴咒」暨《金剛經》課誦	不壞、堅固、無別 abhedya	熾然 jvalita	岸、邊 tataka
遍吉居士與傳忠居士《珍藏梵文咒本》	內 abhedya	焰 jvalita	無別異乎 natanaka

13 第二會終結祈願文

（第 175-178 句）

在第二會的結尾處，念誦者會發心祈願讓自己與所有眾生，一起獲得吉祥、安穩、幸運（svastir bhavatu）的和諧狀態。持咒者會附上自己的名字（māma）。這段祈願文很短，但必須誠摯念誦。其中，māmaśya 比較難翻譯，拆解之後，māma 於第二次出現仍然是代表「我」，而 śya 是獲得、給予。合併起來的意思是「讓我獲得、給予我」。在中文比較少這樣的呈現模式。簡單說，māmaśya 更接近的意思是，讓我「獲得」佛菩薩的能量或是祈請佛菩薩「給予」我能量。

(175-178) oṃ svastir bhavatu māma itthā māmaśya

嗡！如是讓我（附上自己的名字）與此眾生等，都能獲得吉祥安穩！

• 第 175~178 句總覽

漢字音譯	⑰⑤ 烏許　⑰⑥ 娑悉帝　薄婆都　⑰⑦ 么么　⑰⑧ 印兔那　么么寫
梵　　音	⑰⑤ oṃ　⑰⑥ svastir bhavatu　⑰⑦ māma　⑰⑧ itthā māmaśya
意　　譯	⑰⑤ 嗡　⑰⑥ 安穩　獲得　⑰⑦ 我（某某）　⑰⑧ 此　我等獲得
連貫句義	嗡！如是讓我（附上自己的名字）與此眾生等，都能獲得吉祥安穩！

第175句

漢字音譯	烏許
梵　　音	oṃ
中文意譯	嗡

詞彙解說

oṃ 的發音為「嗡」，是宇宙的聲音，通常只有音譯，這是一種振動，具備強大的力量，能將個體連結到宇宙虛空。

第176句		
漢字音譯	娑悉帝　薄婆都
梵　　音	svastir　bhavatu
中文意譯	安穩　獲得

詞彙解說

・**娑悉帝：**svastir，吉祥、安穩的和諧狀態、幸運。這個音譯詞可能有掉字，似乎是「娑婆悉帝」比較合理。

・**薄婆都：**bhavatu，得、獲得。

第177句		
漢字音譯	么么
梵　　音	māma
中文意譯	我（某某）

第178句		
漢字音譯	印兔那　么么寫
梵　　音	itthā　māmaśya
中文意譯	此　我等獲得

詞彙解說

・**印兔那：**itthā，此。th 的發音接近注音符號的ㄊ。母音加有橫線時，例如 ā、ī、ū 這三字，要特別發長音。

・**么么寫：**māmaśya，我等獲得、給予我。māma，我。 ya，獲得、給予。

補充說明

中文比較少這樣的文字表現模式，itthā māmaśya 的完整意思是：「於此（itthā）我等（māma）獲得」，或是「於此『給予』我等（māmaśya）」。

第二會結構分析總複習

結構分析 11
（第 138-162 句）

建議背誦！

透由 hūm! trūṃ! 啟動六大迴遮能量：❶如來頂髻、❷破碎、❸摧折、❹啖食淨盡、❺摧毀降伏、❺摧毀降伏

❶ stathāgato-ṣṇīṣaṃ：引動一切如來頂髻與天仙眾的能量（第 138-143 句）
❷ jambhana：啟動押領的能量（第 144-146 句）
❸ stambhana：啟動鎮守的能量（第 147-149 句）
❹ sam-bhakṣaṇa：對治外道明咒啖食的能量（第 150-152 句）
❺ vidhvaṃsana：對治藥叉、羅剎、鬼魅眾的摧毀降伏能量（第 153-157 句，啟動第一次）
❻ vidhvaṃsana：對治八萬四千鬼魅眾的摧毀降伏能量（第 158-162 句，啟動第二次）

結構分析 12
（第 163-174 句）

如來頂髻完整名號、身形、具備的偉大能量！

rakṣa bhagavan 守護世尊（第 163-164 句）
sarva-tathāgato-uṣṇīṣaṃ pratyangire
調伏庇護一切如來頂髻（第 165-166 句）
mahā sahasra bhuje sahasra śīṛse 大千臂千首（第 167-168 句）
koṭi sahasra netre abhedya jvalitaṭ
千萬千眼堅固不二　熾盛（第 169-170 句）
ṭaṇka mahā vajra dhara 具種相大金剛持（第 171-172 句）
tri-bhuvana maṇdala 三界壇城（第 173-174 句）

結構分析 13
（第 175-178 句）

第二會終結祈願文
om svastir bhavatu māma itthā māmaśya（第 175-178 句）
嗡！如是讓我（附上自己的名字）與此眾生等，都能獲得吉祥安穩！

第二會咒句總覽（第 138-178 句）

138 139 140 141	漢字音譯	烏鈝	唎瑟揭拏	般剌舍悉多	薩怛他伽都瑟尼釤
	現代讀音	嗡	利色揭拿	博剌舍悉多	薩達他茄都色尼衫
	梵　　音	oṃ	ṛṣi-gana	praśasta	stathāgato-ṣṇīṣaṃ
	中文意譯	嗡	仙眾	讚歎、讚美	一切如來　頂髻

142 143	虎鈝	都嚧雍
	轟	咄（或部隆）
	hūm	ṭrūṃ（或 brūṃ）
	吽	咄（或部隆）

144 145 146	瞻婆那	虎鈝	都嚧雍
	瞻婆那	轟	咄（或部隆）
	jambhana	hūm	ṭrūṃ（或 brūṃ）
	破碎	吽	咄（或部隆）

147 148 149	悉耽婆那	虎鈝	都嚧雍
	悉耽婆那	轟	咄（或部隆）
	stambhana	hūm	ṭrūṃ（或 brūṃ）
	摧折	吽	咄（或部隆）

150 151 152	波囉	瑟地耶	三般叉拏	羯囉	虎鈝	都嚧雍
	波囉	色地耶	三博叉拿	羯辣	轟	咄（或部隆）
	para	vidyā	sam-bhakṣaṇa	kara	hūm	ṭrūṃ（或 brūṃ）
	外道	咒	啖食	作	吽	咄（或部隆）

153 154	薩婆	藥叉	喝囉剎娑	揭囉訶若闍
	薩婆	藥叉	喝辣剎娑	揭辣呵若舌
	sarva	yakṣa	rāksaṣa	grahā-nāṃ
	一切	藥叉	羅剎鬼	鬼魅眾

155 157	毗騰崩薩那	羯囉	虎鈝	都嚧雍
	皮騰崩薩那	羯辣	轟	咄（或部隆）
	vidhvaṃsana	kara	hūm	ṭrūṃ（或 brūṃ）
	摧伏	作	吽	咄（或部隆）

158 159				
	漢字音譯	者都囉屍底南	揭囉訶	娑訶薩囉南
	現代讀音	者都辣屍底南	揭辣訶	娑呵薩辣南
	梵　　音	catura-śiti-nāṃ	grahā	sahasrā-naṃ
	中文意譯	八十四眾	鬼魅	千眾

160 161 162					
	毗騰崩薩那	羯囉	虎吽	都盧雍	
	皮騰崩薩那	羯辣	轟	咄（或部隆）	
	vidhvaṃsana	kara	hūm	ṭrūṃ	brūṃ
	摧伏	作	吽	咄（或部隆）	

163 164 165			
	囉叉	婆伽梵	薩怛他伽都瑟尼釤
	辣叉	婆茄梵	薩達他茄都色尼衫
	rakṣa	bhagavan	sarva-tathāgato-uṣṇīṣam
	守護	世尊	一切如來頂髻

166 167 168						
	波囉點闍吉唎	摩訶	娑訶薩囉	勃樹	娑訶薩囉	室唎沙
	波辣點舌吉利	摩呵	娑呵薩辣	勃樹	娑呵薩辣	室利沙
	pratyangire	mahā	sahasra	bhuje	sahasra	śīṛse
	調伏、庇護	大	千	臂	千	首

169 170 171						
	俱知	娑訶薩	泥帝隸	阿弊提	視婆唎多	吒吒罌迦
	俱知	娑呵薩	泥帝隸	阿弊提	視婆利多	炸炸映加
	koṭi	sahasra	netre	abhedya	jvalitaṭ	ṭaṇka
	千萬	千	眼	堅固	熾盛	具種相

172 173 174					
	摩訶	跋闍嚧	陀囉	帝唎菩婆那	曼茶囉
	摩呵	跋舌嚧	陀辣	帝利菩婆那	曼茶辣
	mahā	vajra	dhara	tri-bhuvana	maṇḍala
	大	金剛	持	三界	壇場

175 176 177 178						
	烏吽	娑悉帝	薄婆都	么么	印兔那	么么寫
	嗡	娑悉帝	薄婆都	磨磨	印兔那	磨磨寫
	oṃ	svastir	bhavatu	mama	itthā	māmaśya
	嗡	安穩	獲得	我（某某）	此	我等獲得

第三會

觀 音 契 約 會

{chinda kīla}

〈楞嚴咒〉具備強大的能量，這是來自宇宙與地球的神聖智慧能量。持咒者念誦此咒可以平息災難，也可增加壽命、福德、智慧，還有獲得佛菩薩的庇護與伏怨敵惡。簡言之，〈楞嚴咒〉反覆運用聲音、音節或文字的神聖語文，以虔誠感恩的心去啟動諸佛菩薩神祕且不思議的能力，這是「敬愛法」。

然而，在第三會首先登場的是平息一連串的災難，此刻進入「息災法」(śāntika)，該字梵語的原意是「讓混亂狀態趨於平靜、寂靜」，又稱為「寂災法」，代表可以「消除自身及他人之種種病難惡事等」的修法，十小咒中〈消災吉祥神咒〉的關鍵詞「扇底迦」就是 śāntika。

息災法可以對應宇宙五部的智慧能量之一，主要是呼喚宇宙中央佛部（tathāgatā kulāya）的能量，其源頭是大日如來的智慧能量，可以「平息」眾生遭遇的災難。透由這個「息災法」形成的智慧能量，可以淨化人類，同時穩定整個自然空間。

化解十六種災難，與對治十三個精靈幻妖的鬼魅

第三會分量龐大且複雜，請讀者耐心看完以下的說明，這是〈楞嚴咒〉相當精彩的一會，能量熱誠澎湃，共有四個主架構。首先，第一個架構是可化解排山倒海而來的十六個災難（bhaya），見結構分析 14。

平息災難之後，接著〈楞嚴咒〉將「降伏鬼魅」，進入第二個主架構（見結構分析 15），再次回到息（息災）、增（增益）、懷（懷愛、敬愛）、誅（降伏）等四法中的誅（降伏），也就是「降伏法」，如此對治十三個精靈幻妖的鬼魅系統（grahā）。grahā 音譯成「揭囉訶」，源自於「環境空間」與「人類情緒」之負面能量的危害與作祟，嚴重時會惱害與糾纏修行者。

grahā 這個咒字通常可以翻譯成「鬼魅、執、祟、惱害者」。「揭囉訶」對人類的影響是纏身或附身，甚至進入人體常住於內，也會時來時去，並在過程中製造各種惱害，破壞修行者，讓人們遠離善事，無法成就美好的功德。

八種危害生命的啖食鬼，與四種阻礙人體生理循環的啖食鬼

在十三個鬼魅之後，還有 hāriṇāṃ 來襲，其漢字音譯是「訶唎南」，意思是「啖食」。這是一群啖食人類能量的鬼魅，其中八種會「危害生命」，四種會「阻礙人體生理循環」。它們以「啖食」的方式危害人類。

第三會基礎的對治方法：斬斷與釘住

接下來第三個主架構極為精彩，從第 221 句開始連續啟動十五次威力強大的 chinda-yāmi kīla-yāmi（見結構分析 16）。此處，必須牢記四個關鍵咒字：chinda-yāmi kīla-yāmi，其中 chinda 的意思是「斬斷」，yāmi 是指「我今、我現在」，kīla 的意思是「金剛橛或釘子」，金剛橛是一種法器，可以將邪魔惡念釘住，不讓它逃竄。

讓我們一起看第一個釘住與斬斷的例子，之後的咒句都是採用相同的格式：(221) 面對一切鬼魅眾（sarva grahānāṃ）的咒力／(222) 我現在斬斷它！（vidyāṃ chinda-yāmi）／(223) 我現在用金剛橛釘住它！（kīla-yāmi）。如此啟動十五次的 chinda-yāmi kīla-yāmi，能量極為充沛威猛！

最後再獻上持咒者虔誠的祈請，是第三會的終結祈願文（見結構分析 17）。有人將此會稱為「觀音合同會」或「觀音契約會」，就字面解釋顯然與觀音關係密切，就好比是由觀世音菩薩主持這場法會。但部分居士或法師認為不該有這五會的稱謂，認為是後人添加進去的說法，正確的來源與考據需要再謹慎確認。

另外，再次提醒，「瞋陀」一詞於悉曇梵字的正式羅馬拼音應該是 cchinda，但發音仍然是 chinda。chinda 也有極少數寫成 chīnda 的音韻變化，筆者建議，學習時直接採用 chinda，較方便學習，也可避免念誦時的困擾。

14 化解排山倒海而來的十六個災難

（第 179~194 句）

第三會一開始立刻展開一連串的「婆夜」，其梵語是 bhaya，意思是「災難、怖畏」，是本會初始的重要咒句。總共有連續十六個 bhaya，都音譯成「婆夜」，只有一個地方是譯成「跋夜」（第 180 句）。

第一個是 rāja bhaya，是「王難」或是「王怖」。所有的災難則包含了王難、賊難、火難、水難、毒難、刀杖難、兵難、饑饉難等，透由念誦〈楞嚴咒〉，就可以化解這些排山倒海而來的災難。這時的念誦是啟動了「息災法」，又稱「寂災法」。息災法主要是用來消除自身與他人的種種病難惡事。此外，佛教徒經常念誦的《妙法蓮華經・普門品》中，有許多接近〈楞嚴咒〉提到的災難，可以參考以下圖表。

《妙法蓮華經・普門品》	〈楞嚴咒〉第三會
假使興害意　推落大火坑	⑱¹ 火難（agni bhaya）
或漂流巨海　龍魚諸鬼難	182 水難（udaka bhaya） 192 龍蛇難（nāga bhaya）
或被惡人逐　墮落金剛山	180 賊難（cora bhaya）
或值怨賊繞　各執刀加害	180 賊難（cora bhaya）
或遭王難苦　臨刑欲壽終	179 王難（rāja bhaya）
或囚禁枷鎖　手足被杻械	191 王刑難（rājadaṇda bhaya）
呪詛諸毒藥　所欲害身者	183 毒難（viṣa bhaya）
或遇惡羅剎　毒龍諸鬼等	192 龍蛇難（nāga bhaya）
蚖蛇及蝮蠍　氣毒煙火燃	192 龍蛇難（nāga bhaya） 183 毒難（viṣa bhaya）
雲雷鼓掣電　降雹澍大雨	193 電難（vidyut bhaya） 187 雹難（aśani bhaya）

• 第 179~194 句總覽

漢字音譯	(179) 囉闍　婆夜　　(180) 主囉　跋夜 (181) 阿祇尼　婆夜　　(182) 烏陀迦　婆夜 (183) 毗沙　婆夜　　(184) 舍薩多囉　婆夜 (185) 婆囉斫羯囉　婆夜　　(186) 突瑟叉　婆夜 (187) 阿舍你　婆夜　　(188) 阿迦囉　密唎柱　婆夜 (189) 陀囉尼　部彌　劍波　伽波陀　婆夜 (190) 烏囉迦婆多　婆夜　　(191) 剌闍壇茶　婆夜 (192) 那伽　婆夜　　(193) 毗條怛　婆夜 (194) 蘇波囉拏　婆夜
梵　　音	(179) rāja bhaya　　(180) cora bhaya (181) agni bhaya　　(182) udaka bhaya (183) viṣa bhaya　　(184) śastra bhaya (185) para-cakra bhaya　　(186) durbhikṣa bhaya (187) aśani bhaya　　(188) akāla mṛtyu bhaya (189) dharaṇī bhūmi kampa kabhada bhaya (190) ulkāpāta bhaya　　(191) rājadaṇda bhaya (192) nāga bhaya　　(193) vidyut bhaya (194) suparnī bhaya
意　　譯	(179) 王　怖　　(180) 賊　難 (181) 火　難　　(182) 水　難 (183) 毒　難　　(184) 刀杖　難 (185) 軍火敵兵　難　　(186) 飢餓　難 (187) 冰雹　難　　(188) 非時　死　難 (189) 總持　地震　難 (190) 流星殞落　難　　(191) 王法刑罰　難 (192) 龍蛇　難　　(193) 雷電　難 (194) 禿鷹　難
連貫句義	王難、賊難、火難、水難、毒難、刀杖難、兵難、饑饉難、雹難、非時死難、地震難、流星殞落難、龍蛇難、王法刑罰難、雷電難、金翅鳥難

第179句		
	漢字音譯	囉闍　婆夜
	梵　音	rāja　bhaya
	中文意譯	王　怖

詞彙解說

- **囉闍**：rāja，王、國王。
- **婆夜**：bhaya，災難、恐怖。第三會一開始有連續十六個 bhaya，第一個 rāja bhaya 可以翻譯成「王難」或「王怖」，之後咒句的 bhaya 也是翻譯成「難」或「怖」。

第180句		
	漢字音譯	主囉　跋夜
	梵　音	cora　bhaya
	中文意譯	賊　難

詞彙解說

- **主囉**：cora，賊、盜賊。c 的發音為 ch，如同英文 child 的 ch 發音。
- **跋夜**：bhaya，難。此會共有十六個 bhaya，除了此句音譯為「跋夜」，其餘都是「婆夜」。

第181句		
	漢字音譯	阿祇尼　婆夜
	梵　音	agni　bhaya
	中文意譯	火　難

第182句		
	漢字音譯	烏陀迦　婆夜
	梵　音	udaka　bhaya
	中文意譯	水　難

詞彙解說

· **阿祇尼**：agni，火。

· **烏陀迦**：udaka，水。

第183句

漢字音譯	毗沙　婆夜
梵　　音	viṣa　bhaya
中文意譯	毒　難

第184句

漢字音譯	舍薩多囉　婆夜
梵　　音	śastra　bhaya
中文意譯	刀杖　難

第185句

漢字音譯	婆囉斫羯囉　婆夜
梵　　音	para-cakra　bhaya
中文意譯	軍火敵兵　難

詞彙解說

· **婆囉**：para，超越、極致。

· **斫羯囉**：cakra，輪、戰車的輪。cakra 再連結 para，意思是「極致戰輪」，延伸為「軍火敵兵」、「他國軍兵」。「斫」一字該如何念呢？現今國內道場的早課，僧侶的發音許多是以國語注音念誦。依據國語字典，斫羯囉的「斫」字發音同「卓」，但是與原本梵語發音差異不小。就此而言，建議以羅馬拼音來念誦會比較接近。另外，cakra 的音譯其實非常接近「查克拉」，此譯詞是近年書籍論及人體能量場「輪脈」的譯法。輪脈的梵語同樣是 cakra。c 的發音接近 ch，唸起來接近「查克拉」。

·「婆囉斫羯囉」(para-cakra) 常見的簡單譯法是兵難，還原其原始意義「軍火敵兵難」也是頗貼切的。

第186句		
	漢字音譯	突瑟叉　婆夜
	梵　　音	durbhikṣa　bhaya
	中文意譯	飢餓　難

詞彙解說

・**突瑟叉**：durbhikṣa，kṣ 的發音接近 church 的 ch。明版「突瑟叉」的瑟是誤寫，正確是「突毖叉」，毖的發音為「必」。

第187句		
	漢字音譯	阿舍你　婆夜
	梵　　音	aśani　bhaya
	中文意譯	冰雹　難

第188句		
	漢字音譯	阿迦囉　密唎柱　婆夜
	梵　　音	akāla　mṛtyu　bhaya
	中文意譯	非時死（橫死）　難

詞彙解說

・**阿迦囉**：kāla 的意思是時間，akāla（阿迦囉）的意思是「非時」，也就是「非正常時間」。

・**密唎柱**：mṛtyu，死亡。ṛ 的發音為 ri。

補充說明

上述兩字合併即是「非正常狀態死亡，命終時間未到不該死卻死」，亦可翻譯成「橫死」。

第189句		
	漢字音譯	陀囉尼　部彌　劍波　伽波陀　婆夜
	梵　　音	dharaṇī　bhūmi　kampa　kabhada　bhaya
	中文意譯	總持　地震　難

詞彙解說

- **陀囉尼**：dharaṇī，總持、大地。dha 的 h 是氣音，如果不會發氣音，dha 就唸成 da 也頗接近。總持的「總」，意思是全部、全面性的，而「持」是維持、調節、控制。「總持」還可解釋成「總攝憶持」。
- **部彌**：bhūmi，地。
- **劍波**：kampa，震動。
- **伽波陀**：kabhada，帕米爾高原上的佛教古國羯盤陀，自古以來此處發生多次大地震。「伽」應該改成「迦」，符合梵音 ka。(註：傳統上，ka、kha 的漢音為「迦」〔加〕，ga、gha 的漢音為「伽」〔茄〕。)

補充說明

伽波陀（kabhada）在古代音譯為「羯盤陀」或「朅盤陀」。這是南北朝時代西域帕米爾高原上一個篤信佛教的小國。國都位於現今的新疆塔什庫爾干塔吉克自治縣城的東北方。伽波陀位處帕米爾高原的地震帶，自古以來整個區域曾經多次發生大地震，最近的一次是 2015 年塔吉克斯坦的芮氏規模 7.2 級大地震。

第190句

漢字音譯	烏囉迦婆多　婆夜
梵　　音	ulkāpāta　bhaya
中文意譯	流星殞落　難

第191句

漢字音譯	剌闍壇荼　婆夜
梵　　音	rājadaṇḍa　bhaya
中文意譯	王法刑罰　難

詞彙解說

- **烏囉迦婆多**：ulkāpāta，流星殞落、彗星撞擊等宇宙天體的作用。
- **剌闍壇荼**：rājadaṇḍa，王法刑罰。daṇḍa，棒、刑罰用的棍棒。主要是指嚴罰拷打，含監禁刑求。

第192句		
	漢字音譯	那伽　婆夜
	梵　　音	nāga　bhaya
	中文意譯	龍蛇　難

第193句		
	漢字音譯	毗條怛　婆夜
	梵　　音	vidyut　bhaya
	中文意譯	雷電　難

第194句		
	漢字音譯	蘇波囉拏　婆夜
	梵　　音	suparnī　bhaya
	中文意譯	禿鷹　難

詞彙解說

・**蘇波囉拏**：suparnī，禿鷹、巨大猛禽。一般認為此鳥即是第 237 句的金翅鳥（garuda）。

15 除了平息災難，還可以降伏鬼魅

（第 195~220 句）

第三會一開始先是經歷「婆夜」（bhaya）的恐怖危難之後，緊接而來是十三個精靈幻妖的鬼魅系統「揭囉訶」（grahā），其個別本質內容將詳述於以下咒句的解釋。

「揭囉訶」是來自「環境空間」與「人類情緒」之負面能量的危害與作祟，而隨著地球環境氣候的變異，人類在與環境空間相處時，更需要〈楞嚴咒〉的能量來達到和諧的境態。「揭囉訶」（grahā）嚴重時，會惱害與糾纏修行者，而這個咒字通常可以翻譯成「鬼魅、執、祟、惱害者」。「揭囉訶」對人類的影響是纏身或附身，甚至進入人體常住於內，也會時來時去，在過程中製造各種惱害，破壞修行者的作為，讓人們遠離善事，無法成就美好的功德。

然而，第三會的考驗中，對修行者的嚴厲危難簡直是沒完沒了，在「揭囉訶」之後還有 hāriṇāṃ，其漢字音譯是「訶唎南」，意思是「啖食」。這是一群啖食吸取人類能量的鬼魅，其中八種會「危害生命」，而四種則是會「阻礙人體生理循環」，它們以「啖食」的方式危害人類。這十二種「訶唎南」的屬性相當複雜，詳見於後的個別咒句。然而，這些會召引鬼神的眾生，除了因為宿業、宿殃、惡業緣及怨結之外，經常是修行者身心、行為、語言、思想、知見不淨或不正，才會召引外來之「穢物」。此刻，必須借助〈楞嚴咒〉的「無能勝」（parājitaṃ）「甚能調伏」（pratyangirāṃ）的威猛力量，來降伏威脅。

十三個精靈幻妖的鬼魅系統（第 195-207 句）

進入到第三會時會出現一群鬼魅「揭囉訶」（grahā），主要是來自「八部鬼眾」中的七位，還有幾位是「惱亂童子」的鬼魅，會讓孩童在睡眠中驚怖啼哭的揭囉訶。依據《護諸童子陀羅尼經》，總共有十五位惱亂童子的鬼神常遊行於世間，驚嚇孩童。以下先說明「八部鬼眾」。

雖說鬼魅們是負面能量，但還是有善鬼與惡鬼的區別。他們在還未被佛菩薩降伏轉化之前，多半會威脅人類安全或是阻礙修行者獲取智慧。而後在佛菩薩的慈悲之下，讓他們的意識昇華進階成保護人類的護法神。在第一會中，於第 92 句「阿瑟吒南・摩訶・揭囉訶若闍」揭開了「八部鬼眾」的序幕。「阿瑟吒南」是梵語 aṣṭānam 的音譯，意思是八。而「摩訶・羯囉訶若闍」是 maha grahānam 的音譯，意譯為「大惡星眾」或「大鬼神眾」。

「阿瑟吒南・摩訶・揭囉訶若闍」（aṣṭānam maha grahānam）是〈楞嚴咒〉中一組非常重要的「揭囉訶」（grahā）。雖然在此咒中經常被譯「八大鬼神眾」或「八大惡星眾」，但其他典籍多稱之為「八部鬼眾」。他們究竟是哪八大惡星眾呢？是四大天王（北方多聞天王、東方持國天王、南方增長天王、西方廣目天王）統領的八部鬼眾，分別為 ❶ 第 295 句的乾闥婆（樂神、香神），是掌管音樂與香氣的神，出現於第四會。另外七位集中於第三會，是一群負面能量的鬼神眾，分別是 ❷ 第 192 句的那伽蛇神（nāga，龍蛇）、 ❸ 第 195 句的藥叉（yakṣa，勇健鬼）、 ❹ 第 196 句的羅剎（rāksaṣa，捷疾鬼）、 ❺ 第 197 句的薜荔多（preta，餓鬼、祖父鬼，本咒譯為畢唎多）、 ❻ 第 198 句的毘舍闍（piśāca，食血肉鬼、啖精氣鬼，本咒譯為毗舍遮）、 ❼ 第 200 句的鳩槃荼（kumbhāṇda，甕形鬼、冬瓜鬼，本咒譯為鳩盤茶）、 ❽ 第 201 句的富單那（pūtanā，臭餓鬼，本咒譯為補單那、補丹那）。除了那伽蛇神屬於前面的「婆夜」（bhaya，災難），其餘鬼神眾陸續都會出現在第 195 至 201 句之間的咒句。

另外，如果經文中提及「八部眾」，有兩種可能性。一是「天龍八部」，另一個是〈楞嚴咒〉的「八部鬼眾」。在佛經中，如果沒有特別註明鬼眾，通常是指天龍八部。

關鍵要點

第三會的危難

第1波 十六個「婆夜」(bhaya，難)
第2波 十三個「揭囉訶」(grahā，精靈幻妖的鬼魅)
第3波 八種「危害生命」的啖食鬼魅(訶唎南，hāriṇāṃ)
第4波 四種「危害人體生理循環」的啖食鬼魅(訶唎南)

深入圖解八部鬼眾

阿瑟吒南　摩訶羯囉訶若闍

= aṣṭānam mahagrahānam

= 八大惡星眾、八大鬼神眾

= 四大天王統領的八部鬼眾

咒句編號	鬼神	特性
295	乾闥婆(樂神、香神)	喜愛香氣，以香氣為食。
192	那伽蛇神(nāga，龍蛇)	水域中的王者神獸。
195	藥叉(yakṣa，勇健鬼)	具備超能力的鬼靈，以鬼為食。男性身體勇猛健碩，女性貌美且身形豐滿。
196	羅剎(rāksaṣa 捷疾鬼)	面貌恐怖，行動快速敏捷的鬼。
197	薜荔多(preta，餓鬼、祖父鬼)	來自於歷代祖先的亡靈。
198	毘舍闍(piśāca，食血肉鬼、啖精氣鬼)	喜食人類與五穀作物的精氣，影響大地生物的綿延繁殖。
200	鳩槃茶(kumbhāṇda，甕形鬼、冬瓜鬼)	狀似男性生殖器的惡鬼，專門吸食婦女的精氣。
201	富單那(pūtanā，臭餓鬼)	熱病惡鬼。

延伸學習　如何看待鬼神

保持距離

——印順導師的說法

鬼是餓鬼；是四大王眾天所統攝的，主要是夜叉、羅剎、那伽（龍）、摩睺羅伽（蟒神）、迦樓羅（金翅鳥）等（天龍八部）。或是大力鬼王，或是高等畜生。還有基督教所傳的魔鬼（大龍，蛇）、鬼靈、生著翅膀的天使等。

這些鬼神確實有一些功德和神力，也有向善而為高級天服役的。在某種情形下，確實能給人多少助力，所以常為人所崇拜：懇求賜福，求他驅逐邪惡，或者請求不要傷害。

然而，鬼神都充滿煩惱，他們的德性有時還不及人類；特別是瞋恚成性，「嗜好凶」傷害。他們所要人類供給的，是犧牲——血肉，甚至要求以人為犧牲。如果人不恭敬供養，或者冒犯了他，就會用殘酷的殺害來報復——狂風、大雨、冰雹、瘟疫等。

這等於人間的黑社會、惡勢力，在你不幸時，也許會拔刀相助，慷慨解囊。可是你不能得罪他，否則將使你就此落入罪惡淵藪。

護淨

——出自成觀法師的《大佛頂首楞嚴經義貫》

建立任何道場，首先淨道場、灑淨、結界，然後自身心須全力「護淨」，不使身心內外有任何染汙垢穢，如是即不與穢物相應，即可遠離穢物之惱害。

反之，如不努力護淨，則善鬼神及護法便會遠離，以不堪其汙穢故。善鬼神護法既遠離，行者即無人守護，惡鬼神自然得便，隨即來擾害，作種種留難，是故修行者特別在意「護淨」之事。

• 第195~207句總覽

漢字音譯	⑲⑤ 藥叉　揭囉訶 ⑲⑥ 囉叉私　揭囉訶 ⑲⑦ 畢唎多　揭囉訶 ⑲⑧ 毗舍遮　揭囉訶 ⑲⑨ 部多　揭囉訶 ⑳⓪ 鳩盤茶　揭囉訶 ⑳① 補單那　揭囉訶 ⑳② 迦咤（吒）　補單那　揭囉訶 ⑳③ 悉乾度　揭囉訶 ⑳④ 阿播悉摩囉　揭囉訶 ⑳⑤ 烏檀摩陀　揭囉訶 ⑳⑥ 車夜　揭囉訶 ⑳⑦ 醯唎婆帝　揭囉訶
梵　音	⑲⑤ yakṣa grahā ⑲⑥ rāksaṣa grahā ⑲⑦ preta grahā ⑲⑧ piśāca grahā ⑲⑨ bhūta grahā ⑳⓪ kumbhāṇda grahā ⑳① pūtanā grahā ⑳② kaṭa pūtanā grahā ⑳③ skanda grahā ⑳④ apasmāra grahā ⑳⑤ ūdhamāda grahā ⑳⑥ chāyā grahā ⑳⑦ revatī grahā
意　譯	⑲⑤ 藥叉　鬼 ⑲⑥ 羅剎　鬼 ⑲⑦ 餓鬼　鬼 ⑲⑧ 食精氣　鬼 ⑲⑨ 大身、化生　鬼 ⑳⓪ 冬瓜　鬼 ⑳① 臭餓　鬼 ⑳② 奇　臭餓　鬼 ⑳③ 塞建陀　鬼 ⑳④ 羊頭癲鬼　鬼 ⑳⑤ 狂　鬼 ⑳⑥ 影子　鬼 ⑳⑦ 腹行女　鬼
連貫句義	藥叉鬼！羅剎鬼！破除餓鬼！破除食精氣鬼！大身鬼！冬瓜鬼！臭餓鬼！奇臭餓鬼！塞建陀鬼！羊頭癲鬼！狂鬼！影子鬼！腹行鬼！

第195句		
	漢字音譯	藥叉　揭囉訶
	梵　音	yakṣa　grahā
	中文意譯	藥叉　鬼

詞彙解說

- **藥叉：**yakṣa，又譯為夜叉。以鬼為食，故稱為「能啖鬼」，輪迴於六道之中的鬼道。男性夜叉因強健勇猛，稱為「勇健鬼」。而女性夜叉面貌姣好身型豐滿，稱「夜叉女」（yakṣi）。
- **揭囉訶：**grahā，鬼、鬼魅。grahā 與 grahāt 是同一字，加上 t 只是語氣不同，grahāt 也可翻譯成「藥叉鬼呀！」。
- **其他稱謂：**藥叉惡星鬼魅（地夜叉及天夜叉）、祠祭鬼、捷疾鬼。

第196句		
	漢字音譯	囉叉私　揭囉訶
	梵　音	rākṣasa　grahā
	中文意譯	羅剎　鬼

詞彙解說

- **囉叉私：**rāksaṣa，羅剎，又作「羅剎娑」，此乃完整音譯。羅剎因其外貌恐怖而被稱為「可畏鬼」，又因身手敏捷移動速度極快，被稱為「捷疾鬼」、「速疾鬼」。其中的「疾」，不是指疾病，而是快速。令人「畏懼的身形」與「快速移動」的能力，是羅剎的兩個特質。羅剎是印度教神話體系頗為人知的鬼神，在佛教中羅剎則被歸屬於「有福德、威神力」的強大鬼神，為四大天王之多聞天王的手下，也是密宗十二天裡西南方的護法神，此時升格為天部，稱為「羅剎天」。
- **其他稱謂：**羅剎惡星鬼、速疾鬼

第197句		
	漢字音譯	畢唎多　揭囉訶
	梵　音	preta　grahā
	中文意譯	餓鬼　鬼

詞彙解說

· **畢唎多：**preta，餓鬼。代表歷代祖先的鬼魂，因為無後人祭祀，經常處於飢餓狀態，所以稱為餓鬼。畢唎多餓鬼的梵語原型是 pitṛ，意思是父輩、父系，和英文 father 的意思相同。這來自於印度固有的死後信仰，而後此民間信仰被條理融入佛教典籍，畢唎多（餓鬼）成為類似於魑魅魍魎的鬼神精怪。

　　果濱居士對 preta 的翻譯很完整，音譯包含畢唎多、薜荔多鬼魅、薜荔多餓鬼。其本意是祖父餓鬼或是先人亡靈餓鬼，延伸的意義是所有人祭祀的孤魂野鬼，餓鬼常被天人（deva）所驅使。在印度傳說中，畢唎多是世界最原始的鬼王，在佛教升格成掌管死亡的閻羅法王（yamaraja），成為十二天之一。畢唎多先是「歷代祖先的鬼魂」而後成為「鬼王」，最後晉升成「閻羅法王」，這也是靈魂意識體進化的極佳範例。只要不斷精進努力，眾生即使在六道之中，於佛菩薩的慈悲能量之下，心識智慧上也可以進化成長。

第198句	
漢字音譯	毗舍遮　揭囉訶
梵　　音	piśāca　grahā
中文意譯	食精氣　鬼

詞彙解說

· **毗舍遮：**piśāca，或譯「畢舍遮」，是以人的精氣為食的男性惡鬼，故稱「噉精鬼」、「食精氣鬼」。而女性的畢舍遮被稱為「畢舍質」（piśācī）。ś 發音為 sh，如同英文 show 的 sh 發音。c 的發音為 ch，如同英文 child 的 ch 發音。毗舍遮喜食人類與五穀作物的精氣，影響大地生物的綿延繁殖。

· **其他稱謂：**有音譯為「昆舍遮鬼、臂奢柘鬼」，或意譯為「食血肉鬼、噉人精氣鬼」，其他典籍的意譯有「廁神鬼、癲狂鬼、吸血鬼」。

補充說明

　　毗舍遮在印度神話中是以屍體、血肉為食的惡鬼，故稱「食屍者」、「食血肉鬼」。也因為以人類的精氣為食，又稱「噉精鬼」、「食精氣鬼」。宣化上人在〈楞嚴咒〉相關著作寫著：「男女行性行為這個時候，有一種精氣流出來，他都去吃的。所以就在男女性行為那時候，很多鬼在旁邊那兒等著吃這個精氣哪！很危險的。」

　　毗舍遮不只是專門吃人類的精氣，也會吸食五穀的精氣，造成農作收藏欠佳。無論人類或五穀的精氣，都是象徵「地球繁衍生命」的關鍵能量。畢舍遮成為佛教護法之後，是四大天王之持國天王的部屬。在藏傳或是日本佛教密宗理論中，畢舍遮位於「胎藏界曼荼羅」外院之南，形如餓鬼，手持人的殘肢，所以才會有「食屍者」、「食血肉鬼」的稱謂。「毗舍遮」在「胎藏界曼荼羅」中稱為「畢舍遮」，而〈楞嚴咒〉中多譯為「毗舍遮」。如果仔細比對，就可以知道哪些漢字音譯是根據明本或唐本（多用「畢」）。不過，這 427 句雖然是以明本為主，但部分咒句也有採用唐本，所以會經常發現同一梵字使用不同漢字音譯。

第199句

漢字音譯	部多　揭囉訶
梵　音	bhūta　grahā
中文意譯	大身、化生　鬼

詞彙解說

- **部多**：bhūta，或音譯為「步多」。意譯頗多，如大身（巨大身軀）、自生（自然而生）、化生（變化而生），精靈、幽靈、妖魅也是常見的譯法。bhūtana 或 bhūta，原義是「已存在的」、「生成的」、「生物」；也指「鬼」、「鬼魅」、「幽靈」，來自原始印歐語詞根 bheu，與英語的 be、波斯語的 budan 等是同源詞。〈楞嚴咒〉中，透由如來頂髻的咒語，即能消除一切的部多鬼。

第200句

漢字音譯	鳩盤茶　揭囉訶
梵　音	kumbhāṇda　grahā
中文意譯	冬瓜　鬼

詞彙解說

- **鳩盤茶**：kumbhāṇda，音譯為鳩盤茶，轉譯為冬瓜鬼、甕形鬼。
- **其他稱謂**：厭魅鬼、甕形鬼、冬瓜鬼、守宮婦女鬼。

補充說明

鳩盤茶（kumbhāṇda）在佛教認為是「啖人精氣」維生的鬼，就跟第 198 句的毗舍遮（piśāca）一樣。kumbhāṇda 為何被翻譯成冬瓜鬼、甕形鬼？

主要是因為 kumbhāṇḍa 的梵語詞根 aṇḍa 的意思是陰囊，藉由冬瓜與甕形形狀來暗示男性生殖器官，降低不雅的直接稱謂。鳩盤茶其陰囊碩大暗示性慾，傳說他在人類交合時吸食人類的精氣，或是經常壓迫睡夢中的人類，又稱為「魘魅鬼」。

第201句

漢字音譯	補單那　揭囉訶
梵　　音	pūtanā　grahā
中文意譯	臭餓　鬼

詞彙解說

- **補單那：**pūtanā，意思是臭穢、熱臭、臭餓，所以稱為「臭餓鬼」。因其熱臭可以導致人類熱病，帶來瘟災害，又稱「災怪鬼」、「熱病鬼」。母音加有橫線時，例如 ā、ī、ū 這三字，要特別發長音。

補充說明

補單那（pūtanā）是印度神話中的一類鬼，佛教認為是餓鬼道眾生中「福運最出色者」，是四大天王所統帥的八部鬼眾之一。補單那除了是廣目天王的眷屬，也有持國天王的眷屬的說法。pūtanā 直譯為「臭穢」，用作名詞時譯為「臭者」。佛教認為其身體汙穢、極臭，會給人畜帶來熱病、災害。依據《護諸童子陀羅尼經》的記載，pūtanā 的外形如豬，能使孩童在睡眠中驚怖啼哭，屬於惱亂童子之十五鬼神，遊行於世間，驚嚇孩童。此外，需補充說明的是，pūtanā 在〈楞嚴咒〉中有兩種漢譯名：補單那、補丹那，在《護諸童子陀羅尼經》中譯為「富多那」，最常見的譯名則是「富單那」，本書會依原古籍使用，故各鬼神的漢譯名不會一致。

惱亂童子之十五鬼神經常遊行於世間，pūtanā 是其中之一，其他則是彌酬迦（Mañjuka）、彌迦王（Mrgarāja）、騫陀（Skanda）、阿波悉魔羅（Apasmāra）、牟致迦（Mustikā）、魔致迦（Mātrikā）、閻彌迦（Jāmikā）、迦彌尼（Kāminī）、黎婆坻（Revatī）、富多那（Pūtana）、曼多難提（Mātrnāndā）、舍究尼（Śakunī）、乾吒婆尼（Kanthapaninī）、目佉曼荼（Mukhamanditikā）、藍婆（梵 Ālambā）。其中出現於〈楞嚴咒〉的有 (203) 騫陀、(204) 阿波悉魔羅、(362) 閻彌迦、(207) 黎婆坻、(199) 富多那、(363) 舍究尼、(366) 乾吒婆尼、(365) 藍婆。

根據《守護大千國土經．卷下》的記載，對治此十五鬼神之法是，結五色之繩，口誦「乾闥婆神王之陀羅尼」，每誦念一遍，手編一結，如是做一百零八結，則乾闥婆神王可前往縛之，以守護童子。

第202句		
	漢字音譯	迦咤（吒）　補單那　揭囉訶
	梵　音	kaṭa　pūtanā　grahā
	中文意譯	奇　臭餓　鬼

詞彙解說

- **迦咤（吒）**：kaṭa，極盡、極致。
- **補單那**：pūtanā，臭餓。
- kaṭa，意思是極盡、極致，所以 kaṭa pūtanā 是餓臭鬼的升級版，稱為「奇臭餓鬼」、「極臭餓鬼」。
- 其他稱呼音譯成「羯吒布怛那鬼、迦吒布單那鬼」，意譯為「奇臭鬼、極醜鬼」。

第203句		
	漢字音譯	悉乾度　揭囉訶
	梵　音	skanda　grahā
	中文意譯	塞建陀　鬼

詞彙解說

- **悉乾度**：skanda，梵語的原意是跳躍者（leaper）、攻擊者（attacker）。音譯為塞建陀、室建陀，簡稱建陀。而後「建」被誤寫為「違」，再簡化為「韋」，變成韋陀、韋馱。

補充說明

在〈楞嚴咒〉中的許多 grahā（鬼魅）都會危害人類，或是障礙阻止修行者的修行，塞建陀（skanda）也是其中之一。然而，他歸順佛法之後，由負面的鬼魅轉變成護持佛法的護法神之一，稱為韋馱天。他是惱亂童子之十五鬼神之一，稱為「鳩摩羅童子祟」。

所有的智慧意識體在佛菩薩的慈悲之下，都可以獲得能量的提升，韋馱天是印度教轉化成佛教護持的極佳範例。最初祂是印度教的神祉，而後成為佛教的知名護法神，屬於執金剛神系統之一。隨後，韋馱天又轉換成菩薩的化身，傳說祂在過去世是「法意太子」，因發願為「密跡金剛力士」（guhya，第 266 句）護持千位兄長而後成佛。這裡的密跡金剛力士是〈楞嚴咒〉的重要護法。韋陀天因為願力的關係，示現護法相，後來蒙受釋迦牟尼佛授記，將於「未來賢劫千佛中，最後一位成佛」。

因此，悉乾度（skanda）原是印度教的神祉，也是惱亂童子之十五鬼神之一，隨著意識能量的持續提升，成為菩薩化身、護法神，而後是未來賢劫千佛中最後一位，充滿豐富多變的身形。

第204句

漢字音譯	阿播悉摩囉　揭囉訶
梵　　音	apasmāra　grahā
中文意譯	羊頭癲鬼　鬼

詞彙解說

· **阿播悉摩囉：** apasmāra，源自印度神話，代表「無知與精神狀態極度不穩定的矮人」，要是他有何不測，世上的知識與無知之間就會失去平衡。傳說「阿播悉摩囉」的外貌是羊頭，加上精神狀態異常（癲癇），所以稱為「羊頭癲鬼、羊頭神鬼癲癇」。他屬於惱亂童子之十五鬼神。

第205句

漢字音譯	烏檀摩陀　揭囉訶
梵　　音	ūdhamāda　grahā
中文意譯	狂　鬼

詞彙解說

· **烏檀摩陀：** ūdhamāda，瘋狂。dha 的 h 是氣音，如果不會發氣音，dha 就唸成 da 也頗接近。

第206句

漢字音譯	車夜　揭囉訶
梵　　音	chāyā　grahā
中文意譯	影子　鬼

詞彙解說

· **車夜：** chāyā，影。c 的發音為 ch，如同英文 child 的 ch 發音。

· **其他稱謂：** 影子鬼、主火神鬼、影鬼。

第207句	
漢字音譯	醯唎婆帝　揭囉訶
梵　　音	revatī（hirevatī）　grahā
中文意譯	腹行女　鬼

詞彙解說

· **醯唎婆帝：**revatī，腹行女。醯唎婆帝應該是〈楞嚴咒〉鬼魅中最複雜的一位。在果濱居士版本中，分析有「腹行女魅鬼、舍宅神鬼、主獸神鬼、陰謀鬼、狗頭鬼」，總共五種不同意義。成觀法師譯為「音聲鬼」。在「胎藏界曼荼羅」，revati 是一位忙碌終日的幸福使者，居住於外金剛院的北部，屬於「奎宿」（金剛界二十八星宿之一）。他又是惱亂童子之十五鬼神。

關鍵要點

啖食精氣的鬼魅

在〈楞嚴咒〉有四種鬼魅會吸取或是啖食人類的精氣，分別是毗舍遮、鳩盤荼、社多與烏闍，其間有些微的差異。

名稱	出現之咒句	說明
毗舍遮（piśāca）	198 353	在第 198 句中，以人類兩性親密時的精氣為食；在第 353 句中，它還會吸食五穀的精氣，造成農作收藏欠佳。
鳩盤荼（kumbhāṇḍa）	200 355	鳩盤荼碩大的陰囊暗示著性慾，傳說他在人類交合時吸食人類的精氣，或是經常壓迫睡夢中的人類。
社多、闍多（joda、jātā）	208 214 340	jodā hāriṇāṃ 可指一群啖食精氣的鬼魅眾，而 jātā hāriṇya 是啖食嬰兒氣息或初生兒的精氣的鬼魅。jodā 代表精氣，而 jātā 一字也有精氣的意思，但特指子息（孩子氣息）、生氣（生出的氣息）。
烏闍（ojā）	335	烏闍所食的精氣是指人的生命能量，代表力氣、活力、養分，並未強調特殊的類別。

十二天

（說明：圖表中名稱排列由上而下分別為：佛經漢譯名、梵文名、印度教名）

天（上） 梵天（大梵天王） Brahmā 梵天	**日** 日天 Sūrya 蘇利耶	**月** 月天 Cāndra 蘇摩
西北 風天 Vāyu 伐由	**北** 毘沙門天 （多聞天王） Vaiśravaṇa 俱毗羅	**東北** 伊舍那天 （自在天王） Īśāna 濕婆
西 水天 Varuṇa 伐樓拿		**東** 帝釋天 Śakra/Indra 因陀羅
西南 羅剎天 Rākṣasa 羅剎	**南** 夜摩天 Yāma 閻摩	**東南** 火天 Agni 阿耆尼
	地（下） 地天 Pṛthivī 頗哩提毗	

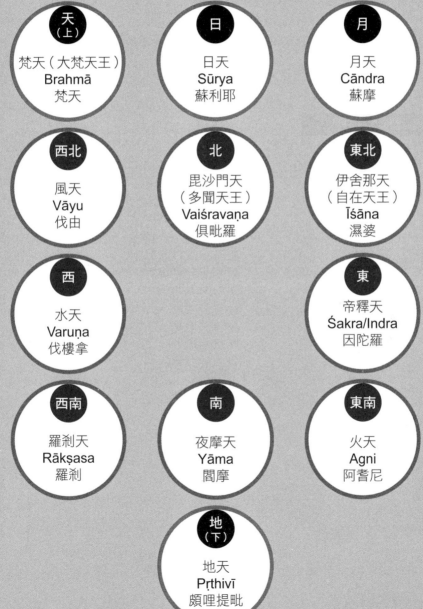

八個危害生命的鬼魅系統（第 208-215 句）

來到第 208 句，於第三會出現一群有關「食」的鬼魅精。「訶唎南」是 hāriṇāṃ 的音譯，意思是「食」。一群鬼魅聚集於此會，他們會從人類身體吸取供應生命的養分能量，包括八位與「人體生命形成」（嬰兒氣息、胎體、血液、肉、脂、髓、精氣、壽命）有關，第 216 句之後則是與「生理循環系統」（呼吸、嘔吐、穢物）有關，最後再加上一位「食心」的鬼魅。

• 第 208~215 句總覽

漢字音譯	⑳⑧ 社多　訶唎南 ⑳⑩ 嚧地囉　訶唎南 ⑳⑫ 謎陀　訶唎南 ⑳⑭ 闍多　訶唎女	⑳⑨ 揭婆　訶唎南 ⑳⑪ 忙娑　訶唎南 ⑳⑬ 摩闍　訶唎南 ⑳⑮ 視比多　訶唎南
梵　音	⑳⑧ jodā hāriṇāṃ ⑳⑩ rudhirā hāriṇāṃ ⑳⑫ medā hāriṇāṃ ⑳⑭ jātā hāriṇya	⑳⑨ garbhā hāriṇāṃ ⑳⑪ māmsā hāriṇāṃ ⑳⑬ majjā hāriṇāṃ ⑳⑮ jivitā hāriṇāṃ
意　譯	⑳⑧ 食容顏（精氣）鬼眾 ⑳⑩ 食血鬼眾 ⑳⑫ 食脂鬼眾 ⑳⑭ 食子息鬼	⑳⑨ 食胎鬼眾 ⑳⑪ 食肉鬼眾 ⑳⑬ 食髓鬼眾 ⑳⑮ 食壽命鬼眾
連貫句義	食容顏（精氣）鬼眾、食胎鬼眾、食血鬼眾、食肉鬼眾、食脂鬼眾、食髓鬼眾、食子息鬼眾、食壽命鬼眾	

第208句		
漢字音譯	社多　訶唎南	
梵　音	jodā　hāriṇāṃ	
中文意譯	容顏（精氣）　食（鬼）眾	

詞彙解說

- **社多：**jodā，容顏（或精氣），可以聯想到「氣色」這兩個字。（依據郭火生的解譯。）
- **訶唎南：**hāriṇāṃ，食。ṇāṃ 代表複數，眾的意思。母音加有橫線時，例如 ā、ī、ū 這三字，要特別發長音。

補充說明

第 208 句在不同版本有不同的解釋，因為原始悉曇梵字就有所差異。先看郭火生居士分析明版的梵字音譯是 jodā hāriṇāṃ，而他又解析敦煌石窟版的梵音是 uja hāriṇya。再提醒一次，兩者的原始悉曇梵字就不同，郭居士只是單純還原梵音。我們發現，上面 hāriṇāṃ 是食鬼眾，而 hāriṇya 並無複數 ṇāṃ。再看簡豐祺居士的分析是 ujā hāriṇyā，而果濱居士是 ojā hāriṇyā，也略有差異。

uja hāriṇya、ujā hāriṇyā、ojā hāriṇyā 的 uja、ujā、ojā，意思都是精氣、力氣。細心的讀者會發現有時是 a，有時是發長音的 ā。請勿在意何者正確，ā 只不過是 a 的語氣加強，這是咒語念誦時不同版本的音韻不同所致。

郭火生居士非常專精梵字，筆者在這裡採用他的分析。他還原「社多」應該是 jodā，意思是「容顏」。如果再加上此字也有「精氣」的意思，於是此鬼魅是奪容顏、精氣，類似「奪取氣色」。至於簡豐祺居士的 ujā hāriṇyā、果濱居士的 ojā hāriṇyā 觀點，都只是單純的精氣、力氣，也值得認真參考。

關於「啖食」，第三會中使用的是 hāriṇāṃ 或 hāriṇya，第五會則是使用 hārā，這是咒語呼喚語氣上的差異，意思都是「啖食」。第五會共有十三位「訶囉」（hārā），其中七位是「啖食人類生成的鬼」，基本上與第三會非常近似，包含嬰兒氣息、胎體、血、肉、髓、精氣、壽命，其他則是第五會的「啖食祭祀供養」的鬼（祭祀品、香、花、果、穀物），這部分就與第三會的食鬼系列有所不同。

第209句

漢字音譯	揭婆　訶唎南
梵　　音	garbhā　hāriṇāṃ
中文意譯	胎　食（鬼）眾

第210句

漢字音譯	嚧地囉　訶唎南
梵　　音	rudhirā　hāriṇāṃ
中文意譯	血　食（鬼）眾

詞彙解說

・**揭婆**：garbhā，胎、胎體、胎兒。

・**嚧地囉**：rudhirā，血。

第211句		
	漢字音譯	忙娑　訶唎南
	梵　　音	māmsā　hāriṇāṃ
	中文意譯	肉　食（鬼）眾

詞彙解說

・**忙娑**：māmsā，肉。

・**其他譯法**：白色鬼、食油鬼

第212句		
	漢字音譯	謎陀　訶唎南
	梵　　音	medā　hāriṇāṃ
	中文意譯	脂　食（鬼）眾

詞彙解說

・**謎陀**：medā，脂、脂肪。

・**其他譯法**：赤色鬼、食產鬼。

第213句		
	漢字音譯	摩闍　訶唎南
	梵　　音	majjā　hāriṇāṃ
	中文意譯	髓　食（鬼）眾

詞彙解說

・**摩闍**：majjā，髓、骨髓。

第214句

漢字音譯	闍多　訶唎女
梵　　音	jātā　hāriṇya
中文意譯	子息　食（鬼）

詞彙解說

- **闍多：**jātā，子息、嬰兒氣息、初生小孩（baby）的氣息、人類初始的精氣、靈氣。
- **訶唎女：**hāriṇya，食。

第215句

漢字音譯	視比多　訶唎南
梵　　音	jivitā　hāriṇāṃ
中文意譯	壽命　食（鬼）眾

詞彙解說

- **視比多：**jīvitā，生命、壽命。

四個危害人類生理循環的鬼魅系統（第216-220句）

• 第216~220句總覽

漢字音譯	(216) 毗多　訶唎南 (218) 阿輸遮　訶唎女 (220) 帝釤　薩鞞釤	(217) 婆多　訶唎南 (219) 質多　訶唎女
梵　　音	(216) vāitā hāriṇāṃ (218) aśucyā hāriṇya (220) teṣāṃ sarvesāṃ	(217) vāntā hāriṇāṃ (219) cittā hāriṇya
意　　譯	(216) 食呼吸鬼眾 (218) 食不淨鬼 (220) 如是一切眾	(217) 食吐鬼眾 (219) 食心鬼
連貫句義	食呼吸鬼眾、食嘔吐鬼眾、食不淨鬼、食心鬼，如是眾等，如是一切眾	

第216句		
	漢字音譯	毗多　訶唎南
	梵　　音	vāitā　hāriṇāṃ
	中文意譯	呼吸　食（鬼）眾

詞彙解說

· **毗多**：vāitā，呼吸。ā 發長音。

· **訶唎南**：hāriṇāṃ，食。ṇāṃ 代表複數，眾的意思。

補充說明

「毗多訶唎南」的梵音，除了 vāitā hāriṇāṃ 之外，還有以下不同的梵音拼法，但「食呼吸鬼」是比較常見的解釋。

成觀法師　pina harinya，食沫鬼
正見學會　vāitā hārinyāh，食花鬼
古嚴寺　vātā hārinām，食呼吸鬼眾
郭火生居士　pīta hārinām，食飲食鬼眾

第217句		
	漢字音譯	婆多　訶唎南
	梵　　音	vāntā　hāriṇāṃ
	中文意譯	吐　食（鬼）眾

詞彙解說

· **婆多**：vāntā，吐、嘔吐。ā 發長音。

補充說明

「食吐鬼」（vāntā hāriṇāṃ）是指受懲罰而必須食他人嘔吐物的鬼。但郭火生居士又將 vāntā 譯為 vātā，意思是「食風鬼」。此外，「食吐鬼」又稱「食出鬼」，雖說「出」是嘔吐的意義，但不是非常確定。

第218句		
	漢字音譯	阿輸遮　訶唎女
	梵　　音	aśucyā　hāriṇya
	中文意譯	不淨　食（鬼）

詞彙解說

・**阿輸遮：**aśucyā，不淨、汙穢。ś 的發音為 sh，如同英文 show 的 sh 發音。c 的發音為 ch，如同英文 child 的 ch 發音。所以 aśucyā 的發音如同 ashuchya，頗接近「阿輸遮」的漢音。

・**訶唎女：**hāriṇya，食。

補充說明

食不淨鬼（aśucyā hāriṇya）又稱「食穢鬼」，食月經或男女交合的體液。又此鬼也是貪食五穀種子鬼。「人類交合的體液」（精子與卵）與「五穀種子」（大麥、小麥、稻、小豆、胡麻）都是孕育地球生命體的種子，所以此鬼會影響大地生物的繁衍。

第219句

漢字音譯	質多　訶唎女
梵　　音	cittā　hāriṇya
中文意譯	心　食（鬼）

詞彙解說

・**質多：**cittā，心。c 的發音為 ch，如同英文 child 的 ch 發音。ā 發長音。

補充說明

從第 208 句到 214 句，大部分都是「訶唎南」（hāriṇāṃ），只有 214、218、219 此三句是「訶唎女」（hāriṇya）。

第220句

漢字音譯	帝釤　薩鞞釤
梵　　音	teṣāṃ　sarvesāṃ
中文意譯	如是　一切眾

詞彙解說

・**帝釤：**teṣāṃ，如是、所有、這些。ṣ 的發音為 si。ṃ 的發音同 m。

・**薩鞞釤：**sarvesāṃ，一切眾，一切眾等。ṃ、ṇ 的發音仍是 m、n。

16 啟動十五次威力強大的 chinda-yāmi kīla-yāmi（第 221-269 句）

接著第三會針對不同對象，啟動十五次威力強大咒語「毗陀夜闍・瞋陀夜彌・雞囉夜彌」，梵語是「vidyāṃ chinda-yāmi kīla-yāmi」。這個單元等同於兩陣營的「咒語大對決」，由光明燦爛的〈楞嚴咒〉的咒語，對決其他外道的十五組咒語。威勢強大的〈楞嚴咒〉可以猛力回應一切鬼眾的咒力，本單元的咒語核心威力的意思是「現在立刻斬斷它（chinda）！現在立刻用金剛橛（kīla）釘住它！」正面迎戰其他外來的咒語，直接對決！

這是很精彩的章節，顯現威力強大的 chinda-yāmi kīla-yāmi 對治的負面能量，針對不同形式邪魔惡念的咒力，其對治程序為：

種種 vidyāṃ（明咒） → **先 chinda-yāmi（斬斷）** → **再 kīla-yāmi（釘住）**

這十五次所針對的對象如下：

咒句編號	特性
221~223	一切鬼眾咒力
224~226	梵志外道咒力
227~229	空行母咒力
230~233	大獸主、大自在天咒力
234~236	那羅延天王咒力
237~239	真實金翅鳥與眷屬們的咒力
240~242	大黑天與母神眾的咒力
243~245	髑髏外道的咒力
246~249	❶作勝天（或能勝天）、❷作蜜天（或惰慢天）、❸一切義成就者的咒力
250~252	四姊妹女神的咒力
253~257	戰鬥勝神、歡喜自在天眾與眷屬們的咒力
258~260	裸身沙門咒力

咒句編號	特性
261~262	外道阿羅漢的咒力
263~265	外道離欲者的咒力
266~269	金剛手祕密主、增上主的咒力

關鍵要點

對付惡魔邪念、負面能量的兩步驟動作

第 1 步

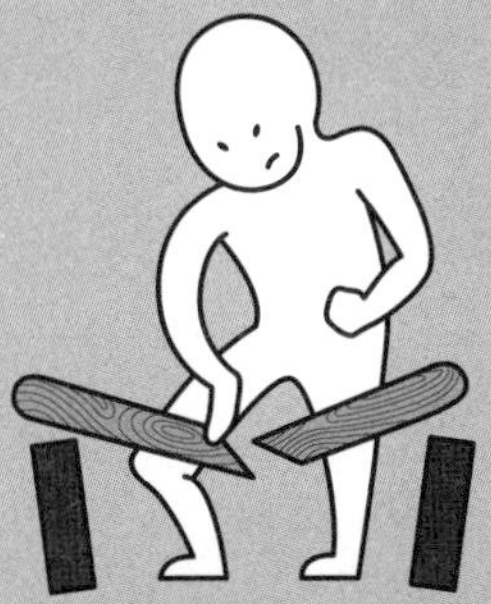

chinda-yāmi　**斬斷**
（將負面能量摧毀，斷裂成兩段）

第 2 步

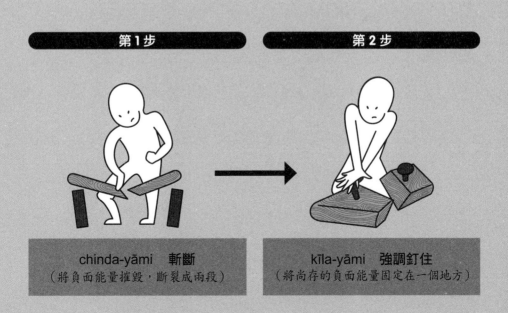

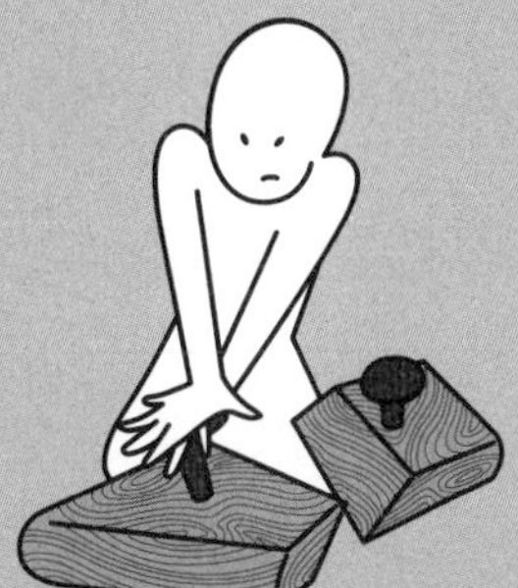

kīla-yāmi　**強調釘住**
（將尚存的負面能量固定在一個地方）

• 第 221~236 句總覽

漢字音譯	㉑薩婆　揭囉訶南　㉒毗陀夜闍　瞋陀夜彌　㉓雞囉夜彌 ㉔波唎跋囉者迦　訖唎擔　㉕毗陀夜闍　瞋陀夜彌 ㉖雞囉夜彌 ㉗茶演尼　訖唎擔　㉘毗陀夜闍　瞋陀夜彌　㉙雞囉夜彌 ㉚摩訶　般輸般怛夜　㉛嚧陀囉　訖唎擔　㉜毗陀夜闍 瞋陀夜彌　㉝雞囉夜彌 ㉞那囉夜拏　訖唎擔　㉟毗陀夜闍　瞋陀夜彌　㊱雞囉夜彌
梵　音	㉑sarva grahānāṃ　㉒vidyāṃ chinda-yāmi　㉓kīla-yāmi ㉔pari-vrājaka kṛtāṃ　㉕vidyāṃ chinda-yāmi　㉖kīla-yāmi ㉗dākinī kṛtāṃ　㉘vidyāṃ chinda-yāmi　㉙kīla-yāmi ㉚mahā paśupatī　㉛rudra kṛtāṃ　㉜vidyāṃ chinda-yāmi ㉝kīlay-āmi ㉞nārāyana kṛtāṃ　㉟vidyāṃ chinda-yāmi　㊱kīla-yāmi
意　譯	㉑一切　鬼眾　㉒明咒　斬斷　我今　㉓用金剛橛釘住　我今 ㉔梵志外道　所作業　㉕明咒　斬斷　我今　㉖用金剛橛釘住　我今 ㉗空行母　所作業　㉘明咒　斬斷　我今　㉙用金剛橛釘住　我今 ㉚大　獸主　㉛大自在天　所作業　㉜明咒　斬伐　我今 ㉝用金剛橛釘住　我今 ㉞那羅延天　所作業　㉟明咒　斬斷　我今　㊱用金剛橛釘住　我今
連貫句義	面對一切鬼眾的咒力，我現在斬伐斬斷它，我現在用橛釘住它。面對梵志外道所作業的咒力，我現在斬伐斬斷它，我現在用橛釘住它。面對空行母所作業的咒力，我現在斬伐斬斷它，我現在用橛釘住它。面對大獸主、大自在天所作業的咒力，我現在斬伐斬斷它，我現在用橛釘住它。面對那羅延天王所作業的咒力，我現在斬伐斬斷它，我現在用橛釘住它。

• 第 237~252 句總覽

漢字音譯	㉗ 怛埵伽嚧茶　西　訖唎擔　㉘ 毗陀夜闍　瞋陀夜彌 ㉙ 雞囉夜彌 ㊵ 摩訶　迦囉　摩怛唎伽拏　訖唎擔　㊶ 毗陀夜闍　瞋陀夜彌 ㊷ 雞囉夜彌 ㊸ 迦波唎迦　訖唎擔　㊹ 毗陀夜闍　瞋陀夜彌　㊺ 雞囉夜彌 ㊻ 闍夜羯囉　摩度羯囉　㊼ 薩婆囉他　娑達那　訖唎擔 ㊽ 毗陀夜闍　瞋陀夜彌　㊾ 雞囉夜彌 ㊿ 赭咄囉　婆耆你　訖唎擔　251 毗陀夜闍　瞋陀夜彌 252 雞囉夜彌
梵　　音	237 tattva-garuda sahīya kṛtāṃ　238 vidyāṃ chinda-yāmi 239 kīla-yāmi 240 mahā kāla mātṛgaṇa kṛtāṃ　241 vidyāṃ chinda-yāmi 242 kīla-yāmi 243 kāpālika kṛtāṃ　244 vidyāṃ chinda-yāmi　245 kīla-yāmi 246 jaya-kara madhu-kara　247 sarvārtha sādhana kṛtāṃ 248 vidyāṃ chinda-yāmi　249 kīla-yāmi 250 catur bhāginī kṛtāṃ　251 vidyāṃ chinda-yāmi　252 kīla-yāmi
意　　譯	237 真實　金翅鳥　眷屬　所作業　238 明咒　斬斷　我今 239 用金剛橛釘住　我今 240 大黑天　母神眾　所作業　241 明咒　斬斷　我今 242 用金剛橛釘住　我今 243 髑髏外道　所作業　244 明咒　斬斷　我今 245 用金剛橛釘住　我今 246 作勝天　作蜜天　247 一切義　成就者　所作業 248 明咒　斬斷　我今　249 用金剛橛釘住　我今 250 四　姊妹女神　所作業　251 明咒　斬斷　我今 252 用金剛橛釘住　我今
連貫句義	面對真實金翅鳥與眷屬們所作業的咒力，我現在斬伐斬斷它，我現在用橛釘住它。面對大黑天與母神眾所作業的咒力，我現在斬伐斬斷它，我現在用橛釘住它。面對髑髏外道所作業的咒力，我現在斬伐斬斷它，我現在用橛釘住它。面對作勝天、作蜜天、一切義成就者所作業的咒力，我現在立刻斬伐斬斷它，我現在用橛釘住它。面對四姊妹女神所作業的咒力，我現在斬伐斬斷它，我現在用橛釘住它。

• 第 253~269 句總覽

漢字音譯	㉕³ 毗唎羊訖唎知　㉕⁴ 難陀雞沙囉　伽拏　般帝　㉕⁵ 索醯夜　訖唎擔　㉕⁶ 毗陀夜闍　瞋陀夜彌　㉕⁷ 雞囉夜彌 ㉕⁸ 那揭那　舍囉婆拏　訖唎擔　㉕⁹ 毗陀夜闍　瞋陀夜彌　㉖⁰ 雞囉夜彌 ㉖¹ 阿羅漢　訖唎擔　毗陀夜闍　瞋陀夜彌　㉖² 雞囉夜彌 ㉖³ 毗多囉伽　訖唎擔　㉖⁴ 毗陀夜闍　瞋陀夜彌　㉖⁵ 雞囉夜彌 ㉖⁵ 跋闍囉波你　㉖⁶ 具醯夜具醯夜　㉖⁷ 迦地　般帝　訖唎擔　㉖⁸ 毗陀夜闍　瞋陀夜彌　㉖⁹ 雞囉夜彌
梵　音	㉕³ bhṛngi-riṭi　㉕⁴ nandi-keśvara gaṇa pati　㉕⁵ sahāya kṛtāṃ　㉕⁶ vidyāṃ chinda-yāmi　㉕⁷ kīla-yāmi ㉕⁸ nagna śramaṇa kṛtāṃ　㉕⁹ vidyāṃ chinda-yāmi　㉖⁰ kīla-yāmi ㉖¹ arhat kṛtāṃ vidyāṃ chinda-yāmi　㉖² kīla-yāmi ㉖³ vīta-rāga kṛtāṃ　㉖⁴ vidyāṃ chinda-yāmi　㉖⁵ kīla-yāmi ㉖⁵ vajra-pāṇi　㉖⁶ guhya-guhya　㉖⁷ kādhi pati kṛtāṃ　㉖⁸ vidyāṃ chinda-yāmi　㉖⁹ kīla-yāmi
意　譯	㉕³ 戰鬥勝神　㉕⁴ 歡喜自在天　眾　主　㉕⁵ 眷屬　所作業　㉕⁶ 明咒　斬斷　我今　㉕⁷ 用金剛橛釘住　我今 ㉕⁸ 裸身　沙門　所作業　㉕⁹ 明咒　斬斷　我今　㉖⁰ 用金剛橛釘住　我今 ㉖¹ 外道阿羅漢　所作業　明咒　斬斷　我今　㉖² 用金剛橛釘住　我今 ㉖³ 離欲天　所作業　㉖⁴ 明咒　斬斷　我今　㉖⁵ 用金剛橛釘住　我今 ㉖⁵ 金剛手　㉖⁶ 祕密祕密　㉖⁷ 增上　主　所作業　㉖⁸ 明咒　斬斷　我今　㉖⁹ 用金剛橛釘住　我今
連貫句義	面對戰鬥勝神、歡喜自在天眾、與眷屬們所作業的咒力，我現在斬伐斬斷它，我現在用橛釘住它。面對「裸身沙門」所作業的咒力，我現在斬伐斬斷它，我現在用橛釘住它。面對「外道阿羅漢」所作業的咒力，我現在斬伐斬斷它，我現在用橛釘住它。面對「外道離欲者」所作業的咒力，我現在斬伐斬斷它，我現在用橛釘住它。面對金剛手、密跡金剛們、增上主所作業的咒力，我現在斬伐斬斷它，我現在用橛釘住它。

① 一切鬼眾咒力（第 221-223 句）

第221句

漢字音譯	薩婆　揭囉訶南
梵　　音	sarva　grahānāṃ
中文意譯	一切　鬼眾

第222句

漢字音譯	毗陀夜闍　瞋陀夜彌
梵　　音	vidyāṃ　chinda-yāmi
中文意譯	明咒　斬斷　我今

第223句

漢字音譯	雞囉夜彌
梵　　音	kīla-yāmi
中文意譯	用金剛橛釘住　我今

詞彙解說

- **薩婆**：sarva，一切。
- **揭囉訶南**：grahānāṃ，鬼眾。grahā，鬼。nāṃ，眾、複數。ṃ、ṇ 的發音仍是 m、n。
- **毗陀夜闍**：vidyāṃ，明咒。vidyā 加上 ṃ，形成受格。「闇」是闍的筆誤。由於明版有「毗陀夜闍」與「毗陀耶闍」兩種譯法，郭火生居士認為「毗陀夜闍」比「毗陀耶闍」更接近梵語發音。本書的 vidyāṃ 都採用「毗陀夜闍」的譯法，很多寺院的誦本也採用此譯法。
- **瞋陀**：chinda，斬伐、斬斷、砍斷。強調「斷裂」，砍成兩段的意思。ch 的發音如同英文 child 的 ch 發音。
- **夜彌**：yāmi，我今、我現在。mi，我。
- **雞囉**：kīla，橛、金剛橛、釘。金剛橛是一種法器，可以將邪魔惡念釘住並固定住，不讓它逃竄。強調「釘住」固定之。

補充說明

「瞋陀」是悉曇梵字的音譯，正式羅馬拼音應該是 cchinda，但發音仍然是 chinda。目前有幾種不同的音譯版本，分別是：chinda（坂內龍雄）、cheda（木村得玄）、cchinda（成觀法師、郭火生居士、簡豐祺、果濱居士）。

補充說明

第 221 至 223 句合併說明，完整的意思是：面對一切鬼眾的咒力，我現在斬伐斬斷它，我現在用橛釘住它。

② 對治梵志外道的咒力（第 224-226 句）

第224句		
	漢字音譯	波唎跋囉者迦　訖唎擔
	梵　音	pari-vrājaka　kṛtāṃ
	中文意譯	梵志外道　所作業

第225句		
	漢字音譯	毗陀夜闍　瞋陀夜彌
	梵　音	vidyāṃ　chinda-yāmi
	中文意譯	明咒　斬斷　我今

第226句		
	漢字音譯	雞囉夜彌
	梵　音	kīla-yāmi
	中文意譯	用金剛橛釘住　我今

詞彙解說

- **波唎跋囉者迦：**pari-vrājaka，外道出家者，非佛教出家者。梵志者，志向於梵道者，走在清淨的修行道上。
- **訖唎擔：**kṛtāṃ，所作業。ṃ 的發音仍是 m。
- **毗陀夜闍：**vidyāṃ，明咒。vidyā 加上 ṃ，形成受格。「闍」是「闇」的筆誤，「闇」的發音為「暗」，用閩南語念就非常接近 āṃ。
- **瞋陀：**chinda，斬伐、斬斷、砍斷。強調「斷裂」，砍成兩段的意思。
- **夜彌：**yāmi，我今、我現在。mi，我。
- **雞囉：**kīla，金剛橛、橛、釘。金剛橛是一種儀式用的法器，可以將邪魔惡念釘住並固定住，不讓它逃竄。強調「釘住」固定之。

關鍵內容

第 224 至 226 句合併說明，完整的意思是：面對梵志外道所作業的咒力，我現在斬伐斬斷它，我現在用橛釘住它。

③ 對治空行母的咒力（第 227-229 句）

第227句		
	漢字音譯	荼演尼　訖唎擔
	梵　音	dākinī　kṛtāṃ
	中文意譯	空行母　所作業

詞彙解說

- **荼演尼**：dākinī，也音譯為「荼迦女」，意思是飛行於空中的女性神祇，於是可以意譯為「空行母」。也有「狐魅鬼」的稱謂。母音加有橫線時，例如 ā、ī、ū 這三字，要特別發長音。
- **訖唎擔**：kṛtāṃ，所作業。ṛ 的發音為 ri。

關鍵內容

諸佛菩薩能夠調節環境空間中具負面能量的鬼魅，荼演尼就是頗具代表的一位。dākinī 的音譯有：荼（茶）演尼、荼吉尼、荼加鬼、荼加女鬼。由於她飛行於天空，也經常被翻譯成「空行母」或「飛行母夜叉」。在日本民間，荼吉尼是狐仙，於是有了「狐魅鬼」的稱號。而在日本和西藏密宗的荼演尼，是吃人喝血的。大唐沙門一行阿闍梨《大毘盧遮那成佛經疏》卷十：「次荼吉尼真言。此是世間有造此法術者。亦自在咒術。能知人慾命終者。六月即知之。知已即作法。取其心食之。」充滿恐怖的形象，顯然荼吉尼在中國的信仰中也是喝血的。

荼（茶）演尼與人類情緒是有關聯的。情緒是一種很強的燃料，可以是正面能量，也會是負面威脅。若能把強烈的情緒轉化，遠離負面，可能會很有成就。通常遭遇重大困難的狀態時，人們容易擁有強大的悲傷、憤怒或貪念。在藏傳佛教中，將原本的荼吉尼（即荼演尼）喝人血的恐怖形象予以昇華，喝人血代表將人類的「貪欲」喝掉，吃人肉則表示把人類的「癡妄」吃掉，啃骨頭則表示將「憤怒」消滅。於此，空行母恐怖怪誕的飲血行為，已經全部被給予重新的定義。在佛菩薩的智慧能量的調伏之下，空行母也成為轉化情緒的正面能量。

第228句		
	漢字音譯	毗陀夜闍　瞋陀夜彌
	梵　　音	vidyāṃ　chinda-yāmi
	中文意譯	明咒　斬斷　我今

第229句		
	漢字音譯	雞囉夜彌
	梵　　音	kīla-yāmi
	中文意譯	用金剛橛釘住　我今

詞彙解說

- **毗陀夜闍**：vidyāṃ，明咒。vidyā 加上 ṃ，形成受格。「闍」是「闇」的筆誤，「闇」的發音為「暗」，用閩南語念就非常接近 āṃ。
- **瞋陀**：chinda，斬伐、斬斷、砍斷。強調「斷裂」，砍成兩段的意思。
- **夜彌**：yāmi，我今、我現在。mi，我。
- **雞囉**：kīla，橛、金剛橛、釘。金剛橛是一種法器，可以將邪魔惡念釘住並固定住，不讓它逃竄。強調「釘住」固定之。

關鍵內容

第 227 至 229 句合併說明，完整的意思是：面對空行母所作業的咒力，我現在斬伐斬斷它，我現在用橛釘住它。

④ 對治大獸主、大自在天的咒力（第 230-233 句）

第230句		
	漢字音譯	摩訶　般輸般怛夜
	梵　　音	mahā　paśupatī
	中文意譯	大　獸主

第231句		
	漢字音譯	嚧陀囉　訖唎擔
	梵　　音	rudra　kṛtāṃ
	中文意譯	大自在天（暴惡天）　所作業

詞彙解說

- **摩訶**：mahā，大。
- **般輸般怛夜**：paśupatī，或音譯為「缽修缽帝」。paśu，獸。patī，主、統領者、管理者。或意譯為「大獸主」，是大自在天的另一個稱謂，顧名思義祂是野獸的統理者。ś 的發音為 sh，如同英文 show 的 sh 發音。
- **嚧陀囉**：rudra，暴惡，暴惡天。亦是大自在天的另一個稱謂。
- **訖唎擔**：kṛtāṃ，所作業。ṛ 的發音為 ri。

關鍵內容

「嚧陀囉」是 rudra 的音譯，意思是暴惡，可能是颶風、暴風雨或可怕的咆哮聲。祂是〈楞嚴咒〉重要的忿怒尊，層級非常高，稱為「暴怒天」，也就是佛教的「大自在天」(maheśvara)。

此尊的身分與名號頗為複雜，先後以不同名號出現於印度教、佛教。其源頭是印度教三大主神之一破壞之神「濕婆」(śiva)，轉入佛教後稱為「大自在天」。祂也化身成為佛教十二天之中的「伊舍那天」(īśāna)，也成為另一位護法「大黑天」(mahā kāla/kālāya，摩訶迦羅，第 240、315 句)。濕婆擁有宇宙的破壞能量，地球的風雨災，颶風、暴雨、颱風，甚至地震，都在祂的威勢下運作。無論是嚧陀囉、大自在天、伊舍那天、大黑天，都是濕婆的轉化身形，也都帶有破壞的能量。

雖說濕婆形象眾多，但在〈楞嚴咒〉中以大自在天為主，分別再以「大獸主」(mahā paśupatī，般輸般怛夜，第 230 句)與「暴怒天」(rudrāya/rudra，嚧陀囉，第 17、231 句)不同的名號出現。在印度神話中，嚧陀囉乃是風暴、狩獵、死亡和自然界之神。而在印度古籍《梨俱吠陀》裡，嚧陀囉被視為最強大的力量。

第232句		
	漢字音譯	毗陀夜闍　瞋陀夜彌
	梵　　音	vidyāṃ　chinda-yāmi
	中文意譯	明咒　斬斷　我今

第233句		
	漢字音譯	雞囉夜彌
	梵　　音	kīla-yāmi
	中文意譯	用金剛橛釘住　我今

詞彙解說

・**毗陀夜闍：**vidyāṃ，明咒。vidyā 加上 ṃ，形成受格。「闍」是「闇」的筆誤，「闇」的發音為「暗」，用閩南語念就非常接近 āṃ。

・**瞋陀：**chinda，斬伐、斬斷、砍斷。強調「斷裂」，砍成兩段的意思。

・**夜彌：**yāmi，我今、我現在。mi，我。

・**雞囉：**kīla，橛、金剛橛、釘。金剛橛是一種法器，可以將邪魔惡念釘住並固定住，不讓它逃竄。強調「釘住」固定之。

關鍵內容

第 230 至 233 句合併說明，完整的意思是：面對大獸主、大自在天所作業的咒力，我現在斬伐斬斷它，我現在用橛釘住它。

關鍵要點

徹底剖析大自在天

◎本尊

稱謂	濕婆	大自在天	暴怒天	大獸主
梵文	śiva	maheśvara	rudrāya	mahā paśupatī
漢字音譯	濕婆	摩醯首羅	嚧陀囉	般輸般怛夜
出處	印度教	印度教	〈楞嚴咒〉第 17、231 句	〈楞嚴咒〉第 230 句

◎化身

稱謂	大黑天（佛教護法）	伊舍那天（佛教十二天）
梵文	mahā kāla	īśāna
漢字音譯	摩訶迦羅	伊舍那天
出處	〈楞嚴咒〉第 240、315 句	常見於密教胎藏界

⑤ 對治那羅延天王的咒力（第 234-236 句）

第234句		
	漢字音譯	那囉夜拏　訖唎擔
	梵　　音	nārāyana　kṛtāṃ
	中文意譯	那羅延天　所作業

詞彙解說

· **那囉夜拏：**nārāyana，那羅延天，詳見下面的關鍵內容。

· **訖唎擔：**kṛtāṃ，所作業

關鍵內容

第 21 句的「那囉野拏耶」（ṇārāyaṇāya）與本句的「那囉夜拏」（nārāyana）都是「那羅延天」的音譯。祂是印度古代的天神「毗紐天」（viṣṇu）的化身，代表宇宙的保護與整體能量的維護。在佛教寺廟中，「那羅延天」常與「密跡金剛」（guhya，第 266 句）的雕像做為寺院山門的守護者。

第235句		
	漢字音譯	毗陀夜闍　瞋陀夜彌
	梵　　音	vidyāṃ　chinda-yāmi
	中文意譯	明咒　斬斷　我今

第236句		
	漢字音譯	雞囉夜彌
	梵　　音	kīla-yāmi
	中文意譯	用金剛橛釘住　我今

詞彙解說

· **毗陀夜闍：**vidyāṃ，明咒。vidyā 加上 ṃ，形成受格。「闍」是「闇」的筆誤，「闇」的發音為「暗」，用閩南語念就非常接近 āṃ。

· **瞋陀：**chinda，斬伐、斬斷、砍斷。強調「斷裂」，砍成兩段的意思。

· **夜彌：**yāmi，我今、我現在。mi，我。

・**雞囉**：kīla，橛、金剛橛、釘。金剛橛是一種法器，可以將邪魔惡念釘住並固定住，不讓它逃竄。強調「釘住」固定之。

關鍵內容

第 234 至 236 句合併說明，完整的意思是：面對那羅延天王所作業的咒力，我現在斬伐斬斷它，我現在用橛釘住它。

⑥ 對治真實金翅鳥與眷屬們的咒力（第 237-239 句）

第237句		
	漢字音譯	怛埵伽嚧茶　西　訖唎擔
	梵　　音	tattva-garuda　sahīya　kṛtāṃ
	中文意譯	真實　金翅鳥　眷屬　所作業

詞彙解說

・**怛埵**：tattva，真實。

・**伽嚧茶**：garuda，金翅鳥。

・**西**：sahīya，眷屬。古代轉傳此句時應該有掉字，只有單一「西」字是不合理的。sahīya 漢譯為「薩醯耶」比較接近，或是「娑醯夜」（第 19 句）、「索醯夜」（第 255 句）。

・**訖唎擔**：kṛtāṃ，所作業。

關鍵內容

「伽嚧茶」是印度神話中的一種神獸巨鳥，是印度三大主神之一毗濕奴（那羅延天，第 21 句）的坐騎。佛教吸收此鳥為天龍八部之一，傳統漢譯為「大鵬金翅鳥」或「金翅鳥」。其形象隨著佛教傳入東亞，在中亞和南西伯利亞受到藏傳佛教影響的地區，也存在此鳥的神話，金翅鳥還被視為泰國的國徽。

除了「伽嚧茶」的譯法，伽嚧茶在許多佛經中被譯為「迦樓羅」，此神獸也是觀世音的護法之一。佛經中，觀世音形象萬千，祂也可以化身為迦樓羅。此外，在密宗的體系中，迦樓羅是五方佛中北方不空成就佛的坐騎。

第238句		
漢字音譯	毗陀夜闍　瞋陀夜彌
梵　音	vidyāṃ　chinda-yāmi
中文意譯	明咒　斬斷　我今

第239句		
漢字音譯	雞囉夜彌
梵　音	kīla-yāmi
中文意譯	用金剛橛釘住　我今

詞彙解說

- **毗陀夜闍：** vidyāṃ，明咒。vidyā 加上 ṃ，形成受格。「闍」是「闇」的筆誤，「闇」的發音為「暗」，用閩南語念就非常接近 āṃ。
- **瞋陀：** chinda，斬伐、斬斷、砍斷。強調「斷裂」，砍成兩段的意思。
- **夜彌：** yāmi，我今、我現在。mi，我。
- **雞囉：** kīla，橛、金剛橛、釘。金剛橛是一種法器，可以將邪魔惡念釘住並固定住，不讓它逃竄。強調「釘住」固定之。

關鍵內容

第 237 至 239 句合併說明，完整的意思是：面對真實金翅鳥與眷屬們所作業的咒力，我現在斬伐斬斷它，我現在用橛釘住它。

⑦ 對治大黑天與母神眾的咒力（第 240-242 句）

第240句		
漢字音譯	摩訶　迦囉　摩怛唎伽拏　訖唎擔
梵　音	mahā　kāla　mātṛgaṇa　kṛtāṃ
中文意譯	大　黑天　母神眾　所作業

詞彙解說

- **摩訶迦囉：** mahā kāla，大黑天。kāla，黑與時，闇黑與時間兩個意思。
- **摩怛唎伽拏：** mātṛgaṇa，母神眾。ṛ 的發音為 ri。
- **訖唎擔：** kṛtāṃ，所作業。

關鍵內容

忿怒尊大黑天出現於〈楞嚴咒〉高達四次，分別是第 25、315、321 句與本句，分量著實不小。大黑天（kālāya）是〈楞嚴咒〉忿怒諸尊的重要領袖之一，源自印度破壞之神濕婆（śiva）。在第一會第 25 句顯示其手下包含「三宮城的破壞進行者」，與「喜愛居住墓地的母神眾」。先前就出現的「母神眾」或稱「本母眾」，就是本句的「摩怛唎伽拏」（mātṛgaṇa）。

大黑天身分龐雜曲折，除了婆羅門教濕婆（即大自在天）的化身，後來為佛教吸收而成為佛教的護法，特別是在密宗中，大黑天神是重要的護法，是專治疾病之醫神與財富之神。

第241句		
	漢字音譯	毗陀夜闍　瞋陀夜彌
	梵　　音	vidyāṃ　chinda-yāmi
	中文意譯	明咒　斬斷　我今

第242句		
	漢字音譯	雞囉夜彌
	梵　　音	kīla-yāmi
	中文意譯	用金剛橛釘住　我今

詞彙解說

- **毗陀夜闍**：vidyāṃ，明咒。vidyā 加上 ṃ，形成受格。「闍」是「闇」的筆誤，「闇」的發音為「暗」，用閩南語念就非常接近 āṃ。
- **瞋陀**：chinda，斬伐、斬斷、砍斷。強調「斷裂」，砍成兩段的意思。
- **夜彌**：yāmi，我今、我現在。mi，我。
- **雞囉**：kīla，橛、金剛橛、釘。金剛橛是一種法器，可以將邪魔惡念釘住並固定住，不讓它逃竄。強調「釘住」固定之。

關鍵內容

第 240 至 242 句合併說明，完整的意思是：面對大黑天與母神眾所作業的咒力，我現在斬伐斬斷它，我現在用橛釘住它。

⑧ 對治髑髏外道的咒力（第 243-245 句）

第243句	
漢字音譯	迦波唎迦　訖唎擔
梵　音	kāpālika　kṛtāṃ
中文意譯	髑髏外道　所作業

詞彙解說

- **迦波唎迦**：kāpālika，髑髏外道。母音加有橫線時，例如 ā、ī、ū 這三字，要特別發長音。
- **訖唎擔**：kṛtāṃ，所作業。

關鍵內容

印度外道的形式多樣，〈楞嚴咒〉也不只一次觸及這個話題。髑髏是死人的頭骨，發音同「獨樓」。「髑髏外道」究竟是屬於哪類外道？基本上是以死人的頭骨做為修行的法器，來了悟死亡幻境。宣化上人在《楞嚴咒句偈疏解》解釋第 243 句「迦波唎迦．訖唎擔」時，提到一個頌：「髑髏外道眾神仙，捨去五欲諸惡蠲」。此頌最後的「蠲」字的發音同「捐」，意思是免除、使清潔。整段文字的意思是「免除五欲諸惡，到達清淨境態」，這是髑髏外道的修行法門之一。

宣化上人更完整的解釋是這樣的：「在修神仙的時候也要捨棄五欲，對於財要看破，色欲也要看破，名欲更要看破，食欲、睡欲都要看破。所以他不貪財、色、名、食、睡，地獄五條根都掏出來了，都斬斷了。諸惡蠲就是說因為地獄之根斷了，所以什麼惡也沒有，都蠲除了。」

第244句	
漢字音譯	毗陀夜闍　瞋陀夜彌
梵　音	vidyāṃ　chinda-yāmi
中文意譯	明咒　斬斷　我今

第245句	
漢字音譯	雞囉夜彌
梵　音	kīla-yāmi
中文意譯	用金剛橛釘住　我今

詞彙解說

・**毗陀夜闍：**vidyāṃ，明咒。vidyā 加上 ṃ，形成受格。「闍」是「闇」的筆誤，「闇」的發音為「暗」，用閩南語念就非常接近 āṃ。

・**瞋陀：**chinda，斬伐、斬斷、砍斷。強調「斷裂」，砍成兩段的意思。

・**夜彌：**yāmi，我今、我現在。mi，我。

・**雞囉：**kīla，橛、金剛橛、釘。金剛橛是一種法器，可以將邪魔惡念釘住並固定住，不讓它逃竄。強調「釘住」固定之。

關鍵內容

第243至245句合併說明，完整的意思是：面對髑髏外道所作業的咒力，我現在斬伐斬斷它，我現在用橛釘住它。

⑨ 對治作勝天、作蜜天、一切義成就者的咒力（第246-249句）

第246句		
	漢字音譯	闍夜羯囉　摩度羯囉
	梵　音	jaya-kara　madhu-kara
	中文意譯	作勝天（或能勝天）　作蜜天（或憍慢天）

詞彙解說

・**闍夜羯囉：**jaya-kara，能勝天、最勝天、作勝天。jaya，勝利、成功。kara，作、做、製作。

・**摩度羯囉：**madhu-kara，憍慢天、作蜜天。madhu，蜜、甜蜜（sweet）。kara，作、做、製作。

關鍵內容

「闍耶羯囉」來自梵字 jaya-kara 的音譯，意思是勝利、作。這位是宇宙的智慧能量「作勝天」，又譯「能勝天、最勝天」。在印度的外道概念，無論是微塵、大千世界、十方或時間等等，這都是一些「外物或是概念」。所有宇宙的外物、概念都是「勝性」（jaya）。不同的教派對於概念、外物有不同的見解，也形成不同的勝性，產生不同的崇拜。成觀法師寫著：「勝性為一切萬物之本源，猶如儒、道之『無極』，能生一切法。故勝性所作者即如：無極生太極，太極生兩儀（陰陽）、兩儀生四象，而萬物生矣。」

「摩度羯囉」來自梵字 madhu 與 kara 兩字。其中，madhu 的意思是「蜜、甜蜜（sweet）」。kara，作、做。兩字合譯為「作蜜天」。因為該尊天生性驕傲，又被稱「憍慢天」，「憍」字同「驕」。憍慢天是一群修行層級頗高的天人，其言行舉止所作如同印度教的梵天（brahmaṇe，第 14 句），是宇宙萬物創造的能量。梵天高高在上地驕傲自稱是一切眾生、萬物之父，這就近似憍慢天的修行層級。

第247句		
	漢字音譯	薩婆囉他　娑達那　訖唎擔
	梵　　音	sarvārtha　sādhana　kṛtāṃ
	中文意譯	一切義　成就者　所作業

詞彙解說

- **薩婆囉他：**sarvārtha，一切義。sarvārtha 是 sarvā 與 artha 兩字的結合體。sarvā，一切。artha，義、義利、助益、饒益。其中 th 的發音接近注音符號的ㄊ。
- **娑達那：**sādhana，成就者。dha 的 h 是氣音，如果不會發氣音，dha 就唸成 da 也頗接近。
- **訖唎擔：**kṛtāṃ，所作業。

關鍵內容

此咒句「薩婆囉他．娑達那」中的「薩婆囉他」（sarvārtha）的意思是「一切義利」。來自 sarva 與 artha 兩個梵字的結合，僅略掉其中重複的一個 a。「一切義利」的成就（娑達那，sadhana）是印度外道中極高層次的成就。外道沙門自認為已經獲取一切義利，也就是達到「涅槃」境界，或是已經「成就一切智」。在佛教的觀點或標準，外道沙門尚未達到那個境界。

第248句		
	漢字音譯	毗陀夜闍　瞋陀夜彌
	梵　　音	vidyāṃ　chinda-yāmi
	中文意譯	明咒　斬斷　我今

第249句		
	漢字音譯	雞囉夜彌
	梵　　音	kīla-yāmi
	中文意譯	用金剛橛釘住　我今

詞彙解說

· **毗陀夜闍**：vidyāṃ，明咒。vidyā 加上 ṃ，形成受格。「闍」是「闇」的筆誤，「闇」的發音為「暗」，用閩南語念就非常接近 āṃ。

· **瞋陀**：chinda，斬伐、斬斷、砍斷。強調「斷裂」，砍成兩段的意思。

· **夜彌**：yāmi，我今、我現在。mi，我。

· **雞囉**：kīla，橛、金剛橛、釘。金剛橛是一種法器，可以將邪魔惡念釘住並固定住，不讓它逃竄。強調「釘住」固定之。

關鍵內容

第 246 至 249 句合併說明，完整的意思是：面對 ❶ 作勝天、❷ 作蜜天、❸ 一切義成就者所作業的咒力，我現在立刻斬伐斬斷它，我現在用橛釘住它。

⑩ 對治四姊妹女神的咒力（第 250-252 句）

第250句		
	漢字音譯	赭咄囉　婆耆你　訖唎擔
	梵　　音	catur　bhāginī　kṛtāṃ
	中文意譯	四　姊妹女神　所作業

詞彙解說

· **赭咄囉**：catur，四。c 的發音為 ch，如同英文 child 的 ch 發音。

· **婆耆你**：bhāginī，姊妹女神。

· **訖唎擔**：kṛtāṃ，所作業。

關鍵內容

大部分的〈楞嚴咒〉書籍很少仔細說明四姊妹女神，但她們是密教領域的重要女神，為《大日經》中的天女：❶ 惹耶（jayā）、❷ 微惹耶（vijayā）、❸ 阿爾多（ajitā）、❹ 阿波羅爾多（aparājitā）。在《陀羅尼集經》卷一，記載四姊妹為大自在天的眷屬，但是在《文殊師利根本儀軌》中則描述四姊妹為文殊菩薩之眷屬，可以「透由真言來啟動宇宙能量」，讓四天女身形顯現，來到大地救度眾生。四姊妹者在密教瑜伽中又象徵四波羅蜜，分別是：常波羅蜜、樂波羅蜜、我波羅蜜、淨波羅蜜。而波羅蜜（pāramī）的梵語意義是「到彼岸、渡彼岸」或簡稱「度」，如此意味著四姊妹可以在前進彼岸的修行過程提供智慧能量。四姊妹在後面的第四會將再次顯現。

如果讀者細心，應該會發現四姊妹最後一位「阿波羅爾多」（aparājitā）與第 99 句「阿般囉視多具囉」（aparājitāgurā）的字源完全相同，意思是「無能勝」，強調其能量超越群倫、沒人能勝過。

第251句	
漢字音譯	毗陀夜闍　瞋陀夜彌
梵　　音	vidyāṃ　chinda-yāmi
中文意譯	明咒　斬斷　我今

第252句	
漢字音譯	雞囉夜彌
梵　　音	kīla-yāmi
中文意譯	用金剛橛釘住　我今

詞彙解說

- **毗陀夜闍：**vidyāṃ，明咒。vidyā 加上 ṃ，形成受格。「闍」是「闇」的筆誤，「闇」的發音為「暗」，用閩南語念就非常接近 āṃ。
- **瞋陀：**chinda，斬伐、斬斷、砍斷。強調「斷裂」，砍成兩段的意思。
- **夜彌：**yāmi，我今、我現在。mi，我。
- **雞囉：**kīla，橛、金剛橛、釘。金剛橛是一種法器，可以將邪魔惡念釘住並固定住，不讓它逃竄。強調「釘住」固定之。

關鍵內容

第 250 至 252 句合併說明，完整的意思是：面對四姊妹女神所作業的咒力，我現在斬伐斬斷它，我現在用橛釘住它。

⑪ 對治戰鬥勝神、歡喜自在天眾與眷屬們的咒力（第 253-257 句）

第253句		
	漢字音譯	毗唎羊訖唎知
	梵　　音	bhṛngi-riṭi
	中文意譯	戰鬥勝神

第254句		
	漢字音譯	難陀雞沙囉　伽拏　般帝
	梵　　音	nandi-keśvara　gaṇa　pati
	中文意譯	歡喜自在天　眾　主

詞彙解說

- **毗唎羊訖唎知**：bhṛngi-riṭi，戰鬥勝神，祂是濕婆或自在天的隨侍。ṛ 的發音為 ri。ṭ 的發音接近注音符號的ㄉ。
- **難陀雞沙囉**：nandi-keśvara，歡喜自在天、大聖歡喜天。nandi，歡喜。keśvara，自在。
- **伽拏**：gaṇa，眾。
- **般帝**：pati，主、領導者、支配者。

關鍵內容

「伽拏般帝」是印度濕婆神（shiva）的別稱，是 ganapati 的音譯。其中，gana 的意思是眾，pati 的意思是主、領導者，兩字合併為「眾神之主」。此尊的形象為象頭人身，完整的名號為「大聖歡喜自在天」，又稱作「歡喜天」、「難提自在天」、「大聖歡喜天」。其中，大聖歡喜天名號出現於「胎藏界曼荼羅」外金剛院的北院，是一位與兩性情慾有關的天部。

第255句		
	漢字音譯	索醯夜　訖唎擔
	梵　　音	sahāya　kṛtāṃ
	中文意譯	眷屬　所作業

詞彙解說

· **索醯夜**：sahāya，眷屬，「醯」的發音為「西」。

· **訖唎擔**：kṛtāṃ，所作業。

第256句		
	漢字音譯	毗陀夜闍　瞋陀夜彌
	梵　音	vidyāṃ　chinda-yāmi
	中文意譯	明咒　斬斷　我今

第257句		
	漢字音譯	雞囉夜彌
	梵　音	kīla-yāmi
	中文意譯	用金剛橛釘住　我今

詞彙解說

· **毗陀夜闍**：vidyāṃ，明咒。vidyā 加上 ṃ，形成受格。「闍」是「闇」的筆誤，「闇」的發音為「暗」，用閩南語念就非常接近 āṃ。

· **瞋陀**：chinda，斬伐、斬斷、砍斷。強調「斷裂」，砍成兩段的意思。

· **夜彌**：yāmi，我今、我現在。mi，我。

· **雞囉**：kīla，橛、金剛橛、釘。金剛橛是一種法器，可以將邪魔惡念釘住並固定住，不讓它逃竄。強調「釘住」固定之。

關鍵內容

第 253 至 257 句合併說明，完整的意思是：面對 ❶ 戰鬥勝神、❷ 歡喜自在天眾、❸ 與眷屬們所作業的咒力，我現在斬伐斬斷它，我現在用橛釘住它。

⑫ 對治裸身沙門的咒力（第 258-260 句）

第258句		
	漢字音譯	那揭那　舍囉婆拏　訖唎擔
	梵　音	nagna　śramaṇa　kṛtāṃ
	中文意譯	裸身　沙門　所作業

詞彙解說

- **那揭那：**nagna，裸身。
- **舍囉婆拏：**śramaṇa，也音譯為「沙門」。原本的意思是修善（以善自勉）、勤策（勤力策勵自己）。ś 的發音為 sh，如同英文 show 的 sh 發音。
- **訖唎擔：**kṛtāṃ，所作業。

關鍵內容

裸身沙門（śramaṇa）是古代印度裸身修行者，他們屬於外道，以善自勉，勤力策勵自己。一直以來，「沙門」一詞在印度泛指出家修苦行、禁欲，或因宗教的理由以乞食為生的人。而後在中國則專指「佛教的出家人」。第 258 句的裸身沙門不是指佛教的出家人，而是出家修苦行禁欲的外道行者。

第259句	
漢字音譯	毗陀夜闍　瞋陀夜彌
梵　　音	vidyāṃ　chinda-yāmi
中文意譯	明咒　斬斷　我今

第260句	
漢字音譯	雞囉夜彌
梵　　音	kīla-yāmi
中文意譯	用金剛橛釘住　我今

詞彙解說

- **毗陀夜闍：**vidyāṃ，明咒。vidyā 加上 ṃ，形成受格。「闍」是「闇」的筆誤，「闇」的發音為「暗」，用閩南語念就非常接近 āṃ。
- **瞋陀：**chinda，斬伐、斬斷、砍斷。強調「斷裂」，砍成兩段的意思。
- **夜彌：**yāmi，我今、我現在。mi，我。
- **雞囉：**kīla，橛、金剛橛、釘。金剛橛是一種法器，可以將邪魔惡念釘住並固定住，不讓它逃竄。強調「釘住」固定之。

關鍵內容

第 258 至 260 句合併說明，完整的意思是：面對裸身沙門所作業的咒力，我現在斬伐斬斷它，我現在用橛釘住它。

⑬ 對治外道教阿羅漢的咒力（第 261-262 句）

第261句		
	漢字音譯	阿羅漢　訖唎擔　毗陀夜闍　瞋陀夜彌
	梵　　音	arhat　kṛtāṃ　vidyāṃ　chinda-yāmi
	中文意譯	外道阿羅漢　所作業　明咒　斬斷　我今

詞彙解說

- **阿羅漢**：arhat 的音譯，意譯有二：一是「殺賊」（殺除心中貪、瞋、癡等煩惱三賊），另一個是「應供」（應為世人所供養）。這裡的阿羅漢不是佛教的阿羅漢，而是耆那教的阿羅漢。無論是佛教或是耆那教的阿羅漢，其修行都值得世人供養，也就是「應供」這兩字。
- **訖唎擔**：kṛtāṃ，所作業。
- **毗陀夜闍**：vidyāṃ，明咒。vidyā 加上 ṃ，形成受格。「闍」是「闇」的筆誤，「闇」的發音為「暗」，用閩南語念就非常接近 āṃ。
- **瞋陀**：chinda，斬伐、斬斷、砍斷。強調「斷裂」，砍成兩段的意思。
- **夜彌**：yāmi，我今、我現在。mi，我。

補充說明

無論是佛教或耆那教的阿羅漢的修行，在印度古代都是值得世人供養，也就是「應供」這兩字的意思。耆那教在印度延續至今，教義上反對種姓制度，主張和平主義，反暴力。印度近代民運人士甘地亦借鑑耆那教的許多理念，著名的是「不合作運動」，倡導非暴力的宗旨等。

第262句		
	漢字音譯	雞囉夜彌
	梵　　音	kīla-yāmi
	中文意譯	用金剛橛釘住　我今

詞彙解說

- **雞囉**：kīla，橛、金剛橛、釘。金剛橛是一種法器，可以將邪魔惡念釘住並固定住，不讓它逃竄。強調「釘住」固定之。

關鍵內容

第 261、262 句合併說明，完整的意思是：面對外道阿羅漢所作業的咒力，我現在斬伐斬斷它，我現在用橛釘住它。

⑭ 對治外道離欲者的咒力（第 263-265 句）

第263句		
	漢字音譯	毗多囉伽　訖唎擔
	梵　　音	vīta-rāga　kṛtāṃ
	中文意譯	離欲天　所作業

詞彙解說

- **毗多囉伽：**vīta-rāga，離欲者、離愛者。外道之中一群能夠遠離愛欲的修行者。
- **訖唎擔：**kṛtāṃ，所作業。

補充說明

vīta-rāga 的 rāga，其意思是欲（慾）、愛。外道中能夠遠離愛欲困擾的修行者，稱為離欲者、離愛者，或是視為六界中天部的「離愛著天」，或「離欲天」。

第264句		
	漢字音譯	毗陀夜闍　瞋陀夜彌
	梵　　音	vidyāṃ　chinda-yāmi
	中文意譯	明咒　斬斷　我今

詞彙解說

- **毗陀夜闍：**vidyāṃ，明咒。vidyā 加上 ṃ，形成受格。「闇」是「闍」的筆誤，「闇」的發音為「暗」，用閩南語念就非常接近 āṃ。
- **瞋陀：**chinda，斬伐、斬斷、砍斷。強調「斷裂」，砍成兩段的意思。
- **夜彌：**yāmi，我今、我現在。mi，我。

第265句		
	漢字音譯	雞囉夜彌　跋闍囉波你
	梵　　音	kīla-yāmi　vajra-pāṇi
	中文意譯	用金剛橛釘住　我今　金剛手

詞彙解說

- **雞囉**：kīla，橛、金剛橛、釘。金剛橛是一種法器，可以將邪魔惡念釘住並固定住，不讓它逃竄。強調「釘住」固定之。
- **跋闍囉波你**：vajra-pāṇi，金剛手。vajra，金剛。pāṇi，手。（這邊的斷句有誤，vajra-pāṇi 應該與後面的第 266 合併解釋。）

關鍵內容

第 264、265 句合併說明，完整的意思是：面對外道離欲者所作業的咒力，我現在斬伐斬斷它，我現在用橛釘住它。

⑮ 對治金剛手祕密主、增上主的咒力（第 266-269 句）

第266句		
	漢字音譯	具醯夜具醯夜
	梵　　音	guhya-guhya
	中文意譯	祕密　祕密

第267句		
	漢字音譯	迦地　般帝　訖唎擔
	梵　　音	kādhi　pati　kṛtāṃ
	中文意譯	增上　主　所作業

詞彙解說

- **具醯夜**：guhya，祕密。指密跡金剛，許多佛菩薩名號是單純的梵語能量，轉至中文都會增添文字讓信眾理解。
- **迦地般帝**：kādhi pati，增上主、或譯八部總管。kādhi，增上。pati，主、領導者、統理主。
- **訖唎擔**：kṛtāṃ，所作業。

補充說明

《大佛頂首楞嚴經義貫》將「迦地般帝」（kādhi pati）譯為「八部總管」。而古嚴寺版本的解釋為「增上主君」，直接翻譯字面意思。「增上」的意思是加強力量以助長進展作用，令事物更行強大。這兩個稱謂其實指的是同一位尊者，是八部鬼神的將領「密跡金剛」（guhya，第 266 句）。密跡金剛威名顯赫，是佛教的二十諸天護法之一，可以顯現忿怒身形，為手握持金剛杵（vajra-pāṇi，第 265 句）的戰鬥統領，可直譯為金剛手護法。

在佛教中同尊異名是經常可見的現象，這裡是個最好的範例。迦地般帝、增上主君、密跡金剛、金剛手護法等佛號，都是同一尊護法的不同描述，除了這些佛號之外還有其他譯名。「迦地般帝」表達增強能力（kādhi）與領導者屬性（pati），「密跡金剛」強調祕密能量（guhya），至於金剛手呈現握持金剛杵的身形（vajrapāṇi）。將稱謂的五個關鍵字根（kādhi、pati、guhya、vajra、pāṇi）一一排列，即可呈現此尊最完整的面貌。

密跡金剛的職責為擁護佛法、降伏外道及鬼神。他們住在曠野山城中，或是居於須彌山頂四角山峰。位階低於帝釋天與毗沙門天，手下率領有五百名金剛力士，他們全被「統稱」為密跡金剛。前面的咒句 guhya-guhya，其意思是「祕密！祕密！」重複 guhya 兩次，代表其為多數，也代表密跡金剛與手下五百金剛，他們主要的工作是防守天界的入口。左邊是密跡金剛，右邊是那羅延天（nārāyana，第 234 句），併稱為「仁王」，常安奉於佛寺門口。

第268句		
	漢字音譯	毗陀夜闍　瞋陀夜彌
	梵　音	vidyāṃ　chinda-yāmi
	中文意譯	明咒　斬斷　我今

第269句		
	漢字音譯	雞囉夜彌
	梵　音	kīla-yāmi
	中文意譯	用金剛橛釘住　我今

詞彙解說

- **毗陀夜闍：**vidyāṃ，明咒。vidyā 加上 ṃ，形成受格。「闍」是「闇」的筆誤，「闇」的發音為「暗」，用閩南語念就非常接近 āṃ。
- **瞋陀：**chinda，斬伐、斬斷、砍斷。強調「斷裂」，砍成兩段的意思。
- **夜彌：**yāmi，我今、我現在。mi，我。

· **雞囉**：kīla，橛、金剛橛、釘。金剛橛是一種法器，可以將邪魔惡念釘住並固定住，不讓它逃竄。強調「釘住」固定之。

關鍵內容

第 265（vajra-pāṇi）至 269 句合併說明，完整的意思是：面對金剛手、密跡金剛們、增上主所作業的咒力，我現在斬伐斬斷它，我現在用橛釘住它。

17 第三會終結祈願文

（第 270~272 句）

• 第 270~272 句總覽

漢字音譯	⑳ 囉叉　罔　㉑ 婆伽梵　㉒ 印兔那　么么寫
梵　音	⑳ rakṣa mām　㉑ bhagavan　㉒ itthā māmaśya
意　譯	⑳ 守護我　㉑ 世尊　㉒ 此我等獲得
連貫句義	唯願世尊守護我，如是此會一切眾生

在第二會的結尾處，念誦者會發心祈願讓自己與所有的眾生，一起獲得吉祥、安穩、幸運的和諧狀態（svastir bhavatu）。持咒者會附上自己的名字。來到第三會的祈願文，有了變動，是直接祈請世尊（bhagavan）來守護個人（rakṣa mām），並且擴及眾生（itthāmāmaśya）。

其中最後的 māmaśya 較難翻譯，拆解之後，māma 代表「我」，śya 是「獲得、給予」，合起來的意思是「讓我獲得、給予我」。此短短三個咒句是透由 māmaśya「獲得」世尊的能量或是祈請世尊「給予」我能量，並由自身（māma）擴及到眾生也都獲得世尊的能量，也就是梵文 itthā māmaśya，通常意譯為「此我等獲得」。「我等」兩字就是眾生。

註記：這段祈願文非常重要，念誦時至誠祈請世尊給予能量。誦持者必須熟悉。

(270-272) rakṣa mām bhagavan itthā māmaśya

唯願世尊守護我，如是此會一切眾生

第270句		
	漢字音譯	囉叉　罔
	梵　音	rakṣa　mām
	中文意譯	守護　我

第271句

漢字音譯	婆伽梵
梵　　音	bhagavan
中文意譯	世尊

第272句

漢字音譯	印兔那　么么寫
梵　　音	itthā　māmaśya
中文意譯	此　我等獲得

詞彙解說

- **囉叉：**rakṣa，守護。kṣ 的發音接近 church 的 ch。所以 rakṣa 的發音同 racha，接近囉叉。
- **罔：**mām，我。
- **印兔那：**itthā，此。th 的發音接近注音符號的ㄊ。
- **么么寫：**māmaśya，我獲得、給予我。中文比較少這樣的文字表達模式，意思是我「獲得」世尊的能量，或是祈請世尊「給予」我能量。māma，我。śya，獲得、給予。

關鍵內容

第 270 至 272 句的完整意思是：唯願世尊守護我，如是此會一切眾生。祈請世尊守護我與一切眾生，我與一切眾生都獲得世尊的保護。

第三會結構分析總複習

結構分析 14
（第 179-194 句）

楞嚴咒可化解排山倒海而來的十六個難（bhaya）

結構分析 15
（第 195-220 句）

第三會的楞嚴咒除了平息災難之外，還可以降伏鬼魅

- 十三個精靈幻妖的鬼魅系統：grahāt（第 195-207 句）
- 八個危害生命的鬼魅系統：hāriṇāṃ（第 208-215 句）
- 四個危害人類生理循環的鬼魅系統：hāriṇāṃ（第 216-220 句）

結構分析 16
（第 221-269 句）

啟動十五次威力強大的 chinda-yāmi kīla-yāmi

❶ 一切鬼眾咒力（第 221-223 句）
❷ 對治梵志外道的咒力（第 224-226 句）
❸ 對治空行母的咒力（第 227-229 句）
❹ 對治大獸主、大自在天的咒力（第 230-233 句）
❺ 對治那羅延天王的咒力（第 234-236 句）
❻ 對治真實金翅鳥與眷屬們的咒力（第 237-239 句）
❼ 對治大黑天與母神眾的咒力（第 240-242 句）
❽ 對治髑髏外道的咒力（第 243-245 句）
❾ 對治作勝天（能勝天）、作蜜天（憍慢天）、一切義成就者的咒力（第 246-249 句）
❿ 對治四姊妹女神的咒力（第 250-252 句）
⓫ 對治戰鬥勝神、歡喜自在天眾與眷屬們的咒力（第 253-257 句）
⓬ 對治裸身沙門的咒力（第 258-260 句）
⓭ 對治外道教阿羅漢的咒力（第 261-262 句）
⓮ 對治外道離欲者的咒力（第 263-265 句）
⓯ 對治金剛手祕密主、增上主的咒力（第 266-269 句）

結構分析 17
（第 270-272 句）

第三會終結祈願文（第 270-272 句）
rakṣa māṃ bhagavan itthā māmaśya
唯願世尊守護我，如是此會一切眾生

第三會咒句總覽（第 179-272 句）

句									
179 180 181 182	漢字音譯	囉闍	婆夜	主囉	跋夜	阿祇尼	婆夜	烏陀迦	婆夜
	現代讀音	辣舌	婆夜	主辣	跋夜	阿奇尼	婆夜	烏陀加	婆夜
	梵　音	rāja	bhaya	cora	bhaya	agni	bhaya	udaka	bhaya
	中文意譯	王	怖	賊	難	火	難	水	難

句						
183 184 185	毗沙	婆夜	舍薩多囉	婆夜	婆囉斫羯囉	婆夜
	皮沙	婆夜	舍薩多辣	婆夜	婆辣斫羯辣	婆夜
	viṣa	bhaya	śastra	bhaya	para-cakra	bhaya
	毒	難	刀杖	難	軍火敵兵	難

句							
186 187 188	突瑟叉	婆夜	阿舍你	婆夜	阿迦囉	密唎柱	婆夜
	突必叉	婆夜	阿舍你	婆夜	阿加辣	密利柱	婆夜
	durbhikṣa	bhaya	aśani	bhaya	akāla	mṛtyu	bhaya
	飢餓	難	冰雹	難	非時死（橫死）		難

句					
189	陀囉尼	部彌	劍波	伽波陀	婆夜
	陀辣尼	部彌	劍波	加波陀	婆夜
	dharaṇī	bhūmi	kampa	kabhada	bhaya
	總持	地震	難		

句						
190 191 192	烏囉迦婆多	婆夜	刺闍壇荼	婆夜	那伽	婆夜
	烏辣加婆多	婆夜	刺舌壇荼	婆夜	那茄	婆夜
	ulkāpāta	bhaya	rājadaṇḍa	bhaya	nāga	bhaya
	流星殞落	難	王法刑罰	難	龍蛇	難

句				
193 194	毗條怛	婆夜	蘇波囉拏	婆夜
	皮條達	婆夜	蘇博囉拿	婆夜
	vidyut	bhaya	suparnī	bhaya
	雷電	難	禿鷹	難

句						
195 196 197	藥叉	揭囉訶	囉叉私	揭囉訶	畢唎多	揭囉訶
	藥叉	揭辣呵	辣叉私	揭辣呵	畢利多	揭辣呵
	yakṣa	grahā	rāksaṣa	grahā	preta	grahā
	藥叉	鬼	羅剎	鬼	餓鬼	鬼

198 199	漢字音譯	毗舍遮	揭囉訶	部多	揭囉訶	鳩盤荼	揭囉訶
	現代讀音	皮舍遮	揭辣呵	部多	揭辣呵	鳩盤荼	揭囉訶
	梵　　音	piśāca	grahā	bhūta	grahā	kumbhāṇḍa	grahā
	中文意譯	食精氣	鬼	大身、化生	鬼	冬瓜	鬼

201 202	補單那	揭囉訶	迦咤	補單那	揭囉訶
	補單那	揭辣呵	加炸	補單那	揭囉訶
	pūtanā	grahā	kaṭa	pūtanā	grahā
	臭餓	鬼	奇	臭餓	鬼

203 204	悉乾度	揭囉訶	阿播悉摩囉	揭囉訶
	悉干度	揭辣呵	阿播悉摩辣	揭辣呵
	skanda	grahā	apasmāra	grahā
	塞建陀	鬼	羊頭癲鬼	鬼

205 206 207	烏檀摩陀	揭囉訶	車夜	揭囉訶	醯唎婆帝	揭囉訶
	烏檀摩陀	揭辣呵	車夜	揭辣呵	西利婆帝	揭辣呵
	ūdhamāda	grahā	chāyā	grahā	revatī (hirevatī)	grahā
	狂	鬼	影子	鬼	腹行女	鬼

208 209 210	社多	訶唎南	揭婆	訶唎南	嚧地囉	訶唎南
	社多	呵利南	揭婆	呵利南	嚧地辣	呵利南
	jodā	hāriṇāṃ	garbhā	hāriṇāṃ	rudhirā	hāriṇāṃ
	容顏（精氣）	食（鬼）眾	胎	食（鬼）眾	血	食（鬼）眾

211 212 213	忙娑	訶唎南	謎陀	訶唎南	摩闍	訶唎南
	忙娑	呵利南	謎陀	呵利南	摩舌	呵利南
	māmsā	hāriṇāṃ	medā	hāriṇāṃ	majjā	hāriṇāṃ
	肉	食（鬼）眾	脂	食（鬼）眾	髓	食（鬼）眾

214 215	闍多	訶唎女	視比多	訶唎南
	舌多	呵利女	視比多	呵利南
	jātā	hāriṇya	jivitā	hāriṇāṃ
	子息	食（鬼）	壽命	食（鬼）眾

216 217 218

漢字音譯	毗多	訶唎南	婆多	訶唎南	阿輸遮	訶唎女
現代讀音	皮多	呵利南	婆多	呵利南	阿輸遮	呵利女
梵　　音	vāitā	hāriṇāṃ	vāntā	hāriṇāṃ	aśucyā	hāriṇya
中文意譯	呼吸	食（鬼）眾	吐	食（鬼）眾	不淨	食（鬼）眾

219 220

質多	訶唎女	帝釤	薩鞞釤
質多	呵利女	帝衫	薩皮衫
cittā	hāriṇya	teṣāṃ	sarvesāṃ
心	食（鬼）	如是	一切眾

221 222 223

薩婆	揭囉訶南	毗陀夜闍	瞋陀夜彌	雞囉夜彌
薩婆	揭辣呵南	皮陀夜暗	瞋陀夜彌	雞辣夜彌
sarva	grahānāṃ	vidyāṃ	chinda-yāmi	kīla-yāmi
一切	鬼眾	明咒	斬斷　我今	用金剛橛釘住　我今

224 225 226

波唎跋囉者迦	訖唎擔	毗陀夜闍	瞋陀夜彌	雞囉夜彌
波利跋囉者加	汔利擔	皮陀夜暗	瞋陀夜彌	雞辣夜彌
pari-vrājaka	kṛtāṃ	vidyāṃ	chinda-yāmi	kīla-yāmi
梵志外道	所作業	明咒	斬斷　我今	用金剛橛釘住　我今

227 228 229

荼演尼	訖唎擔	毗陀夜闍	瞋陀夜彌	雞囉夜彌
荼演尼	汔利擔	皮陀夜暗	瞋陀夜彌	雞辣夜彌
dākinī	kṛtāṃ	vidyāṃ	chinda-yāmi	kīla-yāmi
空行母	所作業	明咒	斬斷　我今	用金剛橛釘住　我今

230 231

摩訶	般輸般怛夜	嚧陀囉	訖唎擔
摩呵	博輸博達夜	嚧陀辣	汔利擔
mahā	paśupatī	rudra	kṛtāṃ
大	獸主	大自在天（暴惡天）	所作業

232 233

毗陀夜闍	瞋陀夜彌	雞囉夜彌
皮陀夜暗	瞋陀夜彌	雞辣夜彌
vidyāṃ	chinda-yāmi	kīla-yāmi
明咒	斬斷　我今	用金剛橛釘住　我今

234 235 236	漢字音譯	那囉夜拏	訖唎擔	毗陀夜闍	瞋陀夜彌	雞囉夜彌	
	現代讀音	那辣夜拏	汽利擔	皮陀夜暗	瞋陀夜彌	雞辣夜彌	
	梵　音	nārāyana	kṛtāṃ	vidyāṃ	chinda-yāmi	kīla-yāmi	
	中文意譯	那羅延天	所作業	明咒	斬斷　我今	用金剛橛釘住	我今

237 238 239							
	怛埵伽嚧荼	西	訖唎擔	毗陀夜闍	瞋陀夜彌	雞囉夜彌	
	達埵茄嚧荼	西	汽利擔	皮陀夜暗	瞋陀夜彌	雞辣夜彌	
	tattva-garuda	sahīya	kṛtāṃ	vidyāṃ	chinda-yāmi	kīla-yāmi	
	真實　金翅鳥	眷屬	所作業	明咒	斬斷　我今	用金剛橛釘住	我今

240 241 242								
	摩訶	迦囉	摩怛唎伽拏	訖唎擔	毗陀夜闍	瞋陀夜彌	雞囉夜彌	
	摩呵	加囉	摩達利茄拿	汽利擔	皮陀夜暗	瞋陀夜彌	雞辣夜彌	
	mahā	kāla	mātṛgaṇa	kṛtāṃ	vidyāṃ	chinda-yāmi	kīla-yāmi	
	大	黑天	母神眾	所作業	明咒	斬斷　我今	用金剛橛釘住	我今

243 244 245						
	迦波唎迦	訖唎擔	毗陀夜闍	瞋陀夜彌	雞囉夜彌	
	加波利加	汽利擔	皮陀夜暗	瞋陀夜彌	雞辣夜彌	
	kāpālika	kṛtāṃ	vidyāṃ	chinda-yāmi	kīla-yāmi	
	髑髏外道	所作業	明咒	斬斷　我今	用金剛橛釘住	我今

246 247					
	闍夜羯囉	摩度羯囉	薩婆囉他	娑達那	訖唎擔
	舌夜羯辣	摩度羯辣	薩婆辣他	娑達那	汽利擔
	jaya-kara	madhu-kara	sarvārtha	sadhana	kṛtāṃ
	作勝天	作蜜天	一切義	成就者	所作業

248 249				
	毗陀夜闍	瞋陀夜彌	雞囉夜彌	
	皮陀夜暗	瞋陀夜彌	雞辣夜彌	
	vidyāṃ	chinda-yāmi	kīla-yāmi	
	明咒	斬斷　我今	用金剛橛釘住	我今

250 251 252							
	赭咄囉	婆耆你	訖唎擔	毗陀夜闍	瞋陀夜彌	雞囉夜彌	
	赭咄辣	婆耆你	汽利擔	皮陀夜暗	瞋陀夜彌	雞辣夜彌	
	catur	bhāginī	kṛtāṃ	vidyāṃ	chinda-yāmi	kīla-yāmi	
	四	姊妹女神	所作業	明咒	斬斷　我今	用金剛橛釘住	我今

253 254	漢字音譯	毗唎羊訖唎知	難陀雞沙囉	伽拏	般帝
	現代讀音	皮利羊汽利知	難陀雞沙辣	茄拿	博帝
	梵　音	bhṛngi-riṭi	nandi-keśvara	gaṇa	pati
	中文意譯	戰鬥勝神	歡喜自在天	眾	主

255 256 257	索醯夜	訖唎擔	毗陀夜闍	瞋陀夜彌	雞囉夜彌
	索西夜	汽利擔	皮陀夜暗	瞋陀夜彌	雞辣夜彌
	sahāya	kṛtāṃ	vidyāṃ	chinda-yāmi	kīla-yāmi
	眷屬	所作業	明咒	斬斷　我今	用金剛橛釘住　我今

258 259 260	那揭那	舍囉婆拏	訖唎擔	毗陀夜闍	瞋陀夜彌	雞囉夜彌
	那揭那	舍辣婆拿	汽利擔	皮陀夜暗	瞋陀夜彌	雞辣夜彌
	nagna	śramaṇa	kṛtāṃ	vidyāṃ	chinda-yāmi	kīla-yāmi
	裸身	沙門	所作業	明咒	斬斷　我今	用金剛橛釘住　我今

261 262	阿羅漢	訖唎擔	毗陀夜闍	瞋陀夜彌	雞囉夜彌
	阿羅漢	汽利擔	皮陀夜暗	瞋陀夜彌	雞辣夜彌
	arhat	kṛtāṃ	vidyāṃ	chinda-yāmi	kīla-yāmi
	阿羅漢	所作業	明咒	斬斷　我今	用金剛橛釘住　我今

263 264 265	毗多囉伽	訖唎擔	毗陀夜闍	瞋陀夜彌	雞囉夜彌
	皮多辣加	汽利擔	皮陀夜暗	瞋陀夜彌	雞辣夜彌
	vīta-rāga	kṛtāṃ	vidyāṃ	chinda-yāmi	kīla-yāmi
	離欲天	所作業	明咒	斬斷　我今	用金剛橛釘住　我今

265 266 267	跋闍囉波你	具醯夜具醯夜	迦地	般帝	訖唎擔
	跋舌辣波你	具西夜具西夜	加地	博帝	汽利擔
	vajra-pāṇi	guhya-guhya	kādhi	pati	kṛtāṃ
	金剛手	祕密祕密	增上	主	所作業

268 269	毗陀夜闍	瞋陀夜彌	雞囉夜彌
	皮陀夜暗	瞋陀夜彌	雞辣夜彌
	vidyāṃ	chinda-yāmi	kīla-yāmi
	明咒	斬斷　我今	用金剛橛釘住　我今

270 271 272						
	漢字音譯	囉叉	罔	婆伽梵	印兔那	么么寫
	現代讀音	辣叉	罔	婆茄梵	印兔那	磨磨寫
	梵　　音	rakṣa	mām	bhagavan	itthā	māmaśya
	中文意譯	守護	我	世尊	此	我等獲得

第四會

剛藏折攝會

{ 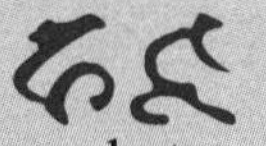
phaṭ }

震天撼地的摧碎能量 phaṭ

phaṭ 是擬聲字，模擬火焰燃燒的爆裂聲，象徵火焰熾燃的情景，通常使用於調伏法的真言末尾，有摧碎、摧滅的意思。特別是在清康熙年代的《楞嚴咒會譯》，將其意譯為「破敗、破壞」，被許多學者引用。在〈楞嚴咒〉第四會中，最驚人的變化應該就是這個咒字，震天撼地的「摧碎」（phaṭ），連同一切聲聞、天神、護法、明王、外道咒師、一切鬼魅、一切病難，全部都要摧毀、粉碎。

先啟動核心光明能量！

在進入「摧碎」（phaṭ）之前，先啟動第四會的核心光明能量！這部分的咒語實在精彩極了，請讀者務必熟記第 273 句到 286 句之間的咒句。即使單獨念誦這段咒語，就可以下載宇宙龐大的智慧能量，內容是如下：

(273-275) bhagavan sitāta patra namo śtute

世尊　光聚傘蓋　禮敬稱讚

(276-277) asitā-nalārka prabhā sphuṭa

光聚甘露火日光　光明遍照

(278) vikā sitāta patre

展開　光聚　傘蓋

(279-280) jvala jvala dala dala

熾盛火焰　熾盛火焰　怒放　怒放

(281) vidala vidala chinda chinda

遍怒放　遍怒放　斬斷　斬斷

(282-283) hūṃ hūṃ

吽　吽（一切金剛種子字）

(284-286) phaṭ phaṭ phaṭ phaṭ phaṭ svāhā

摧碎　摧碎　摧碎　摧碎　摧碎　圓滿成就

完成「有」的智慧學習，更進一步轉入「空」的智慧學習

念誦完上述咒語之後，就要展開三十九個數量龐大的 phaṭ 威猛能量來徹底摧毀粉碎一切，其摧碎對象包含三大善法神（不空、無障礙、與願）、五大護法神（天龍八部之中的五位）、六鬼神眾（自然山林的精靈）、八外道與諸成就者（清淨修行道）、五護法（金剛部族）、四護法妃后（印度主神）、八女性護法（忿怒女神）。最後，再虔誠念誦第四會終結祈願文。

這回〈楞嚴咒〉的勇猛激烈的能量，實在可以驚天動地。即使是善法神、護法神都要摧毀粉碎。此時，修行者完成「有」的智慧學習，而更進一步轉入「空」的智慧學習，才會連同善神護法都要摧毀粉碎。「有」的智慧學習代表娑婆世界的領悟，「空」的智慧學習則是邁向宇宙虛空的境態。

持咒者無須畏懼三十九個 phaṭ，只要維持虔敬的心，懷抱著慈悲、智慧、懺悔、感恩，就可以成就功德，獲得佛、菩薩的庇護，就如同咒名直譯的「無有能及、甚能調伏」。反之，心存惡念或輕心地製造惡業，那麼佛、菩薩會遠離你，而可能龍天護法、金剛明王會前來懲處及責罰。

關鍵要點

第四會摧碎的對象

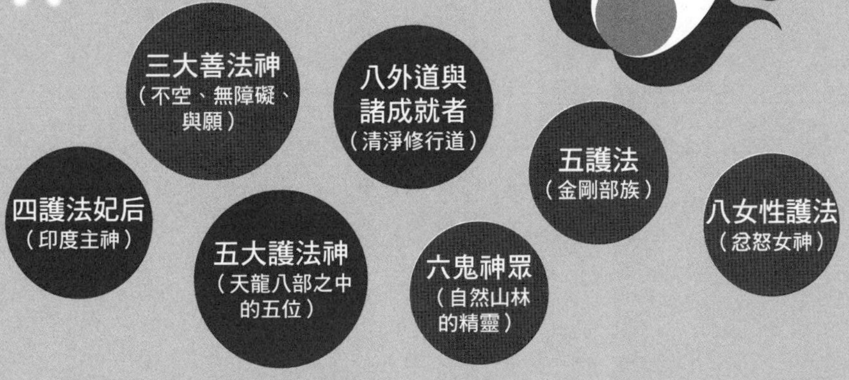

關鍵要點

大白傘蓋佛母唐卡

圖片出處：《探索唐卡》（張宏實著，1998），由台北徐盼蘋小姐提供

多層堆疊的面容，共五種顏色，象徵來自宇宙五部的能量（與五方佛的概念與方位都相同）。

千臂的環形結構，象徵力量擴及全宇宙。

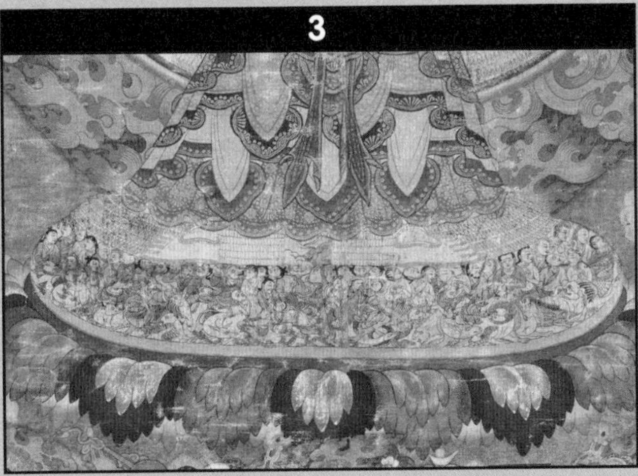

千足與波浪衣袍，象徵庇護六道的眾生。

重點一：更深層更完整的意思是「**諸佛頂髻聚集光明，而後遍照光明、如同蓋傘保護眾生**」。

重點二：在藏傳佛教的傳承，將上述「**抽象能量**」的凝聚過程，透由具體造像予以「**擬像化**」成一位佛母，其名號是「大白傘蓋佛母」（ushnishasitapattra）。

重點三：圖像上，佛母的頂部有諸佛象徵頂髻，祂握持白傘蓋，**裙擺下數百眾生**代表在這個光明能量場受到庇護與守護。祂在經典《佛說大白傘蓋總持陀羅尼經》中，誦持著與〈楞嚴咒〉非常近似的咒語。

18 啟動第四會的核心光明能量

(第 273~286 句)

從第 273 至 286 句這十二個咒句，展開第四會的核心光明能量，這是一段極為精彩且充滿宇宙智慧能量的咒語，請讀者細看與深讀，會有很大的收穫。在火供所用的壇場有四種成就法，稱為「四護摩法」。「護摩」(homa）一詞的意思就是火供，是獲取宇宙與佛菩薩光明能量的儀式法門。此會一開始涵蓋了第三法「敬愛法」(vaśākarana)，敬愛與懷愛白蓋（sitāta patra，大白傘蓋，或意譯為光聚傘蓋）的偉大。透由此法祈請自身與他人獲得大白傘蓋能量的庇護，當然也包含由護摩四法延伸而出的第五法「鉤召法」(ākarsa)，是召請呼喚大白傘蓋的法門，融入於敬愛法之中。

其中最重要的咒句「薩怛般怛囉」，是梵語 sitāta patra 的漢字音譯。「薩怛」更完整的音譯是「薩怛多」(sitāta)，原本的意思是「光聚、光明的凝聚」。追根究柢，sitāta 可以拆解字根，sitā 的意思是白，sitāta 則是白的累積，也就是白光的累聚，或是光能的凝聚，所以可譯為「光聚」。「薩怛多」的另一個常見譯法是「大白」。「般怛囉」(patra）的意思是蓋、傘蓋，延伸為保護人類的庇護傘蓋。白色光能的凝聚是一股神聖的智慧能量，在藏傳佛教被擬像化成具體形象的佛母「大白傘蓋」。祂的能量光顯現出 (276) 白色分明（asitā-nalārka）的相狀，光耀的顯現充滿了能量。

前六句虔誠地呼喚白色光能的凝聚，無論是人類或大地都需要宇宙光能來達到淨化的狀態。後六句是氣勢威猛的第四法「降伏法」（abhicāraka)，又稱「調伏法」，是一種平衡宇宙負面能量的修行法門，目的是為了自身與他人調伏怨敵惡人的祈禱法。其源頭是來自於宇宙東方金剛部（vajra kulāya）的降伏法，以阿閦如來的威猛能量「降伏調協」空間中存在的負面能量。

首先呼喚燃燒的能量，這是 (279) 熾盛火焰（jvala jvala）的威猛力量。透由 (280) 燃燒的能量（dala dala）去降伏空間存在的負面能量，而且是要 (281) 徹底降伏（vidala vidala)，同時還要 (281) 斬斷滅絕（chinda chinda)。結尾是連續五個泮（phaṭ），其力量威猛，可以摧毀粉碎一切，破敗一切，達到速疾成就的境態。

• 第 273-278 句總覽

漢字音譯	㉗③ 婆伽梵　㉗④ 薩怛多　般怛囉 ㉗⑤ 南無　粹都帝　㉗⑥ 阿悉多那囉剌迦 ㉗⑦ 波囉婆　悉普吒（吒）　㉗⑧ 毗迦　薩怛多缽帝唎
梵　音	㉗③ bhagavan　㉗④ sitāta patra ㉗⑤ namo śtute　㉗⑥ asitā-nalārka ㉗⑦ prabhā sphuṭa　㉗⑧ vikā sitāta-patre
意　譯	㉗③ 世尊　㉗④ 光聚　傘蓋 ㉗⑤ 禮敬皈依　稱讚　㉗⑥ 白光　分明 ㉗⑦ 光明　遍照　㉗⑧ 展開　白　蓋
連貫句義	禮敬皈依讚揚世尊！光聚傘蓋！光聚的甘露火與日光，呈現遍照一切的光明，展開如光聚傘蓋。

• 第 279-286 句總覽

漢字音譯	㉗⑨ 什佛囉　什佛囉　㉘⓪ 陀囉　陀囉 ㉘① 頻陀囉　頻陀囉　瞋陀　瞋陀 ㉘② 虎𤙖　㉘③ 虎𤙖 ㉘④ 泮吒（吒）　㉘⑤ 泮吒　泮吒　泮吒　泮吒（吒）　㉘⑥ 娑訶
梵　音	㉗⑨ jvala jvala　㉘⓪ dala dala ㉘① vidala vidala chinda chinda ㉘② hūm　㉘③ hūm ㉘④ phaṭ　㉘⑤ phaṭ phaṭ phaṭ phaṭ　㉘⑥ svāhā
意　譯	㉗⑨ 熾盛火焰　熾盛火焰　㉘⓪ 怒放　怒放 ㉘① 遍怒放　遍怒放　斬斷　斬斷 ㉘② 吽　㉘③ 吽 ㉘④ 摧碎　㉘⑤ 摧碎　摧碎　摧碎　摧碎　㉘⑥ 圓滿
連貫句義	熾盛火焰、熾盛火焰，怒放、怒放，遍怒放、遍怒放，斬斷、斬斷，成就、成就，摧碎、摧碎、摧碎、摧碎、摧碎，圓滿。

第273句		
	漢字音譯	婆伽梵
	梵　　音	bhagavan
	中文意譯	世尊

第274句		
	漢字音譯	薩怛多　般怛囉
	梵　　音	sitāta　patra
	中文意譯	光聚　傘蓋（或譯白傘蓋）

詞彙解說

- **婆伽梵：**bhagavan，世尊。為世人所尊重。
- **薩怛多：**sitāta，光聚、光明。sitā 的意思是白，sitāta 是白的累積，也就是光聚。
- **般怛囉：**patra，傘蓋。

第275句		
	漢字音譯	南無　粹都帝
	梵　　音	namo　śtute
	中文意譯	禮敬皈依　稱讚

第276句		
	漢字音譯	阿悉多那囉剌迦
	梵　　音	asitā-nalārka
	中文意譯	白光　分明

詞彙解說

- **南無：**namo，禮敬皈依。
- **粹都帝：**śtute，稱讚。ś 的發音為 sh，如同英文 show 的 sh 發音。
- **阿悉多：**asitā，白光、光聚。代表能量的聚集、光的聚集。
- **那囉剌迦：**nalārka，光色分明。漢音「那囉剌迦」應該是「那剌囉迦」，此為古代抄寫時「囉」與「剌」兩字顛倒的失誤。

第277句	
漢字音譯	波囉婆　悉普咤（吒）
梵　　音	prabhā　sphuṭa
中文意譯	光明　遍照

第278句	
漢字音譯	毗迦　薩怛多缽帝唎
梵　　音	vikā　sitāta-patre
中文意譯	展開　白　蓋

詞彙解說

- **波囉婆：**prabhā，光明。琉璃光、日光、月光的光都是使用這個梵字。
- **悉普咤（吒）：**sphuṭa，普照、遍照、顯現。光明能量完整圓滿、周遍地照耀著。ṭ 的發音接近注音符號的ㄉ。
- **毗迦：**vikā，展開、開啟，或是光輝的意思。vikā 與 sitāta patre（白傘蓋）連結在一起，指開啟白傘蓋、展開白傘蓋。
- **薩怛多：**sitāta，光聚。sitā 的意思是白，sitāta 是白的累積，也就是光聚。
- **缽帝唎：**patre，蓋、傘蓋。

關鍵內容

第 276、277、278 句共有五個咒字，都與光有關，其意思是「白光分明、光明遍照、展開白蓋」，充滿光明的閃耀，庇護守衛眾生。此五字分別是 ❶ 白光分明（asitā-nalārka）、❷ 光明（prabhā）、❸ 遍照（sphuṭa）、❹ 展開（vikā）、❺ 白蓋（sitāta patre）。參見關鍵要點「大白傘蓋佛母唐卡」，第 300 頁。

第279句	
漢字音譯	什佛囉　什佛囉
梵　　音	jvala　jvala
中文意譯	熾盛火焰　熾盛火焰

詞彙解說

- **什佛囉：**jvala，光焰、光明火焰、熾盛火焰。

關鍵內容

光明火焰照耀眾生的無始無明，燃燒眾生一切惡業、愚痴與不淨。連續兩次的 jvala，代表兩次的祈願與讚歎，以此增強佛頂熾燃能量、光輝照耀。

第280句		
	漢字音譯	陀囉　陀囉
	梵　　音	dala　dala
	中文意譯	怒放　怒放

詞彙解說

・**陀囉**：dala，怒放、忿怒綻放。

關鍵內容

連續兩次的 dala，代表兩次的祈願與讚歎，讓佛頂能量怒放，而且威嚇強度再升級，怒放是指「忿怒綻放」能量，屬於氣勢威猛的力量。

第281句		
	漢字音譯	頻陀囉　頻陀囉　瞋陀　瞋陀
	梵　　音	vidala　vidala　chinda　chinda
	中文意譯	遍怒放　遍怒放　斬斷　斬斷

詞彙解說

・**頻陀囉**：vidala，遍怒放、再怒放，意思是全面性（遍）、再一次地綻放光能。

・**瞋陀**：chinda，斬伐，滅絕、滅盡。ch 的發音如同英文 child 的 ch。

第282句		
	漢字音譯	虎䶪
	梵　　音	hūm
	中文意譯	吽

詞彙解說

這是一切金剛的種子字，原本是威嚇、忿怒的擬聲語。吽的發音如「轟」，但現代通行念誦本的 hūm 字，通常寫成「虎件」，而寺院傳統誦本上標註的國語注音是「ㄏㄨˇ ㄒㄧㄣˋ」，但這與hūm的發音相距甚遠，「吽」字請務必採用如同「轟」的發音。

補充說明

此處分享成觀法師在《大佛頂首楞嚴經義貫》一書對於 hūm 的專業獨到的解釋。他說：「一切金剛種子字。種子者，出生也：謂一切金剛從此而生，此為一切金剛共同本源也。故此字成為最純淨之真言，若說此真言，即能驚覺一切金剛，不捨本誓三昧耶，前來救護行者。故種子字即有召請（鈎召）及息災、降伏之義用。」。

第283句		
	漢字音譯	虎䛃
	梵　音	hūm
	中文意譯	吽

第284句		
	漢字音譯	泮吒（吒）
	梵　音	phaṭ
	中文意譯	摧碎、破敗

第285句		
	漢字音譯	泮吒　泮吒　泮吒　泮吒（吒）
	梵　音	phaṭ　phaṭ　phaṭ　phaṭ
	中文意譯	摧碎　摧碎　摧碎　摧碎

第286句		
	漢字音譯	娑訶
	梵　音	svāhā
	中文意譯	圓滿或速疾成就

詞彙解說

・**泮吒**：phaṭ，這是擬聲字，模擬火焰燃燒的爆裂聲，象徵火焰熾燃的情景。通常使用於調伏法的真言末尾，有摧碎、摧滅的意思。在現今寺院課誦本的第 284、285 句寫著「泮吒」或「泮吒」。第四會之後還有三十七個咒句含有 phaṭ，與第五會有兩個 phaṭ，漢音都只寫著「泮」，沒有「吒（咤）」。

　　原因不清楚，不過可以確定的是，原始悉曇文梵文可以對應 phaṭ 的發音。目前也沒有學者討論過這點，只能推測明版楞嚴咒在第四會的「一開始」的兩個咒句是調伏法的「音韻的刻意強調」，所以多出「咤」或「吒」。還有一種可能「咤」或「吒」是 ṭ 的音譯，也就是說 phaṭ 一字發音接近明代時候（非現代國語注音）的「泮咤」這兩字的念法。

・**娑訶**：svāhā，除了圓滿或速疾成就的意思之外，也是吉祥的用語。在古代印度供神時，祈求幸福吉祥的讚歎語。經常會置於密咒的結尾，例如《心經》最後的「菩提薩婆訶」（bodhi svāhā）。

關鍵要點

連續五個 phaṭ，十分罕見！

　　第 284、285 句連續五個 phaṭ，摧碎能量的強度非常驚人，是佛教咒語中非常罕見的，因為一般咒語最多為兩個或三個連續 phaṭ。

　　在〈楞嚴咒〉的 427 句中，總共 44 個 phaṭ，超過 10% 的咒句包含此字。

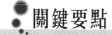

19 第四會的核心！展開三十九個 phaṭ！數量龐大的能量徹底摧毀粉碎一切

（第 287~329 句）

第四會的重點是啟動核心咒語第 273 至 286 句之後，立刻展開 39 個 phaṭ，此咒字威力剛強、氣勢磅礡，實在是「剛、強、猛、烈、爆」的咒語，其數量龐大的能量能夠徹底摧毀粉碎一切。「泮」（phaṭ）的字面意思是「摧碎」（摧毀粉碎）、「破敗」（破壞擊敗）的擊破爆裂模擬音韻，意思頗近似英文的 destroy、distinguish。

phaṭ 的 ṭ 一字發音，接近注音符號的ㄉ。傳統的漢譯是「泮」（音同「盼」），與 phaṭ 的實際發音不是很接近。如果國語發音，應該是唸成「帕的」而非「泮」。然而，phaṭ 除了表面的字義解釋外，在修行上會隨著傳承儀軌而有不同的意義。

第287句		
	漢字音譯	醯　醯　泮
	梵　　音	he　he　phaṭ
	中文意譯	唯　唯　摧碎

詞彙解說

- **醯醯**：he he。呼召用語，翻譯成「唯、唯」。口語化的意思是「來吧！來吧！」，接近英文的「come on! come on!」
- **泮**：phaṭ，字面意思是「摧碎」（摧毀粉碎）、「破敗」（破壞擊敗）。ṭ 發音接近注音符號的ㄉ，phaṭ 的發音接近「帕的、帕達」，與「泮」國語發音（同「盼」）相去甚遠。詳見第 284 句的解說。

關鍵要點

果濱居士分析 phaṭ

- 字面解釋：遣除、降伏。或是忿怒的能量。
- 深層分析：祕密真言，不共意義。「不共」的意思是指佛菩薩所領略的意義，不同於凡常人類所能理解的。

phaṭ = pha + ṭ

pha	忿怒威勢予以遣除 → 忿怒尊的威力 ➡ 離利一切相 → 空
ṭ	慈悲溫柔予以收攝 → 寂靜尊的慈悲 ➡ 即一切相 → 不空

成觀法師《大佛頂首楞嚴經義貫》分析 phaṭ!

- 咒語含藏的意思：破敗，破壞、打敗。
- 如同兩軍作戰論，統帥發出令號 phaṭ，衝鋒陷陣殲滅敵人。主要的敵人是我們的心魔所引動的負面能量，貪、瞋、癡三魔為主，還有慢、疑等二魔。
- phaṭ 是啟動摧毀（destroy、distinguish）並降伏（subdue）惡眾發出的訊號。
- phaṭ 是一切金剛執行「降伏法」的共同真言，此咒重要的金剛之一是八部鬼神的將領「密跡金剛」(guhya，第 266 句)。
- 密跡金剛威名顯赫，他是佛教的二十諸天護法之一。可以顯現護法的忿怒身形，是一位手握持金剛杵（vajra-pāṇi，第 265 句）的戰鬥統領。

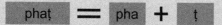

三大善法摧碎：① 不空使者、② 無障礙天神、③ 與願天神（第 288-290 句）

• 第 288-290 句總覽

漢字音譯	㉘⑧ 阿牟迦耶　泮 ㉘⑨ 阿波囉提訶多　泮 ㉙⓪ 婆囉波囉陀　泮
梵　音	㉘⑧ amoghāya phaṭ ㉘⑨ apratihatāya phaṭ ㉙⓪ vara-pradāya phaṭ
意　譯	㉘⑧ 不空使者　摧碎 ㉘⑨ 無障礙天神　摧碎 ㉙⓪ 與願天神　摧碎
連貫句義	來呀！來破敗！證不空者破敗！證無能勝者破敗！與願者破敗！

關鍵要點

祕密真言或秘密真言

祕密　○　正確（祕，示！神的指示）

秘密　✕　錯誤（秘，香草）

「祕密」的意思是隱密、神祕的，要寫成「秘密」或「祕密」呢？讀誦佛教經典的許多人都會對此感到困惑。以現代用語來說，比較正確是「祕密」,「示」字部首，許多大藏經古籍的經名則寫著「秘密」一詞，這是唐代的用字，例如唐代行琳大師（西元 898 年）編集的《釋教最上乘秘密藏陀羅尼集》，多次出現於本書。本書在文章內容採示字部首的祕密，提及古籍時會維持唐代用字。

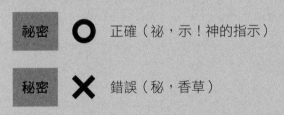

第288句		
	漢字音譯	阿牟迦耶　泮
	梵　　音	amoghāya　phaṭ
	中文意譯	不空使者　摧碎

詞彙解說

· **阿牟迦耶：**amoghāya，不空，意指不空使者，能夠達到「不空」境態的神聖意識體。amoghāya 的漢字音譯「阿牟迦耶」，應該更正為「阿牟伽耶」。ghā、gā 的漢音是「伽」（茄），khā、kā 的漢音是「迦」（加），特別提醒讀者，佛經的「伽」與「迦」是依據河洛語的發音，與現代國語注音不同。建議採用羅馬拼音念誦，比較接近梵音。

· **泮：**phaṭ，字面意思是「摧碎、摧毀粉碎、破敗、破壞擊敗」。phaṭ 是擬聲字，模擬火焰燃燒的爆裂聲，象徵火焰熾燃的情景，通常使用於調伏法的真言末尾。詳見第 284 句的解說。

關鍵內容

「阿牟迦耶・泮」的阿牟迦耶（amoghaya，不空），是極高的修行境界，〈楞嚴咒〉來到此處，就連善法「不空」都要啟動 phaṭ，予以摧碎、破敗。

這次所要破除的不是邪惡眾生的惡「不淨法」，而是出世的「善法」。於此，在第四會的開始會連續摧碎、破敗三個善法，分別是 ❶ 不空使者、❷ 無障礙天神、❸ 與願天神。

修行者在追求智慧的過程中，必須先遠離對「有」的執著，對物質世界適當地斷捨離，這是修行的初始過程，如此可以安穩地進入「空」的境態。然而，一旦進入「空」的世界，修行者可能又會對「空」有所執著與執愛，此刻又必須破敗「對空的執著」，這是非常高境界的「不空」，連空都要超越了。

為何如此呢？修行過程中先要執著於空，才能有空的成就，有了空的成就，接下來要破除空，也就是遠離對空的喜愛、執著，所以來到不空。不僅對「空的執著」要 phaṭ，予以摧碎、破敗，更高層級的智慧學習則是對「不空的執著」也同樣要 phaṭ，予以摧碎、破敗。所以本句「阿牟迦耶（不空）」也要摧碎、破敗。

第289句		
漢字音譯	阿波囉提訶多　泮
梵　　音	apratihatāya　phaṭ
中文意譯	無障礙天神　摧碎

詞彙解說

- **阿波囉提訶多：**apratihatāya，無障礙，無能勝者。這裡指無障礙的天神，祂是能夠達到「無障礙境態」的神聖意識體。

關鍵內容

《十小咒》的第二咒〈消災吉祥神咒〉中，第一句是 namah samanta budanam（一切諸佛）· apratihata（無能勝）· shasananam（教法），完整的意思是「誠敬地將生命交付給一切諸佛與無能勝過的教法」，這說明此教法是 apratihata，即無能勝過、沒有障礙。所謂摧碎「無能勝過」或是摧碎「沒有障礙」，即是達到另一個境界「沒有勝過或不勝過」，「沒有超越障礙的有或無」。這是沒有戰勝，也沒有障礙的超然世界。於此，第四會開始先摧碎、破敗第一個善法「不空」（amoghaya），接著是第二個善法「無障礙」（apratihatāya）。

第290句		
漢字音譯	婆囉波囉陀　泮
梵　　音	vara-pradāya　phaṭ
中文意譯	與願天神　摧碎

詞彙解說

- **婆囉：**vara，願、願望。
- **波囉陀：**pradāya，其中 pradā 含有施予、給予的意思，而 ya 代表「者」，pradā 與 ya 結合成「施予者」、「給予者」。
- **婆囉波囉陀：**vara-pradāya，意思是「給予願望的神聖意識體」。祂是施予願望的神、施願神，代表慈悲的神。

關鍵內容

施願天神「婆囉波囉陀」(vara-pradāya）原本是滿足眾生願望者，已經是菩薩的大神通境界，也是娑婆世界美麗慈悲能量的相狀。無論是天神或大神通境界的菩薩們，祂們能夠以威神、功德或福智的力量，讓眾生所祈求的願望都能獲得滿足。如果連同「祈願」皆要摧碎，祈請的願望都要摧碎，即是進入「無所得」的境態，對於祈願抱著無所求、無所得的超然世界。這是〈楞嚴咒〉極高的境態，呈現的是第三個善法的破敗。

關鍵要點

空性的修行過程

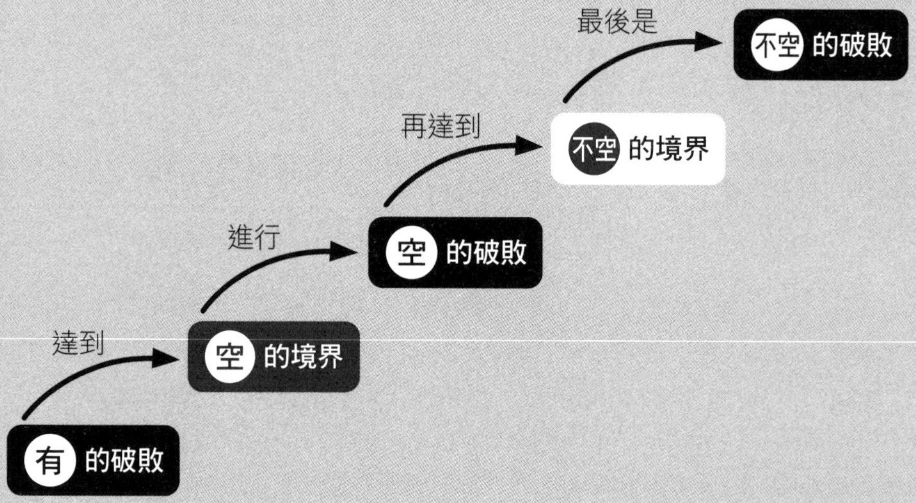

五大護法摧碎：① 阿修羅、② 天神眾、③ 龍蛇眾、④ 藥叉眾、⑤ 香神樂神眾（第 291-295 句）

天龍八部（Aṣṭasenā），是佛教概念，指佛教護法神隊伍中以 (292) 天、(293) 龍為首的八種神話種族，包含 (292) 天眾、(293) 龍眾、(294) 夜叉（藥叉）、(295) 乾闥婆、(291) 阿修羅、(237) 迦樓羅、緊那羅、摩睺羅迦。此八部以「天眾」和「龍眾」為首，故稱「天龍八部」。天龍八部在這個單元共有五位出現，還有一位則是出現於第三會的第 237 咒句的迦樓羅（伽嚧茶）。即使他們已經成為護持佛法的正面能量，但就如同出世三大善法神，也必須摧碎、破敗（phaṭ）。

• 第 291-295 句總覽

漢字音譯	(291) 阿素囉　毗陀囉波迦　泮 (292) 薩婆　提鞞弊　泮 (293) 薩婆　那伽弊　泮 (294) 薩婆　藥叉弊　泮 (295) 薩婆　乾闥婆弊　泮
梵　音	(291) asura vidrāvakāya phaṭ (292) sarva deve-bhyaḥ phaṭ (293) sarva nāge-bhyaḥ phaṭ (294) sarva yakṣe-bhyaḥ phaṭ (295) sarva gandharve-bhyaḥ phaṭ
意　譯	(291) 阿修羅　疾趨神　摧碎 (292) 一切　天神眾　摧碎 (293) 一切 龍蛇眾　摧碎 (294) 一切　藥叉鬼神眾　摧碎 (295) 一切　香神眾、樂神眾　摧碎
連貫句義	摧碎阿修羅疾趨神！摧碎一切天神眾！摧碎一切龍蛇眾！摧碎一切藥叉鬼神眾！摧碎一切香神眾、樂神眾！

第291句		
	漢字音譯	阿素囉　毗陀囉波迦　泮
	梵　音	asura　vidrāvakāya　phaṭ
	中文意譯	阿修羅　疾趨神　摧碎

詞彙解說

· **阿素囉：** asura，阿修羅。詳見關鍵內容說明。

· **毗陀囉波迦：** vidrāvakāya，意譯為「疾趨神」。「疾」的意思是快速，「趨」則是驅離、逃離。阿修羅是一位破壞之神，具備快速驅離的能量。此外，此字 vidrāvakāya 應該與第 27 句 vidrāvaṇa kārāya 有關，vidrāvaṇa 的意思是「破壞、摧毀」，而第 27 句同樣與印度神話中阿修羅的戰爭有關。

· **泮：** phaṭ，字面意思是「摧碎、摧毀粉碎、破敗、破壞擊敗」。phaṭ 是擬聲字，模擬火焰燃燒的爆裂聲，象徵火焰熾燃的情景，通常使用於調伏法的真言末尾。詳見第 284 句的解說。

關鍵內容

阿修羅（asura）是欲界的大力神或是半神半人的大力神，具備快速驅離的能量，所以是疾趨神（vidrāvakāya）。阿修羅易怒好鬥，驍勇善戰，曾經多次與三十三天的諸神激戰。然而，也有少部分的阿修羅信奉佛法，成為佛教天龍八部護法之一。

第292句		
	漢字音譯	薩婆　提鞞弊　泮
	梵　音	sarva　deve-bhyaḥ　phaṭ
	中文意譯	一切　天神眾　摧碎

第293句		
	漢字音譯	薩婆　那伽弊　泮
	梵　音	sarva　nāge-bhyaḥ　phaṭ
	中文意譯	一切　龍蛇眾　摧碎

詞彙解說

・**薩婆：**sarva，一切。

・**提鞞弊：**deve-bhyaḥ，天神，天龍八部之首。byaḥ，弊，意思是眾。

・**那伽弊：**nāgebhyaḥ，龍蛇眾。nāge，龍、蛇。byaḥ，弊，意思是眾。

第294句

漢字音譯	薩婆　藥叉弊　泮
梵　　音	sarva　yakṣe-bhyaḥ　phaṭ
中文意譯	一切　藥叉鬼神眾　摧碎

第295句

漢字音譯	薩婆　乾闥婆弊　泮
梵　　音	sarva　gandharve-bhyaḥ　phaṭ
中文意譯	一切　香神眾、樂神眾　摧碎

詞彙解說

・**藥叉弊：**yakṣe-bhyaḥ，藥叉鬼神眾。yakṣe，藥叉。byaḥ，意思是眾。kṣ 的發音接近 church 的 ch。

・**乾闥婆弊：**gandharve-bhyaḥ，常見的音譯是「乾達婆神眾」，他們是香神眾、樂神眾的聚合體。乾闥婆是天龍八部中同時掌管香（incense）與音樂（music）的神。

六種鬼神摧碎：① 臭餓鬼、② 奇臭餓鬼、③ 誤戒過神、④ 難發遣神、⑤ 瘟神、⑥ 羊頭癲神（第 296-301 句）

• 第 296-301 句總覽

漢字音譯	㉖296 薩婆　補丹那弊　泮 297 迦咤（吒）　補丹那弊　泮 298 薩婆　突狼枳帝弊　泮 299 薩婆　突澀比訖瑟帝弊　泮 300 薩婆　什婆利弊　泮 301 薩婆　阿播悉摩囉弊　泮

梵音	㉖ sarva pūtane-bhyaḥ phaṭ ㉗ kaṭa pūtane-bhyaḥ phaṭ ㉘ sarva dur-langhite-bhyaḥ phaṭ ㉙ sarva dus-prekṣite-bhyaḥ phaṭ ㊀ sarva jvare-bhyaḥ phaṭ ㊁ sarva apasmāre-bhyaḥ phaṭ
意譯	㉖ 一切　臭餓鬼眾　摧碎 ㉗ 奇（非常）　臭餓鬼眾　摧碎 ㉘ 一切　誤戒過神眾　摧碎 ㉙ 一切　難發遣神眾　摧碎 ㊀ 一切　瘟神眾　摧碎 ㊁ 一切　羊頭癲神眾　摧碎
連貫句義	摧碎一切臭餓鬼眾！摧碎奇臭餓鬼眾！摧碎一切誤戒過神眾！摧碎一切難發遣神眾！摧碎一切瘟神眾！摧碎一切羊頭癲神眾！

第296句

漢字音譯	薩婆　補丹那弊　泮
梵音	sarva　pūtane-bhyaḥ　phaṭ
中文意譯	一切　臭餓鬼眾　摧碎

詞彙解說

- **薩婆**：sarva，一切。
- **補丹那弊**：pūtane-bhyaḥ，音譯為「富單那眾」，意譯為「臭餓鬼眾」。byaḥ，意思是眾。這是一種會引發人類瘟疫發燒的熱病鬼。他與上述的香神（乾闥婆神眾）都是為四大天王中持國天的眷屬，守護著娑婆世界的東方。
- **泮**：phaṭ，字面意思是「摧碎、摧毀粉碎、破敗、破壞擊敗」。phaṭ 是擬聲字，模擬火焰燃燒的爆裂聲，象徵火焰熾燃的情景，通常使用於調伏法的真言末尾。詳見第 284 句的解說。

第297句

漢字音譯	迦咤（吒）　補丹那弊　泮
梵音	kaṭa　pūtane-bhyaḥ　phaṭ
中文意譯	奇（非常）　臭餓鬼眾　摧碎

第298句	
漢字音譯	薩婆　突狼枳帝弊　泮
梵　　音	sarva　dur-langhite-bhyaḥ　phaṭ
中文意譯	一切　誤戒過神眾　摧碎

詞彙解說

- **迦吒**：kaṭa，非常、極度。
- **補丹那**：pūtane，同第 296 句的富單那鬼、臭餓鬼。kaṭa pūtane 是升級版的臭餓鬼，奇臭餓鬼、極臭餓鬼。
- **弊**：bhyaḥ，眾。
- **突**：dur，誤戒、誤想。還有困難、障難的意思。
- **狼枳帝**：langhite，過、度過、超越。

補充說明

「突狼枳帝」（dur-langhite）這個字比較難解釋，必須拆解分析。突，梵語是 dur，意思是誤戒、誤想，還有困難、障難的概念。所以「突」（dur）是迷惑人類以至於產生誤想、產生困難。至於「狼枳帝」（langhite）的意思是過、度過、超越。

所以，此神代表「超越誤戒」或是「度過困難障礙」的神靈，分別譯為「誤戒過神」或「難過神」。「難過神」需要稍稍解釋，不是心理難過的難過，而是越過困難障礙，取「過」與「難」兩字成為「難過神」，代表能夠超越錯誤、障礙、困難的神聖意識體。

第299句	
漢字音譯	薩婆　突澀比訖瑟帝弊　泮
梵　　音	sarva　dus-prekṣite-bhyaḥ　phaṭ
中文意譯	一切　難發遣神眾　摧碎

詞彙解說

- **突澀**：dus：難。
- **比訖瑟帝**：prekṣite，發遣、遣送。dus-prekṣite，將「難」發遣、遣送。其中 kṣ 的發音接近 church 的 ch。

補充說明

「突瑟比訖瑟帝」（dus-prekṣite）除了「難發遣眾神」之外，還有「懊見過神」的譯法。懊見過神的「見」，其意思是「令人目睹即生懊惱、沮喪情緒的神」。〈楞嚴咒〉是透由不思議的甘露光焰所顯化的爆破聲 phaṭ，來消退懊惱、沮喪的「懊見過神」。

第300句		
	漢字音譯	薩婆　什婆利弊　泮
	梵　　音	sarva　jvare-bhyaḥ　phaṭ
	中文意譯	一切　瘟神眾　摧碎

第301句		
	漢字音譯	薩婆　阿播悉摩嚟弊　泮
	梵　　音	sarva　apasmāre-bhyaḥ　phaṭ
	中文意譯	一切　羊頭癲神眾　摧碎

詞彙解說

- **什婆利**：jvare，瘟疫，特指發燒的流行疾病，古代的黑死病與近代的瘧疾都是發燒的流行病，或是近年的 SARS、新冠肺炎也是什婆利（jvare）。
- **阿播悉摩嚟**：apasmāre，羊頭癲神。

八種外道與諸成就者摧碎：① 外道沙門、② 外道神、③ 狂病鬼、④ 咒師眾、⑤ 作勝天、作蜜天；⑥ 一切義成就者、⑦ 咒師眾、⑧ 四姊妹女神（第 302-309 句）

• 第 302-309 句總覽

漢字音譯	㉜302 薩婆　舍囉婆拏弊　泮 303 薩婆　地帝雞弊　泮 304 薩婆　怛摩陀繼弊　泮 305 薩婆　毗陀耶囉誓遮嚟弊　泮 306 闍夜羯囉　摩度羯囉 307 薩婆囉他　娑陀雞弊　泮

漢字音譯	⑱ 毗夜遮唎弊　泮 ⑲ 者都囉　縛耆你弊　泮
梵　音	⑫ sarva śramaṇe-bhyaḥ phaṭ ⑬ sarva tīrthike-bhyaḥ phaṭ ⑭ sarva unmāda-bhyaḥ phaṭ ⑮ sarva vidyā-rājā-ācārye-bhyaḥ phaṭ ⑯ jaya-kara madhu-kara (phaṭ) ⑰ sarvārtha sādhake-bhyaḥ phaṭ ⑱ vidyā-ācārye-bhyaḥ phaṭ ⑲ catur bhaginī-bhyaḥ phaṭ
意　譯	⑫ 一切　（外道）沙門　摧碎 ⑬ 一切　外道神眾　摧碎 ⑭ 一切　狂病鬼眾　摧碎 ⑮ 一切　咒師眾　摧碎 ⑯ 作勝天　作蜜天 ⑰ 一切義　成就者眾　摧碎 ⑱ 咒師眾　摧碎 ⑲ 四　姊妹神女眾　摧碎
連貫句義	摧碎一切（外道）沙門！摧碎一切外道神眾！摧碎一切狂病鬼眾！摧碎一切咒師眾！摧碎作勝天作蜜天！摧碎一切義成就者眾！摧碎咒師眾！摧碎四姊妹神女眾！

第302句

漢字音譯	薩婆　舍囉婆拏弊　泮
梵　音	sarva　śramaṇe-bhyaḥ　phaṭ
中文意譯	一切　（外道）沙門　摧碎

詞彙解說

· **薩婆：**sarva，一切。

· **舍囉婆拏：**śramaṇe，常見的音譯是「沙門」。原本的意思是：修善（以善自勉）、勤策（勤力策勵自己）。這裡特指外道的沙門，而非佛教的沙門。ṇ 的發音仍是 n。

· **弊：**bhyaḥ，眾。

· **泮：**phaṭ，字面意思是「摧碎、摧毀粉碎、破敗、破壞擊敗」。phaṭ 是擬聲字，模擬火焰燃燒的爆裂聲，象徵火焰熾燃的情景，通常使用於調伏法的真言末尾。

第303句		
	漢字音譯	薩婆　地帝雞弊　泮
	梵　音	sarva　tīrthike-bhyaḥ　phaṭ
	中文意譯	一切　外道神眾　摧碎

第304句		
	漢字音譯	薩婆　怛摩陀繼弊　泮
	梵　音	sarva　udhamāda-bhyaḥ　phaṭ
	中文意譯	一切　狂病鬼眾　摧碎

詞彙解說

- **地帝雞：**tīrthike，外道。th 的發音接近注音符號的ㄊ。「地帝雞」音譯成「地栗帝雞」會更完整。
- **怛摩陀繼：**udhamāda，狂病（或是惡生）。此處的漢音明顯有誤，正確是採用第 205 句的「烏檀摩陀」或第 357 句的「烏怛摩陀」的譯法。

第305句		
	漢字音譯	薩婆　毗陀耶囉誓遮嚟弊　泮
	梵　音	sarva　vidyā-rājā-ācārye-bhyaḥ　phaṭ
	中文意譯	一切　咒師眾　摧碎

詞彙解說

- **毗陀耶囉誓遮嚟：** vidyā-rājā-ācārye，咒王師。vidyā，咒、咒術。rājā，王者。ācārye，師、教師。這裡特指外道咒師。

第306句		
	漢字音譯	闍夜羯囉　摩度羯囉
	梵　音	jaya-kara　madhu-kara
	中文意譯	作勝天（能勝天）　作蜜天（憍慢天）

詞彙解說

- **闍夜羯囉：**jaya-kara，能勝天、最勝天、作勝天。jaya，勝利。kara，作、做。

・**摩度羯囉**：madhu-kara，作蜜天、憍慢天。madhu，蜜、甜蜜（sweet）。kara，作、做。

（詳見第三會第 246 句的解說）

第307句

漢字音譯	薩婆囉他　娑陀雞弊　泮
梵　　音	sarvārtha　sādhake-bhyaḥ　phaṭ
中文意譯	一切義　成就者眾　摧碎

詞彙解說

・**薩婆囉他**：sarvārtha，一切義、一切義利、一切事業。sarvārtha 是 sarvā 與 artha 兩字的結合體。sarvā，一切。artha，義、利、助益、饒益。th 的發接近注音符號的ㄊ。

・**娑陀雞**：sādhake，成就者。dha 的 h 是氣音，如果不會發氣音，dha 就唸成 da 也頗接近。

補充說明

sarvārtha 是 sarvā 與 artha 兩字的結合體。sarvā 的意思就是「一切」。至於 artha，中文比較少單一的字詞可以說明清楚。artha 的意思含有義、利、助益、饒益等等，原始完整的意思是「獲取知識」（義、利）與「地上財富」（助益、饒益）的行為。「地上財富」是大地賦予人類的助益、饒益，在古代印度，如果想要獲取黃金、土地、牛、糧食、友誼，那就必須誠心請教挖礦者、土地開發者、畜養牛者、農夫、社會賢能者。前四個例子接近物質層面，而友誼接近心靈層面。想要達到這五個成就都有共同在「知識」上的學習，那是助益、饒益生活的知識學習。所以，sarvā 與 artha 兩字的結合體成「一切義利」，代表完成一切的知識與一切的助益，是所有心靈層面與物質層面的完整圓滿，代表由世間知識的成就跨進宇宙心靈的成就。

「一切義利」的成就（娑達那，原型是 sadhana）是印度外道中極高層次的修行成就。外道沙門自認為已經獲取一切義利，也就是達到「涅槃」境界，或是已經「成就一切智」。在佛教的觀點或標準，外道沙門尚未達到那個境界。但無論如何，一切義利成就眾的修行正法已經達到自度的境態，也可以度化他人的聖眾。

第308句		
	漢字音譯	毗夜遮唎弊　泮
	梵　音	vidyā-ācārye-bhyaḥ　phaṭ
	中文意譯	咒師眾　摧碎

詞彙解說

· **毗夜遮唎：** vidyā-ācārye，咒師。vidyā，明、咒、明咒、咒術。ācārye，師、教師，及「阿闍梨」。這裡特指外道咒師。母音加有橫線時，例如 ā、ī、ū 這三字，要特別發長音。vidyā-ācārye 連續兩個 ā 通常會簡略，去一個 ā 成為 vidyā-cārye。這種情形很常見，主要是配合持誦時的音韻順暢，但規則並未統一。

補充說明

「毗夜遮唎」（vidyā-ācārye）是印度教與佛教的導師或上師，原始的意思是「用其智慧與道德教授弟子，使之行為端正合宜，而自身又足以成為弟子楷模之師」，故又稱「導師」或「軌範師」。不過，僅在密宗與真言宗多以「阿闍梨」作為上師（導師）與傳授密教儀軌者（軌範師）的名號，在漢傳佛教則較少使用這個名稱。

第309句		
	漢字音譯	者都囉　縛耆你弊　泮
	梵　音	catur　bhaginī-bhyaḥ　phaṭ
	中文意譯	四　姊妹神女眾　摧碎

詞彙解說

· **者都囉：** catur，四。c 的發音為 ch，如同英文 child 的 ch 發音。

· **縛耆你：** bhaginī，姊妹神女，見於金剛界曼荼羅。

關鍵內容

四姊妹是《大日經》重要的四位天女：❶ 惹耶（jayā）、❷ 微惹耶（vijayā）、❸ 阿爾多（ajitā）、❹ 阿波羅爾多（aparājitā），代表四種不同境態的「勝利、征服」。在《陀羅尼集經》卷一中，記載四姊妹為大自在天（即濕婆）的眷屬，而在《文殊師利根本儀軌》中，四姊妹為文殊菩薩之眷屬。

回顧第三會第 246 句「作勝天」（jaya-kara），其 jaya 的意思是勝利、征服，而此處的四姊妹代表四種不同層面的勝利與征服。jaya、vijaya、ajitā、aparājitā，雖然意思很接近，但還是可以區分出來。jaya 代表勝利、征服。vijaya 在程度上比 jaya 更強，表示永恆的勝利、永恆的征服。ajitā 的層面更高，意思是無法被征服。最後的 aparājitā 是無法被征服的升級版，已經到無敵的境態。四姊妹就是四種不同勝利、征服等「能量的擬人化」。（可參見第三會第 250 句的關鍵內容說明。）

五護法摧碎：① 金剛童女、② 明咒王眾、③ 摩訶庇護眾、④ 金剛連鎖、⑤ 調伏庇護神（第 310-314 句）

• 第 310-314 句總覽

漢字音譯	⑶⑴⓪ 跋闍囉　俱摩唎 ⑶⑴⑴ 毗陀夜囉誓　弊　泮 ⑶⑴⑵ 摩訶　波囉丁羊乂耆唎弊　泮 ⑶⑴⑶ 跋闍囉　商羯囉夜 ⑶⑴⑷ 波囉丈耆　囉闍耶　泮
梵　　音	⑶⑴⓪ vajra kumārī (phaṭ) ⑶⑴⑴ vidyā-rāje bhyaḥ phaṭ ⑶⑴⑵ mahā pratyangire-bhyaḥ phaṭ ⑶⑴⑶ vajra śaṃkalāya (phaṭ) ⑶⑴⑷ pratyangira rājāya phaṭ
意　　譯	⑶⑴⓪ 金剛　童女（摧碎） ⑶⑴⑴ 明咒王　眾　摧碎 ⑶⑴⑵ 大　庇護神眾　摧碎 ⑶⑴⑶ 金剛　鎖（摧碎） ⑶⑴⑷ 調伏庇護神　王　摧碎
連貫句義	摧碎金剛童女！摧碎明咒王眾！摧碎大庇護神眾！摧碎金剛鎖！摧碎調伏庇護神王！

第 310 句

漢字音譯	跋闍囉　俱摩唎
梵　　音	vajra　kumārī
中文意譯	金剛　童女

詞彙解說

・**跋闍囉**：vajra，金剛。

・**俱摩唎**：kumārī，童女。另外，kumāra 是指童男。

第311句	
漢字音譯	毗陀夜囉誓　弊　泮
梵　　音	vidyā-rāje　bhyaḥ　phaṭ
中文意譯	明咒王　眾　摧碎

詞彙解說

・**毗陀夜囉誓**：vidyā-rāje，咒王。vidyā，咒、明咒。rāje，王、王者。

・**弊**：bhyaḥ，眾。

・**泮**：phaṭ，字面意思是「摧碎、摧毀粉碎、破敗、破壞擊敗」。phaṭ 是擬聲字，模擬火焰燃燒的爆裂聲，象徵火焰熾燃的情景，通常使用於調伏法的真言末尾。詳見第 284 句的解說。

補充說明

本句 vidyārāje bhyaḥ（明咒王眾）與第 305 句 vidyārājācarebhyaḥ（咒師眾）、第 308 句 vidyācāryebhyaḥ（咒師眾）三句都略有差異。這些梵字因為過長而不容易念誦，於是加橫線方便念誦，寫成 vidyā-rāje bhyaḥ、vidyā-rājā-care-bhyaḥ、vidy-ācārye-bhyaḥ。細心的讀者會發現 vidy-ācārye-bhyaḥ 少一個 ā，而 rājā 與 rāje 又有兩種拼法。請讀者無須在意是否拼字錯誤，這是念誦時跟隨前後咒字所產生的音韻變化。類似情形不算少見，於此提出說明，其他類似情形就不再解釋。

第312句	
漢字音譯	摩訶　波囉丁羊乂耆唎弊　泮
梵　　音	mahā　pratyangire-bhyaḥ　phaṭ
中文意譯	大　庇護神眾　摧碎

詞彙解說

・**摩訶**：mahā，大。

・**波囉丁羊乂耆唎**：pratyangire，調伏、庇護。pratyangire 是〈楞嚴咒〉

極為重要的咒字，包含兩層意義，調伏能量（coordinate）與守護庇護眾生（shelter）。pratyangire 可以將負面能量趨於平靜不擾動、不混亂，甚至轉化成正面能量。此咒句可以讓修行者達到心靈健康、外在環境和諧、穩定的智慧狀態。

補充說明

請特別注意「乂」是「丈」字的誤植，「丈」字的對應梵音是 tyan。類似的咒字見於 (314) 波囉丈耆（pratyangira）、(396) 般囉丈伽（pratyanga）、(413) 般賴丈耆藍（pratyangirāṃ）。tyan 的漢音譯為「丁羊」，或是「丈」（閩南語發音），所以 pratyangire 可以譯為「波囉丁羊耆唎」或是「波囉丈耆唎」。而在此咒字的翻譯中，tyan 除了音譯成「丁羊」，再補充一個乂（丈），很可能是古人於轉載中發現其中差異的註記。

第313句

漢字音譯	跋闍囉　商羯囉夜
梵　　音	vajra　śaṃkalāya
中文意譯	金剛　鎖

詞彙解說

- **商羯囉夜：**śaṃkalāya，鎖。ś 的發音為 sh，如同英文 show 的 sh 發音。ṃ 的發音仍是 m。

補充說明

此咒句於少數版本錯譯為「金剛法螺」或「金剛螺」，正確是「金剛鎖」。有關「鎖」與「螺」的梵字發音差異如下：

鎖：śaṃkalā，漢音「商羯囉夜」。

法螺：śaṅkha，漢音「商佉」。「佉」的發音同「區」。

第314句

漢字音譯	波囉丈耆　囉闍耶　泮
梵　　音	pratyangira　rājāya　phaṭ
中文意譯	調伏庇護神　王　摧碎

詞彙解說

· **波囉丈耆**：pratyangira，調伏、庇護。（與第 312 句相同字源）

四護法妃后摧碎：① 大黑天大母神眾皈命頂禮者、② 毗紐天妃、③ 梵天妃、④ 火天妃（第 315-320 句）

• 第 315-320 句總覽

漢字音譯	㉟摩訶　迦囉夜　316摩訶　末怛唎迦拏　317南無娑羯唎多夜　泮 318毖瑟拏婢曳　泮 319勃囉訶牟尼曳　泮 320阿耆尼曳　泮
梵　　音	315 mahā kālāya　316 mahā mātṛ-gaṇa　317 namas-kṛtāya phaṭ 318 viṣṇuvīye phaṭ 319 brahmāṇiye phaṭ 320 agnīye phaṭ
意　　譯	315大　黑天　316大　母神眾　317皈命頂禮者　摧碎 318毗紐天妃后　摧碎 319梵天妃　摧碎 320火天妃　摧碎
連貫句義	摧碎大黑天、大母神眾、皈命頂禮者！摧碎毗紐天妃后！摧碎梵天妃！摧碎火天妃！

第315句	
漢字音譯	摩訶　迦囉夜
梵　　音	mahā　kālāya
中文意譯	大　黑天

詞彙解說

· **摩訶**：mahā，大。

· **迦囉夜**：kālāya，黑、時。

補充說明

在梵文中，mahā-kāla 由摩訶（mahā，意思為大）與迦囉耶（kāla，意為黑色，或時間）組成，字面意思為「大黑」或「大時」。該神本是婆羅門教濕婆（即大自在天）的化身，後為佛教吸收而成為佛教的護法神。特別是在密宗中，大黑天神是重要的護法神，是專治疾病之醫神與財富之神。

第316句	
漢字音譯	摩訶　末怛唎迦拏
梵　　音	mahā　mātṛ-gaṇa
中文意譯	大　母神眾

關鍵要點

pratyangira 相似詞比較

第一組

咒句	梵音	原漢字音譯	較正確的音譯
312	pratyangire	波囉丁羊乂耆唎	波囉丁羊耆唎
314	pratyangira	波囉丈耆	波囉丁羊耆囉

第二組

咒句	梵音	原漢字音譯	意譯
77	pratyangirāṃ	般囉帝揚歧囉	庇護調伏者
166	pratyangire	波囉點闍吉唎	庇護調伏
312	mahā pratyangire-bhyaḥ phaṭ	摩訶　波囉丁羊乂耆唎弊　泮	大　庇護調伏神眾　摧碎
314	pratyangira rājāya phaṭ	波囉丈耆　囉闍耶　泮	庇護調伏神　王　摧碎
413	mahā pratyangirāṃ	摩訶　般賴丈耆藍	大　庇護調伏者

詞彙解說

・**末怛唎**：mātṛ，母、母神，母代表陰性的意識體。ṛ 的發音為 ri。

・**迦拏**：gaṇa，眾。ṇ 的發音仍是 n。請注意 ga、gha 的漢音為伽（茄），ka、kha 的漢音為迦（加），所以此處「迦拏」須更正為「伽拏」。

第317句		
	漢字音譯	南無娑羯唎多夜　泮
	梵　　音	namas-kṛtāya　phaṭ
	中文意譯	皈命頂禮者　摧碎

詞彙解說

・**南無娑**：namas，皈依、禮敬。

・**羯唎多夜**：kṛtāya，禮拜者、頂禮者。

・**泮**：phaṭ，字面意思是「摧碎、摧毀粉碎、破敗、破壞擊敗」。phaṭ 是擬聲字，模擬火焰燃燒的爆裂聲，象徵火焰熾燃的情景，通常使用於調伏法的真言末尾。

關鍵內容

第 315 至 317 句依據能量的屬性合併為一組，完整的意思是：大黑天、大母神眾、皈命頂禮者，予以摧碎。

第318句		
	漢字音譯	毖瑟拏婢曳　泮
	梵　　音	viṣṇuvīye　phaṭ
	中文意譯	毗紐天妃后　摧碎

第319句		
	漢字音譯	勃囉訶牟尼曳　泮
	梵　　音	brahmāṇiye　phaṭ
	中文意譯	梵天妃　摧碎

第320句		
	漢字音譯	阿耆尼曳　泮
	梵　　音	agnīye　phaṭ
	中文意譯	火天妃　摧碎

詞彙解說

- **毖瑟拏婢曳**：viṣṇuvīye，毗紐天妃后。毗紐天即那羅延天，代表宇宙的保護與維護能量。ṣ 的發音為 si。
- **勃囉訶牟尼曳**：梵天妃后。梵天與前一句的「毗紐天」，是印度三大主神的其中兩位。梵天代表宇宙的創造，毗紐天代表宇宙的維持。
- **阿耆尼曳**：agnīye，火天后。火天阿耆尼（agnī）是十二天之一（見 253 頁）。

八護法女神摧碎：① 大黑天妃、② 黑杖神（或黑杖女神）、③ 善鬼母神、④ 凶暴女神、⑤ 嫉妒女神眾、⑥ 黑夜分女神、⑦ 髑髏女神眾、⑧ 樂居塚間女神眾（第 321-328 句）

由第 321 句到 328 句進入陰性智慧體的能量聚會，宛若一場不同女神的美麗盛宴。祂們各有不同的屬性，其中三位都與「黑」有關聯，分別是 (321) 大黑天妃、(322) 黑杖女神、(326) 黑夜分女神。黑的梵語是 kāla，此梵字還有時、時間的意思。

大黑天如同大自在天，也是源自印度破壞之神濕婆（śiva）。在密宗，大黑天神是極為重要的護法神，專治疾病之醫神與財富之神，其妃后的屬性也應該與此有些關聯。黑杖女神是「握持死亡之黑杖」的神。黑夜分女神是「黑夜時分」的守護神，她發下誓願保護眾生，致力消滅黑夜幽闇的怖畏能量。

此外，這八位女性神靈與死亡議題有關的，包括 (322) 黑杖女神、(327) 髑髏女神、(328) 樂居塚間女神。第 321 至 328 句中，唯一稍微溫暖慈愛的女神是 (323) 善鬼母神，至於 (324) 凶暴女神與 (325) 忌妒女神眾都屬於典型的忿怒身形的女神。全部八位女神都必須被摧伏（phaṭ）。

• 第 321-329 句總覽

漢字音譯	㉑ 摩訶羯唎曳　泮 ㉒ 羯囉檀遲曳　泮 ㉓ 蔑怛唎曳　泮 ㉔ 嘮怛唎曳　泮 ㉕ 遮文荼曳　泮 ㉖ 羯邏囉怛唎曳　泮 ㉗ 迦般唎曳　泮 ㉘ 阿地目質多迦　屍摩舍那　㉙ 婆私你曳　泮
梵　　音	㉑ mahā-kālīye phaṭ ㉒ kāla-daṇdāye phaṭ ㉓ mātrīye phaṭ ㉔ rudrīye phaṭ ㉕ cāmuṇḍāye phaṭ ㉖ kāla-rātraīye phaṭ ㉗ kāpālīye phaṭ ㉘ adhi-muktika śmaśāna　㉙ vāsinīye phaṭ
意　　譯	㉑ 大黑天妃后　摧碎 ㉒ 黑杖女神　摧碎 ㉓ 母神　摧碎 ㉔ 凶暴女神　摧碎 ㉕ 忌妒女神　摧碎 ㉖ 黑夜分女神　摧碎 ㉗ 髑髏女神　摧碎 ㉘ 於墓地獲得解脫者，屍林主　㉙ 留守女神　摧碎
連貫句義	摧碎大黑天妃后！摧碎黑杖女神！摧碎母神！摧碎凶暴女神！摧碎忌妒女神！摧碎黑夜分女神！摧碎髑髏女神！摧碎樂居塚間女神！

第321句		
	漢字音譯	摩訶羯唎曳　泮
	梵　　音	mahā-kālīye　phaṭ
	中文意譯	大黑天妃后　摧碎

詞彙解說

- **摩訶羯唎曳**：mahā-kālīye，大黑天妃后。
- **泮**：phaṭ，字面意思是「摧碎、摧毀粉碎、破敗、破壞擊敗」。phaṭ 是擬聲字，模擬火焰燃燒的爆裂聲，象徵火焰熾燃的情景，通常使用於調伏法的真言末尾。詳見第 284 句的解說。

第322句		
	漢字音譯	羯囉檀遲曳　泮
	梵　　音	kāla-daṇḍāye　phaṭ
	中文意譯	黑杖女神　摧碎

詞彙解說

- **羯囉**：kāla，黑、時。
- **檀遲曳**：daṇḍā，杖。kāla-daṇḍāye，持黑杖。握持死亡的黑杖之神。母音加有橫線時，例如 ā、ī、ū 這三字，要特別發長音。ṇ 的發音仍是 n。

關鍵內容

持黑杖神是「死亡相關」的神，又稱「死黑天」，還有其他名號，如「大鬼帥黑奧眾神」（參見《珍藏梵文咒本》，編號 000038）、「黑刑神」。這是一位賞善罰惡的神靈，手中握持執行刑罰的黑杖，所以稱為「黑刑神」。至於是男性或女性未能完全確認，不過在這一組神靈系列，全部都是宇宙陰性智慧能量，比較可能是女性神靈。果濱居士明確譯為「大鬼師黑奧女眾神」，視為女性神靈，但年代更早的《珍藏梵文咒本》是寫著「大鬼帥黑奧眾神」，並未明示性別，然而兩譯版分別是「師」與「帥」，應該是傳抄的變動。

第323句		
	漢字音譯	蔑怛唎曳　泮
	梵　　音	mātrīye　phaṭ
	中文意譯	母神　摧碎

詞彙解說

- **蔑怛唎曳**：mātrīye，母神。

補充說明

「蔑怛唎曳」(mātrīye) 意指一群母神，總共有七位。高達六位出現於明版的〈楞嚴咒〉，僅缺「毗紐亥女」(varakiye)，其餘唐本全部齊聚，是全部的七母神，或稱「七佛母」、「七母天」，請見 186 頁的說明。

第324句	
漢字音譯	嘮怛唎曳　泮
梵　　音	rudrīye　phaṭ
中文意譯	凶暴女神　摧碎

第325句	
漢字音譯	遮文荼曳　泮
梵　　音	cāmuṇḍāye　phaṭ
中文意譯	忌妒女神　摧碎

詞彙解說

- **嘮怛唎曳：** rudrīye，凶暴女神、怒神天母。她是「嚧陀囉耶」(rudrāya，大自在天)的妃后，參見第 17 句。
- **遮文荼曳：** cāmuṇḍāye，忌妒女神、奴隸女神。ṇ 的發音仍是 n。

關鍵內容

傳統認為「忌妒女神」是一位引領軍事的女戰神，被視為「兵眾女神」或「軍眾女神」。遮文荼曳是濕婆之妻，因為大自在天即是濕婆的轉換身形，所以遮文荼曳被認為是自在天妃，有「自在天魔女」的名號。顯然 (324) 凶暴女神與 (325) 忌妒女神都是自在天的妃后。

第326句	
漢字音譯	羯邏囉怛唎曳　泮
梵　　音	kāla-rātraīye　phaṭ
中文意譯	黑夜分女神　摧碎

詞彙解說

- **羯邏囉怛唎曳：**kāla-rātraīye，黑夜分女神。kāla，黑、時節、時分。古代印度的時間概念，是白天三時分，夜三時分，一天總共六時分。kāla-rātraīye 其內包含梵字 ratri，意思是夜。kāla-rātraīye 其內包含梵字 ratr(i)，意思是夜。黑夜分女神的「分」字，即是指「時分，一段時間」。

補充說明

黑夜分女神（Kalaratri）的譯名頗多，又稱黑闇天女、黑夜天、黑暗天或暗夜天。她是閻摩天眷屬七母天之一，為閻摩天的配偶。閻摩天是地獄判官，赫赫有名，掌管人類的生死。顧名思義，黑夜分女神與黑夜的三時分有緊密關聯。依據《大日經疏》卷十所載，因為黑夜中有許多怖畏憂患，所以黑夜分女神誓願保護眾生，消滅黑夜生起的怖畏能量。她的形象為肉色身軀，右手仰掌，左手持杖，杖端為環，內有人頭像。雙腿交叉而坐，仰視閻摩天。

第327句

漢字音譯	迦般唎曳　泮
梵　　音	kāpālīye　phaṭ
中文意譯	髑髏女神　摧碎

詞彙解說

- **迦般唎曳：**kāpālīye，髑髏女神，「髑」的發音同「獨」。

第328句

漢字音譯	阿地目質多迦　屍摩舍那
梵　　音	adhi-muktika　śmaśāna
中文意譯	於墓地獲得解脱者，屍林主。

詞彙解說

- **阿地目質多迦：**adhi-muktika，可拆解成兩字。adhi，喜樂，帶有喜愛的意思。muktika，解脱、釋放。
- **屍摩舍那：**śmaśāna，尸陀林、屍陀林、墓地。ś 的發音為 sh，如同英文 show 的 sh 發音。

補充說明

此咒句「阿地目質迦 · 屍摩舍那」（adhi-muktika śmaśāna）即是指「屍陀林祜主」（śmaśāna-adhipati），是墓地寒林的守護者。兩個梵字裡的 śmaśāna，意思是墓地。由於此尊在此處獲得解脫（muktika），於是喜愛（adhi）長居於墓地修行。屍陀林祜主或譯「墓葬主、寒林主、寒林主人」，也有人認為譯為「葬場主」比較合適。在藏傳佛教，認為他管理棄屍墓所「八大寒林」和護持在屍陀林修行的「不淨觀者」，是體認死亡意義的重要神祉。

第329句

漢字音譯	婆私你曳　泮
梵　　音	vāsinīye　phaṭ
中文意譯	留守女神　摧碎

詞彙解說

- **婆私你曳：**vāsinīye，居住、停留、留守，停留在一個神祕空間。母音加有橫線時，例如 ā、ī、ū 這三字，要特別發長音

補充說明

第 328 與 329 句是可以合併在一起的咒句。婆私你曳（vāsinīye）的意思是「留守或居住」，因此有人單獨譯為「留守女神」。連續兩句合併的意思是：她是一位喜樂住在墓地因而獲得解脫的女神。

20 第四會終結祈願文

（第 330~332 句）

在第四會的結尾處，念誦者會發心祈願讓自己與所有的眾生一起獲得佛菩薩的守護。持咒者會附上自己的名字。這段祈願文很短，但必須誠摯念誦。其中的 māmaśya 比較難翻譯，拆解之後，māma 代表「我」，śya 是「獲得、給予」。合起來的意思是「讓我獲得、給予我」，中文比較少這樣的表現模式。簡單說，māmaśya 更接近的意思，是我「獲得」佛菩薩的能量或是佛菩薩「給予」我能量。

• 第 330-332 句總覽

漢字音譯	⓷⓷⓪ 演吉　質	⓷⓷① 薩埵婆寫	⓷⓷② 么么　印兔那　么么寫
梵　　音	⓷⓷⓪ yeke cit	⓷⓷① sattvāhśya	⓷⓷② māma itthā māmaśya
意　　譯	⓷⓷⓪ 發心	⓷⓷① 眾生	⓷⓷② 我　此　我等獲得
連貫句義	發心讓我（附上自己的名字）與此眾生等都能獲得守護。		

第330句

漢字音譯	演吉　質
梵　　音	yeke　cit
中文意譯	發心

第331句

漢字音譯	薩埵婆寫
梵　　音	sattvāhśya
中文意譯	眾生

詞彙解說

- **演吉**：yeke，於其。
- **質**：cit，心識。cit 與 citta 同源，意思都是心、心識。

· **演吉質：**此三字來自梵語 yeke cit，意思是「於其心」或「於其心識」，可延伸為「發心」。讀者或許不容易看懂「於其心識」的意思，其實在祈願文句型（第 330-332 句）的意思，較接近「發心」。在祈願文的地方，有些難以用中文直接解釋，因為梵語的語法變化不同於中文。總覽編排的目的是讓讀者看懂意思，所以無法與逐句解釋在次序上完全一致。

· **薩埵婆寫：**sattvāhśya，其音譯是來自薩埵（sattvā）婆（vā）寫（hśya），其中「薩埵」與「婆」共用一個 vā。

第332句

漢字音譯	么么（或麼麼）　印兔那　么么寫
梵　　音	māma　itthā　māmaśya
中文意譯	我　此　我等獲得

詞彙解說

· **么么（或麼麼）：**māma，某某、我。

· **印兔那：**itthā，此。th 的發音接近注音符號的ㄊ。

· **么么寫：**māmaśya，我等獲得、給予我等。māma，我。śya，獲得、給予。

第四會結構分析總複習

結構分析 18
（第 273-286 句）

建議背誦！

啟動第四會的核心光明能量！（精彩極了！）
bhagavan sitāta patra namo śtute
世尊　光聚傘蓋　禮敬稱讚（第 273-275 句）
asitā-nalārka prabhā sphuṭa
光聚甘露火日光　光明遍照（第 276-277 句）
vikā sitāta patre
展開　光聚　傘蓋（第 278 句）
jvala jvala dala dala
熾盛火焰　熾盛火焰　怒放　怒放（第 279-280 句）
vidala vidala chinda chinda
遍怒放　遍怒放　斬斷　斬斷（第 281 句）
hūṃ hūṃ phaṭ
吽　吽　摧碎（摧破一切障礙的種子字）（第 282-284 句）
phaṭ phaṭ phaṭ phaṭ svāhā
摧碎　摧碎　摧碎　摧碎　圓滿成就（第 285-286 句）

結構分析 19
（第 287-329 句）

第四會的核心！展開 39 個 phaṭ ！數量龐大的能量徹底摧毀粉碎一切

- 三大善法摧碎
  ❶ 不空使者、❷ 無障礙天神、❸ 與願天神（第 288-290 句）
- 五大護法摧碎
  ❶ 阿修羅、❷ 天神眾、❸ 龍蛇眾、❹ 藥叉眾、❺ 香神樂神眾（第 291-295 句）
- 六種鬼神摧碎
  ❶ 臭餓鬼、❷ 奇臭餓鬼、❸ 誤戒過神、❹ 難發遣神、❺ 瘟神、❻ 羊頭癲神（第 296-301 句）
- 八種外道與諸成就者摧碎
  ❶ 外道沙門、❷ 外道神、❸ 狂病鬼、❹ 咒師眾、❺ 作勝天、作蜜天；❻ 一切義成就者、❼ 咒師眾、❼ 四姊妹女神（第 302-309 句）
- 五護法摧碎
  ❶ 金剛童女、❷ 明咒王眾、❸ 摩訶庇護眾、❹ 金剛連鎖、❺ 庇護調伏神（第 310-314 句）
- 四護法妃后摧碎
  ❶ 大黑天大母神眾皈命頂禮者、❷ 毗紐天妃、❸ 梵天妃、❹ 火天妃（第 315-320 句）
- 八護法女神摧碎
  ❶ 大黑天妃、 黑杖神（或黑杖女神）、❷ 善鬼母神、❸ 凶暴女神、❹ 忌妒女神眾、❺ 黑夜分女神、❻ 髑髏女神眾、❼ 樂居塚間女神眾（第 321-328 句）

結構分析 20
（第 330-332 句）

第四會終結祈願文

第四會咒句總覽（第 273-332 句）

273 274 275	漢字音譯	婆伽梵	薩怛多	般怛囉	南無	粹都帝
	現代讀音	婆茄梵	薩達多	博達辣	南無	翠都帝
	梵　　音	bhagavan	sitāta	patra	namo	śtute
	中文意譯	世尊	光聚	傘蓋	禮敬皈依	稱讚

276 277 278	阿悉多那囉剌迦	波囉婆	悉普吒	毗迦	薩怛多鉢帝唎
	阿悉多那辣剌加	波辣婆	悉普炸	皮迦	薩達多鉢帝利
	asitā-nalārka	prabhā	sphuṭa	vikā	sitāta-patre
	白光分明	光明	遍照	展開	白蓋

279 280	什佛囉	什佛囉	陀囉	陀囉
	什佛辣	什佛辣	陀辣	陀辣
	jvala	jvala	dala	dala
	熾盛火焰	熾盛火焰	怒放	怒放

281 282 283	頻陀囉	頻陀囉	瞋陀	瞋陀	虎𤙖	虎𤙖
	頻陀辣	頻陀辣	瞋陀	瞋陀	轟	轟
	vidala	vidala	chinda	chinda	hūm	hūm
	遍怒放	遍怒放	斬伐	斬伐	吽	吽

284 285 286	泮吒	泮吒	泮吒	泮吒	泮吒	娑訶
	盼炸	盼炸	盼炸	盼炸	盼炸	娑呵
	phaṭ	phaṭ	phaṭ	phaṭ	phaṭ	svāhā
	摧碎	摧碎	摧碎	摧碎	摧碎	圓滿或速疾成就

287 288 289	醯	醯	泮	阿牟迦耶	泮	阿波囉提訶多	泮
	西	西	盼	阿牟茄耶	盼	阿波辣提呵多	盼
	he	he	phaṭ	amoghāya	phaṭ	apratihatāya	phaṭ
	唯	唯	摧碎	不空使者	摧碎	無障礙天神	摧碎

290 291 292	婆囉波囉陀	泮	阿素囉	毗陀囉波迦	泮	薩婆	提鞞弊	盼
	婆辣波辣陀	盼	阿素辣	皮陀辣波加	盼	薩婆	提皮弊	盼
	vara-pradāya	phaṭ	asura	vidrāvakāya	phaṭ	sarva	deve-bhyaḥ	phaṭ
	與願天神	摧碎	阿修羅	疾趨神	摧碎	一切	天神眾	摧碎

293 294							
	漢字音譯	薩婆	那伽弊	泮	薩婆	藥叉弊	泮
	現代讀音	薩婆	那茄弊	盼	薩婆	藥叉弊	盼
	梵　音	sarva	nāge-bhyaḥ	phaṭ	sarva	yakṣe-bhyaḥ	phaṭ
	中文意譯	一切	龍蛇眾	摧碎	一切	藥叉鬼神眾	摧碎

295			
	薩婆	乾闥婆弊	泮
	薩婆	干闥婆弊	盼
	sarva	gandharve-bhyaḥ	phaṭ
	一切	香神眾、樂神眾	摧碎

296 297						
	薩婆	補丹那弊	泮	迦吒	補丹那弊	泮
	薩婆	補丹那弊	盼	迦炸	補丹那弊	盼
	sarva	pūtane-bhyaḥ	phaṭ	kaṭa	pūtane-bhyaḥ	phaṭ
	一切	臭餓鬼眾	摧碎	奇	臭餓鬼眾	摧碎

298 299						
	薩婆	突狼枳帝弊	泮	薩婆	突澀比訖瑟帝弊	泮
	薩婆	突狼只帝弊	盼	薩婆	突澀比汽色帝弊	盼
	sarva	dur-laṅghite-bhyaḥ	phaṭ	sarva	dus-prekṣite-bhyaḥ	phaṭ
	一切	誤戒過神眾	摧碎	一切	難發遣神眾	摧碎

300 301						
	薩婆	什婆利弊	泮	薩婆	阿播悉摩犁弊	泮
	薩婆	什婆利弊	盼	薩婆	阿播悉摩犁弊	盼
	sarva	jvare-bhyaḥ	phaṭ	sarva	apasmāre-bhyaḥ	phaṭ
	一切	瘟神眾	摧碎	一切	羊頭癲神　眾	摧碎

302 303						
	薩婆	舍囉婆拏弊	泮	薩婆	地帝雞弊	泮
	薩婆	舍辣婆拿弊	盼	薩婆	地帝雞弊	盼
	sarva	śramaṇe-bhyaḥ	phaṭ	sarva	tīrthike-bhyaḥ	phaṭ
	一切	（外道）沙門	摧碎	一切	外道神眾	摧碎

304 305						
	薩婆	怛摩陀繼弊	泮	薩婆	毗陀耶囉誓遮犁弊	泮
	薩婆	達摩陀繼弊	盼	薩婆	皮陀耶辣誓遮犁弊	盼
	sarva	udhamāda-bhyaḥ	phaṭ	sarva	vidyā-rājā-ācārye-bhyaḥ	phaṭ
	一切	狂病鬼眾	摧碎	一切	咒師　眾	摧碎

306 307	漢字音譯	闍夜羯囉	摩度羯囉	薩婆囉他	娑陀雞弊	泮
	現代讀音	舌夜羯辣	摩度羯辣	薩婆辣他	娑陀雞弊	盼
	梵　音	jaya-kara	madhu-kara	sarvārtha	sādhake-bhyaḥ	phaṭ
	中文意譯	作勝天	作蜜天	一切義	成就者　眾	摧碎

308 309	毗夜遮唎弊	泮	者都囉	縛耆你弊	泮
	皮夜遮利弊	盼	者都辣	縛耆你弊	盼
	vidyā-ācārye-bhyaḥ	phaṭ	catur	bhaginī-bhyaḥ	phaṭ
	咒師眾	摧碎	四	姊妹神女眾	摧碎

310 311	跋闍囉	俱摩唎	毗陀夜囉誓	弊	泮
	跋舌辣	俱摩利	皮陀夜辣誓	弊	盼
	vajra	kumārī	vidyā-rāje	bhyaḥ	phaṭ
	金剛	童女	明咒王	眾	摧碎

312	摩訶	波囉丁羊乂耆唎弊	泮
	摩呵	波辣丁羊丈耆利弊	盼
	mahā	pratyangire-bhyaḥ	phaṭ
	大	庇護神眾	摧碎

313 314	跋闍囉	商羯囉夜	波囉丈耆	囉闍耶	泮
	跋舌辣	商羯辣夜	波辣丈耆	辣舌耶	盼
	vajra	śaṃkalāya	pratyangira	rājāya	phaṭ
	金剛	鎖	調伏庇護神	王	摧碎

315 316 317	摩訶	迦囉夜	摩訶	末怛唎迦拏	南無娑羯唎多夜	泮
	摩呵	加辣夜	摩呵	末達唎茄拿	南無娑羯利多夜	盼
	mahā	kālāya	mahā	mātṛ-gaṇa	namas-kṛtāya	phaṭ
	大	黑天	大	母神眾	皈命頂禮者	摧碎

318 319 320	毖瑟拏婢曳	泮	勃囉訶牟尼曳	泮	阿耆尼曳	泮
	必色拿婢曳	盼	勃辣呵牟尼曳	盼	阿奇尼曳	盼
	viṣṇuvīye	phaṭ	brahmāṇiye	phaṭ	agnīye	phaṭ
	毗紐天妃后	摧碎	梵天妃	摧碎	火天妃	摧碎

321 322	**漢字音譯**	摩訶羯唎曳	泮	羯囉檀遲曳	泮
	現代讀音	摩呵羯利曳	盼	羯辣檀遲曳	盼
	梵　　音	mahā-kālīye	phaṭ	kāla-daṇḍāye	phaṭ
	中文意譯	大黑天妃后	摧碎	黑杖女神	摧碎

323 324 325	蔑怛唎曳	泮	嘮怛唎曳	泮	遮文荼曳	泮
	蔑達利曳	盼	嘮達利曳	盼	遮文荼曳	盼
	mātrīye	phaṭ	rudrīye	phaṭ	cāmuṇḍāye	phaṭ
	母神	摧碎	凶暴女神	摧碎	忌妒女神	摧碎

326 327	羯邏囉怛唎曳	泮	迦般唎曳	泮
	羯邏辣達利曳	盼	加博利曳	盼
	kāla-rātraīye	phaṭ	kāpālīye	phaṭ
	黑夜分女神	摧碎	髑髏女神	摧碎

328 329	阿地目質多迦	屍摩舍那	婆私你曳	泮
	阿地目質多加	屍摩舍那	婆私你曳	泮
	adhi-muktika	śmaśāna	vāsinīye	phaṭ
	於墓地獲得解脫者，屍林主		留守女神	摧碎

330 331 332	演吉	質	薩埵婆寫	么么	印兔那	么么寫
	演吉	質	薩埵婆寫	磨磨	印兔那	磨磨寫
	yeke	cit	sattvāhśya	māma	itthā	māmaśya
	發	心	眾生	我	此	我等獲得

第五會

文殊弘傳會

{ bandhaṃ }

楞嚴會相當龐大，在進入第五會之前，我們先複習前四會的調伏與庇護法，然後進入第五會全新的對治手法。

第一會宇宙強大的咒字 namo：禮敬、皈依、歸順，下載諸佛菩薩的能量

在第一會誠敬地禮敬、皈依諸佛、菩薩、聖者、智者、天神、護法、天地山林間女神等，這些都屬於「敬愛法」、「鉤召法」。而第二會，即將展開「降伏法」（abhicāraka）的暖身準備，降伏修行者內在心靈與外在環境的魔鬼。降伏法又稱作「調伏法」，而調伏具備「調節」與「降伏」的雙層意義，為自身及他人調節降伏怨敵惡人的祈禱法。調伏法最原始的能量是來自宇宙東方金剛部，以阿閦如來的威猛能量「降伏調協」空間中存在的負面能量。

第二會種子字的對治法門 hūm trūṃ：一切金剛的種子字、摧破一切障礙的種子字

進入第二會的關鍵是透由 hūm trūṃ 兩個威猛咒句，氣勢磅礡地連續六次啟動迴遮能量，迴避（迴）、攔阻（遮）天地存在的負面能量。迴遮能量來源包含如來頂髻、破碎、摧折、啖食淨盡、摧毀降伏、再次摧毀降伏，都是「降伏法」的暖身準備，其實真正開始的猛烈強擊是第三會。其中 hūm 是一切金剛的種子字，是可以摧破一切障礙的種子字。

第三會基礎的對治方法 chinda 與 kīla：斬斷、釘住

第三會面對諸多鬼祟，如八部鬼眾、惱亂童子之十五鬼神，以及引動瘟疫、呼吸道的疾病威脅，還有身體的種種病痛、皮膚病，接著是毒、災難、蟲獸的來襲。於原本敬愛與調伏之間的協調之下，驟然的轉變讓被調伏者倉卒驚訝、措手不及。而後，第三會面對這些鬼祟所製造的明咒（vidyāṃ）全部予以斬斷（chinda ），再全部予以釘住（kīla），也就是咒語「毗陀夜闍．瞋陀夜彌．雞囉夜彌」。不過，許多的鬼魅瘟神於第五會將捲土重來再次擾亂。

第四會基礎的對治方法 phaṭ：摧毀、粉碎

〈楞嚴咒〉第四會中有個更驚人的變化，那是震天撼地的「摧碎」（phaṭ），連同一切聲聞、天神、護法、明王、外道咒師、一切鬼魅、一切病難，全部都要摧毀、粉碎。三十九個數量龐大的 phaṭ 威猛的能量徹底摧毀粉碎一切。

第五會進階的對治方法 bandhaṃ：結界

第五會面對一切是採取全新的「結界」（bandhaṃ）方式，讓上述的負面能量隔絕在外，無法影響修行者，也無法接近道場，透由咒語創造了一個神聖清淨空間。這一切還是仰賴「光聚傘蓋」（大白傘蓋佛母）的能量來達到調伏庇護的神咒之力，而且借助「大金剛頂髻」之法。結界範圍是「方圓十二由旬之內」，算成現代的距離大約是一百二十公里，意味著在這範圍內都能獲得「光聚傘蓋」的庇護。

所謂的「結界」是古代印度原始的婆羅門教與佛教行者，為了修法創制「曼荼羅」（mandala）這個諸佛菩薩降臨的神聖空間，有獨特的界定區域。在區域內必須將毒蠱與惡鬼驅逐，達到淨化空間的作用。這是〈楞嚴咒〉的重要任務，第五會的結界有三法：明咒結界、十方結界、勝他明咒結界。連續咒語內容如下：

(411, 412) sitāta-patrā mahā vajro-uṣṇīṣāṃ　光聚傘蓋大金剛頂髻

(413) mahā pratyangirāṃ　大調伏庇護

(414, 415) yāvat dvā daśa yojana bhyantareṇa　乃至十二由旬內

(416) vidyā bandhaṃ karomi　明咒　結界　我作

(417) diśa bandhaṃ karomi　十方　結界　我作

(418) para vidyā bandhaṃ karomi　他　明咒　結界　我作

第五會最後啟動終極對治方法：心咒

第五會的結尾啟動終極對治負面能量的心咒，也就是整個〈楞嚴咒〉的核心。〈楞嚴咒〉的字數共 2620 字，為佛教中最長的咒，亦被稱為咒中之王，核心能量更是強大。其內容如下：

(419-422) tadyathā oṃ anale viśade

甘露　嗡　火清淨

(423) vaīra vajra dhare

忿怒　金剛　持者

(424) bandha bandhani

結界　再結界

(425) vajra-pāṇi phaṭ

金剛手　摧碎

(426) hūṃ ṭrūṃ phaṭ

吽　咄　摧破一切障礙的種子字

(427) svāhā

圓滿成就

21 所有負面能量

（第 333~410 句）

在啟動〈楞嚴咒〉的結界法與神聖心咒之前，第五會將先詳列所有的負面能量。

兩種 cittāh：① 惡心、② 無慈心（第 333-334 句）

cittāh 翻譯成「心」，但比較精準的意思是「念頭」，像是英文的 thought。於此，惡心（duṣṭa cittāh）與無慈心（amaitri-cittāh）代表兩種心的意思，而且都是負面的能量念頭。在第五會的開始，此兩種心聯手引動了七種 hārā，這是啖食「人類身體生成」的鬼，包含精氣、胎體、血、肉、髓、嬰兒氣息與壽命。此外，還有五種 hārā，這是啖食「祭祀供養神靈」的鬼，分別是祭祀品、香、花、果與穀物。這意味著負面能量的念頭會影響到人類身體的生理運作，也會阻礙祭祀天神或祈請菩薩在連結上的溝通。然而，一切的阻礙就讓〈楞嚴咒〉來化解。

• 第 333-334 句總覽

漢字音譯	㉝㉝㉝ 突瑟咤（吒）　質多 ㉝㉞ 阿末怛唎質多
梵　音	㉝㉝㉝ duṣṭa cittāh ㉝㉞ amaitri-cittāh
意　譯	㉝㉝㉝ 惡　心 ㉝㉞ 無慈心　心
連貫句義	惡心、無慈心

第333句		
	漢字音譯	突瑟咤（吒）　質多
	梵　　音	duṣṭa　cittāh
	中文意譯	惡　心

第334句		
	漢字音譯	阿末怛唎質多
	梵　　音	amaitri-cittāh
	中文意譯	無慈心　心

詞彙解說

- **突瑟咤（吒）：** duṣṭa，惡。這種邪惡與惡性可汙染人類，製造出瞋恚、瞋恨的情緒。ṣ 的發音為 si。ṭ 的發音接近注音符號的ㄉ。
- **質多：** cittāh，心。c 的發音同 ch，如同英文 child 的 ch 發音。
- **阿末怛唎：** amaitri，惡毒。maitri，慈愛。maitri 加上 a 成為相反意思「無慈心」、「惡毒」。

七種 hārā，啖食人類生成的鬼：① 精氣、② 胎體、③ 血、④ 肉、⑤ 髓、⑥ 嬰兒氣息、⑦ 壽命（第 335-341 句）

• 第 335-341 句總覽

漢字音譯	㉟335 烏闍　訶囉 337 嚧地囉　訶囉 339 摩闍　訶囉 341 視毖多　訶囉	336 伽婆　訶囉 338 婆娑　訶囉 340 闍多　訶囉
梵　　音	335 ojā hārā 337 rudhirā hārā 339 majjā hārā 341 jīvitā hārā	336 garbhā hārā 338 māmsā hārā 340 jātā hārā
意　　譯	335 精氣　食（鬼） 337 血　食（鬼） 339 髓　食（鬼） 341 生命　食（鬼）	336 胎　食（鬼） 338 肉　食（鬼） 340 子息　食（鬼）

連貫句義	食精氣鬼、食胎鬼、食血鬼、食肉鬼、食髓鬼、啖食子息鬼、啖食生命鬼

第335句		
	漢字音譯	烏闍　訶囉
	梵　　音	ojā　hārā
	中文意譯	精氣　食（鬼）

詞彙解說

- **烏闍**：ojā，精氣，人的生命能量，是具備光輝的生命能。
- **訶囉**：hārā，食。

關鍵內容

吸取人類精氣的鬼魅還有另一位「毗舍遮揭囉訶」（piśāca grahāh，第 353 句），是特指男女親密結合時的精氣。而本咒句的「烏闍」（ojā）則屬於構成人類生命的精氣，烏闍具備光明的生命能量，它比較接近道教的「元神」，其層面較男女能量「毗舍遮」更為寬廣。

第336句		
	漢字音譯	伽婆　訶囉
	梵　　音	garbhā　hārā
	中文意譯	胎　食（鬼）

第337句		
	漢字音譯	嚧地囉　訶囉
	梵　　音	rudhirā　hārā
	中文意譯	血　食（鬼）

詞彙解說

- **伽婆**：garbhā，胎體。
- **嚧地囉**：rudhirā，血液。

第338句

漢字音譯	婆娑　訶囉
梵　　音	māmsā　hārā
中文意譯	肉　食（鬼）

第339句

漢字音譯	摩闍　訶囉
梵　　音	majjā　hārā
中文意譯	髓　食（鬼）

詞彙解說

· **婆娑**：māmsā，肉。

· **摩闍**：majjā，髓、骨髓。

第340句

漢字音譯	闍多　訶囉
梵　　音	jātā　hārā
中文意譯	子息　食（鬼）

第341句

漢字音譯	視毖多　訶囉
梵　　音	jīvitā　hārā
中文意譯	生命　食（鬼）

詞彙解說

· **闍多**：jātā，子息、嬰兒氣息、初生小孩（baby）的氣息。

· **視毖多**：jīvitā，生命、壽命。

關鍵要點

人體七要素

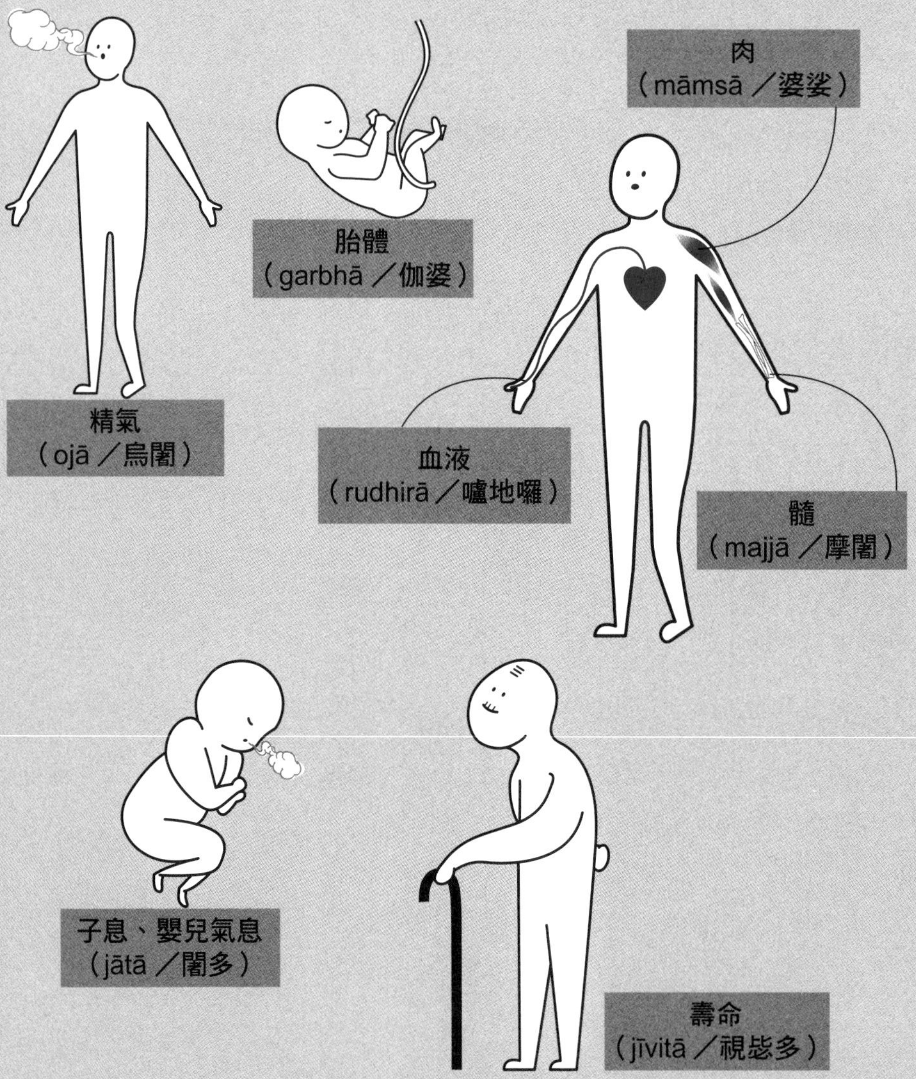
精氣
（ojā／烏闍）
胎體
（garbhā／伽婆）
肉
（māmsā／婆娑）
血液
（rudhirā／嚧地囉）
髓
（majjā／摩闍）
子息、嬰兒氣息
（jātā／闍多）
壽命
（jīvitā／視毖多）

五種 hārā，啖食祭祀供養的鬼：① 祭祀品、② 香、③ 花、④ 果、⑤ 穀物（第 342-346 句）

• 第 342-346 句總覽

漢字音譯	㉝342 跋略夜　訶囉　㉝343 乾陀　訶囉 ㉝344 布史波　訶囉　㉝345 頗囉　訶囉 ㉝346 娑寫　訶囉
梵　　音	342 balyā hārā　343 gandhā hārā 344 puspā hārā　345 phalā hārā 346 sasyā hārā
意　　譯	342 祭　食（鬼）　343 香　食（鬼） 344 花　食（鬼）　345 果　食（鬼） 346 穀物　食（鬼）
連貫句義	食祭祀品鬼、食香鬼、食花鬼、食果鬼、食穀物鬼

第 342 句

漢字音譯	跋略夜　訶囉
梵　　音	balyā　hārā
中文意譯	祭　食（鬼）

第 343 句

漢字音譯	乾陀　訶囉
梵　　音	gandhā　hārā
中文意譯	香　食（鬼）

詞彙解說

- **跋略夜**：balyā，祭祀物、祭品。
- **訶囉**：hārā，食。
- **乾陀**：gandhā，香。

第344句		
	漢字音譯	布史波　訶囉
	梵　　音	puspā　hārā
	中文意譯	花　食（鬼）

第345句		
	漢字音譯	頗囉　訶囉
	梵　　音	phalā　hārā
	中文意譯	果　食（鬼）

詞彙解說

· **布史波：**puspā，花。

· **頗囉：**phalā，果、果實。

第346句		
	漢字音譯	婆寫　訶囉
	梵　　音	sasyā　hārā
	中文意譯	穀物　食（鬼）

詞彙解說

· **婆寫：**sasyā，穀物。漢音「婆寫」改譯成「娑寫」比較合理。

補充說明

此句的梵字有所不同，成觀法師的解釋是：「婆寫．訶囉」（vasa hara），食初產者。筆者推測還有一種可能，婆寫（sasyā）的漢音應該是「娑寫」，而「娑」字被誤植成「婆」。

三種 cittāh：① 罪心、② 惡心、③ 暴心（第 347-349 句）

之前引動了惡心與無慈心，這邊再次啟動罪心（pāpa cittāh）、惡心（duṣṭa cittāh）與暴心（raudra cittāh）。這裡顯現三種負面的念頭，在第三會，惡心前後各啟動一次，這是第二次了。由第 347 句連續的三種負面能量的心，將引發十七種 grahāh，它們是一群來自陰陽靈界的鬼魅。

接著引動五種瘧疾與七種風寒頭痛雜病，而瘧疾隨發熱數日不同也

關鍵要點

啖食祭祀供養的鬼

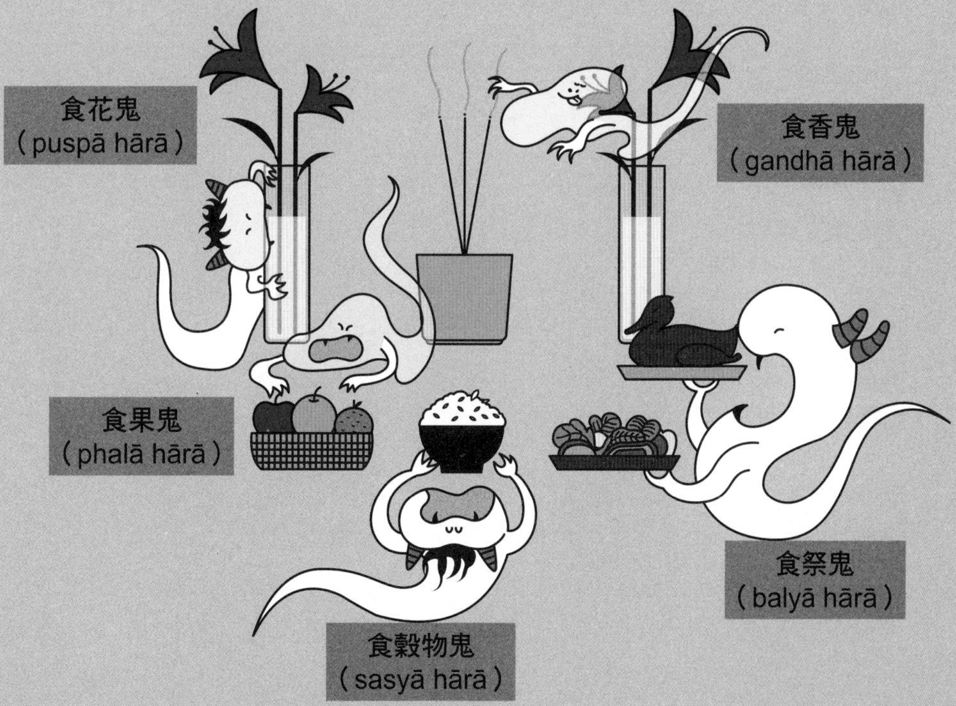

有區別。除此之外，因罪心、惡心與暴心，還會引發三種 rogaṃ（病），分別是眼病、口病、心病，以及十五種 śūlaṃ（痛），這些都是屬於肉體上的生理疼痛。

• 第 347-349 句總覽

漢字音譯	㉞347 般波　質多 348 突瑟咤（吒）　質多 349 嘮陀囉　質多
梵　音	347 papa cittāh 348 duṣṭa cittāh 349 raudra cittāh
意　譯	347 罪　心 348 惡　心 349 暴　心
連貫句義	罪心、惡心、暴心

第347句

漢字音譯	般波　質多
梵　音	pāpa　cittāh
中文意譯	罪　心

第348句

漢字音譯	突瑟咤（吒）　質多
梵　音	duṣṭa　cittāh
中文意譯	惡　心

※ 本句同第 333 句。

第349句

漢字音譯	嘮陀囉　質多
梵　音	raudra　cittāh
中文意譯	暴　心

詞彙解說

- **般波**：pāpa，罪。
- **質多**：cittāh，心。c 的發音為 ch，如同英文 child 的 ch 發音。
- **突瑟咤（吒）**：duṣṭa，惡、罪惡、因果業力帶來的罪惡，這個惡接近英文的 wicked。ṣ 的發音為 si。
- **嘮陀囉**：raudra，暴怒、兇暴、憤怒。

十七種 grahāh，陰陽靈界的鬼魅（第 350-366 句）

來到第 350 句之後，陸續呈現陰陽靈界的十七位鬼魅（grahāh），其中前十二位都曾經出現於第三會。首先要注意的是，「八部鬼眾」與「惱亂童子之十五鬼神」是鬼魅的主要來源，前者八部鬼眾被降伏後由四大天王統領，後十五鬼神則是會讓孩童在睡眠中驚怖啼哭的鬼魅。

第五會再增添五位獸型鬼魅，分別是「鳥形鬼魅、獸形鬼魅、貓形鬼魅、蛇形鬼魅、雞形鬼魅」。如前所述，這回將以「結界法」對治這些負面能量。

• 第 350-359 句總覽

漢字音譯	㊿ 藥叉　揭囉訶 352 閉隸多　揭囉訶 354 部多　揭囉訶 356 悉乾陀　揭囉訶 358 車夜　揭囉訶	351 囉剎娑　揭囉訶 353 毗舍遮　揭囉訶 355 鳩盤茶　揭囉訶 357 烏怛摩陀　揭囉訶 359 阿播薩摩囉　揭囉訶
梵　音	350 yakṣa grahāh 352 preta grahāh 354 bhūta grahāh 356 skanda grahāh 358 chāyā grahāh	351 rākṣasa grahāh 353 piśāca grahāh 355 kumbhāṇda grahāh 357 udhamāda grahāh 359 apa-smāra grahāh

意　　譯	㊿ 藥叉　鬼魅　351 羅剎　鬼魅 352 餓鬼　鬼魅　353 食精氣　鬼魅 354 自生（大身）　鬼魅　355 甕形　鬼魅 356 塞建陀　鬼魅　357 瘋狂　鬼魅 358 影　鬼魅　359 羊頭　癲　鬼魅
連貫句義	藥叉鬼魅，羅剎鬼魅，餓鬼鬼魅，食精氣鬼魅，自生（大身）鬼魅，甕形鬼魅，塞建陀鬼魅，瘋狂鬼魅，影子鬼魅，羊頭癲狂鬼魅

• 第 360-366 句總覽

漢字音譯	360 宅袪革　荼耆尼　揭囉訶　361 唎佛帝　揭囉訶 362 闍彌迦　揭囉訶　363 舍俱尼　揭囉訶 364 姥陀囉難地迦　揭囉訶　365 阿藍婆　揭囉訶 366 乾度波尼　揭囉訶
梵　　音	360 dāka dākinī grahāh　361 revatī grahāh 362 jāmika grahāh　363 śakuni grahāh 364 mātṛnandīkā grahāh　365 ālambā grahāh 366 kanthapāṇi grahāh
意　　譯	360 空行父　空行母　鬼魅　361 腹行　鬼魅 362 鳥形　鬼魅　363 禽獸形　鬼魅 364 貓形　鬼魅　365 蛇形　鬼魅 366 雞形　鬼魅
連貫句義	空行父空行母鬼魅，腹行鬼魅，鳥形鬼魅，獸形鬼魅，貓形鬼魅，蛇形鬼魅，雞形鬼魅。（如是一切鬼魅，悉皆結界。）

第350句

漢字音譯	藥叉　揭囉訶
梵　　音	yakṣa　grahāh
中文意譯	藥叉　鬼魅

第351句

漢字音譯	囉剎娑　揭囉訶
梵　　音	rākṣasa　grahāh
中文意譯	羅剎　鬼魅

詞彙解說

- **藥叉：**yakṣa，藥叉。又譯為夜叉。原本的意思是「以鬼為食的神」，稱為「能啖鬼」，於佛教中屬於鬼道。又因身形矯健勇猛而稱為「勇健鬼」。
- **揭囉訶：**grahāh，鬼魅。
- **羅剎：**rākṣasa，羅剎。羅剎因其外貌恐怖而稱為「可畏鬼」，又身手敏捷移動速度極快，稱為「捷疾鬼」、「速疾鬼」。其中的「疾」，意思不是疾病，而是快速。其中 kṣ 的發音接近 church 的 ch。

第352句

漢字音譯	閉隸多　揭囉訶
梵　　音	preta　grahāh
中文意譯	餓鬼　鬼魅

第353句

漢字音譯	毗舍遮　揭囉訶
梵　　音	piśāca　grahāh
中文意譯	食精氣　鬼魅

詞彙解說

- **閉隸多：**preta，餓鬼。也有「薜荔多」的譯法。請注意，餓鬼不是惡鬼，主要是指父、祖父、老祖宗的靈魂。原本來自於印度固有的死後信仰，而後被佛教加以條理簡別，成為類似於魑魅魍魎的鬼神精怪，餓鬼常被天人（deva，提婆）所驅使。
- **毗舍遮：**piśāca，食精氣鬼、食屍肉鬼，印度神話中以屍體和人的精氣為食的惡鬼。ś 的發音為 sh，如同英文 show 的 sh 發音。c 的發音為 ch，如同英文 child 的 ch 發音。

關鍵內容

將佛教傳入西方的先驅者之一「宣化上人」（Hsuan Hua, 1918-1995），在美國加州成立萬佛聖城，他將《楞嚴經》翻譯成英文，名為 *The Shurangama Sutra*。宣化上人生動描述毗舍遮如下：「這個鬼是專門吃精氣的鬼，吃五穀的精氣和人的精氣。好像男女行性行為這個時候，有一種精氣流出來，他都去吃的。所以就在男女性行為那時候，很多鬼在旁邊那兒等著吃這個精氣哪！很危險的。」

第354句		
	漢字音譯	部多　揭囉訶
	梵　音	bhūta　grahāh
	中文意譯	自生（大身）　鬼魅

第355句		
	漢字音譯	鳩盤茶　揭囉訶
	梵　音	kumbhāṇda　grahāh
	中文意譯	甕形　鬼魅

詞彙解說

- **部多：**bhūta，或音譯為「步多」。其意譯頗多，如大身（巨大身軀）、自生（自然而生）、化生（變化而生），精靈、幽靈、妖魅也是常見譯法。
- **鳩盤茶：**kumbhāṇda，甕形。ṇ 的發音仍是 n。詳見第三會第 200 句的解說。

第356句		
	漢字音譯	悉乾陀　揭囉訶
	梵　音	skanda　grahāh
	中文意譯	塞建陀　鬼魅

第357句		
	漢字音譯	烏怛摩陀　揭囉訶
	梵　音	udhamāda　grahāh
	中文意譯	瘋狂　鬼魅

詞彙解說

- **悉乾陀：**skanda，塞建陀、鳩摩羅童子。詳見第三會第 203 句的解說。
- **烏怛摩陀：**udhamāda，狂、瘋狂。

第358句

漢字音譯	車夜　揭囉訶
梵　　音	chāyā　grahāh
中文意譯	影　鬼魅

第359句

漢字音譯	阿播薩摩囉　揭囉訶
梵　　音	apa-smāra　grahāh
中文意譯	羊頭癲　鬼魅

詞彙解說

- **車夜：**chāyā，影、影子。有影子鬼、影鬼、主火神鬼等各種稱謂。
- **阿播：**apa，羊頭。
- **薩摩囉：**smāra，癲、癲狂。apa-smāram 源自印度神話，代表「無知與精神狀態極度不穩定的矮人」，要是他有任何不測，世上的知識與無知之間就會失去平衡。傳說 apasmāra 的外貌是羊頭，加上精神狀態異常（癲癇），所以稱為「羊頭癲鬼、羊頭神鬼癲癇」。

第360句

漢字音譯	宅祛革　荼耆尼　揭囉訶
梵　　音	dāka　dākinī　grahāh
中文意譯	空行父　空行母　鬼魅

詞彙解說

- **宅祛革：**dāka，空行父。
- **荼耆尼：**dākinī，音譯「荼迦女」，意思是飛行於空中的女性神祇，或意譯為「空行母」。也有狐魅鬼的稱謂。

補充說明

「宅祛革」對應於 dāka，兩者的發音似乎差距甚遠。「革」與「ka」很合理，但「宅祛」與「dā」就難以推論。<u>這是〈楞嚴咒〉的謎樣問題，也有可能「宅」是「咤」（ṭa）的誤植。</u>

第361句		
	漢字音譯	唎佛帝　揭囉訶
	梵　　音	revatī　grahāh
	中文意譯	腹行　鬼魅

第362句		
	漢字音譯	闍彌迦　揭囉訶
	梵　　音	jāmika　grahāh
	中文意譯	鳥形　鬼魅

詞彙解說

- **唎佛帝：**revatī，腹行，奎宿。在胎藏界曼荼羅，revati 是位忙忙終日的幸福使者，居住於外金剛院的北部，屬於「奎宿」（金剛界的二十八星宿之一）。revatī 又屬於惱亂童子之十五鬼神。
- **闍彌迦：**jāmika，鳥形，此鬼魅屬於惱亂童子之十五鬼神。

第363句		
	漢字音譯	舍俱尼　揭囉訶
	梵　　音	śakuni　grahāh
	中文意譯	禽獸形　鬼魅

第364句		
	漢字音譯	姥陀囉難地迦　揭囉訶
	梵　　音	mātṛnandīkā　grahāh
	中文意譯	貓形　鬼魅

詞彙解說

- **舍俱尼：**śakuni，禽獸形，形貌上包含兩種說法，馬形或鳥形。舍俱尼亦屬於惱亂童子之十五鬼神。ś 的發音為 sh，如同英文 show 的 sh 發音。
- **姥陀囉難地迦：**mātṛnandīkā，貓形。ṛ 的發音為 ri。

第365句		
	漢字音譯	阿藍婆　揭囉訶
	梵　　音	ālambā　grahāh
	中文意譯	蛇形　鬼魅

第366句		
	漢字音譯	乾度波尼　揭囉訶
	梵　　音	kanthapāṇi　grahāh
	中文意譯	雞形　鬼魅

詞彙解說

- **阿藍婆：**ālambā，蛇形，屬於惱亂童子之十五鬼神。
- **乾度波尼：**kanthapāṇi，有兩種説法，較常見的雞形鬼魅或是馬形鬼魅。乾度波尼屬於惱亂童子之十五鬼神。th 的發音接近注音符號的ㄊ。ṇ 的發音仍是 n。

補充說明

關於「乾度波尼」此尊，無法了解更原始的來源，譯法不少。以雞形鬼魅較常見，其他還有古嚴寺會律法師的拔刺魔，或是果濱居士提供的雞兒鬼魅、除棘鬼魅、如馬形鬼魅、黃色身手鬼魅、蟲毒蠱魅。其中，「拔刺魔」與「除棘鬼魅」的意思是相同的。

五種發熱數日病疫（第 367-371 句）

・第 367-371 句總覽

漢字音譯	㉗什伐囉　堙迦　醯迦 ㉘墜帝藥迦 ㉙怛帝藥迦 ㉚者突　托迦 ㉛尼提什伐囉　毖釤摩什伐囉
梵　　音	㉗jvarā eka hikkā ㉘dvaitīyakā ㉙tṛtīyakā

梵　音	⑳ cātur thakā ㉑ nitya-jvarā viṣama-jvarā
意　譯	367 熱瘧疾　一日　發病 368 二日發病 369 三日發病 370 四日　發病 371 常熱病　寒熱病
連貫句義	熱瘧疾一日發病、二日發病、三日發病、四日發病，常熱病、寒熱病

第367句

漢字音譯	什伐囉　堙迦　醯迦
梵　音	jvarā　eka　hikkā
中文意譯	熱瘧疾　一日　發病

詞彙解說

- **什伐囉：**jvarā，發燒、發熱，此處被譯成熱瘧疾。jvarā（什伐囉）最原始的意思只是發燒、高燒。許多疾病都會發燒，但不是所有發燒都是熱瘧疾。當時，中國對於古代印度的疾病，未必有能夠相對應的醫學名詞，只能直譯，也無法知道正確病名。第 367 句的「什伐囉」指一日發燒的病，在此 jvarā 通常被翻譯成「熱瘧疾」，是特指一日發病的疾病（eka hikkā）。接下來的咒句是二日發病的疾病（dvaitīyakā）、三日發病的疾病（tṛtīyakā），到四日發病的疾病（cātur thakā），但都沒出現「什伐囉」一字。到了第 371 句又再次出現的「什伐囉」，結合 nitya（恆常）與 viṣama（寒冷）兩字，分別被譯成「常熱病」（持續發燒）與「寒熱病」（忽冷、忽熱）。

  往後還有什伐囉的相關咒句，分別是第 376 句的什伐囉，是一切的（sarva）的發燒、高燒，這裡的一切應該是延續前面第 372-375 句的風病、黃疸病、痰病、併發症等所引發的發燒與高熱。最後是第 398 句，遇見狐鬼魅引起的發燒、高燒，這咒句的音譯略有不同，是「什婆囉」而非「什伐囉」。

- **堙迦：**eka，一日。

- **醯迦：**hikkā，發病。

第368句	
漢字音譯	墜帝藥迦
梵　　音	dvaitīyakā
中文意譯	二日發病

第369句	
漢字音譯	怛帝藥迦
梵　　音	tṛtīyakā
中文意譯	三日發病

第370句	
漢字音譯	者突　托迦
梵　　音	cātur　thakā
中文意譯	四日　發病

第371句	
漢字音譯	尼提什伐囉　毖釤摩什伐囉
梵　　音	nitya-jvarā　viṣama-jvarā
中文意譯	常熱病　寒熱病

詞彙解說

· **尼提**：nitya，恆常。漢譯成「尼提夜」更佳。

· **什伐囉**：jvarā，發燒、高燒。

· **毖釤摩**：viṣama，寒冷。ṣ 的發音為 si。

七種風寒頭痛雜病（第 372-378 句）

• 第 372-378 句總覽

漢字音譯	㊲② 薄底迦 ㊲④ 室隸瑟密迦 ㊲⑥ 薩婆什伐囉 ㊲⑧ 末陀鞞達　嚧制劍	㊲③ 鼻底迦 ㊲⑤ 娑你般帝迦 ㊲⑦ 室嚧吉帝
梵　音	㊲② vātikā ㊲④ śleṣmikā ㊲⑥ sarva-jvarā ㊲⑧ ardhāva-bhedaka arocakām	㊲③ paittikā ㊲⑤ saṃnipātikā ㊲⑦ śirorti
意　譯	㊲② 風病 ㊲④ 痰病 ㊲⑥ 一切熱病 ㊲⑧ 偏頭痛（半傷痛）　食慾不振	㊲③ 黃疸病、膽汁病 ㊲⑤ 雜病（疑難雜症）、併發症 ㊲⑦ 頭痛
連貫句義	風病，黃疸病、膽汁病，痰病，雜病（疑難雜症）、併發症，一切熱病，頭痛，偏頭痛（半傷痛）、食慾不振	

第372句

漢字音譯	薄底迦
梵　音	vātikā
中文意譯	風病

第373句

漢字音譯	鼻底迦
梵　音	paittikā
中文意譯	黃疸病、膽汁病

第374句

漢字音譯	室隸瑟密迦
梵　音	śleṣmikā
中文意譯	痰病

第375句	
漢字音譯	娑你般帝迦
梵　音	saṃnipātikā
中文意譯	雜病（疑難雜症）、併發症

第376句	
漢字音譯	薩婆什伐囉
梵　音	sarva-jvarā
中文意譯	一切　熱病

詞彙解說

· **薩婆**：sarva，一切。

· **什伐囉**：jvarā，熱病。

第377句	
漢字音譯	室嚧吉帝
梵　音	śirorti
中文意譯	頭痛

補充說明

佛門課誦版是明版譯法，此處的「室嚧吉帝」的「吉」字讓人不解。如果採用北宋版的譯法「室嚧囉帝」就比較接近 śirorti 的發音。

第378句	
漢字音譯	末陀鞞達　嚧制劍
梵　音	ardhāva-bhedaka　arocakām
中文意譯	偏頭痛（半傷痛）　食慾不振

詞彙解說

· **末陀**：ardhava，半，一半。此處的漢音有缺誤，建議改成「阿羅陀皤」或「阿羅陀婆」。

· **鞞達**：bhedaka，傷。「鞞達」漢譯成「鞞達迦」會更佳。

· **嚧制劍**：arocakām，食慾不振。c 的發音為 ch，如同英文 child 的 ch 發音。梵音、漢譯比對略有差異。「嚧制劍」的漢譯改成「阿嚧制劍」會更合適。

補充說明

此處的漢字音譯明顯有掉字，完整梵音是 ardhā-vabhedarocakām。ardhāva 翻譯成「末陀」，其中「陀」與「dhā」吻合的，但 **ardhāva** 中的粗字部分則明顯不符。郭火生居士建議「末陀」更改成「阿羅陀皤」，個人覺得「阿羅陀婆」亦可。

三種 rogaṃ（病）：① 眼、② 口、③ 心（第 379-381 句）

• 第 379-381 句總覽

漢字音譯	㊲⑨ 阿綺　嚧鉗 ㊳⓪ 目佉　嚧鉗 ㊳① 羯唎突　嚧鉗
梵　　音	379 akṣī rogaṃ 380 mukha rogaṃ 381 hṛd rogaṃ
意　　譯	379 眼　病 380 面、口　病 381 心　病
連貫句義	眼病、面口病、心病

第379句		
	漢字音譯	阿綺　嚧鉗
	梵　　音	akṣī　rogaṃ
	中文意譯	眼　病

第380句		
	漢字音譯	目佉　嚧鉗
	梵　　音	mukha　rogaṃ
	中文意譯	面、口　病

第381句	
漢字音譯	羯唎突　嚧鉗
梵　　音	hṛd　rogaṃ
中文意譯	心　病

詞彙解說

- **阿綺**：akṣī，眼。其中 kṣ 的發音接近 church 的 ch。
- **嚧鉗**：rogaṃ，病。ṃ 的發音仍是 m。
- **目佉**：mukha，面、口。
- **羯唎突**：hṛd，心、心臟。ṛ 的發音為 ri。郭火生居士建議「羯唎」改成「喝唎」。此看法非常合理，「羯」應該是「喝」的誤寫。

十五種 śūlaṃ，肉體生理疼痛疾病（第 382-396 句）

〈楞嚴咒〉有一連串的「輸藍」，這是羅馬拼音 śūlaṃ 的中文音譯，意思是「痛」，而且是屬於肉體生理上的痛，而非心靈或精神層面的痛。

• 第 382-386 句總覽

漢字音譯	㊳㊷ 揭囉訶　羯藍 ㊳㊹ 憚多　輸藍 ㊳㊻ 末么　輸藍	㊳㊸ 羯拏　輸藍 ㊳㊺ 迄唎夜　輸藍
梵　　音	㊳㊷ galaka śūlaṃ ㊳㊹ danta śūlaṃ ㊳㊻ marma śūlaṃ	㊳㊸ karṇa śūlaṃ ㊳㊺ hṛdaya śūlaṃ
意　　譯	㊳㊷ 咽喉　痛 ㊳㊹ 齒　痛 ㊳㊻ 關節　痛	㊳㊸ 耳　痛 ㊳㊺ 心臟　痛
連貫句義	咽喉痛、耳痛、齒痛、心臟痛、關節痛	

• 第 387-396 句總覽

漢字音譯	(387) 跋唎室婆　輸藍	(388) 毖栗瑟咤（吒）　輸藍
	(389) 烏陀囉　輸藍	(390) 羯知　輸藍
	(391) 跋悉帝　輸藍	(392) 鄔嚧　輸藍
	(393) 常伽　輸藍	(394) 喝悉多　輸藍
	(395) 跋陀　輸藍	(396) 娑房盎伽　般囉丈伽　輸藍
梵　　音	(387) pārśva śūlaṃ	(388) pṛṣṭha śūlaṃ
	(389) udara śūlaṃ	(390) kaṭi śūlaṃ
	(391) vasṭi śūlaṃ	(392) ūru śūlaṃ
	(393) janghā śūlaṃ	(394) hasta śūlaṃ
	(395) pāda śūlaṃ	(396) sarvānga pratyanga śūlaṃ
意　　譯	(387) 脅　痛	(388) 背　痛
	(389) 腹　痛	(360) 腰　痛
	(391) 下腹　痛	(392) 大腿　痛
	(393) 小腿　痛	(394) 手掌　痛
	(395) 腳掌　痛	(396) 一切　肢體　痛
連貫句義	咽喉痛、耳痛、齒痛、心臟痛、關節痛、脅痛、背痛、腹痛、腰痛、下腹痛、大腿痛、小腿痛、手掌痛、腳掌痛、一切肢體痛	

⊙ 咽喉、耳、齒、心臟、關節

第382句		
	漢字音譯	揭囉訶　羯藍
	梵　　音	galaka　śūlaṃ
	中文意譯	咽喉　痛

詞彙解說

- **揭囉訶**：galaka，咽喉。
- **羯藍**：śūlaṃ，痛。ś 的發音為 sh，如同英文 show 的 sh 發音。ṃ 的發音仍是 m。

補充說明

此處的梵音有不同解釋，與上述的漢字音譯均非吻合。第一種是 galaka śūlaṃ，其中 śūlaṃ 較接近的漢音是「輸藍」而非「羯藍」，意思是「痛」，galaka śūlaṃ 的意思就是咽喉痛。第二種梵音是郭火生居士提出的 gala grahā，漢字音譯為「伽羅揭囉訶」，gala 的意思是咽喉，而 grahā 除了鬼魅、執著之外，還有緊緊握住、緊縮的意思，因此可以解釋成咽喉緊縮。所以這兩種梵音的意思都可以說是「咽喉痛」。

第383句

漢字音譯	羯拏　輸藍
梵　　音	karṇa　śūlaṃ
中文意譯	耳　痛

第384句

漢字音譯	憚多　輸藍
梵　　音	danta　śūlaṃ
中文意譯	齒　痛

詞彙解說

· **羯拏**：karṇa，耳。ṇ 的發音仍是 n。

· **輸藍**：śūlaṃ，痛。

· **憚多**：danta，齒。

第385句

漢字音譯	迄唎夜　輸藍
梵　　音	hṛdaya　śūlaṃ
中文意譯	心臟　痛

第386句

漢字音譯	末么　輸藍
梵　　音	marma　śūlaṃ
中文意譯	關節　痛

詞彙解說

- **迄唎夜**：hṛdaya，心。ṛ 的發音為 ri。此處的漢音似乎有掉字，hṛdaya 應該翻譯成「迄唎陀夜」或「迄唎達夜」，而非「迄唎夜」。
- **末么**：marma，關節。

關鍵要點

兩種心：cittāh & hṛdaya

cittāh 與 hṛdaya 這兩個梵字都被翻譯成「心」，但實質的意思是有差異。

心，意思是念頭，英文的 thought。例如：《心經》的「心無罣礙」的心，《金剛經》的「應無所住，而生其心」的心，這兩個心的意思都是「念頭」(thought)。

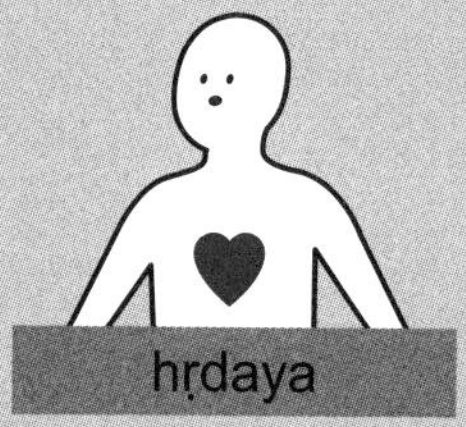

心，意思是心臟，是實體心臟，也有肝臟的意思。可以引申為重要的實體物質。

《心經》的經名：*Prajñā-pāramitā-hṛdaya Sutra*，採用了 hṛdaya，代表實體可握住的一本經文，不是抽象的心。〈楞嚴咒〉第 385 句也是指實體的心臟，非抽象的念頭。

⊙ 脅、背、腹、腰、下腹、大腿、小腿、手、腳、一切肢體

第387句		
	漢字音譯	跛喇室婆　輸藍
	梵　音	pārśva　śūlaṃ
	中文意譯	脅　痛

第388句		
	漢字音譯	毖栗瑟咤（吒）　輸藍
	梵　音	pṛṣṭha　śūlaṃ
	中文意譯	背　痛

第389句		
	漢字音譯	烏陀囉　輸藍
	梵　音	udara　śūlaṃ
	中文意譯	腹　痛

詞彙解說

- **跛喇室婆**：pārśva，脅。胸部兩側，由腋下至肋骨盡處的部位。ś 的發音為 sh，如同英文 show 的 sh 發音。
- **毖栗瑟咤（吒）**：pṛṣṭha，背。ṣ 的發音為 si。
- **烏陀囉**：udara，腹。

第390句		
	漢字音譯	羯知　輸藍
	梵　音	kaṭi　śūlaṃ
	中文意譯	腰　痛

第391句		
	漢字音譯	跋悉帝　輸藍
	梵　音	vasṭi　śūlaṃ
	中文意譯	下腹　痛

第392句		
漢字音譯	鄔嚧　輸藍
梵　音	ūru　śūlaṃ
中文意譯	大腿　痛

詞彙解說

- **羯知**：kaṭi，腰。ṭ 的發音接近注音符號的ㄉ。
- **跋悉帝**：vasṭi，下腹或膀胱。
- **鄔嚧**：ūru，大腿。

第393句	
漢字音譯	常伽　輸藍
梵　音	janghā　śūlaṃ
中文意譯	小腿　痛

第394句	
漢字音譯	喝悉多　輸藍
梵　音	hasta　śūlaṃ
中文意譯	手掌　痛

第395句	
漢字音譯	跋陀　輸藍
梵　音	pāda　śūlaṃ
中文意譯	腳掌　痛

詞彙解說

- **常伽**：janghā，小腿。
- **喝悉多**：hasta，手掌。
- **跋陀**：pāda，腳掌。

第396句		
	漢字音譯	娑房盎伽　般囉丈伽　輸藍
	梵　　音	sarvānga　pratyanga　śūlaṃ
	中文意譯	一切　肢體　痛

詞彙解說

· **娑房盎伽**：sarvānga，一切。

· **般囉丈伽**：pratyanga，肢體。

引動疫病三鬼魅（第 397-398 句）

• 第 397-398 句總覽

漢字音譯	㊂㊈㊆ 部多　毖哆茶 ㊂㊈㊇ 茶耆尼　什婆囉
梵　　音	397 bhūta vetāda 398 dākinī jvarā-
意　　譯	397 部多鬼　起屍鬼 398 空行母、狐鬼魅　熱
連貫句義	部多鬼、起屍鬼、空行母狐鬼魅，熱——

第397句		
	漢字音譯	部多　毖哆茶
	梵　　音	bhūta　vetāda
	中文意譯	部多鬼　起屍鬼

第398句		
	漢字音譯	茶耆尼　什婆囉
	梵　　音	dākinī　jvarā-（接下句）
	中文意譯	空行母、狐鬼魅　熱

詞彙解說

- **部多**：bhūta，或音譯為「步多」。其意譯頗多，如大身（巨大身軀）、自生（自然而生）、化生（變化而生），精靈、幽靈、妖魅也是常見譯法。
- **毖哆茶**：vetāda，起屍鬼。
- **茶耆尼**：dākinī，空行母、狐鬼魅。
- **什婆囉**：jvarā-，熱。

七種皮膚病症（第 399-401 句）

• 第 399-401 句總覽

漢字音譯	⑳399 陀突嚧　迦建咄嚧　吉知婆路多毗 400 薩般　嚧訶凌伽 401 輸沙　怛囉娑那　羯囉
梵　　音	399 dadrū kaṇḍū kiṭibha-lūtā-vai 400 sarpa lohalingah 401 śoṣa trāsana gara
意　　譯	399 皮膚炎　疥癬　水痘　蜘蛛毒　火瘡 400 蛇疔瘡 401 乾枯症　驚恐症　劇毒
連貫句義	皮膚炎、疥癬、水痘、蜘蛛毒、火瘡、蛇疔瘡，乾枯症、驚恐症、劇毒

第399句

漢字音譯	陀突嚧　迦建咄嚧　吉知婆路多毗
梵　　音	dadrū　kaṇḍū　kiṭibha-lūtā-vai
中文意譯	皮膚炎　疥癬　水痘　蜘蛛毒　火瘡

詞彙解說

- **陀突嚧**：dadrū，皮膚炎。
- **迦建咄嚧**：kaṇḍū，疥癬。ṇ 的發音仍是 n。「迦建咄嚧」建議改成「建咄」兩字，比較接近梵音。

· **吉知婆：**kiṭibha，水痘。ṭ 的發音接近注音符號的ㄉ。

· **路多：**lūtā，蜘蛛毒、蜘蛛瘡。

· **毗：**vai，火瘡。

第400句		
	漢字音譯	薩般　嚧訶凌伽
	梵　　音	sarpa　lohalingah
	中文意譯	蛇疔瘡

第401句		
	漢字音譯	輸沙　怛囉娑那　羯囉
	梵　　音	śoṣa　trāsana　gara
	中文意譯	乾枯症　驚恐症　劇毒

詞彙解說

· **輸沙：**śoṣa，乾枯症。ṣ 的發音為 si。

· **怛囉娑那：**trāsana，驚恐症。

· **羯囉：**gara，劇毒、毒藥。

三毒五難（第 402-405 句）

三毒是指惡毒、雜毒、㶷禱蠱毒，五難則是指火、水、死亡詛咒、險路、橫死。

• 第 402-405 句總覽

漢字音譯	402 毗沙喻迦 403 阿耆尼　烏陀迦 404 末囉鞞囉　建跢囉 405 阿迦囉密唎咄　怛斂部迦
梵　　音	402 viṣa-yoga 403 agni udaka

梵　音	⑭ māra-vaīra kāntāra ⑮ akāla-mṛtyu tryambuka
意　譯	⑫ 蠱毒咒術 ⑬ 火　水 ⑭ 死亡詛咒　險路 ⑮ 橫死　土蜂
連貫句義	蠱毒咒術，火、水、死亡、詛咒、險路、橫死、土蜂等災難。

第402句

漢字音譯	毗沙喻迦
梵　音	viṣa-yoga
中文意譯	蠱毒咒術

詞彙解說

- **毗沙**：viṣa，蠱毒。
- **喻迦**：yoga，毒咒、咒術。yoga 一字還有「合併、和合」的意思。「毗沙喻迦」（viṣa-yoga）這樣的劇毒是與咒術相關的雜合蠱毒，而非單一毒咒。

補充說明

《楞嚴經》（卷七）提及三毒：惡毒、雜毒、懺禱蠱毒。〈楞嚴咒〉能對照的就是 viṣa-yoga 這個梵字。viṣa-yoga 的意思很豐富，可以涵蓋惡毒（viṣa）、雜毒（yoga 一字有混合、合併的意思）、懺禱蠱毒（yoga 也有懺禱咒術的意思）。

第403句

漢字音譯	阿耆尼　烏陀迦
梵　音	agni　udaka
中文意譯	火　水

詞彙解說

- **阿耆尼**：agni，火。
- **烏陀迦**：udaka，水。

關鍵內容

在前面的第 97 句與 98 句已經提過，透由 uttaranīṃ（救除）的方式來救除 ❶ 毒難（viṣa）、❷ 刀杖難（śastra）、❸ 火難（āgni）、❹ 水難（udaka）等四種災難，它們都出現於大家熟悉的《妙法蓮華經・觀世音菩薩普門品》內。

第404句

漢字音譯	末囉鞞囉　建跢囉
梵　　音	māra-vaīra　kāntāra
中文意譯	死亡詛咒　險路

詞彙解說

・**末囉**：māra，死亡，意指障害死難。māra 原本代表閻魔死神，掌控死亡的世界。

・**鞞囉**：vaīra，詛咒，意指怨敵讎恨惱害難。

・**建跢囉**：kāntāra，荒野險路、險徑，意指森林險路難。這是五難之一，但未見於《妙法蓮華經・觀世音菩薩普門品》內。

第405句

漢字音譯	阿迦囉密唎咄　怛斂部迦
梵　　音	akāla-mṛtyu　tryambuka
中文意譯	橫死　土蜂

詞彙解說

・**阿迦囉**：akāla，非時、非正常時間。

・**密唎咄**：mṛtyu，死亡。上述兩字合併即是「非正常狀態死亡，時間未到不該死卻死」，亦可翻譯成「橫死」。ṛ 的發音為 ri。

・**怛斂部迦**：tryambuka，蜂、土蜂。

補充說明

第 405 句的橫死（akāla-mṛtyu）與土蜂（tryambuka）必須拆解成不同的歸類比較適宜。橫死屬於上面的五災難，土蜂屬於以下的十一野獸難。

十一野獸難（第 406-410 句）

• 第 406-410 句總覽

漢字音譯	⑯ 地栗剌吒（吒） ⑰ 毖唎瑟質迦 ⑱ 薩婆　那俱囉 ⑲ 肆引伽　弊揭囉　唎藥叉　怛囉芻 ⑳ 末囉　視吠　帝釤娑鞞釤
梵　音	⑯ trailāṭa ⑰ vṛścika ⑱ sarpa nakula ⑲ siṃha vyāghra ṛkṣa tarakṣa ⑳ camara jīvas teṣāṃ-sarveṣāṃ
意　譯	⑯ 虻 ⑰ 蠍 ⑱ 毒蛇　鼠狼 ⑲ 獅子　虎　黑熊　熊 ⑳ 造成死亡　生命　如是一切等眾
連貫句義	虻、蠍、毒蛇、鼠狼、獅子、虎、黑熊、豺熊造成死亡，生命如是一切等眾。

第406句		
	漢字音譯	地栗剌吒（吒）
	梵　音	trailāṭa
	中文意譯	虻

第407句		
	漢字音譯	毖唎瑟質迦
	梵　音	vṛścika
	中文意譯	蠍

第408句

漢字音譯	薩婆　那俱囉
梵　音	sarpa　nakula
中文意譯	毒蛇　鼠狼

詞彙解說

· **薩婆**：sarpa，毒蛇。

· **那俱囉**：nakula，鼠狼、食蛇獴。

第409句

漢字音譯	肆引伽　弊揭囉　唎藥叉　怛囉芻
梵　音	siṃha　vyāghra　ṛkṣa　tarakṣa
中文意譯	獅子　虎　黑熊　熊

詞彙解說

· **肆引伽**：siṃha，獅子。

· **弊揭囉**：vyāghra，虎。

· **唎藥叉**：ṛkṣa，黑熊、羆（ㄆㄧˊ，大熊）。漢音應該是「唎叉」而非「唎藥叉」。

· **怛囉芻**：tarakṣa，熊。

第410句

漢字音譯	末囉　視吠　帝釤娑鞞釤
梵　音	mara　jīvas　teṣāṃ-sarveṣāṃ
中文意譯	造成死亡　生命　如是一切等眾

詞彙解說

· **末囉**：mara，造成死亡。

· **視吠**：jīvas，生命。

· **帝釤**：teṣāṃ，如是。

· **娑鞞釤**：sarveṣāṃ，一切等眾。（意指上述的動物猛獸）

補充說明

專精梵文的郭火生居士，發現《房山石經》悉曇文的細微錯刻，導致校勘石經版本的《楞嚴咒會譯》多出「遮」字，將原本的「末囉」（mara）音譯成「遮末囉」（camara）。mara 的意思是「造成死亡」，而 camara 的意思是「髦牛、水獸」。郭居士詳細比對梵字，指出明朝的校勘師跟隨北宋版的「末囉」才是正確的。不少〈楞嚴咒〉的書籍寫成「髦牛、水獸」，主要是依據《楞嚴咒會譯》，他建議更正為「末囉」（mara），也就是造成死亡的意思。

· 遮末囉（camara）：髦牛、水獸，見於《楞嚴咒會譯》。（細微差錯）
· 末囉（mara）：造成死亡、導致死亡，明朝的校勘師跟隨北宋版。（正確）

22 三結界：❶ 明咒結界、❷ 十方結界、❸ 他咒結界
（第 411~418 句）

面對第五會中從第 333 句直到第 410 句，長達八十句描述了各式各樣的負面能量的心（念頭）、鬼魅、疾病、瘟疫、身體痛苦、災難、獸擊，涵蓋了人類在娑婆世界種種危厄遭遇。這時候採用了密教特殊的「結界」（bandhaṃ）法門。這是〈楞嚴咒〉的重要任務，過程中會創造一個純淨的曼荼羅（mandala），這是諸佛菩薩降臨的神聖空間，有獨特的界定區域。由充沛的智慧能量形成純淨的曼荼羅，將毒蠱與惡鬼驅逐隔離，達到淨化空間的作用。於此，結界共有三法：❶ 明咒結界、❷ 十方結界、❸ 勝他明咒結界。所有的一切還是仰賴「光聚傘蓋」（大白傘蓋佛母）的能量，來達到調伏庇護的神咒之力，而且借助了「大金剛頂髻」之法。

此刻佛菩薩降臨，整個楞嚴法會充滿宇宙智慧動能，其中 (411)「光聚傘蓋」（sitāta-patrā）的能量與 (412)「大金剛頂髻」（mahā vajro-uṣṇīṣāṃ）之法是關鍵要角。由第 411 句與 412 句啟動，直到第 418 句，呈現出結界的過程。

• 第 411-418 句總覽

漢字音譯	㊶ 悉怛多缽怛囉　㊷ 摩訶　跋闍嚧瑟尼釤 ㊸ 摩訶　般賴丈耆藍 ㊹ 夜波　突陀舍　喻闍那 ㊺ 辮怛隸拏 ㊻ 毗陀耶　盤曇　迦嚧彌 ㊼ 帝殊　盤曇　迦嚧彌 ㊽ 般囉　毘陀　盤曇　迦嚧彌
梵　音	㊶ sitāta-patrā　㊷ mahā vajro-uṣṇīṣāṃ　㊸ mahā pratyangirāṃ ㊹ yāvat dvādaśa yojanā ㊺ (ā)bhyantareṇa ㊻ vidyā bandhaṃ karomi ㊼ diśa bandhaṃ karomi ㊽ para vidyā bandhaṃ karomi

意　　譯	⑪光聚傘蓋　⑫大　金剛　頂髻　⑬大　庇護調伏者 ⑭乃至　十二　由旬 ⑮內、境、界 ⑯咒　結界　我作 ⑰十方　結界　我作 ⑱他　咒　結界　我作
連貫句義	如是等一切諸難，以光聚傘蓋的能量，與大金剛頂髻之法，予以大調伏庇護。乃至於方圓十二由旬之內，皆以明咒而作結界，並結十方界，再以勝他明咒而作結界。

第411句

漢字音譯	悉怛多缽怛囉
梵　　音	sitāta-patrā
中文意譯	光聚傘蓋（白傘蓋）

詞彙解說

- **悉怛多：**sitāta，光聚。sitā 的意思是白，sitāta 是白的累積，也就是白光的凝聚。
- **缽怛囉：**patrā，傘蓋。

第412句

漢字音譯	摩訶　跋闍嚧瑟尼釤
梵　　音	mahā　vajro-uṣṇīṣāṃ
中文意譯	大　金剛　頂髻

第413句

漢字音譯	摩訶　般賴丈耆藍
梵　　音	mahā　pratyangirāṃ
中文意譯	大　庇護調伏者

詞彙解說

· **摩訶**：mahā，大。

· **跋闍嚧**：vajro，金剛。

· **瑟尼釤**：uṣṇīṣāṃ，頂髻、頂首髻、佛頂。母音加有橫線時，例如 ā、ī、ū 這三字，要特別發長音。ṇ 的發音仍是 n。

· **般賴丈耆藍**：pratyangirāṃ，庇護調伏者。（參見 327 頁的說明。）

第414句	
漢字音譯	夜波　突陀舍　喻闍那
梵　　音	yāvat　dvādaśa　yojanā
中文意譯	乃至　十二　由旬

第415句	
漢字音譯	辦怛隸拏
梵　　音	(ā)bhyantareṇa（與前一字 yojanā 共用 ā）
中文意譯	內、境、界

詞彙解說

· **夜波**：yāvat，乃至，意思是乃至於一個界線，到達一個界線。

· **突陀舍**：dvādaśa，十二。dvā，二。daśa，十。梵語數字十二，先寫二再寫十。ś 的發音為 sh，如同英文 show 的 sh 發音。

· **喻闍那**：yojanā，由旬。印度古代距離的丈量單位，以牛車工作行走的距離，估算約現代的十多公里。

· **辦怛隸拏**：bhyantareṇa，內、境、界。ṇ 的發音仍是 n。

第416句	
漢字音譯	毗陀耶　盤曇　迦嚧彌
梵　　音	vidyā　bandhaṃ　karomi
中文意譯	咒　結界　我作

詞彙解說

・**毗陀耶**：vidyā，咒。

・**盤曇**：bandhaṃ，結界。

・**迦嚧彌**：karomi，我作。

補充說明

盤曇（bandhaṃ），意譯為「結界」。古代印度原始的婆羅門教與佛教行者，為了修法創制了曼荼羅，早期的方式是「築土為壇」。曼荼羅（mandala）是諸佛菩薩降臨的神聖空間，有獨特的界定區域。在區域內必須將毒蠱與惡鬼驅逐，淨化空間，此稱為「結界」。

第417句		
漢字音譯	帝殊　盤曇　迦嚧彌
梵　　音	diśa　bandhaṃ　karomi
中文意譯	十方　結界　我作

第418句	
漢字音譯	般囉　毘陀　盤曇　迦嚧彌
梵　　音	para　vidyā　bandhaṃ　karomi
中文意譯	他　咒　結界　我作

詞彙解說

・**帝殊**：diśa，十、十方。ś 的發音為 sh，如同英文 show 的 sh 發音。

・**般囉**：para，他。

・**毘陀**：vidyā，咒。「毘陀」改譯成「毘地夜」，更接近梵語發音。

23 啟動核心咒語

（第 419~427 句）

人們必須借助宇宙的智慧能量，才有機會前往純淨美好的智慧空間。宇宙的智慧能量並非唯一，所有超越時空的諸佛菩薩都可以與我們連結。整個〈楞嚴咒〉連結諸佛菩薩的能量，而念誦者運用咒語，可以協助自己開發潛在於心靈深處的智慧能量。

來到第五會的結尾，也是〈楞嚴咒〉的最精彩之處，將啟動終極對治的「甘露火」（anale）之智慧能量，進入「上妙清淨」（viśade）的清淨境態，透由「金剛持尊」（vajra dhare）的結界，結合「金剛手」（vajra-pāṇi）的摧碎能量。四個過程達到圓滿成就（速疾成就），在 svāhā 咒字中結束龐大的〈楞嚴咒〉，既神聖莊嚴且圓滿。整個過程是達到內在心靈與宇宙共通的善與美，就是轉化、調伏（pratyangire）我們所存在物質世界的各種能量。

首楞嚴咒字數共 2620 字，是咒中之王。它是漢傳佛教僧侶早課必誦的功課，而咒中之王的核心能量更是強大。心咒如下：

(419-422) tadyathā oṃ anale viśade

即說咒曰：嗡！啟動甘露火的智慧能量，進入上妙清淨的境態。

(423-424) vaīra vajra dhare bandha bandhani

以忿怒的金剛持尊去結界！再結界！

(425) vajra-pāṇi phaṭ

以金剛手的能量摧碎一切！

(426-427) hūṃ trūṃ phaṭ svāhā

徹底摧碎一切障礙！圓滿成就！

• 第 419-427 句總覽

漢字音譯	(419) 哆侄他　(420) 唵　(421) 阿那　(422) 毗舍提　(423) 鞞囉　跋闍囉　陀唎　(424) 盤陀　盤陀你　(425) 跋闍囉謗尼　泮　(426) 虎䜿　都嚧瓮　泮　(427) 莎婆訶
梵　音	(419) tadyathā　(420) oṃ　(421) anale　(422) viśade　(423) vīra vajra dhare　(424) bandha bandhani　(425) vajra-pāṇi phaṭ　(426) hūṃ trūṃ phaṭ　(427) svāhā
意　譯	(419) 即說咒曰　(420) 嗡　(421) 甘露火　(422) 清淨　(423) 忿怒　金剛　持者　(424) 結界　再結界　(425) 金剛手　摧碎　(426) 吽　咄　摧碎　(427) 圓滿成就
連貫句義	即說咒曰：嗡！啟動甘露火的智慧能量，進入上妙清淨的境態。以忿怒的金剛持尊去結界！再結界！以金剛手的能量摧碎一切！徹底摧碎一切障礙！圓滿成就！

關鍵要點

〈楞嚴咒〉的心咒四要項

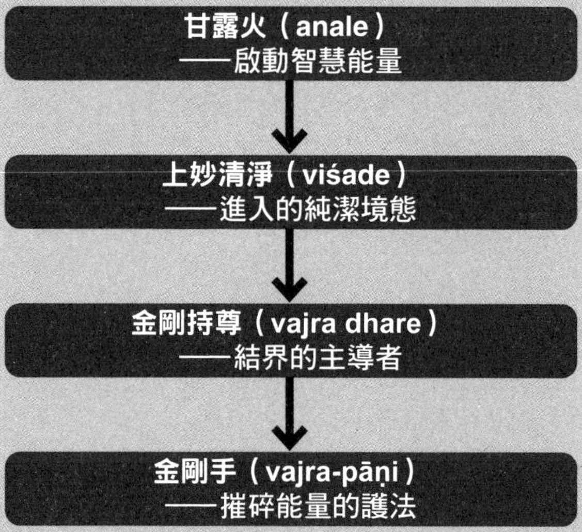

第419句		
	漢字音譯	哆侄他
	梵　　音	tadyathā
	中文意譯	即說咒曰

詞彙解說

· **哆侄他**：tadyathā，除了即說咒曰的意思之外，還有如此、猶如、所謂的意思。

第420句		
	漢字音譯	唵
	梵　　音	oṃ
	中文意譯	嗡

補充說明

此處 oṃ 的音譯為「唵」，比起第 138、175 句的「烏鈝」較為接近梵音。

第421句		
	漢字音譯	阿那
	梵　　音	anale
	中文意譯	甘露火

第422句		
	漢字音譯	毗舍提
	梵　　音	viśade
	中文意譯	清淨

第423句		
	漢字音譯	鞞囉　跋闍囉　陀唎
	梵　　音	vīra　vajra　dhare
	中文意譯	忿怒　金剛　持者

詞彙解說

- **阿那：**anale。大多學者對此梵字的解釋是甘露火，果濱居士寫著 anale 是「甘露火、火」，更完整解釋是「無比甘露自性火光」。成觀法師則解釋該字意思是「不動。此為佛頂尊首楞嚴定體」。
- **鞞囉：**vīra，瞋恚，忿怒。
- **跋闍囉：**vajra，金剛。
- **陀唎：**dhare，持者。「跋闍囉陀唎」（vajra dhare）即本咒重要的忿怒尊「金剛持」。

第424句

漢字音譯	盤陀　盤陀你
梵　　音	bandha　bandhani
中文意譯	結界　再結界

詞彙解說

- **盤陀：**bandha，結界、結縛（縛，用繩捆綁）。
- **盤陀你：**bandhani，再結縛。

第425句

漢字音譯	跋闍囉謗尼　泮
梵　　音	vajra-pāṇi　phaṭ
中文意譯	金剛手　摧碎

詞彙解說

- **謗尼：**pāṇi，手。ṇ 的發音仍是 n。
- **泮：**phaṭ，摧碎、摧破。摧破一切的障礙的種子字。詳見第四會第 284 句的解說。

第426句		
	漢字音譯	虎絆　都嚧甕　泮
	梵　　音	hūṃ　ṭrūṃ（或 brūṃ）　phaṭ
	中文意譯	吽　咄（或部隆）　摧碎

詞彙解說

· **虎絆：**hūṃ，「金剛部族」的種子字，也是一切金剛的種子字。

· **都嚧甕：**ṭrūṃ（或 brūṃ）。ṭrūṃ 是金剛種子字，而 brūṃ 是「佛頂部族代表」的種子字。

關鍵內容

基本上，hūm trūṃ 兩字連用在〈楞嚴咒〉充滿兩組能量意義：

1. 能夠摧破（destroy、distinguish）一切障礙（obstacle）。這些障礙是指修行過程中內心的魔障（貪瞋癡）與外在環境的險難困頓。
2. 啟動諸佛頂髻（ṣṇīṣaṃ）熾盛的能量（flame、glare），在這狀態下充滿威猛的德性。

第427句		
	漢字音譯	莎婆訶
	梵　　音	svāhā
	中文意譯	圓滿成就（速疾成就）

詞彙解說

· **莎婆訶：**svāhā，咒語結束用語，代表此咒帶來圓滿成就、速疾成就。「疾」的意思是「快速」。「莎婆訶」也是吉祥的用語。在古代印度供神時，祈求幸福吉祥的讚歎語，經常會置於密咒的結尾，本咒〈楞嚴咒〉與著名的《心經》最後都是此咒字。

楞嚴心咒悉曇梵字觀想

宣化上人是近代佛教高僧，在美國加州創立萬佛聖城。他是將佛教傳入西方世界的先驅者之一，臺灣佛教界也擁有許多信眾。宣化上人有一本佛教著作《楞嚴咒句偈疏解》，內容描述如何觀想咒字。他認為，觀想梵文咒字可以達到五眼的境界，這是透澈諸法事理的五種眼，即肉眼、天眼、慧眼、法眼、佛眼。甚至，宣化上人認為，觀想咒字可以獲取三乘聖者的六種神通：天眼通、天耳通、他心通、宿命通（知曉過去世的生命、行事的超凡能力）、神足通（隨意變現，飛行自在，一切所為，無有障礙）、漏盡通（煩惱盡除）。

宣化上人在《楞嚴咒句偈疏解》這麼說：

觀想梵字能得到五眼六通，要把它一字一字都觀得清清楚楚，睜眼閉眼都是清清楚楚。久而久之，它的妙處就生出來，可以使你開五眼得六通，通因達果，就因為我們不明白梵字，便有一股神妙的力量。觀想梵字也是鎖心的方法。把心制在一處便不打旁的妄想了。把每個梵字都印入心裡頭，無論睜眼、閉眼都明明了了。這樣久而久之便得到三昧了。

觀想梵文咒字是佛教很特殊的法門，過程是專注一心凝視梵字，即使不認識這些梵字也可以達到神奇效果。藏傳佛教非常講究這個方法，除了可以觀想梵字，也可以觀想藏字。觀想咒字是「本尊相應法」的一個法門，「相應」一詞來自梵語的 yoga，意思是親近的兩個人互望一眼，就知道彼此的心意。本尊相應法即與諸佛、菩薩相呼應，這包含對佛與菩薩的尊崇、承事、學習、成為益友等等，最終的目的是能與本尊融合為一。簡單的說，本尊相應法是為了將本尊視覺化（visulaize）或具象化（embody）。觀想咒字是想像悉曇咒音化成發光的悉曇梵字，此刻諸佛、菩薩的咒語由「梵音」轉成「梵字」，以視覺化的具體咒字顯現。所以，修行者只要凝視咒字，就能與諸佛、菩薩的心意相通。

楞嚴咒非常長，前後五會呼喚龐大的諸佛菩薩與護法。但我們只要先練習觀想心咒的悉曇梵字即可。心咒內容的意思是 (421) 啟動甘露火的智慧能量，(422) 進入上妙清淨的境態。(423) 以忿怒的金剛持尊 (424) 去結界！再結界！ (425) 以金剛手的能量摧碎一切！ (426) 徹底摧碎一切障礙！ (427) 圓滿成就！然而，觀想悉曇梵字不一定要了解其意，只要專注看著這些咒字。如宣化上人所說把每個梵字都印入心裡頭，無論睜眼、閉眼都明明了了。這樣久而久之便得到三昧了。所謂三昧意思是將心定於一處（或一境）的安定狀態。

悉曇梵字觀想區

oṃ a na le a na le vi śa de vi śa de
vī ra va jra dha re ba ndha ba ndha ni
va jra pā ṇi pha ṭ hūṃ trūṃ pha ṭ svā hā

楞嚴咒的第 421 句 anale（甘露火）與第 422 句 viśade（清淨），在悉曇梵字觀想區被重複兩次觀想。咒語重複通常是為了加強該咒字的能量，也就是強化甘露火的智慧能量與上妙清淨的境態。

第五會結構分析總複習

結構分析 21
（第 333-410 句）

所有負面能量（第 333-410 句）

- 兩種 cittāh：❶ 惡心、❷ 無慈心（第 333-334 句）
- 七種 hārā，啖食人類生成的鬼：❶ 精氣、❷ 胎體、❸ 血、❹ 肉、❺ 髓、❻ 嬰兒氣息、❼ 壽命（第 335-341 句）
- 五種 hārā，啖食祭祀供養的鬼：❶ 祭祀品、❷ 香、❸ 花、❹ 果、❺ 穀物（第 342-346 句）
- 三種 cittāh：❶ 罪心、❷ 惡心、❸ 暴心（第 347-349 句）
- 十七種 grahāh，陰陽靈界的鬼魅（第 350-366 句）
- 五種引起發熱數日病疫（第 367-371 句）
- 七種風寒頭痛雜病（第 372-378 句）
- 三種 rogaṃ（病）：❶ 眼、❷ 口、❸ 心（第 379-381 句）
- 十五種 śūlaṃ，肉體生理疼痛疾病（第 382-396 句）
  ➡ 咽喉、耳、齒、心臟、關節（第 382-386 句）
  ➡ 脅、背、腹、腰、下腹、大腿、小腿、手、腳、一切肢體（第 387-396 句）
- 引動疫病三鬼魅：❶ bhūta、❷ vetāda、❷ dākinī（第 397-398 句）
- 七種皮膚病症（第 399-401 句）
- 三毒五難（第 402-405 句）
  三毒：❶ sanakara 惡毒、❷ viṣa 雜毒、❸ yoga 懺禱蠱毒（第 402 句）
  五難：❶ 火、❷ 水、❸ 死亡詛咒、❹ 險路、❺ 橫死（第 403-405 句）
- 十一野獸難（第 406-410 句）
  土蜂、虻、蠍、毒蛇、鼠狼、獅子、虎、熊、豺等

結構分析 22
（第 411-418 句）

建議背誦！

三結界 bandhaṃ karomi：❶ 明咒結界、❷ 十方結界、❸ 他咒結界

sitāta-patrā mahā vajro-uṣṇīṣāṃ
光聚　傘蓋　大金剛頂髻（第 411-412 句）

mahā pratyangirāṃ
大　調伏庇護（第 413 句）

yāvat dvādaśa yojanā bhyantareṇa
乃至　十二　由旬　內（第 414-415 句）

vidyā bandhaṃ karomi
明咒　結界　我作（第 416 句）

diśa bandhaṃ karomi
十方　結界　我作（第 417 句）

para vidyā bandhaṃ karomi
他　明咒　結界　我作（第 418 句）

結構分析 23
（第 419-427 句）

建議背誦！

啟動核心咒語
tadyathā oṃ anale viśade
即說咒曰　嗡　甘露火　清淨（第 419-422 句）
vaīra vajra dhare
忿怒　金剛　持者（第 423 句）
bandha bandhani
結界　再結界（第 424 句）
vajra-pāṇi phaṭ
金剛手　摧碎（第 425 句）
hūṃ ṭrūṃ phaṭ
吽　咄　摧碎（摧破一切障礙的種子字）（第 426 句）
svāhā
圓滿成就（第 427 句）

第五會咒句總覽（第 333-427 句）

333 334	漢字音譯	突瑟吒	質多	阿末怛利質多
	現代讀音	突色炸	質多	阿末達利質多
	梵　　音	duṣṭa	cittāh	amaitri-cittāh
	中文意譯	惡	心	無慈心　心

335 336 337	烏闍	訶囉	伽婆	訶囉	嚧地囉	訶囉
	烏舌	呵辣	茄婆	呵辣	嚧地辣	呵辣
	ojā	hārā	garbhā	hārā	rudhirā	hārā
	精氣	食（鬼）	胎	食（鬼）	血	食（鬼）

338 339 340 341	婆娑	訶囉	摩闍	訶囉	闍多	訶囉	視毖多	訶囉
	婆娑	呵辣	摩舌	呵辣	舌多	呵辣	視必多	呵辣
	māmsā	hārā	majjā	hārā	jātā	hārā	jīvitā	hārā
	肉	食（鬼）	髓	食（鬼）	子息	食（鬼）	生命	食（鬼）

342 343 344	跋略夜	訶囉	乾陀	訶囉	布史波	訶囉
	跋略夜	呵辣	干陀	呵辣	布史波	呵辣
	balyā	hārā	gandhā	hārā	puspā	hārā
	祭	食（鬼）	香	食（鬼）	花	食（鬼）

345 346	頗囉	訶囉	婆寫	訶囉
	頗辣	呵辣	縮寫	呵辣
	phalā	hārā	sasyā	hārā
	果	食（鬼）	穀物	食（鬼）

347 348 349	般波	質多	突瑟吒	質多	嘮陀囉	質多
	博波	質多	突色炸	質多	嘮陀辣	質多
	pāpa	cittāh	duṣṭa	cittāh	raudra	cittāh
	罪	心	惡	心	暴	心

350 351 352	藥叉	揭囉訶	囉剎娑	揭囉訶	閉隸多	揭囉訶
	藥叉	揭辣呵	辣剎娑	揭辣呵	閉隸多	揭辣呵
	yakṣa	grahāh	rākṣasa	grahāh	preta	grahāh
	藥叉	鬼魅	羅剎	鬼魅	餓鬼	鬼魅

353 354	漢字音譯	毗舍遮	揭囉訶	部多	揭囉訶
	現代讀音	皮舍遮	揭辣呵	部多	揭辣呵
	梵　　音	piśāca	grahāh	bhūta	grahāh
	中文意譯	食精氣	鬼魅	自生（大身）	鬼魅

355 356 357	鳩盤茶	揭囉訶	悉乾陀	揭囉訶	烏怛摩陀	揭囉訶
	鳩盤茶	揭辣呵	悉乾陀	揭辣呵	烏達摩陀	揭辣呵
	kumbhāṇḍa	grahāh	skanda	grahāh	udhamāda	grahāh
	甕形	鬼魅	塞建陀	鬼魅	瘋狂	鬼魅

358 359	車夜	揭囉訶	阿播薩摩囉	揭囉訶
	車夜	揭辣呵	阿播薩摩辣	揭辣呵
	chāyā	grahāh	apa-smāra	grahāh
	影	鬼魅	羊頭癲	鬼魅

360 361 362	宅袪革	荼耆尼	揭囉訶	唎佛帝	揭囉訶	闍彌迦	揭囉訶
	宅袪革	荼奇尼	揭辣呵	利佛帝	揭辣呵	舌彌加	揭辣呵
	dāka	dākinī	grahāh	revatī	grahāh	jāmika	grahāh
	空行父	空行母	鬼魅	腹行	鬼魅	鳥形	鬼魅

363 364	舍俱尼	揭囉訶	姥陀囉難地迦	揭囉訶
	舍俱尼	揭辣呵	姥陀囉難地加	揭辣呵
	śakuni	grahāh	mātṛnandīkā	grahāh
	禽獸形	鬼魅	貓形	鬼魅

365 366	阿藍婆	揭囉訶	乾度波尼	揭囉訶
	阿藍婆	揭辣呵	乾度波尼	揭辣呵
	ālambā	grahāh	kanthapāṇi	grahāh
	蛇形	鬼魅	雞形	鬼魅

367 368 369 370	什伐囉	堙迦	醯迦	墜帝藥迦	怛帝藥迦	者突	托迦
	什伐辣	因加	西加	墜帝藥加	達帝藥加	者突	托加
	jvarā	eka	hikkā	dvaitīyakā	tṛtīyakā	cātur	thakā
	熱瘧疾	一日	發病	二日發病	三日發病	四日	發病

371	漢字音譯	尼提什伐囉	毖釤摩什伐囉
	現代讀音	尼提什伐辣	必衫摩什伐辣
	梵　　音	nitya-jvarā	viṣama-jvarā
	中文意譯	常熱病	寒熱病

372	薄底迦	鼻底迦	室隸瑟密迦	娑你般帝迦
373	薄底加	鼻底加	室隸色密加	娑你博帝加
374	vātikā	paittikā	śleṣmikā	saṃnipātikā
375	風病	黃疸病、膽汁病	痰病	雜病（疑難雜症）、併發症

376	薩婆什伐囉	室嚧吉帝	末陀鞞達	嚧制劍
377	薩婆什伐辣	室嚧辣帝	末陀鞞達	嚧制劍
378	sarva-jvarā	śirorti	ardhava-bhedaka	arocakām
	一切熱病	頭痛	偏頭痛（半傷痛）	食慾不振

379	阿綺	嚧鉗	目佉	嚧鉗	羯唎突	嚧鉗
380	阿綺	嚧鉗	目區	嚧鉗	喝利突	嚧鉗
381	akṣī	rogaṃ	mukha	rogaṃ	hṛd	rogaṃ
	眼	病	面、口	病	心	病

382	揭囉訶	羯藍	羯拏	輸藍	憚多	輸藍
383	揭辣呵	輸藍	羯拿	輸藍	憚多	輸藍
384	galaka	śūlaṃ	karṇa	śūlaṃ	danta	śūlaṃ
	咽喉	痛	耳	痛	齒	痛

385	迄唎夜	輸藍	末么	輸藍
386	迄利夜	輸藍	末么	輸藍
	hṛdaya	śūlaṃ	marma	śūlaṃ
	心臟	痛	關節	痛

387	跋唎室婆	輸藍	毖栗瑟吒	輸藍
388	跋利室婆	輸藍	必栗色炸	輸藍
	pārśva	śūlaṃ	pṛṣṭha	śūlaṃ
	脅	痛	背	痛

389 390 391	**漢字音譯**	烏陀囉	輸藍	羯知	輸藍	跋悉帝	輸藍
	現代讀音	烏陀辣	輸藍	羯知	輸藍	跋悉帝	輸藍
	梵　　音	udara	śūlaṃ	kaṭi	śūlaṃ	vasṭi	śūlaṃ
	中文意譯	腹	痛	腰	痛	下腹	痛

392 393 394	鄔嚧	輸藍	常伽	輸藍	喝悉多	輸藍
	鄔嚧	輸藍	常茄	輸藍	喝悉多	輸藍
	ūru	śūlaṃ	janghā	śūlaṃ	hasta	śūlaṃ
	大腿	痛	小腿	痛	手掌	痛

395 396	跋陀	輸藍	娑房盎伽	般囉丈伽	輸藍
	跋陀	輸藍	娑房盎茄	博辣丈伽	輸藍
	pāda	śūlaṃ	sarvānga	pratyanga	śūlaṃ
	腳掌	痛	一切	肢體	痛

397 398	部多	毖哆荼	荼耆尼	什婆囉
	部多	必多荼	荼奇尼	什婆辣
	bhūta	vetāda	dākinī	jvarā-（接下句）
	部多鬼	起屍鬼	空行母、狐鬼魅	熱

399	陀突嚧	迦建咄嚧	吉知婆路多毗		
	陀突嚧	加建咄嚧	吉知婆路多皮		
	dadrū	kaṇḍū	kiṭibha-lūtā-vai		
	皮膚炎	疥癬	水痘	蜘蛛毒	火瘡

400 401	薩般	嚧訶凌伽	輸沙	怛囉娑那	羯囉
	薩博	嚧呵凌茄	輸沙	達辣娑那	羯辣
	sarpa	lohalingah	śoṣa	trāsana	gara
	蛇疔瘡		乾枯症	驚恐症	劇毒

402 403 404	毗沙喻迦	阿耆尼	烏陀迦	末囉鞞囉	建跢囉
	皮沙喻加	阿奇尼	烏陀加	末辣皮辣	建跢辣
	viṣa-yoga	agni	udaka	māra-vaīra	kāntāra
	蠱毒咒術	火	水	死亡詛咒	險路

405 406 407					
	漢字音譯	阿迦囉密唎咄	怛斂部迦	地栗剌咤	毖唎瑟質迦
	現代讀音	阿迦辣密利咄	達斂部加	地栗拉炸	必利色質加
	梵　音	akāla-mṛtyu	tryambuka	trailāṭa	vṛścika
	中文意譯	橫死	土蜂	虻	蠍

408 409						
	薩婆	那俱囉	肆引伽	弊揭囉	唎藥叉	怛囉芻
	薩婆	那俱辣	肆引伽	弊揭辣	利藥叉	達辣芻
	sarpa	nakula	siṃha	vyāghra	ṛkṣa	tarakṣa
	毒蛇	鼠狼	獅子	虎	黑熊	熊

410			
	末囉	視吠	帝釤娑鞞釤
	末辣	視吠	帝衫娑皮衫
	mara	jīvas	teṣāṃ-sarveṣāṃ
	造成死亡	生命	如是一切等眾

411 412 413					
	悉怛多缽怛囉	摩訶	跋闍嚧瑟尼釤	摩訶	般賴丈耆藍
	悉達多缽達辣	摩呵	跋舌嚧色尼衫	摩呵	博賴丈耆藍
	sitāta-patrā	mahā	vajro-uṣṇīṣāṃ	mahā	pratyangirāṃ
	光聚傘蓋	大	金剛　頂髻	大	庇護者、調伏者

414 415 416							
	夜波	突陀舍	喻闍那	辮怛拏隸	毗陀耶	盤曇	迦嚧彌
	夜波	突陀舍	喻舌那	辮達拿隸	皮陀耶	盤曇	加嚧彌
	yāvat	dvādaśa	yojana	(ā)bhyantareṇa	vidyā	bandhaṃ	karomi
	乃至	十二	由旬	內、境、界	咒	結界	我作

417 418							
	帝殊	盤曇	迦嚧彌	般囉	毘陀	盤曇	迦嚧彌
	帝殊	盤曇	加嚧彌	博辣	皮陀	盤曇	加嚧彌
	diśa	bandhaṃ	karomi	para	vidyā	bandhaṃ	karomi
	十方	結界	我作	他	咒	結界	我作

419 420 421 422				
	哆侄他	唵	阿那	毗舍提
	多侄他	唵	阿那	皮舍提
	tadyathā	oṃ	anale	viśade
	即說咒曰	嗡	甘露火	清淨

423 424						
	漢字音譯	鞞囉	跋闍囉	陀唎	盤陀	盤陀你
	現代讀音	皮辣	跋舌辣	陀利	盤陀	盤陀你
	梵　音	vaīra	vajra	dhare	bandha	bandhane
	中文意譯	忿怒	金剛	持者	結界	再結界

425 426 427						
	跋闍囉謗尼	泮	虎䟀	都嚧瓮	泮	莎婆訶
	跋舌辣謗尼	盼	轟	都嚧瓮	盼	莎婆呵
	vajra-pāṇi	phaṭ	hūṃ	ṭrūṃ（或 brūṃ）	phaṭ	svāhā
	金剛手	摧碎	吽	咄（或部隆）	摧碎	圓滿成就

PART 3

進階深究

本單元將優秀的研究者對〈楞嚴咒〉的獨到見法集中於此，給進階讀者擴展修行的知識學習。

01 藏傳《佛說大白傘蓋總持陀羅尼經》等同於漢傳〈楞嚴咒〉

將咒語音譯轉換成意譯呈現

咒語無論是有意義或無意義的聲韻，均含藏偉大的能量，即使不能完全了解其意，絲毫不減其威力。《楞嚴經》的第七卷包含了〈楞嚴咒〉，我們看到的是梵語以「漢字音譯」的呈現模式，而在藏傳佛教則將此咒轉換成「漢字意譯」的形式。音譯並沒有去了解其中的意義，意譯就涵蓋實際的意思。「漢字意譯」有兩個主要譯本，分別是元代的《佛頂大白傘蓋陀羅尼經》與《佛說大白傘蓋總持陀羅尼經》。**前者由薩迦派八思巴的弟子沙囉巴所譯，後者是印度僧侶真智等人所譯，兩位都是元代重要譯師。**其他還有一些不同的版本，內容大致相同。無論哪個譯本都圍繞著大白傘蓋佛母，祂是宇宙陰性能量的擬像佛格化。

在藏傳佛教中特別強調「大白傘蓋佛母」，祂是佛陀頂髻智慧的擬像化，是一尊宇宙陰性的智慧神聖體。之後發展出大白傘蓋佛母的「修持法軌」，也是在元代時傳入中國。此修持法述說當釋迦佛陀在帝釋天（因陀羅）的天界說法時，即從「佛頂」上出現了無敵的大白傘蓋佛母。大白傘蓋佛母擁有豐足的無邊威力，能擁護無邊眾生，使眾生遠離一切傷害。此刻，佛陀宣說了大白傘蓋佛母的「真言」。**追溯祂的真言其實是源自〈楞嚴咒〉，所以大白傘蓋佛母的真言與現在寺院每日早課必備的〈楞嚴咒〉是相同的。**

《佛說大白傘蓋總持陀羅尼經》與〈楞嚴咒〉的內容幾乎是百分之百的吻合

為何說大白傘蓋佛母的真言是源自〈楞嚴咒〉？我們擷取真智等人翻譯的《佛說大白傘蓋總持陀羅尼經》一段經文，並且對照寺院流通版〈楞嚴咒〉，由第 78 至 98 句，發現內容幾乎完全吻合。

《佛說大白傘蓋總持陀羅尼經》寫著「(78-79) 以此決斷一切出者邪魔，(80) 亦能決斷餘者一切明咒，(81-82) 亦能迴遮非時橫夭，(83) 亦能令有情解脫一切繫縛，(84-85) 亦能迴遮一切憎嫌惡夢，(86-87) 亦能摧壞八萬四千邪魔，(89-91) 亦能歡悅二十八宿，(92-94) 亦能折伏八大房宿，(95) 亦能迴遮一切冤讎，(96) 亦能摧壞最極暴惡一切憎嫌惡夢，(97) 亦能救度毒藥、器械、(98) 水、火等難。」

筆者在逐句解釋〈楞嚴咒〉的結構分析，整理出十一組摧破調伏法，請再比對上面《佛說大白傘蓋總持陀羅尼經》的經典文句。由 ❶〈楞嚴咒〉咒句（梵語音譯）、❷《佛說大白傘蓋總持陀羅尼經》的經文（梵語意譯）與 ❸ 白話結構句義分析（參見第 138 至 153 頁），此三者於順序與內容是可以清晰對照的。

〈楞嚴咒〉		《佛說大白傘蓋總持陀羅尼經》
第 78 到 85 句 前五組摧破調伏法，包含反制鬼魅、截斷、救護、解脫、遮遣。	(78) 一切部多鬼魅！ (79) 反制之	(78-79) 以此決斷一切出者邪魔，
	(80) 其他外道明咒！截斷之	(80) 亦能決斷餘者一切明咒，
	(81) 橫死！ (82) 救護之	(81-82) 亦能迴遮非時橫夭，
	(83) 一切縛禁！解脫之	(83) 亦能令有情解脫一切繫縛，
	(84) 一切極惡 (85) 惡夢！遮遣之	(84-85) 亦能迴遮一切憎嫌惡夢，
第 86 到 98 句 後六組摧破調伏法，包含摧毀降伏、淨化、摧毀降伏、遮遣、滅除、救度。	(86-87) 八萬四千鬼魅眾！ (88) 摧毀、降伏他們	(86-87) 亦能摧壞八萬四千邪魔，
	(89-90) 二十八星宿眾！ (91) 淨化、安定他們	(89-91) 亦能歡悅二十八宿，
	(92-93) 八大鬼眾！ (94) 摧毀、降伏他們	(92-94) 亦能折伏八大房宿，
	(95) 一切怨害！遮遣之	(95) 亦能迴遮一切冤讎，
	(96) 嚴酷惡夢！滅除之	(96) 亦能摧壞最極暴惡一切憎嫌惡夢，
	(97) 毒害、刀杖害、火難、水難！ (98) 救度之	(97) 亦能救度毒藥、器械、 (98) 水、火等難。

元代採「意譯」模式，清代再度還原為「音譯」

如前所述，元代的西藏僧侶沙囉巴與印度僧侶真智等人，分別譯出《佛頂大白傘蓋陀羅尼經》與《佛說大白傘蓋總持陀羅尼經》，這是將咒語「音譯」轉換成「意譯」的形式。這對研究〈楞嚴咒〉的學者而言影響非常大。我們發現，近年重要的幾位學者、法師都參考了元代的「意譯」，例如成觀法師、簡豐祺居士、果濱居士、慧律法師，甚至日本木村得玄、木村俊彥等學者，或多或少都引用了真智的譯法。

元代的沙囉巴與真智的「意譯」，對於理解〈楞嚴咒〉有相當大的幫助，如果時間允許，筆者建議不妨參考他們的典籍，特別是真智的《佛說大白傘蓋總持陀羅尼經》。然而，來到清代又有新的變化。乾隆皇帝生前進行兩部佛教大典，分別為《乾隆大藏經》與《大藏全咒》。透由全國精選出通習梵音、諳曉滿漢蒙藏文字音韻的優秀譯者，將佛教《大藏經》中全部咒文依梵文原音重新翻譯，並禮請國師章嘉呼圖克圖（Janggya hotogtu）統一校正。其中的《大藏全咒》不僅《漢文大藏經》的全部密咒無不具備，且特別增加了《藏文大藏經》所有的各種密咒，成為修學密教之殊勝寶典。

由《大藏全咒》當中，即可看出藏傳《大白傘蓋陀羅尼經》意譯為一般文字之後，又被「還原」成音譯真言的梵文樣貌。這部《大藏全咒》堪稱漢、滿、蒙、藏四體合璧。第三套第一卷中，則以《首楞嚴經》卷七所載的〈楞嚴咒〉為主，而以藏譯本對照校訂，補全漢譯本的缺佚所成。

02 都盧雍（嘟盧雍）是 trūṃ 或 bhrūṃ 的分析

在目前寺院通行版與不空大師的《大正藏》版中，有一個部分呈現不同的說法，種子字是 hūm trūṃ，或是 hūm bhrūṃ？這困擾著許多念誦者，包括筆者。這是出現在第二會的兩個關鍵咒字 hūm trūṃ，所產生的翻譯差異。我們發現，目前寺院流通版 427 句的漢音是「都盧雍」或「嘟盧雍」，也就是 trūṃ 的音譯。然而，部分日本系統的傳承比較傾向採用 hūm bhrūṃ，其譯法也流傳於華人的佛教世界。

此困擾完全是因為《大正藏》選入的江戶淨嚴和尚的不空譯本採用 bhrūṃ 的譯法。諸大藏經版本中影響力深大的是《大正藏》，於是造成現今佛教界的不知要採用 trūṃ 或是 bhrūṃ。因此，有必要開闢一個單元追尋其中的來龍去脈，沒想到這個發展竟然超過一千年的進程。

第一種咒句 hūm trūṃ 的說法

目前寺院的流通版「都盧雍」或「嘟盧雍」，是接近 trūṃ 的發音，但也有極少數 drūṃ 的譯法。如前所述，(142)huṃ 與 (143)trūṃ 此兩字必須連用，由本書的「結構分析 11」單元可知它們是充滿能量的「咒句組」。在逐字分析單元中，解釋 hūm trūṃ 兩咒字聯合使用可以啟動諸佛頂髻（uṣṇīṣaṃ）熾盛的能量，形成充滿威猛的德性，此能量能夠摧破（destroy、distinguish）一切障礙。這些障礙是指修行過程中內心的魔障（貪、瞋、癡）與外在環境的險難困頓。

所以，強大的 huṃ 與 trūṃ 兩咒字即可清除修行上的障礙，達到心靈健康、外在環境和諧、穩定的智慧狀態。但如果就種子字角度而言，hūm 是「一切金剛部族」的種子字，而 trūṃ 是「光聚佛頂」的種子字，也被視為〈楞嚴咒〉的種子字。

讓我們複習一下，整個第二會總共有六組 hūm trūṃ 結合不同能量的咒字。分別由 hūm trūṃ 啟動「薩怛他伽都瑟尼釤」（stathāgato-ṣṇīṣaṃ），

可連結 (142-143) 一切如來頂髻與天仙眾的能量。接著 (144-146) 由 hūm trūṃ 啟動「瞻婆那」（jambhana）押領的粉碎能量。而後 (147-149)「悉耽婆那」（stambhana）則是啟動鎮守的摧斷能量。(150-152) hūm trūṃ 再啟動「三般叉拏」（sam-bhakṣaṇa），那是以啖食的方式對付外道明咒，很特殊的能量。接著連續啟動兩次「毗騰崩薩那」（vidhvaṃsana），對治 (157-158) 藥叉、羅刹、鬼魅眾與對治 (161-162) 八萬四千鬼魅眾。

上述咒字擁有個別獨立的功能，但是都必須透由威力龐大的「吽」（hūm）、「都盧雍」（trūṃ）才能啟動，最後可以對治藥叉、羅刹、鬼魅眾，甚至八萬四千鬼魅眾，幾乎涵蓋所有的負面能量！

第二種咒句 hūm bhrūṃ 的說法

另一個是 hūm bhrūṃ 的看法，由先前的 hūm trūṃ 來到 hūm bhrūṃ，總共出現三個不同咒字。hūm 依舊是「一切金剛部族」的種子字，而 trūṃ 是「光聚佛頂」的種子字。至於 bhrūṃ，則為「一字金輪王」的種子字，其中的「一字」指的就是 bhrūṃ 這個咒字。而金輪王是金、銀、銅、鐵「四轉輪聖王」之中最神聖的金輪王。hūm、trūṃ 與 bhrūṃ 這三個咒字的種子字的屬性，請讀者再思考一次，然後牢記在心。一切金剛部族、光聚佛頂、一字金輪王各有「群組能量」的意義，三組分別對應宇宙五方佛的金剛部、佛頂部的能量匯聚與四轉輪聖王之一。回顧前面文章的

關鍵要點

三個種子字

重點，種子字是密教中代表佛、菩薩的梵文音節字母，非常重要，每一個種子字是下載諸佛菩薩智慧能量的通關密碼。**所以，trūṃ 與 bhrūṃ 各自啟動了不同尊所擁有的神聖能量。**

由於 hūm trūṃ 兩字或 hūm bhrūṃ 兩字，目前不同宗派傳承各有堅持，這意味著不同系統下載不同的智慧能量。對於此句的「都嚧雍」，諸學者有不同的梵音解釋，依據漢字發音「都嚧雍」，梵音應該是 trūṃ。然而，成觀法師透由「日版典籍」認為梵字正確發音是 brūṃ，並譯成「部隆」。後來出家為法豐法師的簡豐祺居士，其諸多著作也是認為應該是 bhrūṃ。**我們可以觀察到，建議 bhrūṃ 的兩位分析都與日本佛教相關，而且他們也受到《大正藏》的影響，這是非常關鍵的因素。**法豐法師的因緣是採用《大正藏》日本淨嚴和尚版本的「梵字」，而成觀法師是日本高野山真言宗第五十三世傳法灌頂阿闍梨。雖說成觀法師不是採用日本淨嚴和尚版本，但他的傳承曾經受到日本的影響，或多或少參考其中的詮釋。

成觀法師提出一個觀點，推測古時傳抄經本時可能將「部」字誤為「都」字。他認為，依據日本密教真言宗系統，以密部所傳梵本來看，正確之音應為「部隆」，也就是 brūṃ 或譯成 bhrum。此咒字是「一字頂輪王」的種子字，屬於「佛頂部族」的系統。

綜合以上的結論，成觀法師是依據個人傳承，結合真言宗所傳之法本。他依據密部所傳特別說明：「*若依梵本，正確之音應為『部隆』，所以音譯成 brūṃ。*」而法豐法師主要是架構於《大正藏》中不空三藏之梵本的基礎。

請跟隨適合自己的版本

其實在唐代，「日本佛教界」一開始對〈楞嚴咒〉種子字是 trūṃ 或 bhrūṃ 即產生困惑，但未能下定論。最後在清代由常淨（淨嚴）法師的日本版本才正式改變的，他在《楞嚴咒會譯》一書中已經將種子字寫成「袚啉狧」（bhrūṃ），這是一組現代人根本不會唸的古字。

《楞嚴咒會譯》的校勘版後來被收錄進二十世紀編的《大正藏》第

十九冊。這深刻影響了佛教界，相關人士認為若要念梵音須念「�啉㹻」（bhrūṃ），但讀漢字版時，又捨不得放棄明朝版的都嚧雍，感到很為難，不知「都嚧雍」或「祓啉㹻」哪一個較準確、較具權威性？

在學習的念誦過程中，是不是就是成觀法師認為「一字頂輪王」種子字 bhrūṃ 呢？直至今日，眾人依舊看法相異。隨著修行的傳承，自然各有不同的詮釋。實際修行的儀軌，對實修者才是最重要的。**筆者認為，遵循自己的上師或法師的版本，無須強調別人有誤、自己才是正確的，這樣或許較為理想。**如果以歷史經典發展的過程，而且想深入了解的讀者，請閱讀以下三個重點資料，以「時間排序」條例整理，或許讀者會有另一個全面性的視野。

追根究柢 1：在中國千年持續維持的 trūṃ（或 drūṃ）（西元 805-907 年）

諸多研究的學者紛紛將〈楞嚴咒〉譯本流傳稍作綜合整理：

1.《楞嚴經》是西元 705 年譯的。
2. 約西元 885 年左右，《敦煌》的手抄寫本漢音是「都嚧雍」或「咄嚕吽」字。
3. 唐代行琳大師（西元 898 年）編集的《釋教最上乘秘密藏陀羅尼集》，其漢音為「訥嚕唵」或「嚕唵」。
4. 唐末五代慈賢大師（約西元 907 ～ 960 年間）譯的《一切如來白傘蓋大佛頂陀羅尼》為「訥嚕吽」。

以上是〈楞嚴咒〉在中國所翻譯及流傳的版本資料，依據河洛音（唐朝時代），所有漢字都是 trūṃ 的轉寫，沒有任何異樣！這是般剌密帝與不空版〈楞嚴咒〉流傳到唐末五代的情形。另外，「訥嚕唵」、「嚕唵」、「訥嚕吽」的發音是 drūṃ，而一般認為 trūṃ 與 drūṃ 是接近的。

追根究柢 2：〈楞嚴咒〉傳到日本後發生了變化，產生 bhrūṃ 的說法（西元 947 年）

在諸多學者近似的相關分析，以果濱居士整理得最透澈，讓人敬佩他做學問的專注精神。果濱居士帶大家回顧〈楞嚴咒〉傳日的初始狀態如下：

普照大師於勝寶六年（754）將《楞嚴經》帶回日本。攜回後帶給日本佛教界相當的盛況，在玄睿大師《大乘三論大義鈔卷三》寫著：「經本東流，眾師競諍」（詳見 T70， p0151b）。

之後日本僧人陸陸續續的來唐學法，故也將唐朝的佛經及目錄一一的請回去。有關於《楞嚴經》所記載的目錄非常多，比較重要的如「傳教大師」最澄（767~822）撰《傳教大師將來臺州錄》與「弘法大師」空海（774 ～ 835）的《御請來目錄》。空海的《御請來目錄》格外的重要，目前慎重保存於京都的東寺。傳教大師最澄與弘法大師空海先後前往唐朝取經，兩位大師分屬日本天台宗與真言宗最具代表的僧侶。

到了西元 947 年，南忠撰《註大佛頂真言》時開始質疑兩種不同的版本，這是首度〈楞嚴咒〉出現「bhrūṃ」說法的佛教典籍，不過南忠還是將兩種譯法均以保留探討。到了日本明覺（約 1096 ～ 1010）撰的《悉曇要訣》，這於日語的論述見於《大正藏》第 66 冊頁 606。《悉曇要訣》是研究古代日語音韻的重要資料，在此時依舊沒完全下定論哪個「種子字」才是正確的。如果從南忠的時代算起，那〈楞嚴咒〉的種子字「bhrūṃ」也已流傳一千多年了。只是沒有確定。

不過後來「真正變化」是清代時期發生的事，**由日本江戶淨嚴和尚的《普通真言藏》正式改成「bhrūṃ」字。**此版本後來《大正藏》重新勘校，成為最新的大正淨嚴空海版本。

追根究柢 3：合理的推斷是，回到唐代般剌密帝及不空版原始的版本 trūṃ

整理上面兩段論述，《楞嚴經》從西元 705 年翻譯後，般剌密帝及不空版〈楞嚴咒〉流傳到唐末五代都是「都嚧雍」，也就是 trūṃ。而流傳到日本的〈楞嚴咒〉，開始產生 bhrūṃ 字的版本。**追蹤線索，果濱居士發現這個改變始於明覺撰的《悉曇要訣》（約西元 1096 年至 1010 年間的著作）。**然而，從翻譯傳抄年代先後，敦煌手抄版的真跡，行琳大師的匯集及房山石經版來看，般剌密帝與不空版〈楞嚴咒〉種子字應該確定是「都嚧雍」字，合理推斷最原始的版本就是 trūṃ。

須知，trūṃ 或是 bhrūṃ 都擁有不同尊的感應能量。前者是一切金剛的種子字，後者是一字頂輪王的種子字。**如果沒有傳承的特別因素，建議讀者就採用「都嚧雍」（trūṃ）的唸法。**

03 一經二咒源自翻譯時不同的時空背景

般剌密諦大師版本在其所著的《楞嚴經》第七卷經文中的〈楞嚴咒〉是原始版本 439 句，見於《大正藏》第 19 冊。然而，在《楞嚴經》尾端又出現另一個版本的〈楞嚴咒〉，這是明朝校勘後重寫的 427 句版，亦稱「流通版」〈楞嚴咒〉。如果只有持誦〈楞嚴咒〉的信眾應該沒有太多困惑，因為多半寺院流通著 427 句版。如果有誦讀《楞嚴經》的修行者，就會產生困擾。因為在《大正藏》中的《楞嚴經》裡會發現內含 427 句與 439 句兩個〈楞嚴咒〉版本。

其中的差異

1. 在《大正藏》第 19 冊（No.0945）能查詢到的《大佛頂首楞嚴經》，主要的「經文」是由西元 705 年的印度沙門般剌密諦翻譯的《大佛頂如來密因修證了義諸菩薩萬行首楞嚴經》。
2. 接著**在第七卷經文中**的「咒語」共 439 句，是源自般剌密諦，目前是保存於高麗版。
3. 最後在**第七卷尾端**又出現 427 句的「咒語」，是目前寺院流通的明版，並收錄於《佛門必備課本》。

一經《大佛頂如來密因修證了義諸菩薩萬行首楞嚴經》兩咒（高麗版 439 句、宋元明版 427 句）是歷經不同時期，經過不同人翻譯的兩種版本的咒語，於《大正藏》卻集中在一起，難免讓人弄混。

查詢的編號頁碼訊息

《大正藏》第 19 冊（No.0945）p. 134a-136c（高麗版 439 句）般剌密諦原始版本。

《大正藏》第 19 冊（No.0945）p. 139a-14b（宋元明版 427 句）。

《大正新脩大藏經》的重要性

簡稱《大正藏》，是日本學者於**大正 11 年（1922 年）至昭和 9 年（1934 年）**編輯而成，其收集的譯本最為豐富，是現代學術界使用率最高的一部大藏經。

1. 《大正藏》的正編，包含由印度語譯成的佛典三十二冊及中國古德的著述二十三冊。依據經典發展史的先後順序排列的分類法。
2. 分為阿含部、本緣部、般若部、法華部、華嚴部、寶積部、涅槃部、大集部、經集部、密教部、律部、釋經論部、毗曇部、中觀部、瑜伽部、論集部（以上為譯典）。
3. 經疏部、律疏部、論疏部、諸宗部、史傳部、事彙部、外教部、目錄部（以上為中國撰述）。共收經典 2276 部、9041 卷。

先有《楞嚴經》或是〈楞嚴咒〉早已存在呢？

1. 關於〈楞嚴咒〉何時傳入中國？依據附於《楞嚴經》卷七中之一版本來看，可以追溯唐代僧侶智昇在《續古今譯經圖紀》的記載，文中認為此咒的翻譯時間應是神龍元年（西元 705 年）。然而，關於此經的譯者，至今還有不同的傳說與論議。其中之一是〈楞嚴咒〉所使用的音譯之用字、詞語與《楞嚴經》所用的明顯差異，以至於近代學者紛紛感到懷疑。**但無論如何，此〈楞嚴咒〉非常可能在這時候或更早時間已經傳入中土，並且翻成漢音譯本。後人再將之編入《楞嚴經》。**
2. **現在流傳的《楞嚴經》卷七本〈陀羅尼〉有二：**
   (1) 磧砂藏本，即明本（永樂北藏本）所參考的，也就是 427 句。
   (2) 北宋藏本，存於繼承北宋開寶藏的高麗藏及趙城金藏，也就是 439 句。

目前教界通行的誦本是依據永樂北藏本（明本），而此明本來自磧砂藏本。而且磧砂藏本與高麗藏本及《房山石經》本互對校之，多有異同之處。

04 吽（hūm）字通常寫成「虎訡」，與梵音相距甚遠，嚴重失真！

現代通行念誦本的 hūm 字通常寫成「虎訡」的呈現方式。在傳統誦本上，「訡」的國語注音是「ㄒㄧㄣˋ」，這與 hūm 的實際發音差距甚遠。hūm 正確的國語注音應該是「ㄏㄨㄥˋ」或「ㄏㄨㄥ」，請務必更正為如同「轟」的發音。hūm 就是六字真言中「唵嘛呢叭咪吽」最後的「吽」字。「吽」、「轟」的發音是接近的，但與虎訡的相距甚遠。

說實在的，明朝 427 句版〈楞嚴咒〉帶給現代佛教界一個相當大的混淆是「訡」這個古字。這字不僅是電腦打不出來，一般人相信也不會唸。佛教界大多數版本的《佛門必備課本》都將「訡」注音成「ㄒㄧㄣˋ」，而且不少寺院的早課就這麼念誦。於是，〈楞嚴咒〉誦本遍布奇怪的「烏訡」（om，第 138、175 句）及「虎訡」（hūm，第 142、145、148、151、156、161、282、283、426 句），此與原梵音有天淵之別。

05 寺院通用版常出現「伽」與「迦」的漢音錯誤

務必更正 ga、gha 漢音為伽，ka、kha 漢音為迦。

何時是伽？何時是迦？不只念誦〈楞嚴咒〉時，其他咒語也會遇見相同的問題，我們在這裡清楚說明，ghā（gha）、gā（ga）的漢音主要是「伽」，khā（kha）、kā（ka）的漢音則為「迦」，ā 是 a 的長音。只不過，寺院通用版常出現「伽」與「迦」的漢音錯誤，而且次數不算少。

正確音譯

ghā（**gha**）、gā（**ga**）→ **漢音「伽」**
（佛經上的注音為ㄑㄧㄝˊ）
khā（**kha**）、kā（**ka**）→ **漢音「迦」**
（佛經上的注音為ㄐㄧㄚ）

正確的範例

讓我們先看正確的學習，在第 5 句「娑・舍囉婆迦・僧伽喃」（sa-śrāvaka samghānāṃ），意思是共同的聲聞眾與僧伽眾。「舍囉婆迦」的梵音是 sa-śrāvaka，**ka 的漢字音譯即是「迦」**。「僧伽喃」（samghānāṃ），意思是僧伽眾，其中 **ghā 的漢字發音即是「伽」，這裡的 h 是氣音**。「迦」與「伽」以國語注音念誦比較無法還原梵音，如果換成閩南話發聲就非常接近了。

再舉一例第 182 句「烏陀迦・婆夜」（udaka bhaya），意思是水難。udaka 的 ka 漢音為「迦」。還有第 240 句的「摩訶・迦囉・摩怛唎伽拏・訖唎擔」（mahā kāla mātṛgaṇa kṛtāṃ），整句咒語的意思「大黑天・母神眾所作業」，**其中 mahā kāla 的漢音是「摩訶・迦囉」，kā 的漢音即是「迦」，而後的 mātṛgaṇa，漢音是「摩怛唎伽拏」，ga 的漢音即是「伽」。**

錯誤的範例

至於錯誤的範例，第 288 句「阿牟迦耶・泮」（amoghāya phaṭ），意思是不空使者摧碎，amoghāya 的漢音「阿牟迦耶」是錯誤的，應該更正為「阿牟伽耶」。

此外，ghā、gā 除了「伽」，也有「揭」的譯法，khā、kā 除了「迦」，還有「羯」的譯法。

06〈楞嚴咒〉七個勝利的差異變化

在修行過程中，般若智慧戰勝無明愚痴，或是光明智慧戰勝心靈的惡魔（貪、嗔、癡），誦經持咒的內容就有機會出現「勝利、征服」的用詞。請注意，這指的是心靈的勝利，而非國與國戰爭的勝利。由於勝利的層面並非唯一，該詞經常出現於佛教經典。近似的譯法甚多，也經常造成閱讀上的困惑。由密教最重要經典之一《大日經》非常重要的四位天女來解釋是個很不錯的方法。其中，❶ 惹耶（jayā）、❷ 微惹耶（vijayā）、❸ 阿爾多（ajitā）、❹ 阿波羅爾多（aparājitā）是代表四種不同境態的「勝利、征服」。除了《大日經》之外，四位天女在不同經典有不同的說法，例如在《陀羅尼集經》卷一記載四姊妹為大自在天（即濕婆）的眷屬，而在《文殊師利根本儀軌》中，四姊妹為文殊菩薩之眷屬。然而，還有其他形式的勝利，我們將由第 246 句為例開始仔細說明。其中「作勝天」（jaya-kara）的 jaya，意思是勝利、征服，是最基本的勝利。

《大日經》的四姊妹代表四種不同層面的勝利與征服。四位的名號分別是 jaya、vijaya、ajitā、aparājitā。雖然意思很接近，但還是可以區分出來。jaya 代表勝利、征服。vijaya 在程度上比 jaya 能量更強，表示永恆的勝利、永恆的征服。ajitā 的層面更高，意思是無法被征服（註：此咒字未見於〈楞嚴咒〉）。最後的 aparājitā 是無法被征服的升級版，已經到無敵的境態。**四姊妹就是四種不同勝利、征服，等同於「陰性智慧能量的擬人化」，或「佛格化」。**整理比較明版的〈楞嚴咒〉總共出現七個勝利，分屬四種不同境態如下：

第一組是 jaya-kara 相關咒句，jaya 代表勝利、征服的智慧能量。

(246) 闍夜羯囉　摩度羯囉（jaya-kara madhu-kara）＝ 勝利作　甜蜜作

(306) 闍夜羯囉　摩度羯囉（jaya-kara madhu-kara）＝ 能勝作　甜蜜作

第二組是含有 vijaya 的相關咒句，表示永恆的勝利、永恆的征服，經常被冠上「最」字，形成「最勝利」的翻譯方式。

(107) 誓婆毗闍耶（caiva-vijayā），其中的毗闍耶（vijayā），這個勝利的陰性能量被翻譯成「破壞最勝母」。

第三組含有 aparājitā 相關的咒字，無能勝的終級版，如此的智慧能量已經到無敵的境態。共有三例：

(76) 南無阿婆囉視耽（nāmā-parājitaṃ）	＝	禮敬皈依無能勝者
(99) 阿般囉視多具囉（aparājitāgurā）	＝	無能勝
(112) 摩囉　制婆般囉質多（mālā caiva-aparājitā）	＝	花鬘　最妙　無能勝

最後的 (253)「毗唎羊訖唎知」（bhṛngi-riṭi）是較為少見的勝利。單純是一位尊者的名號，意思是「戰鬥勝神」。果濱居士翻譯成「戰鬥勝師天」，祂在〈楞嚴咒〉中與一群天神並列。由第 253 咒句起連續五句如下：「(253) 面對戰鬥勝神、(254) 歡喜自在天眾與 (255) 眷屬們所作的咒力，(256) 我現在斬斷它！ (257) 我現在用金剛橛釘住它！」

07 大困惑！誓婆、制婆的意義為何？與印度教的濕婆有關嗎？

第 107 句「誓婆毗闍耶」（caiva-vijayā），第 112 句「摩囉・制婆般囉質多」（mālā caiva-aparājitā）與第 120 句「跋闍囉・商揭囉・制婆」（vajra śaṃkalā caiva），這三句都出現梵語 caiva 一字，然而該字被譯成「誓婆」與「制婆」。

這個字在〈楞嚴咒〉相關的重要著作有不同的解釋，困惑著許多誦讀者。成觀法師於其著作《大佛頂首楞嚴經義貫》的第 1604 頁，認為「誓婆」（caiva）一字來自「濕婆」（shiva）。此乃印度的破壞之神，具備破壞的能量。因此，「誓婆」的意思為「破壞」。而在此書的第 1606 頁的「制婆」譯為「最妙」，第 1607 頁的「制婆」譯為「最勝」。他還認為〈楞嚴咒〉第 107 句必須與前第 106 句一起解釋，忿怒母（bhṛkuṭī）具備「破壞」的能量，是勝利的尊者。忿怒母破壞的能力（caiva）可以摧毀負面的意識能量，戰勝（vijaya）魔怨、邪惡與汙穢等。

於是，caiva 有「誓婆」、「制婆」的漢文音譯，至少有「濕婆」、「破壞」、「最妙」、「最勝」四個意譯。簡豐祺居士於其著書《怎麼持楞嚴咒最有效》的第 9 頁則認為上述三句的 caiva，意思是最勝，且簡居士在同一頁有 cevā、cevaḥ、ceva 的音譯，大致相同，僅羅馬拼音的長短音與氣音的不同。

比較合理的梵字解析：郭火生與辛漢威兩位居士提出相同的見解

然而，純粹透由梵字解析，caiva 的解釋是「且如、就像、必定和」，caiva 該字可以拆解成 ca（和、與、and）＋ iva（如此、如是、恰似、猶如、like）的組合，意思就是「就像、且如是、即如是」，或口語化「就是如此」。郭居士解析諸多梵文石刻版本，提出更正修改，將此字譯成 ceva，同樣是解譯成「及如是」。**郭居士對於梵文解譯的精確度極高，筆者建議「誓婆」與「制婆」應該採用「且如、就像、即如是」的翻譯。**

還有，香港學者辛漢威先生在論文〈開寶梵本大佛頂白傘蓋陀羅尼輪曼荼羅解讀〉中，對 caiva 也是採用相同的解釋，譯成「及如、又如是、及如是」。

各家 caiva 釋義比較表

成觀法師
《大佛頂首楞嚴經義貫》

(107) 誓婆 毗闍耶	(112) 摩囉 制婆 般囉質多	(120) 跋闍囉 商揭囉 制婆
caiva-vijayā	mālā caiva-aparājitā	vajra śaṃkalā caiva
破壞 最勝利	花鬘 **最妙** 無能勝	金剛 鎖 **最勝**

筆者推薦！

郭火生
《古文獻梵文楞嚴咒》

(107) 誓婆 毗闍耶	(112) 摩囉 制婆 般囉質多	(120) 跋闍囉 商揭囉 制婆
caiva-vijayā	mālā caiva-aparājitā	vajra śaṃkalā caiva
及如是 最勝	花鬘 **及如是** 無能超勝	金剛 鎖 **及如是**

筆者推薦！

辛漢威
〈開寶梵本大佛頂白傘蓋陀羅尼輪曼荼羅解讀〉

(107) 誓婆 毗闍耶	(112) 摩囉 制婆 般囉質多	(120) 跋闍囉 商揭囉 制婆
caiva-vijayā	mālā caiva-aparājitā	vajra śaṃkalā caiva
及如 最勝（caiva = ca+eva）	華鬘 **又如是** 無能勝（caivâparājitā = caiva+aparājitā）	金剛 **及如是**

08 清淨咒語對治擾動咒語，調節降伏，能量場域的大對決

我們身處在一個看似穩固的世界，但事實上這個世界一點也不穩固；相反的，世界時時刻刻在變化。變化的動能存在於肉眼看不到的能量，這能量以人類的思維可分成正能量與負能量。前者興盛助益這個地球，後者破壞摧毀我們的世界。於是，〈楞嚴咒〉發展出清淨神聖的咒語來對應混亂的外道咒語。**這部分就是佛教的咒語對治外道的咒語，調節降伏不同屬性的咒語能量，等同於能量場域的大對決。總共有以下三法：斬釘法、啖盡法、結界法。**

戰術 1——斬釘法：斬斷、釘住外道明咒

〈楞嚴咒〉在第三會針對不同的負面能量，曾經啟動十五次威力強大咒語「毗陀夜闍・瞋陀夜彌・雞囉夜彌」，梵語是「vidyāṃ chinda-yāmi kīla-yāmi」，等同於正能量與負能量兩陣營的「咒語大對決」。由光明燦爛、威勢強大的〈楞嚴咒〉的咒語，對決其他外道的十五組咒語，可以猛力回應一切鬼眾的咒力。威力的意思是「現在立刻斬斷它（chinda）！現在立刻用金剛橛（kīla）釘住它！」

種種 vidyāṃ（明咒）→先 chinda-yāmi（斬斷）→再 kīla-yāmi（釘住）

在各個種明咒之中，以外道明咒（para vidyā）格外特別，讓我們聚焦於〈楞嚴咒〉的三種對治方法。在第 80 句「跋囉・毖地耶・叱陀你」（para vidyā chindanī）採取就是上述的方法。「叱陀你」（chindanī），意思是截斷、斬斷、割斷，強調「斷裂」的狀態，是對治外道的第一個咒術。para vidyā（他咒）代表其他邪惡咒術、巫蠱幻術所使用的咒語。採取的手法是 chindanī，將之截斷、斬斷、割斷。而後再 kīla-yāmi，將負面能量用金剛橛釘住，令其無法逃竄。

戰術 2——啖盡法：啖盡一切外道明咒

來到第 150 句「波囉・瑟地耶・三般叉拏・羯囉」(para vidyā sam-bhakṣaṇa kara)，「波囉・瑟地耶」的意思同樣是外道。不過，這裡「瑟」（音同「色」）是古代流傳過程中漢字音譯的筆誤，正確應該是「毖」(音同「必」)。此時，採取第二個對治法「三般叉拏」(sam-bhakṣaṇa)，兇猛地啖食外道明咒。para vidyā sam-bhakṣaṇa kara 這四個梵字合併的意思：啖食一切外道明咒，不只是調伏地球空間（娑婆世界）的負面能量，還要進一步「啖盡」此空間所有的惡魔。此咒句以令人臣服、敬畏，無法抵禦般趕盡殺絕，除惡務盡。**為何要趕盡殺絕？**這些惡魔是貪、瞋、癡、慢、疑等五種人類情緒上的毒素所構成的負面能量。**如果我們屈服於它們，我們也會跟著變成惡魔，絕不能妥協。**

戰術 3——結界法：結界以隔離外道明咒

第 418 句「般囉・毘陀・盤曇・迦噓彌」(para vidyā bandhaṃ karomi) 對治外道明咒又是另一個手法，為密教特殊的「結界」(bandhaṃ) 法門。這是〈楞嚴咒〉的結尾處一個重要任務，過程中會創造一個純淨的曼荼羅（mandala)，這是諸佛菩薩降臨的神聖空間，有獨特的界定區域。這句的意思是說，充沛的智慧能量形成純淨的曼荼羅，將毒蠱與惡鬼驅逐，達到淨化空間的作用。

因此，〈楞嚴咒〉對付外道明咒（para vidyā）總共包含這三個手法：❶ chinda-yāmi（斬斷）、kīla-yāmi（釘住）、❷ sam-bhakṣaṇa（啖盡）、❸ bandhaṃ（結界）。

延伸學習 **泮吒 phaṭ（郭火生居士的看法）**

《楞嚴咒會譯》於第四會的「吽．泮吒」（hūm phaṭ），其意譯是恐怖、破敗，人們依據這個版本，一看到「泮吒」，就說是破敗、破壞。但郭火生居士認為，這個意譯於調伏法中是合理，但於其他法門中可能並非如此。重要的法門如下：

如來部：息災法門
金剛部：調伏法門
摩尼部：增益法門
蓮華部：敬愛法門

郭火生居士提出大家熟悉的六字大明咒「唵嘛呢叭咪吽」，是要頂禮觀世音菩薩，只充滿祥和的氣氛。再看〈大悲咒〉，四十二手眼中，有十四手眼結尾是「吽！泮吒！」。請參考《大正新脩大藏經》第二十冊 No.1064《千手千眼觀世音菩薩大悲心陀羅尼》。他認為，向佛菩薩要求福報，還喊打喊殺，並不合理。最後，郭居士認為「泮吒」（phaṭ）是很強猛的真言，沒事時別亂挑這單字來高聲念。

但是筆者有另一個看法，說喊打喊殺惡魔，等於強勢對治貪、瞋、癡、慢、疑等五種人類情緒上的毒素所構成的負面能量，不能屈服妥協於它們，否則也會跟著變成惡魔，這也是「泮吒」（phaṭ）的另一種觀點。

09 重要的經典版本《楞嚴咒會譯》

日本江戶的〈楞嚴咒〉

日本江戶的常淨（淨嚴，1639-1702）法師於清朝康熙年間編彙了一部《楞嚴咒會譯》，內容是拓自大唐青龍寺碑不空金剛三藏法師編的〈楞嚴咒〉，是研究〈楞嚴咒〉必備的參考典籍。由於此版擁有漢字、悉曇梵文且收錄於《大正藏》中，於是深刻影響近代學者與寺院僧人。然而，西安市的青龍寺石碑已毀，所幸拓本保存於日本。在《楞嚴咒會譯》前面寫著：「弘法大師由唐請來」。弘法大師空海（774-835）是日本真言宗的開山祖師，「由唐請來」的意思是請來日本。

《楞嚴咒會譯》是由常淨法師的門人所做的，校勘《楞嚴咒會譯》內一些寫著「疑是？」的註記，這是石碑上部分漢字或梵字模糊無法清楚閱讀。**雖然青龍寺石碑拓本不是全然的完整，但是漢、梵詳細並列，成為近代極佳的參考古本。**

而後中國也有《楞嚴咒會譯》的木刻版，保存藏於「金陵刻經處」。金陵刻經處是中國著名的佛教文化機構，近代中國佛教復興運動的策源地，屬江蘇省的文物保護單位。清同治五年（1866 年）由楊仁山居士創辦。他在此講學的四十多年裡，來參學過的人士包括太虛法師。1922 年，刻經處發展「研究法相」的學院，期間梁啓超也前來學習。

《楞嚴咒會譯》擁有豐富的多種語言註釋

之後中國進入二次戰爭時期，直到 1980 年代刻經處才逐漸復興。成就輝煌，完整保存了中國雕版印刷、木刻水印、線裝函套等傳統工藝，是全球漢文界木刻佛經的出版中心。金陵刻經處發行的《楞嚴咒會譯》整個結構如下：

❶ 最右邊明版 427 句漢字音譯（也就是目前通用版）

❷ **大唐青龍寺石碑原始梵字**

❸ 石碑梵字下中文意譯（淨嚴門人的加筆註釋）

❹ 日片假名音譯（淨嚴門人加筆）

❺ 最左邊大字大唐青龍寺石碑漢字音譯

＊請對照下方圖例

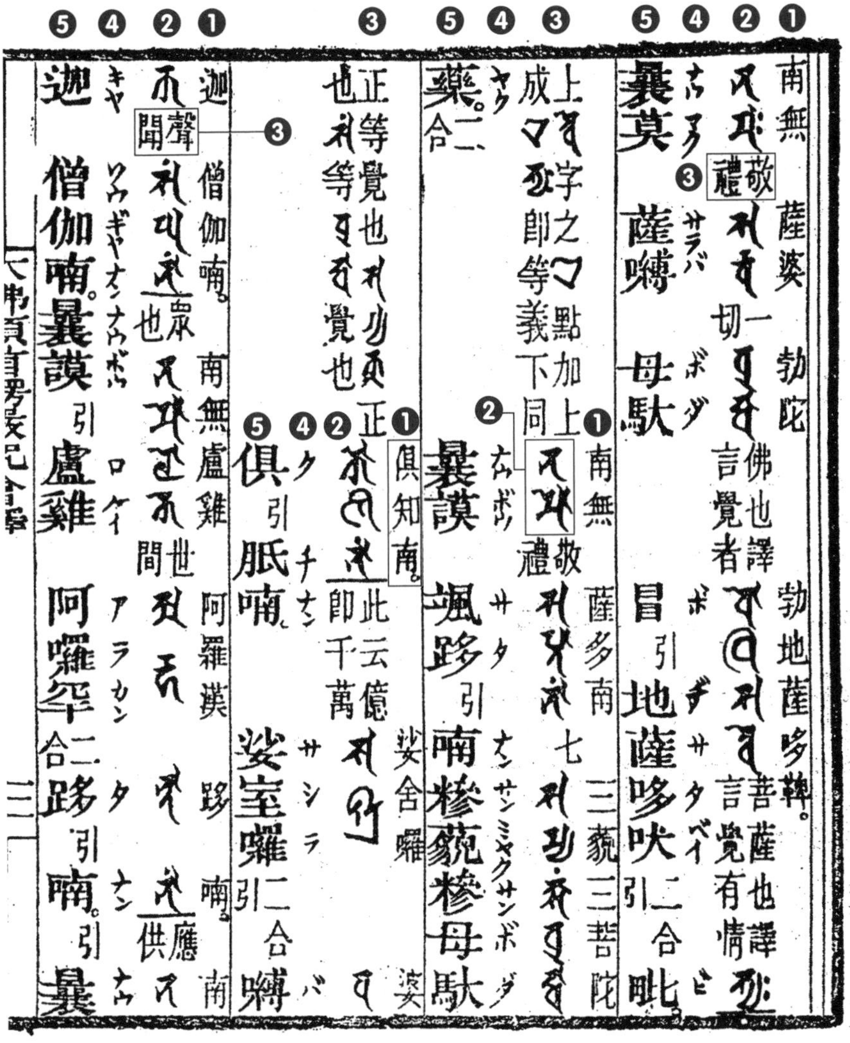

《楞嚴咒會譯》之頁面

10 罕見的敦煌〈楞嚴咒〉，以特殊的曼荼羅結構呈現

在巴黎的法國國家圖書館有一件完整保存極為清晰的〈楞嚴咒〉，是悉曇梵文的木刻版〈楞嚴咒〉，編號為「伯希和梵文敦煌 1 號」（Pelliot sanskrit Dunhuang 1）。這是由一位法國語言學家、漢學家在 1908 年前往中國敦煌石窟探險所取得的。這位探險家的名字是 Paul Eugène Pelliot，精通漢文，所以有個漢名「伯希和」。於是，這個版本的〈楞嚴咒〉除了以他的法國名字命名編號，也採用他的漢名。**另外，伯希和亦在敦煌挖掘完整的《佛說地藏菩薩經》，經過科學性材質分析，發現此版本是西元十世紀的製品，他的發現對佛教研究影響甚深。**

除了漢文之外，伯希和還精通德語、俄語、波斯語、藏語、阿拉伯語、越南語、蒙古語、土耳其語、吐火羅語等，相當驚人。這是一個彌足珍貴的悉曇梵文版本，近十年來，香港的辛漢威居士與馬來西亞的郭火生居士都將這個版本全面解讀，並且進行比對早期的漢傳版本。

在敦煌藏經洞發現的這幅木刻版〈楞嚴咒〉咒輪，年代是開寶四年（西元 971 年），上面刻印漢字「大佛頂白傘蓋陀羅尼輪曼荼羅」，是目前發現較早期的悉曇梵文白傘蓋陀羅尼之一，已經超過千年的歷史。其內容是不空金剛三藏法師的版本，全咒以悉曇梵文書寫，明確註記時間是「開寶四年十月二十八日記」，換算日期是西元 971 年 11 月 18 日。由題記中提及此陀羅尼鎮邪的功效，而且文字中提及「阿難」即可推想到此經文該錄自《大佛頂首楞嚴經》。題記內容如下：

大佛頂如來放光明白傘盖悉怛多鉢怛囉大佛頂
羅尼經云　佛告阿難　若諸世界一切眾生書寫此呪
身上帶持或安宅中　一切諸毒所不能害
十方如來執此呪心　成無上覺　開寶四年十月二十八日記

題記告訴我們，一切眾生書寫此咒、隨身配戴此咒、安置居住空間能抵擋負面能量的毒害。而十方如來執此呪心能成就無上正等正覺。呪心即咒心，也是心咒，代表〈楞嚴咒〉的核心咒語。咒心的內容是第 419 至 427 句，至此〈楞嚴咒〉就結束了。

(419-420) tadyathā oṃ	即說咒曰：嗡！
(441-422) anale viśade	啟動甘露火的智慧能量，進入上妙清淨的境態。
(423-424) vīra vajra dhare bandha bandhani	以忿怒的金剛持尊去結界！再結界！
(425-427) vajra-pāṇi phaṭ hūṃ trūṃ phaṭ svāhā	以金剛手的能量摧碎一切！徹底摧碎一切障礙！圓滿成就！

神聖的記憶裝置，是宇宙智慧能量的儲存器

此〈楞嚴咒〉以曼荼羅的結構呈現，全長 39.6cm、寬 31.5cm，就尺寸而言比八開圖畫紙（38cm x 26cm）還更大。由木刻版印製的紙質泛黃，字體黑色，咒字個個清晰無缺，整個咒輪共有悉曇梵字 2579 個。主體結構分為「內院」及「外院」兩大部分，此乃密教神聖的記憶裝置。整個配置圖可以對應《金剛界曼荼羅》的「成身會」，它是這個曼荼羅的中心位置，意味著最重要、最根本的一會（註：總共有九會）。所以，成身會又稱「根本會」或「根本成身會」。曼荼羅（mandala）是佛、菩薩聚集的神聖空間，也是宇宙智慧能量的儲存器。首先我們要認清楚東、南、西、北等方位。**金剛界曼荼羅的關鍵之處是曼荼羅的下側代表東方，依順時針左側南方、上側是西方，來到右側則是北方。**所有空間內的諸佛菩薩的依此定位。香港佛教法相學會的辛漢威先生對此徹底分析，本書方位、佛菩薩護法的編碼也依據他的介紹次序。（簡化示意圖參見 433 頁，此木刻版楞嚴咒的原始圖片，可至 https://gallica.bnf.fr/ark:/12148/btv1b525086312.image# 查閱。）

能量由中心點順時針向外擴展，內層是圓形旋渦能量

圖中央圓形內圈代表曼荼羅的「內院」，中央即是此咒的主尊，身形宛如轉輪王。可以清楚見到祂頭戴寶冠，身著天衣。雙手結印以跏趺坐姿於蓮花上，身後環繞圓形背光。佛頂白傘蓋陀羅尼即〈楞嚴咒〉，於本尊的頂上「稍稍偏右處」開始，一個個悉曇梵字以圓形排列旋繞，總共七圈。

就造像上推論，曼荼羅中央主尊應該是象徵一切佛陀智慧的「頂髻」（uṣṇisaṃ）被擬像成「白傘蓋佛頂母」。或者是說整個〈楞嚴咒〉（或稱「白傘蓋陀羅尼」）被人格化了。無論是「頂髻」或是咒語被擬像人格化的看法，都是合理的，兩者在意義上也是相近的。轉化過程都是「抽象」的宇宙智慧的「具象化」。

外層是四方形的旋轉能量，同樣是由內向外的順時針

圓輪咒句的內院之外，緊接著是改以方形排列咒句形式。「外院」同樣是以順時針方向，一行又一行，由內層直到外層，終尾處落在曼荼羅的左下角。

32 支金剛杵與 24 位佛陀守護整個場域的防禦結構

整個曼荼羅的上、下、左、右「周邊」有一列金剛杵及佛像，諸佛作通肩式袈裟披着，跏趺坐於蓮花。每邊各有八個金剛杵與六位佛尊。金剛杵（vajra）的梵語意思是雷電或金剛鑽。在地球，雷電是「天空」最強大的能量，金剛鑽是「地表」最剛硬的物質。一語雙關的 vajra 象徵強大的能量守護整個曼荼羅，在金剛界曼荼羅的成身會此處標示為賢劫千佛。

提供養分能量的八個發電器，與四個引導眾生的智慧指引器

在金剛界曼荼羅有重要的三十七尊佛菩薩，其中有內供養四菩薩與外供養四菩薩；「供養」的意思是「提供養分能量」。此外，還有四攝菩薩；

「攝」的意思為「攝引」，引導眾生獲取智慧能量。內供養四菩薩與外供養四菩薩，宛若內外分布的八個養分能量發電器，而四攝菩薩就如同引導眾生的智慧指引標示。

這件敦煌〈楞嚴咒〉曼荼羅一一對應於金剛界曼荼羅的成身院，其方位與次序完全一致。**只不過在〈楞嚴咒〉的曼荼羅的供養菩薩與四攝菩薩，是以種子字的形式呈現，而非佛像。**種子字就像是「能量種子」，持念咒語的過程讓宇宙的能量如種子般得以生生不息。總之，種子字在密教中代表佛、菩薩的梵文音節字母。

內供養四菩薩，內院的能量發電場

內供養四菩薩可對應於圓形咒字區域的內院的四角落的種子字，都畫上圓框，所以很容易辨識。一個種子字代表一位菩薩。這四位內供養菩薩來自於大日如來的能量，祂回應宇宙四方如來證得三摩地（samādhi，專注於一，心不散亂）的境態德性，由心中流出轉換出四菩薩來供養，如此提供智慧能量的養分。

中央的大日如來以金剛嬉菩薩（vajralasya）、金剛鬘菩薩（vajramala）、金剛歌菩薩（vajragita）、金剛舞菩薩（vajranritya）等四菩薩，分別供養東方阿閦如來、南方寶生如來、西方彌陀如來、北方不空成就如來。在此曼荼羅內供養四菩薩以四個「種子字」的形式出現，分別是——編號 1：金剛嬉菩薩，種子字 hoḥ。編號 2：金剛鬘菩薩，種子字 traṭ。編號 3：金剛歌菩薩，種子字 gīḥ。編號 4：金剛舞菩薩，種子字 kṛṭ。

外供養四菩薩，外院的能量發電場

接著再看四外供養菩薩，坐落在整張曼荼羅最外四個角落，旁邊還伴隨著四位天王。四個種子字加上圓框，分別是編號 5、6、7、8，對應方位依序為東、南、西、北。四外供養菩薩能量的方向是「由外流向內」。四外供養菩薩原始能量來自於宇宙四方位的如來，祂們共同供養中央的大日如來。依據分配，東方阿閦如來流出金剛香菩薩（vajradhupa）供養大日如來，南方寶生如來流出金剛華菩薩（vajrapuspa）供養大日如來，西方彌陀如來以金剛燈菩薩（vajraloka）供養大日如來，北方不空成就如來以金剛塗香菩薩（vajragandha）供養大日如來。在此，曼荼羅外供養四菩薩以四個「種子字」的形式出現。分別是——編號 5：金剛香菩薩，種子字 aḥ。編號 6：金剛華菩薩，種子字 oṃ。編號 7：金剛燈菩薩，種子字 dīḥ。編號 8：金剛塗菩薩，種子字 gaḥ。香、華、燈、塗香分屬嗅覺與視覺的不同能量，「華」是花的古字。

外四攝菩薩，最外四邊中央處的智慧指引標示

四攝的攝字意為「攝引眾生」，引領眾生追尋宇宙的智慧，此四位分別是金剛鉤菩薩（vajravkuśa）、金剛索菩薩（vajra-pāśa）、金剛鏁菩薩（vajra-sphota）與金剛鈴菩薩（vajraveśa），這是菩薩度化利益眾生相的四種方法。

「金剛鉤」具有鉤召眾生的意思，設置金剛鉤來誘引眾生，就如同釣魚之鉤。「金剛索」的意思是以索引取一切眾生，猶如魚已經上鉤，接著再以繩索繫引。金剛鏁的「鏁」字就是「鎖」，兩字發音相同。「金剛鏁」的意思是縛住眾生於法界宮，使不得脫逃。「金剛鈴」具有歡喜的意思，代表菩薩攝引眾生、度化眾生的神聖成就，於是心生歡喜滿足，就如同世人捕獲魚，而心生歡喜。這時的「捕魚」一詞象徵著菩薩度化眾生。四種「智慧指引標示」如同修行道路的路標，以鉤、索、鏁、鈴依序啟發誘引（引導）、索繫（索引）、縛住（固定）、歡喜（喜悅）的不同動能。

四攝菩薩在〈楞嚴咒〉的曼荼羅同樣是以種子字呈現，在最外圍的四邊，其中央加上圓框的悉曇梵字編號是 9、10、11、12，分別是金剛鉤菩薩的種子字 jaḥ，金剛索菩薩的種子字 hūṃ，金剛鏁菩薩的種子字 vaṃ。 金剛鈴菩薩的種子字 hoḥ。

關鍵要點

敦煌藏經洞木刻版〈楞嚴咒〉咒輪簡化示意圖

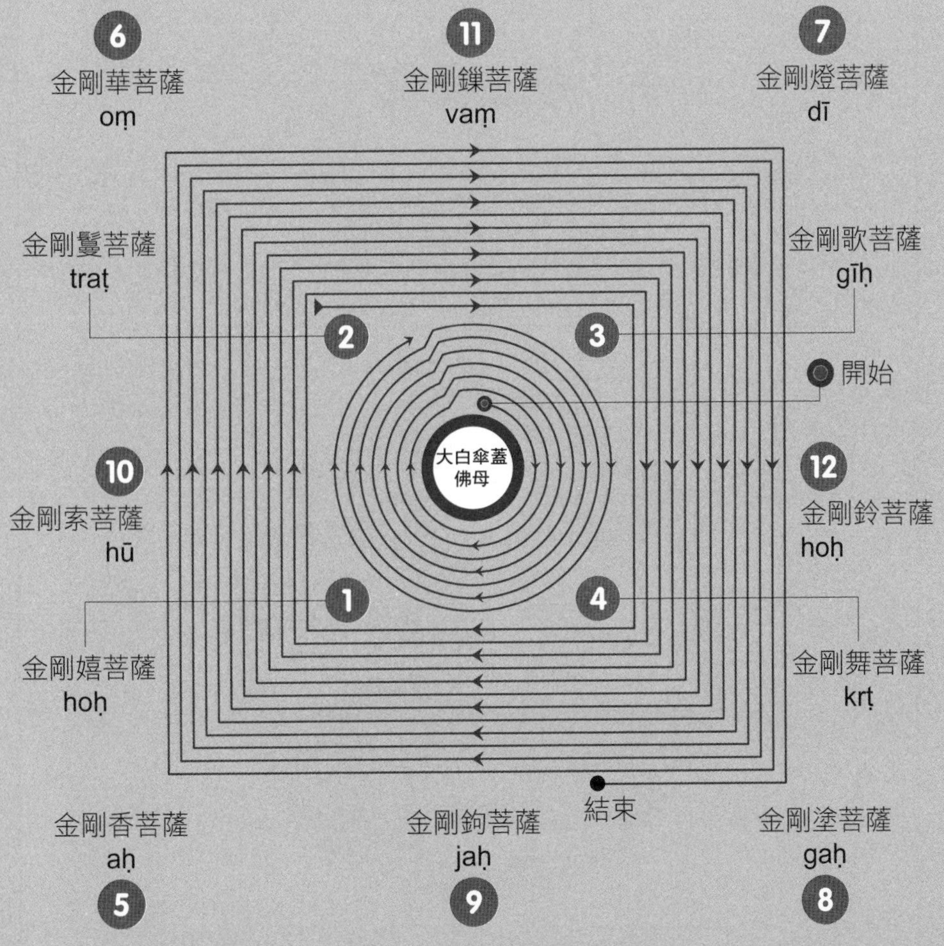

延伸學習　金剛界曼荼羅

「成身會」乃《金剛界曼荼羅》九會之一，此九會的方位都是圖下為東方，順時針方向依序是東、南、西、北。曼荼羅是諸佛菩薩的空間配置圖，務必弄清方向才不會走入曼荼羅的迷宮。

	西			
	四印會	一印會	理趣會	
南	供養會	成身會	降三世會	北
	微細會	三昧耶會	降三世三昧耶會	
		東		

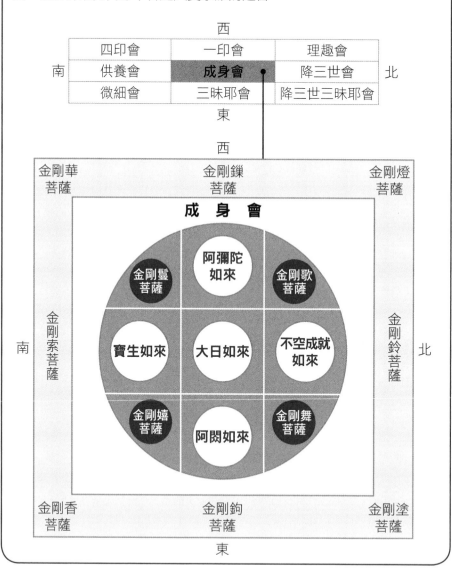

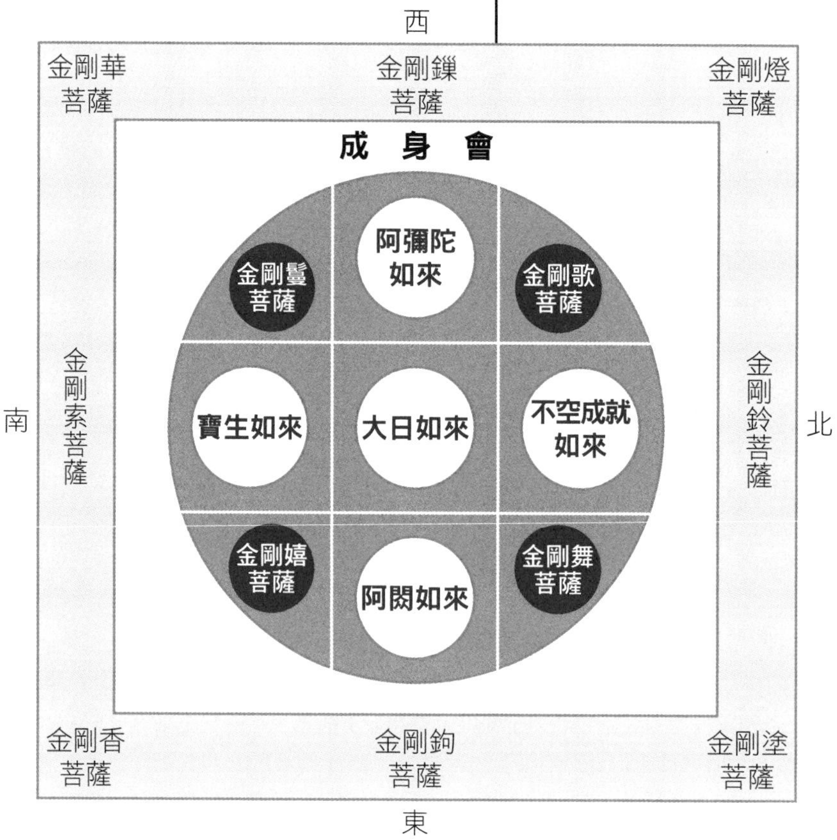

11 推薦三位專研〈楞嚴咒〉的華人學者

- 馬來西亞華僑郭火生居士，著文〈楞嚴咒乙未 2015 年校勘版〉，2015。
- 香港佛教法相學會辛漢威居士，著文〈開寶梵本大佛頂白傘蓋陀羅尼輪曼荼羅解讀〉，2020。
- 臺灣法爾禪修中心善祥比丘（俗名張玄祥），著作《楞嚴經五蘊魔相解說》，2004。

1 近年優秀〈楞嚴咒〉的研究者郭火生居士

改正現代流通版的諸多錯字

2015 年優秀的馬來西亞華僑郭火生居士出版〈楞嚴咒〉的校勘版，他以梵文校勘漢字，恢復〈楞嚴咒〉的原始唐音，讓誦讀漢字能讀得接近梵音。**書中，郭居士寫著他編這本書有兩種用意：1. 寫出梵文 2. 校勘漢字。**

郭居士指出《楞嚴經》、〈楞嚴咒〉的祖師即是般剌密諦大師，別無他人。**他認為，明朝的人已經改寫了祖師的文字且出了差錯，導致現代的念誦時嚴重走音。**郭火生將現代流通版對照幾種古本，訂正音譯的錯字。至於不適合現代讀音的咒句，郭居士忍痛將明版中少數古河洛語讀音錯誤的字改掉，取代原始般剌密諦大師北宋版的字，或不空三藏唐版的字。

郭火生居士以兩種出土古文物的悉曇梵文做為分析底本，分別是《敦煌楞嚴咒輪》與《房山石經版大佛頂大陀羅尼》，這兩個版本保留清晰明確的悉曇梵文，如此對可以閱讀悉曇梵文的讀者而言非常珍貴。郭居士再加上北宋《趙城金藏》、《高麗藏》（高麗大藏經）的 439 句版來對照及校勘，這是般剌密諦大師的原始版本。他還比對日本常淨（淨嚴）法師於清朝康熙年間編的《楞嚴咒會譯》。最後再加上北京張保勝教授的著作

《永樂大鐘梵字銘文考》，此乃相當浩大的比對工程。該書還參考元朝兩位大師的音譯和意譯版。分別是《大正藏》19 冊編號 976 之沙囉巴大師的《佛頂大白傘蓋陀羅尼經》，與編號 977 之真智大師的《佛說大白傘蓋總持陀羅尼經》。

龐大的分析，第三章為例

郭火生居士的分析非常龐大，我以該書第三章《以敦煌咒輪石經版北宋版校勘明版楞嚴咒》為例，他比對 ❶《房山石經》梵文、漢字（行琳大師版）、❷ 敦煌咒輪梵文、❸ 明版漢音、❹ 宋版漢音。每一句咒語細膩排列成八行，並在重要處標示紅字，讓讀者清楚察覺其中的差異。這八行分別是：

1. 行琳大師《房山石經》上原始的漢字音譯。
2. 行琳大師《房山石經》上的悉曇梵文。
3. 敦煌咒輪的悉曇梵文。
4. 明版的悉曇梵文：這是郭居士將明版的漢音還原成的梵文版本。
5. 明版漢字音譯：此乃目前寺院 427 句的流通版，也是一般通稱的明版。
6. 明版羅馬轉音：郭居士將明版漢字音譯 427 句轉成羅馬拼音，方便現代讀者念誦。
7. 宋版的漢字音譯：這即是般剌密諦原始的 439 句版本，同於高麗藏版本。
8. 宋版意譯：郭居士白話解釋宋版 439 句。

上述的八行完整排列，可以讓想更深入〈楞嚴咒〉的讀者清清楚楚了解其中差異。整個工程是以敦煌藏經洞出土的宋太祖開寶四年西元 971 年製的〈楞嚴咒〉之咒輪為核心，是不空金剛三藏法師的版本，全咒以悉曇梵文書寫，極為珍貴。郭居士認為非常適合校勘的是般剌密諦大師的 439 句版本，它還可比對明朝校勘後重寫的 427 句版，也就是目前寺院的「流通版」。

2 香港辛漢威學者的分析

香港佛教法相學會的辛漢威先生在 2020 年發表一篇文章，內容是相當龐大的學術工程，留給進階學習〈楞嚴咒〉的讀誦者極佳的資料。文章全名是〈開寶梵本大佛頂白傘蓋陀羅尼輪曼荼羅解讀，2020〉。他選用❶敦煌藏經洞的咒輪、❷日本的《普通真言藏》青龍寺版本、❸《大正新修大藏經》青龍寺版本、❹《房山石經》不空三藏版本、❺宋版《磧砂大藏經》、❻《高麗大藏經》。總共六個版本，每個都具備非常重要的意義。

① 敦煌藏經洞的咒輪：悉曇梵字保存完整，斷字成 495 句

敦煌藏經洞的咒輪，應該是唐代不空三藏的版本。這個敦煌挖掘出的木板咒輪，年代是宋開寶四年（西元 971 年），也就是宋太祖的時代，其悉曇梵字保存完整。材質是悉曇梵字的木版雕刻，符合宋代印刷的流行時期。**辛漢威居士先將敦煌咒輪的悉曇梵本轉化換成羅馬拼音，方便不懂梵字的讀者讀誦。**第一部分他先「逐字」羅馬音譯。第二部分適當地「斷字」，以改良式羅馬音譯呈現「字詞」。全咒句型除了 493 句之外，再加上 494、495 兩句，這兩句是其餘版本皆無。

②《普通真言藏》：江戶時代極俱參考價值的梵漢對照版，斷字成 476 句

接著，他分析日本的《普通真言藏》，是由淨嚴法師於西元 1703 年分析唐代不空三藏的譯版。該譯版是由唐代弘法大師空海帶回日本的，**拓印自大唐青龍寺石碑，這是江戶時代極具參考價值的梵漢對照版。**辛漢威居士將悉曇梵字予以「羅馬音譯」，共 476 句。淨嚴法師著作甚豐，有《真言律辨》、《悉曇三密鈔》、《諸真言要集》等百餘部，另以僧俗為對象，編刊《普通真言藏》發行，普及悉曇梵語之真言陀羅尼藏。

③《大正新脩大藏經》：青龍寺漢字音譯版本，斷字成 476 句

同樣是日本淨嚴法師不空三藏版本，也是拓印自大唐青龍寺石碑。這是目前使用度最高的《大正新脩大藏經》，其內容是依據《普通真言藏》修訂，內容是清代時期的「漢字音譯」，也是 476 句。由於《大正藏》是目前學術界應用最廣和比較完備的版本，因此這個版本深刻影響現代〈楞嚴咒〉的研究。

④《房山石經》的不空三藏版：提供晚唐漢字音譯版本，斷字成 481 句

辛漢威居士接著比對《房山石經》發現的不空三藏譯版，這個版本的刻石年分並不確定，共 481 咒句。其內容與同樣是《房山石經》發現的行琳大師版極為接近。行琳大師版本來自《釋教最上乘秘密藏陀羅尼集》，時間接近西元 898 年，共 487 句，兩者差異極少。兩者都是唐代不空的漢字音譯版本。**簡單說，唐代不空大師的是悉曇梵字，而辛漢威居士介紹的《房山石經》是將「悉曇梵字」予以「漢字音譯」。**

⑤《磧砂大藏經》：接近目前最多寺院使用的流通版，斷字成 427 句

宋版〈楞嚴咒〉存在於《磧砂大藏經》之中，這個版本後來成為明本（永樂北藏版）所選用的基礎，內容接近現在寺院流通的 427 句版本。**大多數寺院每天早課的第一個功課就是這個版本。**不僅如此，廣為大眾查閱的大正藏的《首楞嚴經》卷七的「結尾處」也是這個版本，全咒內容是悉曇梵文的漢字音譯。然而，大正藏的《首楞嚴經》卷七除了《磧砂大藏經》版本，同樣在經文內還有以下《高麗大藏經》版本。前者 427 句，後者 439 句存在不少差異。

⑥《高麗大藏經》：最原始的版本，比不空三藏更早的般刺密諦大師版本，斷字成 439 句

最後，辛漢威居士再比對《高麗大藏經》，這是大正藏的《首楞嚴經》

卷七的「內」的版本，即最原始版本的439句，是般剌密諦大師最原始的版本，同樣採漢字音譯。辛居士對此唐代的漢字音譯「還原」悉曇梵字的羅馬音譯，方便讀者念誦。同時予以中文意譯。漢字音譯、羅馬音譯、現代的中文意譯，總共三列並排比對。**《高麗大藏經》又稱「八萬大藏經」，是十三世紀高麗王朝高宗花了十六年時間，雕刻成的世界上最重要和最全面的大藏經「之一」。**《高麗大藏經》內容全面，準確無誤，做工精美，為韓國第32號國寶。其保存於韓國海印寺，為聯合國教科文組織指定的世界遺產。

3 臺灣專研梵語發音的張玄祥居士

〈楞嚴咒〉的種子字是 trūṃ，不是 bhrūṃ

台灣法爾禪修中心善祥比丘，在出家前以張玄祥俗名出版《楞嚴經五蘊魔相解說》。他很肯定地指出〈楞嚴咒〉的種子字是 trūṃ，不是 bhrūṃ。他表示，bhrūṃ 是一字頂輪咒的種子字，同時提出《房山石經》中不空金剛上師有旁註梵字為憑。張玄祥居士認為，從來沒有古德翻成 bhrūṃ，有此見解者大多依循日本《大正藏》而說。不過，他也認為若已唸習慣者也不用在意，每個字都是有代表某本尊佛，總是有靈驗的。只是初學者最好還是用古德所翻的 trūṃ 較如法。

最好依古漢字河洛話發音，來找出古悉曇字母的發音

張玄祥居士認為要建立正確的概念，學習悉曇不要被近代的梵語所混淆。他說，悉曇古梵文經過了悉曇體、蘭札體梵文、巴利文、印度文的演變。所以由近代的梵語發音，其實在學悉曇語文時會有誤導。他認為，末法時期的悉曇文字與發音，都被現代人改過了，因為改得更簡單，於是無法正確學習悉曇梵音。**最後，他提出，學悉曇者不要僅憑印度來的梵語專家的發音就相信，最好依古漢字河洛話發音來找出古悉曇字母的發音。**

附錄 1

「關鍵要點」列表

附錄 2

「延伸學習」列表

BB1007

楞嚴咒詳解

佛門早課第一咒，摧毀內心魔障，清除覺悟障礙的咒中之王

作　　者｜張宏實
責任編輯｜于芝峰
協力編輯｜洪禎璐
內頁排版｜劉好音
封面設計｜小　草

發 行 人｜蘇拾平
總 編 輯｜于芝峰
副總編輯｜田哲榮
業務發行｜王綬晨、邱紹溢、劉文雅
行銷企劃｜陳詩婷

出　　版｜橡實文化 ACORN Publishing
231030 新北市新店區北新路三段 207-3 號 5 樓
電話：(02) 8913-1005 傳真：(02) 8913-1056
網址：www.acornbooks.com.tw
E-mail 信箱：acorn@andbooks.com.tw

發　　行｜大雁出版基地
231030 新北市新店區北新路三段 207-3 號 5 樓
電話：(02) 8913-1005 傳真：(02) 8913-1056
讀者服務信箱：andbooks@andbooks.com.tw
劃撥帳號：19983379 戶名：大雁文化事業股份有限公司

印　　刷｜中原造像股份有限公司
初版一刷｜ 2023 年 1 月
初版三刷｜ 2024 年 4 月
定　　價｜ 680 元
I S B N｜ 978-626-7085-57-8

國家圖書館出版品預行編目（CIP）資料

楞嚴咒詳解／張宏實著. －初版. －臺北市：
橡實文化出版：大雁出版基地發行。2023.01
448 面；22*17 公分
ISBN 978-626-7085-57-8（平裝）

1.CST：密教部

221.96　　111017740

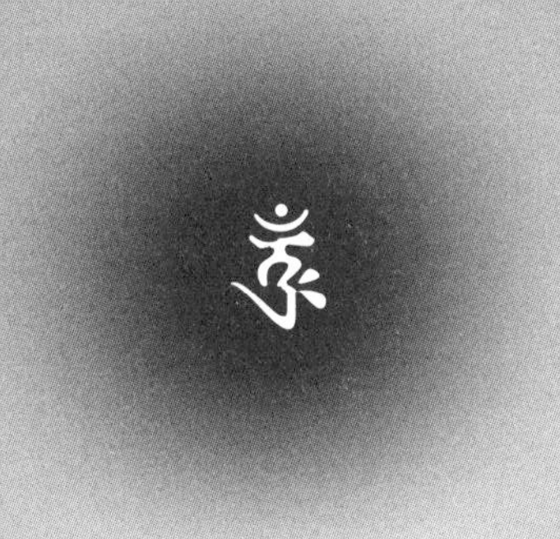

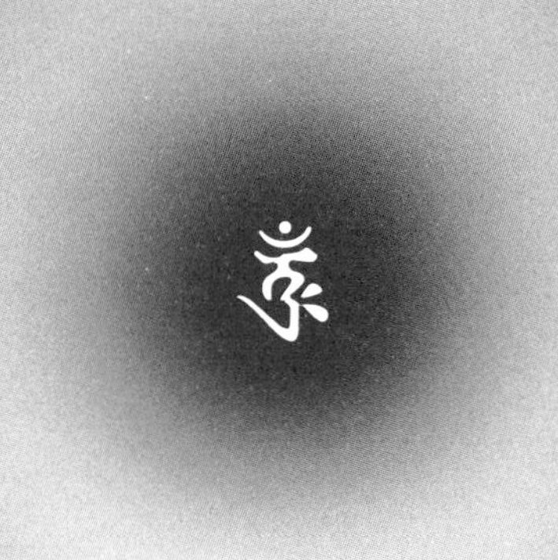